顾问　吴晓灵　刘克崮

从小额信贷到普惠金融

中国小额信贷发展
二十五周年回顾与展望纪念文集

主编
杜晓山　刘文璞

副主编
孙同全　白澄宇

中国社会科学出版社

图书在版编目（CIP）数据

从小额信贷到普惠金融：中国小额信贷发展二十五周年回顾与展望纪念文集/杜晓山，刘文璞主编 . —北京：中国社会科学出版社，2018.10

ISBN 978 - 7 - 5203 - 3416 - 7

Ⅰ. ①从… Ⅱ. ①杜…②刘… Ⅲ. ①信贷管理—中国—纪念文集 Ⅳ. ①F832.4 - 53

中国版本图书馆 CIP 数据核字（2018）第 242881 号

出 版 人	赵剑英
责任编辑	刘晓红
责任校对	孙洪波
责任印制	戴 宽
出 版	中国社会科学出版社
社 址	北京鼓楼西大街甲 158 号
邮 编	100720
网 址	http：//www.csspw.cn
发 行 部	010 - 84083685
门 市 部	010 - 84029450
经 销	新华书店及其他书店
印 刷	北京明恒达印务有限公司
装 订	廊坊市广阳区广增装订厂
版 次	2018 年 10 月第 1 版
印 次	2018 年 10 月第 1 次印刷
开 本	710 × 1000 1/16
印 张	31.75
插 页	2
字 数	493 千字
定 价	138.00 元

谨以本文集向曾经和正在为中国小额信贷和普惠金融事业发展做出贡献的国内外机构和人士致敬！不忘初心，牢记使命！

编 委 会

主要编撰人员简介

  杜晓山，中国社会科学院农村发展研究所研究员、教授，享受政府特殊津贴；中国社会科学院农村发展研究所原党委书记、副所长。主要社会兼职：陕西省政府扶贫开发工作顾问、中国小额信贷联盟理事长、中国村镇银行论坛组委会副会长、中国社会科学院贫困问题研究中心原副主任、中国县镇经济交流促进会原会长。主要研究领域：小额信贷、普惠金融、扶贫、农村金融。

  刘文璞，中国社会科学院荣誉学部委员、研究员、教授；中国社会科学院农村发展研究所原党委书记、副所长；中国社会科学院研究生院农业经济系原主任；曾任中国社会科学院贫困问题研究中心副主任、中国私营经济研究会常务理事、中国农业经济学会理事、中国社会科学院农村发展研究所小额信贷培训中心主任、联合国开发计划署可持续小额信贷扶贫项目（SMAP）专家组长。主要研究领域：农民合作社、私营经济、农村贫困和小额信贷。

  孙同全，管理学博士，中国社会科学院农村发展研究所研究员、农村金融研究室主任；兼任中国县镇经济交流促进会副秘书长、中国社会科学院贫困问题研究中心副秘书长、中国小额信贷联盟副理事长；曾任中国社会科学院农村发展研究所小额信贷培训中心副主任。曾长期从事联合国开发计划署等多双边国际组织援华小额信贷与中小企业信用担保项目的管理工作。主要研究领域：扶贫、小额信贷、普惠金融、农民经济合作组织。

  白澄宇，国际金融硕士，高级商务师，中国国际经济技术交流中心处长、中国小额信贷联盟常务副理事长。长期从事农村扶贫和小额信贷项目管理工作，拥有深厚的国际合作经验和广泛的国际合作渠道。参与设计并管理联合国开发计划署（UNDP）的扶贫小额信贷项目，该项目在国内建立了45家小额信贷机构。主持并参与开发了 UNDP 小额信贷项目的管理系统，2005 年将 UNDP 提出的 inclusive financial sectors 概念引入中国，并翻译为"普惠金融体系"一词。2012 年后探索农村资金互助业务，利用 UNDP 项目在贫困地区创立县级服务中心，培育和支持合作社及社内资金互助业务的可持续发展。是社会企业与社会影响力投资领域积极倡导者。目前，正在与 UNDP 合作，设立可持续影响力融资研究与促进项目，搭建中国可持续影响力融资平台。主要工作领域和研究方向：农村发展、扶贫、小额信贷、普惠金融、合作金融、社会影响力金融。

序　言

吴晓灵

　　在社会制度既定的背景下，一个国家要发展和稳定，一定要做两件事情。第一，提升经济发展能力，创造更多的财富；第二，让全民共享发展的成果。任何一个国家都存在弱势群体，特别是一些贫困人口，政府应资助他们，但是这种资助仅仅能够使其维持生存。他们如果想要改变自己的命运，让自己生活得更好、发展得更好，就必须凭自己的努力去争得更好的社会地位和物质享受，小额信贷能够起到这样的作用。诺贝尔和平奖获得者尤努斯（Muhammad Yunus）就是用商业可持续的小额信贷方式帮助穷人改变命运的最好典范。只有消灭了贫困，才能够使社会得到安宁。

　　普惠金融是联合国在 2005 年世界小额信贷年提出的概念，是小额信贷的发展和延伸，其基本含义就是要让每一个有金融需求的人都能够及时地、方便地、有尊严地以适当的价格获得高质量的金融服务，给每一个想要改变自己命运的人一次机会。由于低收入人群在获得金融服务上更加困难，因而普惠金融的重点往往在低收入人群上。

　　自 20 世纪 90 年代起，普惠金融在中国的发展大致经历了四个阶段。第一阶段是 20 世纪 90 年代后半期。始于 1993 年中国社会科学院农村发展研究所引入尤努斯创立的孟加拉乡村银行小额信贷模式，在河北易县建立扶贫经济合作社，这是中国第一次引入小额信贷扶贫模式，开启了普惠金融发展的公益性小额信贷阶段。第二阶段自 20 世纪末至 2005 年。1997 年中国人民银行出台了《农村信用社小额信用贷款管理暂行办法》，提出采取"一次核定、随用随贷、余额控制、周转使用"

的管理办法。开展基于农户信誉，无须抵押或担保的贷款，并建立农户贷款档案，农村小额信贷得以全面发展，普惠金融进入发展性微型金融阶段。第三阶段自 2005 年至 2011 年。2005 年中央一号文件明确提出"有条件的地方，可以探索建立更加贴近农民和农村需要，由自然人或企业发起的小额信贷组织"。此后，包括小额贷款公司等的各类小额信贷组织和村镇银行迅速兴起，这是综合性普惠金融阶段。第四阶段自 2011 年至今，随着互联网金融的快速发展，新型互联网金融产品为广大群众提供了互联网支付、互联网借贷以及互联网理财等丰富多样的金融服务，普惠金融发展进入创新性互联网金融阶段。

25 年来，中国的普惠金融体系取得了重大进展。第一，小额信贷市场形成并不断成熟，从农村扩展到城市。小额信贷在很大程度上解决了低收入人群、小微企业贷款难和金融机构难贷款的问题，使两者之间实现了"双赢"，对降低城乡贫困人口和解决小微企业融资问题发挥了积极作用，也让他们积累了信用，从而更易于获得金融服务。第二，促进普惠金融体系发展的政策体系不断完善。第三，服务普惠金融发展的行业组织不断建立和发展。第四，金融服务机构多层次和多样化。除了最初开展扶贫行动的公益性小额信贷机构之外，农信社系统、小额贷款公司、城市商业银行、部分国有商业银行、股份制银行和互联网金融机构等，都成为普惠金融体系一员。第五，金融服务产品多样化和综合化，由小额贷款扩展到支付、存款、汇兑、保险和理财等多种金融服务产品。第六，小额信贷模式多样化和本土化。从单一的孟加拉乡村银行模式，发展到德国国际项目咨询公司（IPC）模式，再到信贷工厂模式以及各种因地制宜的本土模式。第七，发展普惠金融的技术手段数字化趋势不断加强，由传统的线下入户调查发展到现今的线上大数据分析，极大地扩展了金融服务的能力和范围。

尽管如此，当前中国普惠金融的发展仍处于初级阶段。中国的人均持有银行账户数量、银行网点密度等基础金融服务水平已达到国际中上游水平，但仍存在普惠金融服务不均衡，法律法规体系不完善，金融基础设施建设有待加强，商业可持续性有待提升等问题。其中，最突出的仍然是对弱势群体提供的金融服务不足。弱势群体的问题主要来源于信息不对称和交易成本高两方面，虽然信息技术的进步有利于促进普惠金融全面而深入地发展，但由于"数字鸿沟"的存在，弱势人群金融素养和科技知识不足，其获取金融服务的能力与中高收入人群的差距可能进一步扩大。因此，要解决普惠金融的"最后一公里"难题，其核心问题是能力建设，不仅普惠金融需求方需要进行能力建设，而且普惠金融供给方、政府和监管机构也面临能力建设问题。

因此，笔者认为，推行普惠金融要从四个方面着手：一是理念更新，二是制度建设，三是技术进步，四是金融教育。

首先，要更新理念，金融机构的可持续发展是其提供服务和改进服务的基础。让利率覆盖风险是普惠金融的基石。将本求利是金融区别于财政无偿拨付的特点。寻求金融服务的人必须有还本付息的能力，在面对改变命运的机会时资金的可获得性远比资金的价格更重要。这是 20 世纪世界银行介入扶贫工作的经验总结（见附录：世界银行扶贫协商小组小额信贷基本原则）。尤努斯的孟加拉乡村银行就是改变了依靠捐赠扶贫的道路，用商业可持续的小额信贷走出了一条"造血"扶贫的道路。利率市场化就是实现利率的风险定价，即：利率 = 资金成本 + 管理成本 + 风险损失 + 预期利润。金融机构如果不能用利率覆盖风险，那么，它将无法生存和发展，也不会去拓展有风险的新客户，最终受损失的将是经济的发展。因而 20 世纪麦金农教授的金融深化理论首先是利率市场化理论。

在利率覆盖风险的定价原则下，必然会有一些能力相对不足，但不是政府救助对象的人需要帮助。此时政府对特定人群给予担保增信或贴息补助，是用财政资金撬动金融资金的最好方式。这是金融与财政相互配合发展普惠金融的最佳组合。

其次，要完善金融业的制度建设。普惠金融的制度建设包括两个层次，一是多层次的机构建设和多层次的市场建设；二是市场机制与政府扶持机制的结合。

在多层次机构建设和多层次市场建设中，要以成本效益和社会公众利益为原则，区分不同的机构定位、市场划分和监管定位。普惠金融的难点和重点是低收入人群和小微企业，他们的共同特点是没有健全的财务报表和信用记录，因而很难成为传统商业金融机构服务的对象，强求传统的商业金融机构为之服务难以达到预期的效果。此时降低金融服务成本的方法有三种，一是利用熟人社会的信用约束来发展植根于社区的金融组织，比如信用合作组织和社区贷款组织，让这些植根社区的金融组织成为对接持牌商业金融机构的信用平台和毛细血管，解决贷款难的"最后一百米"问题；二是发展专门服务于城乡社区的微型金融机构，例如公益性小额信贷机构、小额贷款公司、村镇银行等，让这些机构服务贫困人口、小农户、新型农业经营主体、城乡创业人员和小微企业；三是发展互联网金融，利用大数据构建用户评价，解决风险识别与判断问题，扩展金融服务的能力与范围。

普惠金融的商业可持续离不开政府的扶植。适当的金融活动组织形式可以降低金融服务的资金成本和管理成本，但难以降低客户的风险成本。针对特定的目标客户如扶贫户、小微企业等，政府可通过担保基金和政策性保险提供增信服务，通过与金融机构共担风险提升金融机构的服务能力，并通过贷款贴息降低服务对象的融资成本。

再次，普惠金融的推行会植根于信息技术的进步。金融是经营风险的行业，解决信息不对称带来的风险问题是金融业的核心竞争力。以往受制于信息收集和加工的成本较高，金融业服务的范围受到局限。以互联网为代表的信息技术的发展使金融也有了服务于长尾客户的可能性。电商、社交网络、各类在线服务积累了客户许多行为数据。通过加工和分析这些行为数据，可以对客户的行为风险做一定的评估，这使得金融机构向没有信用记录的客户提供信贷服务成为可能。信用的积累能为客户享受更多金融服务创造条件。移动互联网的发展让移动支付成为可能，让金融服务可以减少对金融机构物理网点的依赖，从而为地广人稀地区或贫困地区的居民开立账户、获得金融服务打下基础。普惠金融会在信息技术的进步中得到推广。信息技术的进步会使高端客户的财富管理更便捷有效，会使低端客户的金融服务可获得性得以改善。

最后，要大力推进金融教育，提高公民金融素质。国内外的经验都表明，一个地区，乃至一个国家，公民的金融知识水平和信用文化状况等金融素质，在很大程度上制约着金融业发展的深度和广度。中国正在迈向经济大国和金融强国。金融教育水平和普及程度将决定中国金融未来的发展速度和质量。没有具有基本金融知识和正确金融观念的公民群体，中国金融体系的健康与安全就没有基础和保证，中国的金融强国地位就无从谈起。因此，在未来的金融改革发展规划中，要把对公民的金融基础知识普及教育和信用文化的培育作为一个重要的方面，要将金融启蒙和教育纳入国家战略和法制化的轨道。要从金融业发展战略的高度认识金融知识普及教育和提升公民金融素质的重要意义。

金融科技是把"双刃剑"，用好了会促进金融发展，而用在歪处社会损失更大。用互联网技术包装的非法活动更具欺骗性，涉及面和金额更大。互联网金融在中国兴起的过程中也伴随着很多欺诈行为，危害很大，在过去几年遭到了金融监管部门的整顿，而不了解金融的公众被好听、绚丽的包装词汇欺骗，受害者很多。由于互联网时代信息可以迅速扩展，现在的非法集资动辄几千万元甚至上百亿元。因此，我们要开展金融教育。投资者要对自己的资金安全负责，筹资人要有收益回报给投资人。如果投资人不对自己的财产负责，如果筹资人不对筹资对象负责，那么社会金融秩序肯定是混乱的。因此，最起码的金融知识要告诉民众。

金融教育也要面向业界、更新知识、坚守良知。面对金融科技的发展，当我们运用金融科技的时候，仍会有很多问题令人难以理解，我们要尽可能地把金融服务做得更好，做好风控，避免由于技术失误给客户带来损失。每一个金融从业人员要不断更新自己的知识，跟紧时代的步伐，采用新技术，把资金安全、客户利益放在第一位。成功的金融人士要有实现普惠金融、进行金融教育的责任担当。

用普惠金融的理念推行金融普惠是减少贫富差距、促进社会和谐和包容性发展的重要制度基础。中国普惠金融发展25年来，已经从扶贫小额信贷的涓涓细流发展成为蓬勃的服务普罗大众和小微实体经济的普惠金融大潮。这是新时代解决不平衡、不充分发展问题的有效路径，是全面建成小康社会和实现社会公平正义的必然要求。

希望各界同人继续共同努力，让中国的普惠金融体系更加健康、更加蓬勃地发展！

2018 年 9 月 26 日

目　录

下　实践篇

理论与政策篇

中国普惠金融实践和未来发展方向

刘克崮*

摘　要：普惠金融的本质是包容、不排斥，没有恩惠和施舍之义，不是慈善、福利，更不是财政。普惠金融的服务对象是不同程度上被传统金融排斥的小微经济体，即小微企业、个体自营者（个体工商户、自营就业者）和生产性农户等。本文简述了中国普惠金融的发展实践，提出解决小微经济体的融资难题，应推动建立机构、技术（产品）、监管、基础设施和政策"五位一体"的中国特色多层次、多类型普惠金融服务体系。

关键词：普惠金融　小微经济体　五位一体

一　普惠金融的服务对象和重要使命

（一）普惠金融的本质和服务对象

以包容为宗旨，服务于小微、草根经济体的金融活动的总和即为小微金融、草根金融、包容金融或普惠金融。普惠金融的本质是包容、不排斥，没有恩惠和施舍之义。普惠金融是金融，而金融从属于市场，市场是互利的，没有恩惠，因此，普惠金融不是慈善、福利，更不是财

　　* 刘克崮，经济学博士。曾担任辽宁省副省长，国家开发银行副行长等职务。现任中国国际经济交流中心学术委员会副主任、中国开发性金融促进会普惠金融工作委员会学术指导小组组长，长期致力于中国普惠金融体系建设研究。

政。普惠金融的服务对象是不同程度上被传统金融排斥的小微经济体，即小微企业、个体自营者（个体工商户、自营就业者）和生产性农户等，它以包容服务为第一目标，通过市场化运作、在政府适当支持下实现商业或财务可持续，而不是以追逐利润为第一目标。

表1　　　　　　　　中国实体经济层次划分（细分表）

金融 服务	生产主体 两大部分	生产主体细分			
		四类	九层		
大中 金融	大中 经济体	（一）大中企业	1	公益性基础设施和政府平台公司	
			2	省龙头企业、省一般企业、其他大中企业	
小微 草根 包容 普惠 金融	小微 草根 经济 体	（二）小微企业 （约3000万） （2017年末）	3	小型企业	县域龙头企业
					县域一般企业
			4	微型企业	乡镇村龙头企业
					乡镇村一般企业
		（三）个体自营者 （1.2亿）	5	个体工商户 （约6000万）	农民专业合作社 （204万）
			6	自营就业者 （约5000万）	家庭农场 （87.7万）
		（四）生产性农户 （1.8亿）	7	专富农户	专业大户
			8	普遍农户	
			9	贫困农户	一般贫困户
					低保贫困户（有一定劳动能力）
合计		3.3亿			

注：根据农业农村部资料，截至2017年年末，共有农业产业化龙头企业13万家，依法统计的农民专业合作社达204万家，家庭农场87.7万户，专业大户暂不统计。

（二）当前中国普惠金融的重要使命

一是金融扶弱——促进脱贫攻坚，扶助弱势群体。普惠金融服务的重点对象之一是低收入群体，金融扶贫是扶贫开发事业的有机组成部分，通过对贫困农户和扶贫项目广泛、大量的资金支持，激发贫困农户的内生发展动力，实现稳定脱贫和可持续发展。

二是金融支农——推动农业产业化发展，振兴乡村经济。推动农业产业化发展，促进新型农业经营主体的快速成长，带动农户致富，加快特色农业产业发展，实现农业生产经营现代化和村镇居民生活城镇化发展。

三是金融支创——支持"大众创业、万众创新"。发展普惠金融可解决创业创新浪潮下个体户、自营就业者、初创期的小微企业和四类新型农业经营主体融资难的问题，促进双创事业发展。

四是金融支小——支持城乡小微企业，促进就业、活跃经济、稳定民生。

二　中国普惠金融发展实践

（一）各类金融机构的普惠金融发展探索

1. 扶贫经济合作社

小组联保贷款技术最早引入中国是在 1992 年，当时，中国政府代表团考察孟加拉乡村银行，决定在国内引入小组联保贷款技术。1993 年，杜晓山同志与其同事一起创建了"扶贫经济合作社"（以下简称"扶贫社"），开始在中国乡村复制孟加拉乡村银行模式，对中国的草根金融展开了积极的探索。

2. 中国扶贫基金会

1997 年之后，全国有更多的省份开展了小组贷款试点工作。有更多机构开展了基于小组联保贷款技术的小额信贷扶贫工作，其中突出的代表为中国扶贫基金会。

2005 年，中国扶贫基金会提出由项目型小额信贷机构向机构型小额信贷机构转变的战略部署，基本实现了财务可持续，在国内率先建立直属分支机构开展信贷业务，并于 2006 年获得国家开发银行 1 亿元授信，成为国内首家从银行获得批发贷款的小额信贷机构。

2008 年 11 月 18 日，中国扶贫基金会将小额信贷项目部转制成为中和农信项目管理有限公司，实现了从财务可持续向公司化、市场化运作的转变。截至 2018 年 6 月 13 日，中和农信已在全国设立 290 家分支机构，业务覆盖到全国21个省区的90000多个村庄，累计放贷319亿元、220万笔，30天不良率仅为0.88%。

3. 国家开发银行

（1）"三台一会"的中小企业贷款模式

2003—2004年，在陈元同志的领导下，笔者首次在国家开发银行通过"三台一会"的形式组织批量开展中小企业贷款业务，国家开发银行与地方政府合作，建立了省、市、县三级开发性金融合作办公室，形成了管理平台、融资平台（地方承贷机构）、担保平台和信用协会四方联动机制，协助国家开发银行给中小企业放贷（后增加了信息公示平台，发展为"四台一会"）。

（2）"批发+零售"个人信用贷款

2004年，国家开发银行秉承"人人享有平等融资权"的理念，与世界银行、德国复兴信贷银行合作，启动"中国可持续性小额贷款项目"（CMFP），正式将国际个人信用贷款技术引入中国，该项目以"批发+零售""资金+技术"的方式与台州银行、马鞍山农商行等12家中小银行合作开展微贷业务，2006—2008年累计发放57亿元，笔均额度为7万元，不良率为0.27%。

（3）贫困大学生高校和生源地助学贷款

2006年，教育部、财政部、原银监会和国开行联合举行新闻发布会，宣布"国家开发银行在全国范围内开展国家助学贷款业务"。2007年，国开行在江苏、甘肃、重庆等5省成功开展了生源地信用助学贷款试点。截至2017年末，国开行助学贷款已覆盖全国26个省（市），累计发放助学贷款超过1300亿元，支持家庭经济困难学生超过2000万人次。

4. 邮储行

邮储行是服务农村的重要力量。截至2018年6月底，邮储行拥有营业网点近4万个，其中71%分布在县及县级以下地区，60%分布在中西部地区，已覆盖98%以上的县域地区，涉农贷款余额超1万亿元，小微企业贷款余额为7596亿元，个人经营性贷款余额为4886亿元。

5. 农商行

农商行（农信社、农合行）是直接对农户放贷的主力。截至 2016 年末，农商行（农信社、农合行）在农村地区共有网点 12.67 万个，乡均拥有网点 3.98 个，村均拥有网点 0.23 个，各项贷款余额达 12.99 万亿元，占银行业金融机构总额的 15.05%，其中涉农贷款余额为 7.99 万亿元，占 2016 年末全国涉农贷款总余额的 28.3%，居国内商业银行首位。

6. "7 + 4" 类准金融机构①

十多年来，作为正规金融机构的补充力量，"7 + 4" 类准金融机构在服务小微经济体方面发挥了重要作用。截至 2018 年 3 月底，全国共有小贷公司 8471 家，贷款余额达 9629.67 亿元；截至 2018 年 6 月底，全国共有融资租赁公司 10611 家，融资租赁合同余额约 6.35 万亿元；截至 2017 年末，全国共有融资担保公司 6000 余家、典当行 8483 家（典当余额 963.7 亿元，占社会融资规模存量的 0.01%）、农民专业合作社（兼融资合作）204 万家、保理公司 9105 家（2017 年保理业务量达 3.04 万亿元，其中国内保理达 2.55 万亿元，占总保理量的 84.02%）、地方资产管理公司 57 家（2017 年末净资产超过 1500 亿元）、社会众筹机构 280 家（累计筹资 584.2 亿元）、地方各类交易所 1131 家、投资公司 1089 家（截至 2018 年 6 月末）、区域性股权交易中心 40 家（共计拥有挂牌企业 1.74 万家，展示企业 5.94 万家）。

7. 村镇银行

村镇银行自 2007 年试点以来，发展迅速，典型代表是中国银行发起设立的中银富登村镇银行。中国银行与新加坡淡马锡下属的富登金控合作，自 2011 年起在全国批量发起设立中银富登村镇银行，目前已有 100 家法人机构，占大型银行发起村镇银行数量的 72%。截至 2018 年 6 月末，共服务客户超 170 万户，户均贷款额度为 22.78 万元。其中，涉农及小微贷款占全部贷款的 90.03%。

---

① "7 类" 为小额贷款公司、融资担保公司、区域性股权市场、典当行、融资租赁公司、商业保理公司、地方资产管理公司；"4 类" 为投资公司、农民专业合作社、社会众筹机构、地方各类交易所。

8. 大中型商业银行

2015 年，笔者在《中国农村扶贫金融体系建设调研报告》中明确提出"国开行、农发行、农行、邮储行……都应设立扶贫事业部"。2016 年 4 月，银监会批准国开行和农发行设立专门的扶贫金融事业部。2016 年 8 月，银监会同意邮储行设立"三农"金融事业部。2017 年，李克强总理在《政府工作报告》中提出，鼓励大中型商业银行设立普惠金融事业部，国有大型银行要率先做到。目前，大中型商业银行均纷纷设立了普惠金融事业部，成为服务小微企业的重要力量。

（二）普惠金融技术的应用日趋普遍

普惠金融技术是区别于传统信贷方法、适应小微经济体融资需求和自然特征的放贷技术，当前，民间借贷、小组联保、现场调查、打分卡（评分法）、大数据等技术发展已日渐成熟（见表 2）。

表 2　　　　　　　　　　　普遍适用的普惠金融技术

技术	民间借贷	小组联保	现场调查	打分卡	大数据
对象	所有人	农户、小商户	个体经营者	微小企业	所有人
国际代表	南非	孟加拉乡村银行	欧洲复兴行	富国银行	Lending Club
国内代表	温州、鄂尔多斯	农信社、扶贫基金会	南充美兴、台州银行、马鞍山农商行	陆金所、开鑫贷	蚂蚁金服
地区	所有地区	农村	城市、部分农村	信用条件好的发达地区	所有地区
金额（美元）	不等	数千至数万	数万至数十万	数十万	不等

随着互联网的发展，移动通信、大数据、云计算等数字技术在普惠金融领域的运用越来越广，它们很好地解决了金融机构服务小微群体时面临的成本高、风险大、收益低等问题。譬如，蚂蚁金服依托其大数据风控技术，审批流程实现了"3 分钟申请、1 秒钟放贷、0 人工干预"，放贷成本大大降低。截至 2018 年 6 月末，蚂蚁金服累计为 1042 万户小微企业和个人经营者放贷，其中涉农经营者超过 390 万，户均贷款额度

不超过 3 万元。

同时，农村信用体系建设正在深入持续进行，有效降低了金融机构向农村经济体发放贷款的风险和成本，加快无抵押、无担保个人微型信用贷款的推广，对于农村金融发展具有基础性、全局性作用。江山农商行从 1999 年开始探索以信用户、信用村、信用乡镇为载体，贷款与信用挂钩的农村信用体系建设。截至 2018 年 6 月末，江山农商行创评信用农户 10.89 万户，占江山市农户数的 71%，授信金额达 79.28 亿元，户均额度为 7.19 万元；农户小额信用贷款余额为 28.75 亿元，贷款覆盖信用农户 3.3 万户，占信用农户的 30%，户均贷款额度为 8.7 万元，不良贷款率仅为 0.5%。

（三）中央与地方双层金融监管体系初步建立

随着普惠金融机构的迅速发展，原"一行三会"的垂直监管体制对普惠金融机构监管的弊端逐渐显现，客观上需要调动和统筹中央和地方两方面的积极性，建立双层金融监管体系。2009 年左右，笔者与吴晓灵同志、段应碧同志商讨共同推进正规双层金融监管；2013 年春夏之交，笔者向中共十八届三中全会文件起草组专家汇报了构建中央和地方双层金融监管体系的意见；2013 年 10 月中共十八届三中全会决定提出了"界定中央和地方金融监管职责和风险处置责任"的方向；2014 年 8 月，国务院下发了《国务院关于界定中央和地方金融监管职责和风险处置责任的意见》（国发〔2014〕30 号），明确了 7 类准金融机构由地方政府监管，其中小贷公司、担保公司、股权交易中心和资产管理公司归地方金融办监管；典当、租赁和保理归商务部门监管。此时全国 30 多个省、市、自治区政府都成立了地方金融管理机构，多数称金融办，少数称金融局。2017 年 7 月，全国金融工作会议提出了"7+4"类准金融机构由地方政府监管，在重申 7 类准金融机构归地方政府监管的同时，增加了农民专业合作社、众筹、投资公司、地方各类交易所 4 类机构，且李克强总理讲话明确了这些机构的监管职责归地方金融办；2017 年 7 月，中共中央、国务院发布的《中共中央关于服务实体经济、防控金融风险、深化金融改革的若干意见》（即"23 号文件"）中明确规定：地方政府要承担对地方金融的管理，要成立地方金融监管局，地方金融监管局负责"7+4"类准金融监管。目前，地方金融办正逐渐转为地方金融监管局，逐步接手"7+4"类准金融监管工作。

（四）普惠金融统计口径更加精确、细致

一是将中小企业划型细分为中、小、微企业。2003年，国家公布了《中小企业标准暂行规定》，将中小企业划分为中企业和小企业（含微企业）；2004年起，笔者与原经贸委副主任欧新黔推动将原中小企业统计口径下的小企业进一步划分出小企业和微企业的工作；2011年7月，国家发改委、工信部、财政部和统计局四部门联合发文正式明确了微企业的划型标准，同时明确了不含微企业的小企业划型标准。将中小企业划型细分为中企业、小企业和微企业，建立了企业四类型划分的完整框架，并为今后将企业划分的大类型由大企业和中小企业两类转向大中企业和小微企业两类提供了条件。

二是出台了基于金融自身业务的普惠金融统计标准。笔者多年呼吁在金融机构基于四部委对企业划型标准下形成的金融业务统计的同时，并行采用基于金融机构自身业务量级划分的标准，并曾建议央行对500万元以下的小微企业贷款进行统计，2017年9月30日央行在实施定向降准政策的过程中使用了此统计口径，正式开启了金融服务小微经济体业务的双维统计模式。

（五）国家接连出台优惠政策支持小微经济体发展

1. 对金融机构发放的符合条件的小额贷款持续给予税收减免优惠

2010年，财税部门对金融机构发放的5万元以下农户小额贷款利息收入实施免征营业税、按照90%征收所得税的减免税政策（财税〔2010〕4号）；2014年，财税部门将享受减免税政策的农户小额贷款额度上限提到了10万元（财税〔2014〕102号）；2017年，李克强总理召开国务院常务会将金融机构发放的小额贷款利息收入免征增值税政策的额度由10万元提升到100万元，范围由农户扩大到小微企业、个体工商户等（财税〔2017〕77号）；2018年财税部门再次将金融机构发放的小微企业、个体工商户贷款利息收入免征增值税政策的额度由

100 万元提升到 1000 万元（财税〔2018〕91 号）。

2. 对支农支小金融机构给予不同程度的定向降准激励

2017 年 11 月开始，中国人民银行对单户授信 500 万元以下的小微企业贷款、个体工商户和小微企业主经营性贷款，以及农户生产经营、创业担保、建档立卡贫困人口等普惠金融贷款，根据金融机构发放的比例不同，给予不同程度的定向降准激励。

2018 年 4 月 25 日、6 月 24 日，中国人民银行两次下调大型商业银行、股份制商业银行、城市商业银行、非县域农村商业银行、外资银行人民币存款准备金率，引导金融机构加大对小微企业的支持力度，共释放资金 1.1 万亿元。10 月 7 日，再次下调上述银行存款准备金率，预计释放约 7500 亿元增量资金。

3. 出台系列支持小微企业发展的文件

2018 年 2 月 11 日，银监会发布《中国银监会办公厅关于 2018 年推动银行业小微企业金融服务高质量发展的通知》，着力缓解小微企业金融服务供给不充分、结构不均衡的问题，引导银行业小微企业金融服务由高速增长转向高质量发展。

2018 年 6 月 1 日，中国人民银行宣布适当扩大中期借贷便利（MLF）担保品范围，新纳入中期借贷便利担保品范围的包括不低于 AA 级小微、绿色和"三农"金融债券，以及优质小微企业贷款和绿色贷款等，引导金融机构盘活资金向小微企业倾斜。

2018 年 6 月 20 日，国务院常务会议部署进一步缓解小微企业融资难、融资贵，持续推动实体经济降成本。9 月 26 日，国家融资担保基金有限责任公司在北京成立，以服务小微企业和"三农"为主业，将逐步达到小微企业融资担保金额占比不低于 80%，其中单户授信 500 万元及以下融资担保金额占比不低于 50% 的目标。

三　中国普惠金融的发展方向

融资难仍是制约小微经济体发展的重要原因。大中企业，多是国有企业，其金融服务满足程度已相当高，部分国有大中企业甚至出现了超高杠杆率，而小企业、微企业、个体工商户、自就业者、四类新型农业经营主体和农户等小微经济体是中国经济的重要组成部分，但其可获得的金融服务却是不充分、不平衡的，融资难问题长期未能根本改观。

解决小微经济体融资难题不能用传统的方式，必须推动建立机构、技术（产品）、监管、基础设施和政策"五位一体"的中国特色多层次、多类型普惠金融服务体系，基本框架为"三支柱、两支持"。"三支柱"：即众多分层的普惠金融机构、适用多样的普惠金融技术、双层差异的普惠金融监管；"两支持"：即健全配套的普惠金融基础设施服务、规范梯次多元的普惠金融支持政策。

（一）推动建立多层次、多类型的普惠金融机构体系

普惠金融的服务区域包括农村和城市两部分，在城市主要服务于小微企业、个体工商户和自就业者；在农村主要服务于生产性农户和新型农业经营主体。普惠金融机构体系在农村的建设主要包括以下内容：

一是发挥开发性、政策性金融的骨干和引领作用。国开行、农发行等开发性、政策性金融机构，主要承担贫困片区和县乡村基础设施、扶贫搬迁，应在经济欠发达地区设立地市级分支机构，并与邮储行一起向小微型准公共金融机构提供批发性供应资金。邮储行应加快提高在本地的放贷能力。

二是鼓励各类商业银行机构下沉，到县（区）域增设网点，扩大开展草根基础业务。

三是确立和增强农商行（农信社、农合行）、邮储行、城商行、村镇银行、社区银行在县（区）域小微、草根金融的主力军地位。

四是建立国家级农民专业银行。将现农行的"三农"事业部及所辖县级机构从农行中分离出来，建立中国农民银行，或与农发行合并建立新的中国农业农民银行，也可考虑上述两方加国开行三方合并，统筹强化乡村和农户金融服务。

五是建立新型乡村农民银行和乡村农民贷款公司。选择优秀村镇银行和优秀小贷公司分别改造组建乡村农民银行和乡村农民贷款公司，特别优秀并具有一定规模的相关发起机构（如中和农信项目管理

有限公司、中银富登村镇银行）可组建省域或全国性集团式乡村金融控股公司。

六是发展县（区）域乡村合作金融组织。调查、研究、总结国内外成熟经验，积极推广"农村产业资金互助（合作）社""乡村农户资金互助（合作）社""社区资金互助（合作）社"。

七是发展县（区）域融资担保、典当、租赁和农业保险业。

（二）加强普惠金融技术产品和信用信息体系建设

服务基层小微经济体的金融机构，一要充分利用好中国本土、本地的熟人圈文化，通过小组联保、现场调查、打分卡、大数据等技术，精准识别用款人的信用和能力，发展免押、免保、免财表个人信用贷款；二要充分利用移动通信、互联网、AI 等技术手段发展省域数字普惠金融技术；三要建设开放性社会公共信用服务体系，积极探索、发展县、市域和省域小额信贷和其他类金融信息技术服务平台以及县域综合金融服务平台；四要建设服务于小微经济体及小微金融机构、业务的地域性社会征信机构和征信业务体系。

（三）建立相对独立的普惠金融监管服务体系

加强统分结合的中央与地方双层金融监管体系建设，加快地方金融监管立法，加强地方金融监管部门机构编制、员工培训等方面的建设。中央要积极地给予指导和支持，帮助地方加快对小微金融的监管能力建设，以便更好地完成"7＋4"类准金融监管任务。地方监管部门要加大对本地基层金融机构建设和小微金融业务的支持力度，同时积极引导互联网科技企业利用大数据手段与当地政府合作，发挥各自所长，联手服务基层小微、草根经济体。

（四）加强普惠金融基础设施服务的社会化

第一，加快实施普惠金融双维统计制度。目前，许多普惠金融政策（如小企业贷款政策）是依据工信部等四部委实体经济划型标准制定的。同时，涉农贷款和扶贫贷款的统计口径过于宽泛、粗放、概念模糊，数字失真。许多高速公路、电厂装在"涉农""三农"统计中；扶贫搬迁和基础设施等大中型项目建设装在"精准扶贫"中。为准确、高效地实现金融服务实体经济的层次、金融自身各类产品业务量级的层次、政府政策支持金融业务的层次之间的协调，应尽快将基于实体经济划分的金融统计方法与基于金融自身业务划分的金融统计方法相结合，形成二维金融业务统计方法并行使用、相得益彰的格局，力求规范严谨、公开透明。目前，央行对 500 万元以下的小微企业贷款已有统计（在 2017 年央行降准政策中已使用），建议在此基础上继续统计 100 万元以下的微企业贷款，20 万元（或 30 万元）以下的个体自营、农业经营贷款和 5 万元以下的贫弱（低收入）农户贷款。

表3 实体经济分层与金融业务分层双维统计对应表（示意）

实体经济层次划分（工信部、农业农村部）				金融业务量级划分（万元）	金融业务分层统计（央行、银保监会）		
2003 年	2011 年	努力目标			2007 年	2017 年	建议新增
工信部等四部委		大类	细分	努力目标	银监	央行	央行
大企业	大中企业	大中企业	大企业	3000 以上	500 万元以下贷款定为小企业贷款	500 万元以下贷款定为小微企业贷款	100 万元以下贷款统计（微企业）
中企业	中企业		中企业	500—3000			
小企业	小企业	小微企业	小企业	100—500			
	微企业		微企业	20—100			
	个体自营		个体工商户	5—20（四类新型农业经营主体）			20 万元以下贷款统计（个体自营、农户）
			自营就业者				
	农村生产性农户		专富农户				
			普通农户				5 万元以下贷款统计（贫弱户）
			贫困农户	5 以下			

第二，完善普惠金融支付体系。一是出台规范普惠金融支付系统的法律法规；二是为普惠金融机构接入支付系统提供支持；三是提高支付

系统和支付工具的使用效率；四是优化支付环境。

第三，实现普惠金融培训服务的社会化。一是为普惠金融机构的业务发展和管理创新提供培训服务；二是宣传普惠金融理念，为小微经济体融资提供咨询意见。

第四，建立大型金融机构对小微金融机构的批发性供应资金制度。

（五）建立多层次、梯次性、差异化的政策引导体系

要按照"大公平、小支持""规范、简便、高效、科学"的原则对当前政府对小微金融的各类支持政策进行梳理、简并和调整：一是慎重采用仅对大中企业的特殊优惠政策；二是收缩对象比较宽泛的"中小企业"和"涉农"融资支持政策；三是稳定小企业融资支持政策；四是重点支持向微企业、个体自营者、农户等经济体提供融资服务的金融机构和业务；五是特别支持参与脱贫、减贫、扶弱金融的金融机构和业务。

政策研究制定工作中应注意把握几条具体原则：一是减少贴息、担保、增长奖励等负面效应明显的政策，增加负作用较小的减免税、坏账风险分担等政策；二是减少使用"三农""涉农""中小企业"等过于宽泛的概念，尽量使用"贫困农户""普通农户""新型农业经营主体""小企业""微企业"等精准概念；三是在界定政策的金融或准金融机构对象适用范围时，由以批准机构划界转向以金融机构服务的对象、业务层次划界。

具体政策建议如下：

第一，对普惠金融机构产品价格实行市场化定价。要优先解决融资难的问题。融资贵的根本原因是融资难，融资难的根本原因是供不应求；解决供不应求，主要靠增加资金供给；增加资金供应不能靠控制资金价格（它只会起到相反的作用），而要去消除阻滞资金供需双方衔接的体制、机制和政策制度障碍。克服或消除这些障碍要靠以市场化配置资源为基础和政策适当调节相结合的金融及财税等其他相关领域改革。至于贷款价格水平的边界控制尺度，在现阶段就是 2015 年 8 月 6 日最高人民法院发布的年息 24% 以下保护放贷人、年息 36% 以上保护用款

表4 实体经济分层、金融业务分层与普惠金融支持政策梯次分层对应表（示意）

实体经济层次划分			金融业务量级划分（万元）努力目标	普惠金融支持政策						争取出台政策
工信部等四部委	大类	细分	努力目标	2010年5月	2014年12月	2017年10月	2018年9月	2017年9月	2018年2月	
				财税部门				央行	银监会	财税部门
大企业	大中企业	大企业	3000以上							
中企业		中企业	500—3000							
小企业	小微企业	小企业	100—500		对金融机构发放的100万元以下农户、小微企业、个体工商户等小额贷款取得的利息收入，免征增值税（财税[2018]91号）		对金融机构发放的1000万元以下小微企业、个体工商户、小微企业主贷款利息收入，免征值税（财税[2018]91号）	对金融机构发放的500万元以下小微企业、个体工商户、创业担保、农户生产经营、建档立卡贫	对金融机构发放的1000万元以下小微企业贷款实施考核。（银监办发[2018]29号）	对金融机构发放的20万元以下农户小额贷款利息收入，增加政策；对小微企业及个体工商户等小额贷款取得的款利的
微企业		微企业	20—100							
		个体工商户 四类新型农业经营主体 自营就业者 专营农户	5—20	对金融机构发放的10万元以						
		普通农户								

续表

实体经济层次划分	努力目标	金融业务量级划分（万元）	普惠金融支持政策						争取出台政策
			2010年5月	2014年12月	2017年10月	2018年9月	2017年9月	2018年2月	
农村生产性农户	贫困农户	5以下	对金融机构发放的5万元以下农户小额贷款利息收入，免营业税，所得税全免，所得税减按90%计征。（财税[2010]4号）	下农户小额贷款利息收入，所得税全免，所得税减按90%计征。（财税[2014]102号）	收入，免征增值税。（财税[2017]77号）		困户、助学等贷款实施定向降准。（银发[2017]222号）	利息收入，所得税减按90%计征。	对金融机构发放的5万元以下农户小额贷款利息收入，增加政策：（1）所得税减按50%计征；（2）坏账核销损失，财政分担50%（1）所得税减按70%计征；（2）坏账核销销损失，财政分担30%

人、年息 24%—36% 由双方协商的司法解释规定①。确需在局部地区对贫困农户给予特定阶段性价格照顾的，应由当地政府给予用款人特别补助。在资金供不应求的情况下，金融监管当局完全没有必要也没有理由用行政手段去干预贷款价格。市场资金价格高了，供应者有利，会增加经营资金的投入，增加供给；供给多了，供需关系平衡了，价格自然会下来。

第二，实施梯次性、差异化的货币政策。包括存款准备金、再贷款等。

第三，实施梯次性、差异化的信贷规模控制政策，稳定持续地放宽小微金融业务信贷规模的控制。

第四，改单向坏账终身追究责任制为综合业绩评估制。

第五，实行梯次性、差异化的税收政策。对提供 5 万元以下贫困农户贷款、5 万元至 20 万元农户和个体户贷款、20 万元至 100 万元城乡微企业贷款、100 万元至 500 万元的小企业和新型农业经营主体贷款的金融机构利息收入，在免除增值税的基础上，实行差异化的所得税减免政策。

第六，对提供给贫弱（低收入）农户的 5 万元以下和 5 万—20 万元的贷款，分档实行贷款坏账核销损失政府分担 50% 和 30% 的政策，遇自然灾害，酌情扩大分担比例。

---

① 《最高人民法院关于审理民间借贷案件适用法律若干问题的规定》（法释〔2015〕18号）第 26 条规定：借贷双方约定的利率未超过年利率 24%，出借人请求借款人按照约定的利率支付利息的，人民法院应予支持。借贷双方约定的利率超过年利率 36%，超过部分的利息约定无效。借款人请求出借人返还已支付的超过年利率 36% 部分的利息的，人民法院应予支持。

从小额信贷到普惠金融的思考

杜晓山[*]

摘　要： 文章阐述了小额信贷与普惠金融的基本含义和两者间的关系，以及从小额信贷到普惠金融的发展阶段，并概述了中国不同组织机构开展的小额信贷服务。本文认为，普惠金融具有三个特点，分为三个层次，面临三个挑战；指出中国普惠金融，尤其是农村普惠金融发展的基本成绩与弱点，认为中国普惠金融的发展使命任重道远；最后，针对存在的弱点与挑战，探讨了解决问题的几点思路。

关键词： 小额信贷　普惠金融　成绩与弱点

2018 年是中国借鉴国际规范开展现代小额信贷的第 25 年，也是党中央、国务院将发展普惠金融作为国家发展战略取得实质性重要进展并力争尽快成为该领域国际领先者地位的关键时期。本文试图就中国小额信贷和现在的普惠金融发展中若干重要问题谈一点自己的看法和意见，作为对这个有重要意义的时刻的纪念和对中国小额信贷和普惠金融进一步发展取得更大成就的祝愿。

---

　　* 杜晓山，中国社会科学院农村发展研究所研究员、教授，原党委书记、副所长，中国小额信贷联盟理事长，主要研究领域包括：小额信贷、扶贫、农村金融。

一　对小额信贷、微型金融与普惠金融概念的理解及对彼此关系的梳理

（一）对小额信贷、微型金融的理解

首先，小额信贷与微型金融，仅是叫法的不同，还是两个不同的概念？对此，国内外都有争论。就我个人的理解，这两个中文的不同叫法，实际上都源于对英文 Microcredit 和 Microfinance 的理解和翻译。国际现代小额信贷起步于 20 世纪 70 年代。前者的中文直译是"微型贷款"或"微型信贷"，而后者是"微型金融"。金融的含义宽于贷款或信贷，因为它还包括保险、支付、汇款、租赁等多种内容，因此，这样看，后者的概念更宽泛，两者是有差异的。

不过，国际上也有业内人士常把两者相同或相似看待。例如，从1997 年开始由世界银行扶贫协商小组（CGAP）组织召开每年一届、延续多年的名为"Microcredit Summit"的国际（全球或分大洲）小额信贷高峰会，其讨论的议题就涵盖了存款、贷款、保险、汇款等微型金融方方面面的内容。笔者在本文就不再严格区分两者，而就用"小额信贷"一词宽泛地包含了微型金融的内容。

那怎么理解小额信贷或微型金融呢？我认为至少有两个基本要求。第一个要求是，小额信贷要服务于传统银行和金融机构过去不愿或难以服务的弱势群体和低端客户。世界银行"扶贫协商小组"（CGAP）认为，小额信贷服务的客户群体应是除去最贫困的赤贫户外的各类贫困户和刚刚跨过贫困线的低收入以及中等收入群体。然而在现实中，客户群体的范围实际上被大大扩展了。

第二个要求是，国际主流观点（CGAP 的兄弟网站 www. mix. com）认为，小额信贷诸多业务中的贷款业务是有额度界限的，单笔贷款额度应在本国/本地区人均 GDP/GNI 的 2.5 倍以下。对像中国这样的经济发展程度差异大的大国，各地区应有不同的具体额度。

（二）对普惠金融概念的理解

普惠金融是从英文 Inclusive Finance 翻译过来的，国内也有人认为应翻译成包容性金融，也有人称其为小微金融。按我的理解，普惠金融的实质是全方位服务于传统金融过去不愿或难以服务的弱势群体且能实现金融供给方自身可持续发展的金融体系，它是对传统金融所谓"二八定律"（商业银行 80% 的利润源于数量仅占 20% 的高端客户）的叛逆，重点服务于所谓的"长尾客户"。而且，它是由微观、中观和宏观层面组成的完整金融体系。

普惠金融是小额信贷/微型金融的发展和延伸。简言之，普惠金融＝小额信贷＋小企业金融服务，即"微型＋小型"金融服务。

普惠金融实践和理论的产生是合乎历史发展逻辑的，是对小额信贷扶贫实践和理论认识的提炼、深化和发展。从这个意义上讲，普惠性金融体系是对小额信贷理论和实践的新的更高层面的理论概括和发展。

普惠金融体系实际上是在总结小额信贷和微型金融发展经验的基础上，将零散的小额信贷产品和服务方式发展成为金融整体发展战略一部分的"微型金融产业"内涵和外延的适度扩展，也就是构建一个系统性的小额信贷或微型金融及适度扩展服务对象的金融服务网络体系。

（三）中国小额信贷到普惠金融的发展阶段

无论国际或国内，普惠金融都是从实践到理论深化的过程。最初，被更广泛使用的是小额信贷/微型金融。在弱势群体得到小额信贷/微型金融资助、经济实力增强后，他们对金融服务的要求也在增加。联合国、世界银行和业内人士对小额信贷/微型金融的基本定义就不再够用了，这个概念随之被突破、发展及延伸，于是"普惠金融"形成。这本身既是个实践过程，也是一个理论界定过程。

以笔者的看法，国内普惠金融发展到目前，可以分为三个阶段。第一阶段是从 1993 年至 1996 年，主体是非正规金融系统的组织机构在运作。主要是国际援助力量、民间社会组织和中国部分政府系统试图解决农户特别是农村地区中低收入农户的贷款难问题，这也算是中国现代小额信贷学习借鉴国外经验阶段，或者从更大范围而言，是普惠金融的起步阶段。

从 1997 年到 2005 年进入第二阶段，央行和正规金融机构也作为主体加入，而且正规金融机构从此成为普惠金融的主力军。中国在 1994 年提出并实施"国家八七扶贫攻坚计划"。1997 年，国家层面正式接纳了小额信贷/微型金融的理念，意图借鉴国内外经验开展扶贫小额贷款试验，政府大规模地在全国贫困地区以政府贴息、担保和农行本金对贫困农户发放扶贫小额贷款。小额信贷/微型金融的理念在这个过程中被广泛接受了。2000 年前后，央行发文要求农信社开展小额信贷业务。对农户进行信用评级并发放对应额度小额贷款，以及格莱珉银行式的小组模式小额贷款被广泛实践。2005 年，中国人民银行推出小额贷款公司试点，后来又和银监会共同推出了在全国推广小额贷款公司试点的指导意见。

2006 年至今是第三阶段，中央政府和有关部门开始倡导和推动普惠金融发展。2005 年联合国正式提出"普惠金融"概念，2006 年，中国人民银行课题组和小额信贷联盟联合翻译了联合国 2005 年"建设普惠金融体系"蓝皮书，标志着中国政府对其的正式接纳。2012 年时任国家主席胡锦涛在墨西哥举办的二十国集团峰会上第一次在公开场合正式使用普惠金融概念。2013 年习近平总书记主持中国共产党十八届三中全会通过的《中共中央关于全面深化改革若干重大问题的决定》正式提出"发展普惠金融，鼓励金融创新，丰富金融市场层次和产品"（第三部分第 12 条），此后，在中国普惠金融的理念、理论和实践得以快速倡导和发展。

二 对小额信贷的进一步讨论

（一）小额信贷的分类

对不同性质（即指主要考察"是否扶贫"和"是否长期依赖补贴"这两方面）小额信贷的分类，笔者持以下观点：

无论在中国还是世界上，小额信贷基本上可分为三类：一是福利主义（又称政策性）小贷，既服务于弱势群体又享受外部资助或补贴，但它不追求服务机构自身的可持续发展；二是公益性制度主义小贷，既服务于弱势群体，又追求机构自身自负盈亏和可持续发展；三是商业性小贷，它们追求机构自身高利润其服务群体可能高于前两者，但也是传统银行不愿或难以服务的群体。

其实，小额信贷并非是什么新概念，古今中外皆莫能外，例如，中国的农信社，自成立之初，就为农户提供小额存贷款，但后来随着追求商业化目标，逐渐远离弱势农户。现代规范意义上的小额信贷，起源于20世纪70年代，最早的有拉丁美洲的村银行（Village Bank）、孟加拉乡村银行成立前的扶贫小额信贷试点等。乡村银行始终不忘初心、牢记使命，现在已发展成为世界上历史最长、最杰出、最大规模的公益性/非营利性可持续发展的小额信贷机构的代表之一。而印度尼西亚国有股份制商业银行"人民银行农村信贷部"（BRI - UD）则是公认的商业性可持续小额信贷机构的代表之一。政府主导和补贴的小额信贷是福利型小额信贷。中国的各种组织机构开展的小额信贷实践，对上述几种分类都有所体现。

（二）中国不同组织机构开展的小额信贷服务

中国改革开放后不同的组织机构开展的小额信贷按设立或开展时间前后看大体有以下几种类型。

社会组织开展的公益性小额贷款。大体开始于20世纪90年代前中期，主要借鉴孟加拉乡村银行贷款产品和服务方式。先后出现过约300个项目/组织，后来逐渐萎缩，但至今仍有一批不忘初心，实现保本微利和可持续发展的小额信贷组织，有的还在不断发展壮大。

农行/农发行与国务院扶贫办系统合作开展的扶贫贴息小额贷款。比较大规模地开展于1997年，服务于"八七扶贫计划"。贷款由政府贴息和担保，多采用小组联保方式运营，平均贷款额度约为1000元/笔。到2000年除个别省外，项目在全国范围内基本结束。自2007年起，农行回归"三农"业务，开展了"惠农卡"农户小额贷款业务，目前配合国家脱贫攻坚战，也开展了扶贫小额信贷活动。

农信社系统（包括农商行和农合行）开展的农户小额信贷。农信社历史上就有农户小额信贷活动，但变化多端。从2000年起，央行发文要求其规范开展小额贷款。自此，农信社及后来改制的农合行和农商行成为中国农村小额信贷的主体，其主要有四类产品：小额信用贷款、联保贷款、抵押担保贷款、扶贫小额贴息担保贷款。

城市商业银行＋担保公司开展的小额信贷项目。2002 年起央行要求在城市开展下岗工人小额担保贷款，现在服务对象已扩展到失业人员，并与人社和妇联、共青团等系统合作开展小额贷款。一般来说，此项目由人社部系统与城市商业银行和担保公司合作开展，也有些地方由妇联、共青团等系统协作承担。

只贷不存的小额贷款公司的小额贷款。这类小额贷款始于 2005 年央行发起由民间资本筹集建立的在中西部 5 省的 5 个县开展的试点，自 2008 年起，推广到全国，现有 8000 多家，贷款余额 9000 多亿元，表现良莠不齐。

村镇银行的小额信贷。2006 年底，银监会公布了在 6 省区开展村镇银行、贷款公司和农村资金互助社三类新金融机构试点。2008 年这三类新金融机构试点扩大到 31 个省。村镇银行建于 2007 年，是由发起银行控股，由它独资或与自然人、企业法人合股组建而成的股份制银行。其目标客户、操作方式及经营业务范围基本与农信社相似。从贷款的角度看，只有低于一定额度（例如在不同省区额度为 10 万—50 万元的）的信贷，才可称为小额信贷。

农村资金互助社和贫困村资金互助项目/组织。自 2007 年起银监会在 6 个省发起试点，后推广到全国。现有 48 家银监会批准的机构还在运营。各地还有未经银监会批准的各类资金互助组织上千家。2006 年开始由财政部和扶贫办系统开展贫困村资金互助项目/组织试点，以财政投入资金为主，共有 50 多亿元，曾在全国 2 万多个贫困村开展，现在多数已经消失。

邮政储蓄银行的小额信贷。2006 年中央政府批准成立邮储银行，过去只开展邮政和储蓄业务，同年开始开展小额信贷试点工作。银监会于 2007 年 5 月批准邮储银行可开展小额无抵押贷款，在陕西、河南等7 省市开展试点，规定单一借款人的最高授信额度不得超过 50 万元。现在全国开展。

股份制商业银行小贷试点。一些股份制商业银行开拓城乡小额信贷业务取得了显著成绩，突出的有国开行与世界银行等在2005年开始试点的12家城乡商业银行，如台州商行、包商银行、马鞍山农商行。国开行的12家试点具有高营利性和高成长性的潜力，但其中多数机构已停止此项目。现在更多的商行在推广已属于普惠金融范畴的小微企业贷款业务。

人对人（P2P）和金融科技企业的小贷。始于2006年，通过互联网电子信息平台和基层运作组织架构，将借款人的相关信息公布，出资人与借贷人建立借贷关系。最多时发展到5000多家，发展良莠不齐，现已萎缩到1000多家，目前还在整顿规范之中。现在有一些金融科技企业，如阿里巴巴、腾讯、京东在发展壮大。

民营银行的小贷。近几年经银监会批准设立的十来家银行，其中有几家主要开展小额信贷业务。例如，微众银行，平均单笔贷款额度为几万元，发展很快，而且贷款质量远高于现有商业银行。

民间借贷：包括邻里互助、正常利率借贷和高利贷借贷。长期以来，延续不断的各式民间借贷活动一直存在和延续，表现良莠不齐。

各种类型的小额信贷都有其长处和短处及适用性，其中也混杂有非法集资和欺诈行为。福利主义小额信贷的长处是对弱势群体的即期优惠扶持十分清楚，但它可能的问题也是明显的。这种模式的缺陷主要是政府或援助机构支付成本高、效率低下、易由强势群体侵占利益、弱势群体增加依赖、易发设租"寻租"、难以可持续发展等。

因此，当今世界小额信贷的主流已逐渐过渡到主张市场化运作和可持续发展的制度主义小额信贷。然而，往往是一种倾向掩盖另一种倾向，现在人们普遍热衷商业性制度主义小额信贷，却在有意或无意地忽视公益性制度主义小额信贷，中国在实践和政策法规上存在类似的问题。

三　对普惠金融的进一步讨论

（一）普惠金融具有三个特点，分为三个层次，面临三个挑战
普惠金融的三个特点，一是该金融体系应具有包容性，合理、公

平、正义的普遍惠及于一切需要金融服务的地区和社会群体，尤其能为那些容易被传统金融体系所忽视的欠发达地区和弱势及贫困群体提供各种所需的、便捷的、具有合理价格的有效金融服务。二是一般应拥有健全治理结构、管理水平、具备财务和组织上可持续发展能力的金融供给机构。三是拥有多样化（包括一系列私营、非营利性及公共金融服务）的金融服务提供者。

普惠金融的三个层次。一是微观层面。普惠金融体系中的零售金融服务提供者，它直接向穷人、低收入者和小微企业提供服务。这些微观层面的服务提供者应包括从民间借贷到商业金融机构以及位于它们之间的各种类型的供给方。二是中观层面。这一层面包括了基础性的金融设施和一系列的能使零售金融服务提供者实现降低交易成本、扩大服务规模和深度、提高技能、促进服务透明要求的中介者。这涵盖了很多的金融服务相关者和活动，例如审计师、评级机构、行业协会、征信机构、结算支付系统、信息技术、技术咨询服务、批发机构、培训机构，等等。这些服务实体也可以是跨国界的、地区性的或全球性组织。三是宏观层面。如要使可持续性的小额信贷和普惠金融蓬勃繁荣发展，就必须有适宜的法规和政策框架。中央银行及其他金融监管当局、财政部和其他相关政府机构是主要的宏观层面的参与者。各级地方政府也是重要的参与者。

普惠金融的三个主要挑战。第一，针对大规模的目标群体的金融需求扩展高质量的金融服务（规模）；第二，不断地拓深更贫困和更偏远地区的客户群体（深度）；第三，降低客户群体和金融服务提供者双方的成本（成本效益比）。最大的挑战也可概括为：如何实现社会业绩（目标群体受益）和经济业绩（机构体系可持续发展）双重最佳。

（二）中国普惠金融，尤其是农村普惠金融发展的基本成绩与弱点

2015 年底，国务院颁布的《推进普惠金融发展规划（2016—2020年）》，对在中国发展普惠金融的方方面面都有了迄今为止最权威的全面表述和要求。中国政府在 2016 年杭州 G20 峰会上又专门就数字普惠金融高级原则做了倡导和阐述。在具体实践中，多年来中国已涌现出不少有创新意义的案例。笔者认为，正确的理解普惠金融，需要清楚它是一个完整的普惠金融体系，它有上述多方面的要求和特征，但结合中国推行普惠金融工作中出现的问题实际，但至少应记住两条最基本和本质性的要求和特征：一是它的主要金融服务对象是小微企业、城市弱势群体、农民、贫困人群、老年人、残疾人，需有效解决服务他们的覆盖面、可获性、满意度问题。二是金融服务供给方自身能保本微利和可持续发展。

经过各方的共同努力，中国目前普惠金融发展取得显著成就，已呈现出服务主体多元、服务覆盖面较广、移动互联网支付使用率较高的特点，人均持有银行账户（存款）数量、银行网点密度等基础金融服务水平已达到国际中上游水平，移动支付技术处于先进水平。金融科技产业蓬勃发展，不仅为金融服务不足群体提供了获取金融服务的途径，也促使传统金融服务提供者积极探索数字驱动的商业模式。这些是十分喜人的成绩，我们应继续努力，巩固成果，更上一层楼。

同时，我们也应十分清醒地认识到中国普惠金融发展仍面临诸多问题与挑战：对普惠金融的认识仍有诸多的差异和误区，普惠金融服务地区和机构发展不平衡、不充分，小微企业和弱势群体融资难、融资贵的问题突出，金融资源向经济发达地区、城市地区集中的特征明显；农村金融仍是中国金融体系中最薄弱的环节；普惠金融宏观、中观和微观体系不健全，金融法律法规体系仍不完善，金融基础设施建设有待加强；"数字鸿沟"问题凸显；普惠金融的商业可持续性有待提高等问题。这些"短板"应是今后力争提高中国普惠金融发展水平的主攻方向和重点。我们还要特别关注低收入和贫困群体的覆盖率和服务深度不足这一"短板"问题的解决。

中国普惠金融的发展使命任重而道远。针对上述问题与挑战，笔者就其中几点谈些看法。

（三）在理论上和实践中防范两种倾向，注意普惠金融中的"道"与"术"、逐利与弘义的平衡与统一

笔者认同中国人民银行副行长潘功胜所言[①]，微型金融、普惠金融

---

① 人民论坛网，2015 年 3 月 16 日。

要在政府政策支持的基础上进行市场化操作，走保本微利的可持续发展之路。当然，就笔者所知，不少人对"保本微利"的提法不赞成。

普惠金融应走保本微利的可持续发展之路，我们既不主张长期依赖补贴式的福利性金融，又不主张商业利润最大化式的金融，而是要兼顾金融供求双方利益的平衡，金融供给方兼顾自身的经济效益和社会效益间的平衡，也是逐利性和弘义性之间的平衡、"道"与"术"的平衡。"道"是指情怀、使命或价值观，而"术"是指所具备的专业技能和风控手段。这两对平衡对立统一、相辅相成。

对偏颇的"理性经济人"理论的批判是有重要现实意义的。在中国的现实经济领域，无论对政府和监管当局，还是商业性企业，或是教学和学术研究界，以至于社会公众和媒体，都应该进行认识、理念和理论上的梳理或纠偏，不应再像过去人们经常看到的现象那样，把商业企业追求利润最大化、忽视社会责任和道德视为理所当然、无可非议、天经地义的。

西方经济学"理性经济人"的理论假设是有局限性的，尤其与普惠金融理论不相容。西方经济学理论的"理性经济人"假设（"完全自私经济人假设"）是很多企业追求利润最大化的理论支撑。但是，这个假设受到有识之士的质疑。除了孟加拉乡村银行创始人尤努斯教授对经济学中"理性经济人"假设做出了深刻的批判之外，国内外其他经济学家也有类似的深刻分析。阿玛蒂亚·森认为，发展是人的发展，"经济学应该关注现实的人"，具体说是现实人的自由；理性经济人像"跛脚的驴"。

中国学界也有不少的专家学者已对"理性经济人"理论的偏颇予以了批驳。例如学者程恩富[①]提出了"利己和利他经济人假设"的基本命题，认为依据人类实践和问题导向，并受马克思的思想启迪，必须确立一种新"经济人"假说和理论，即"利己和利他经济人假设"（或称"己他双性经济人假设"），其方法论和哲学基础是整体主义、唯物主义和现实主义的。

普惠金融的特性之一是发展的可持续性，而运用特惠金融的手段不

---

① 《中国社会科学》2007 年第 1 期。

具有可持续性。中国目前主要是靠用依赖补贴式的特惠金融的手段来弥补普惠金融最底端客户即贫困群体金融服务不足的缺陷。在特定的空间和时间，针对特定的政策目标和服务群体，运用特惠金融的方式是必要的、可行的，但它本身有很多的缺陷，例如财政压力大、效率效益低、不可持续，易产生穷人的"等、靠、要"，易造成目标群体偏移，易引发"寻租"腐败等。

普惠金融的运作机制恰恰可以避免这些缺陷，但真正能做好普惠金融服务深度的工作，却绝非易事，需要从宏观、中观、微观三个层面统筹协调地、系统地解决相关问题。不过，孟加拉乡村银行的经验（政府政策支持和入股以及贫困客户作为股东的主体参与决策和管理的合作银行）是我们可以借鉴的一个榜样。我们这样的社会主义制度国家，完全应该诞生出我们自己的"乡村银行"，更好地以金融服务于扶贫脱贫攻坚重任，而且从长远的视角，为共享经济、共同富裕做贡献。

（四）只增加农村中小金融机构以及鼓励竞争的方式不能解决普惠金融发展的痛点难点

现在有人说金融支农不够，主要是我们农村中小金融机构少，因此对策应是增加中小涉农金融机构，增加竞争，这样就可以提供普惠金融服务了。目前，我们在政策上也是采取这种办法，即增设中小涉农金融机构，增加机构竞争，这从逻辑上和实践中似是有一定道理。普惠金融服务对象是弱势群体，因为竞争加剧了，金融机构的服务对象只好往下、往过去没有或少有服务的低端客户走。但是实际上，基本上可以说这种设想并不能达到服务低端客户需求的目的。

就笔者个人的观察，目前在农村金融市场，在金融机构类型供给侧结构性改革上有重要缺陷。现在鼓励设立发展的全是商业性金融机构（包括农信社的农商行改革方向），他们都有尽量追求利润和做大贷款的冲动和目标，因此，在支持普惠金融，尤其是普惠金融的低端客户上，效果并不理想，它们看来也不愿意和不可能服务普惠金融的低端客户。据汪小亚的报告①，2017 年年底农信社系统（含农信社 907 家、农

---

① 2018 年 7 月 7 日，中华合作时报农村金融论坛。

商行 1262 家、农合行 33 家）的涉农贷款比例为 60%，相比 2007 年末下降 6.49 个百分点，未改变总体下降的趋势。她提到，据中国人民银行出版的《中国农村金融服务报告》：近年来农商行数量虽然不断在增加，但支农的力度和质量却有所下降。刘克崮认为①应减少使用"三农""涉农"等过于宽泛的概念，多使用"贫困农户""普通农户"等精准概念，现在许多高速公路、电厂等基础设施贷款装在"涉农""三农"贷款统计中。

从理论和现实来看，上述做法不能以可持续发展的方法，实现服务普惠金融的中低端客户金融需求的政策和社会目标。我们不排除存在有情怀、有社会责任的商业金融机构在响应党中央号召，帮助推动普惠金融的发展，但即便如此，他们也很难以普惠金融可持续发展的理念和要求惠及普惠金融客户中的中低端群体。他们迄今为止主要依赖政府财政补贴的特惠金融来做此项工作，而不是用普惠金融的理念和实践来做。

解决这个问题当然是一个系统工程，包括建立征信、支付、信息化，以及监管、货币政策、财税政策等一系列措施和手段，这里提两点笔者认为应该解决而现在可能不被重视的问题。

对带有社会企业性质的公益性或非营利性的金融组织和合作金融组织，应从政策上倡导、鼓励和规范发展。这两类可能是我们应该在供给侧结构性改革过程中要补上短板的重要环节。现在从政策上并没有看到在这方面有明显的作为和成效。

例如，从 2006 年起，在贫困地区鼓励发展的贫困村资金互助项目，财政部和国务院扶贫办及地方政府拿出了近 50 亿元，在 1.2 万个贫困村开展，但到现在还生存多少，没有看到任何统计数字。我们看到的是很多地方这个项目和机构早已不复存在。这就是拿国家和人民的钱不当钱，随便做做而已，停了散了无所谓。这是对国家和人民不负责任，有关部门和地方政府没有担当，没有责任心。

再如中和农信、重庆开县民丰互助合作会、陕西西乡妇女发展协会，在浙江和其他一些省规范的"三位一体"的合作社，甘肃、宁夏、陕西的部分贫困村资金互助社等。这些组织是这两类机构里做得相对较

---

① 2018 年 8 月 5 日，首届中国普惠金融创新发展峰会。

好的典范，但是他们至今却没有受到足够的重视和制度性支持，甚至连合法地位都没有，更不要说融资来源了。

因为社会企业类组织，即合作性金融和非营利性金融组织的工作宗旨和目标不追求利润，而是保本微利和可持续地为社员的权益服务和为中低收入农户提供金融服务，所以，从体制、制度和"道"的层面，相对于商业金融机构，他们开展普惠金融是自觉自愿的、有优势，有特殊作用的，而一般商业金融在这方面是有缺陷的，所以笔者主张机构多元化发展。而我们这方面的多元化没有实现。政府更需要出台政策，鼓励和支持有"道"的人或机构更积极地参与到普惠金融的推动工作中来。

当然，这些合作性金融和非营利性金融组织自身要始终注意的是不忘初心、牢记使命，规范发展以及不断提高运营管理能力和水平。《推进普惠金融发展规划（2016—2020 年)》明确提出，"通过法律法规明确从事扶贫小额信贷业务的组织或机构的定位。"这类组织机构中，一些表现比较好的应在政策法规上得到宣传、鼓励和制度性、稳定性支持。

对商业性金融机构怎么解决支农支小问题呢？解决的办法主要应该是政府和监管当局在制定政策法规上要发挥"指挥棒"和风向标的作用。

对商业性金融机构怎么解决支农支小难的问题，笔者认为应改变考评标准和办法。现在对他们的考核主要是依据业务指标，或者财务绩效指标，相应地给予评定和奖惩。应该改为同时考核他们的业务绩效和社会绩效，在理论上要拨乱反正，要指明，追求利润最大化的理论是有局限性的，这种理论只是美英经济学理论，不应该作为主流理论，同是西方发达经济体的德国就不认同这种理论。在实践中，我们应增加考核评价普惠金融所要求的覆盖率、可得性和满意度等问题的指标体系，监督跟踪体系、评价体系、奖惩体系。

如果能把现在这样以考核财务绩效为主的"指挥棒"改变成考核评价普惠金融所要求的覆盖率、可得性和满意度等要求，也可以说同时考核业务绩效和社会绩效的指标体系的"指挥棒"，商业机构也就不得不改变他们现在"脱农"，追求高利润，追求大项目，追求往城里发展的冲动，笔者认为这是我们政策导向上的问题。

（五）注意解决数字普惠金融的"数字鸿沟"问题

在充分肯定中国当前金融科技在提高效率、降低成本、提升精准度等方面对于普惠金融有重大推动作用的同时，要关注和解决现存的"数字鸿沟"问题。中国数字普惠金融的发展确实很快，但我们必须同时关注和缓解已有的，并且可能进一步扩大的"数字鸿沟"的问题。弱势群体缺乏数字技术的知识和技能，可能在金融数据化时代和主流社会的差距越来越大。目前，科技发展对普惠金融的贯彻有一定的局限性，数字鸿沟依然存在，在中国贫困和偏远的农村，依然有一群人并不拥有任何数字设备，哪怕是一部几百元的智能手机，而他们可能在强调数字金融的当下，被整体忽略。

中西部农村，中老年群体数字化的程度低。缺少互联网宽带（一项大学调查显示，西部若干省样本贫困户宽带入户率为零）、计算机设备，智能手机的普及率不充分，这是硬件方面的问题。从软件的角度，不同农民对数字化金融的认识、知识、技能、掌控仍有较大的差异，尤其是八九十年代之前出生的农民群体的适应性较差。欠发达地区农村软件硬件设备不行，尤其是中西部贫困地区在这方面差得很远。

即使在东部地区的浙江，台州银行行长黄军民也表示：[①] "从目前来看，互联网大数据并不能完全解决小微企业的风控问题，尤其在农村金融领域，农民对先进工具的使用能力相对较弱，我们把网点开到乡镇甚至村里去，上门教他们使用，普及金融知识，这个他们更能接受。而对纯线上的接受程度更弱。我们认为线下网点加线上系统工具，能更好地满足农民的需求。"

参考文献

1. 程恩富：《现代马克思主义政治经济学的四大理论假设》，《中国社会科学》2007 年第 1 期。

2. 杜晓山：《发展农村普惠金融的思路和对策》，载《中国农村金融发

---

① 《21 世纪经济报道》2017 年 3 月 21 日。

展报告（2014）》，中国发展出版社 2014 年版。

3. 杜晓山：《普惠金融理论与实践的困惑和探究：驱利性 vs 弘义性》，《金融时报》2015 年 8 月 24 日。

4. 杜晓山：《注意发展两类扶贫金融类组织　缓解商业金融扶贫困境》，《金融时报》2017 年 1 月 5 日。

5. 冯燕：《五措并举推进普惠金融再上新台阶》，人民网，http：//xjr. people. cn/n//2018/0806/C416168 - 03211497. html。

6. 宫敬才：《河北大学宫敬才教授谈阿玛蒂亚·森的思想学说》，《中华读书报》2007 年 8 月 22 日。

7. 刘克崮：《建立多层次中国普惠金融体系》，人民网—财经频道，ht-tp：//finance. people. com. cn/nl/2018/0805/c1004 - 30209786. html。

8. 马绍刚：《中国普惠金融创新与发展峰会发言》，人民网，http：//fi-nance. people. com. cn/GB/8215/415669/420759/index. html。

9. 默罕默德·尤努斯等：《企业的未来——构建社会企业的创想》，中信出版社 2011 年版。

10. 李磊：《3·15：央行副行长潘功胜谈普惠金融的几个误区》，人民论坛网，http：//www. rmlt. com. cn/2015/0316/37708/shtml。

11. 包慧：《台州银行行长黄军民：大数据不能完全解决小微风控问题》，《21 世纪经济报道》，2017 年 3 月 21 日。

20世纪90年代引进孟加拉乡村银行小额信贷模式扶贫的点滴回忆

刘文璞*

摘　要： 本文回顾了20世纪90年代中国社会科学院农村发展研究所引进孟加拉乡村银行小额信贷模式的背景、过程、阶段性结果及此后的发展，并总结了孟加拉乡村银行小额信贷模式中国实践的经验和启示。

关键词： 孟加拉乡村银行　小额信贷　中国实践

一　引入前农村金融扶贫的一些情况

中国政府从20世纪80年代初开始在"三西"地区实施扶贫政策，80年代中扩大到全国。政府扶贫的一项重要内容是信贷扶贫，即向缺少资金的贫困户提供贷款，为此专门设立了扶贫贴息贷款制度。开始扶贫贴息贷款直接面向贫困户，80年代后期，转向主要面向乡镇企业、县办企业和农村中的经营大户。这样做主要是担心贫困户不能有效地使用贷款，达不到发展生产、增加收入的目的，认为把贷款给有实力的企业，再由企业吸收贫困户就业更有效。

联合国的一些组织较早把国外已经发展的小额信贷的个别做法引进到对中国的援助项目中。联合国所属的各机构在华投资实施的项目有多

---

　　* 刘文璞，中国社会科学院荣誉学部委员、研究员、教授，曾任中国社会科学院农村发展研究所党委书记、副所长。

重目标。20 世纪 80 年代初,按中国政府的要求,资金集中用于县办企业或乡镇企业,稍晚开始提供小额信贷或滚动贷款。初期的小额信贷多被利用于改善妇女地位和扩大就业机会,改善医药和生育卫生条件。到 80 年代末,小额信贷作为扶贫手段而越来越广泛地被利用,它的方针日益倾向于向最贫困的农民家庭贷款而不是面向贫困地区,并明确把贷款小组作为信贷基础。

妇女发展基金会是较早向中国提供小额贷款的机构。1981 年和 1982 年分别通过山东省妇联和北京市妇联提供 40 多万美元,主要用于支持能为妇女提供就业机会的小企业,也有一部分资金直接贷给妇女个人用于发展家庭畜牧业,贷款期 2 年,分 2 次还清,利率 5%。

国际小母牛组织是一个非营利的国际慈善机构,在中国开展工作始于 1984 年。该项目是以被称作"礼品传递"的形式扶助人均收入低于当地平均水平的农户。当这些符合条件的农户被项目机构确定为帮助对象以后,即被赠送一头怀孕 6 个月的小母牛。援赠的条件是,受援家庭在得到受援母畜所产第一头小母畜后,必须将小母畜无偿转赠给符合条件又急需母畜的另一个贫困户。受援农户组成小组,由项目管理机构派技术人员进行技术培训。同时小组成员之间还相互担保,相互监督饲养情况,保证按时向新人转赠小母畜。小母牛项目算不上典型的小额信贷,它只是实物贷款的一种形式。

国际农业发展基金的投资集中用于排灌系统、林业(果园、防护林开发)和基础设施,用以改善低收入农户的粮食供给和提高营养水平。20 世纪 80 年代末启动的农村信贷项目旨在向人均收入低于全省平均水平的农户提供短、中、长期贷款以加强农业基础设施、机械和其他农业投入。农发基金信贷项目通过农行或财政机构实施,项目在信贷管理和目标农户选择方面做出了贡献。

人口基金会也是向贫困农户提供小额贷款的组织之一。1989 年由人口基金提供资金、中国政府实施的"妇女、人口与发展"项目以妇女为扶持对象。它把贷款分成两个阶段,第一阶段贷给农村企业,受支援的企业必须是那些能吸收贫困妇女就业或能消费其产品(作为加工原料),或能向妇女提供其他利益承诺的企业。第二阶段是用企业的还款再转贷给妇女小组。妇女小组的组建以自愿为原则,25 人或 30 人为一个小组，进行必要的培训并在借款前 6 个月进行强制性储蓄。贷款按 3∶3∶4 的比例在 3 年内还清。贷款是无息的，但要在贷款额中扣下 5% 的资金用于建立社会发展基金。

尽管 20 世纪 80 年代至 90 年代初，一些国际组织在中国从事的扶贫活动中，曾使用过信贷扶贫的方式，但并非是典型的小额信贷，它们只是作为扶贫项目，采用了小额信贷的某些个别做法，如小组贷款、分期还款等，而没有系统地建立起小额信贷制度。既没有专门的机构、完整的制度和方法，也缺乏明确的目标和宗旨，这类工作在既定的项目到期后也跟着结束了。真正意义上的小额信贷应当说是从 20 世纪 90 年代初中国社会科学院农村发展研究所引入孟加拉乡村银行小额信贷模式开始的。

二 中国社会科学院农村发展所引进孟加拉 乡村银行小额信贷模式的过程和结局

扶贫贴息贷款主要提供给乡镇企业和县办企业、再由企业吸收贫困户就业的信贷扶贫方式没有取得预期的效果。贫困地区的乡镇企业、县办企业经营效益大多不好，不能带动当地的贫困农户经济。即使经营有效益的企业，由于种种原因不能吸收贫困户家庭成员就业。因此扶贫贴息贷款的数额每年都在迅速增长，但扶贫的效益却不显著。长期存在两个难以解决的问题：一是到户率低，二是还贷率低。前者反映出扶贫资金和它的效益难以落实到真正贫困农户头上；后者反映出资金流失大，而这些最终都导致扶贫成本提高，扶贫效果难以提高。贫困地区地方政府有强烈愿望，通过发展工业改善财政收入。操作的金融机构出于经济效益的考虑，非常愿意向企业贷款，因为成本低，便于操作，但离扶贫的目标却越来越远。在贫困地区农村调查时，曾遇到过许多主管扶贫的领导人，为此非常着急，认为这样使用资金，很难帮助真正的贫困户脱贫。一些学者也在探讨如何使扶贫贷款能真正帮助穷人。正是在这样的背景下小额信贷被引进到中国来。

在国外，一般认为制度性小额信贷产生于 20 世纪 70 年代末，到 80 年代中期获得了较大发展。但在中国，当时却很少有人知道什么是小额信贷，只是偶尔从参考消息一类的报纸杂志上看到过一些报道。90年代初，一个偶然的机会使我们同孟加拉乡村银行有了接触，之后启动了孟加拉乡村银行小额信贷模式在中国的试验。

农村发展所较早了解孟加拉乡村银行的是杜晓山（当时任农发所科研处长）。他在承担亚太发展中心（APDC）的研究项目时在吉隆坡开会，从其他资料中了解到孟加拉乡村银行的一些情况。一次与笔者（刚担任所党委书记不久）和张保民（时任副所长）谈及孟加拉乡村银行小额信贷的做法，都感觉很好。当时我们都在参加或接触到所内的一些贫困研究课题，也都非常关心扶贫资金和效益不能到户的问题，随后产生在中国试验小额信贷的想法。之后，以笔者和杜晓山两个人的名义给当时在孟加拉乡村银行任高管的夏慕思（SHAMS）写了一封信（准确时间已记不清，1993年上半年可能性大），表示希望得到孟加拉乡村银行的资金和技术帮助在中国试验小额信贷。笔者和杜晓山都是在承担设在吉隆坡的亚太发展中心（APDC）的扶贫研究项目时先后认识夏慕思的。他当时任亚太发展中心项目官员，后转到孟加拉乡村银行任高管。我是1989年在吉隆坡认识他的，当时笔者与杜吟堂到吉隆坡亚太发展中心总部开研讨会，还记得会议主题是扶贫资金如何有效向穷人传递。我们的信很快得到了孟加拉乡村银行的积极反馈，表示愿意提供贷款和技术支持，还邀请我们派一人（后杜晓山去的）访问孟加拉乡村银行，参加孟加拉乡村银行/信托基金组织的培训班，并借此机会与孟加拉乡村银行讨论资金及在中国合作开展孟加拉乡村银行式小额信贷扶贫试验的具体事项。

1993年下半年我们成立课题组，开始了筹备工作。首先是需要有必要的操作经费；其次是选择试验点以及建立相应的机构和管理系统等。关于操作费用，当时在福特基金会北京办事处的项目官员麦斯文表示了极大的兴趣和积极性，使操作经费和部分用于贷款的资金很快得到解决。贷款本金则主要由孟加拉乡村银行以低息贷款方式提供，第一笔是5万美元，分期到位。

关于选点，确定的条件一是要贫困县，二是尽量离北京近一点，方便工作和节省经费。最后定在河北易县。易县除了符合上述这两个条件外，还有张保民的一位同学正在易县担任县长，更便于开展工作。经过与县政府几次讨论，最后确定建立"扶贫经济合作社"，作为操作小额信贷的组织机构，由农发所和易县政府的有关人员共同组成理事会和操作机构，农发所的人任理事长，易县的人任主任，主任由扶贫办主任兼任，一两个工作人员从扶贫办抽调，其他人员和信贷员从社会招聘。这种组织结构没有维持多久，农发所的人退出了理事会，理事会全部由易县政府的人组成。中国社会科学院农村发展研究所在北京建立了"扶贫经济合作社"总部理事会和专门的管理机构，准备在全国其他地区建立新的试验点。

组织机构建立后，要建立贷款的相关管理制度。怎么搞法当时我们没有任何经验，所以易县的试验几乎都是参照孟加拉乡村银行的做法，基本上可以说是照搬照抄，虽然有些做法不同，但基本上采用的是孟加拉乡村银行的具体做法，如借款人以妇女为主，借款人组织起来，5人组成小组，若干小组组成中心，中心会议制度，贷款不要抵押担保，由小组成员相互联保，每周分期还款，市场利率，小额、短期，强制储蓄，小组基金，服务上门，简化手续等。

1994年3月，最先选了西陵镇的五道河、白水港、华北村三个村作为开展工作的村庄，经过充分的调查之后，5月，向第一批30户先后发放了贷款。第一批贷款户全是经过认真鉴别，符合当初设定的目标：其收入大体在政府设定的贫困线上下，有一定生产经营能力。

小额信贷独特的做法与传统的农村金融业务区别很大，由此也招来一些非议。但贫困户却很快接受了，实现了当初设定的目标：直接贷款给真正的贫困户并且要实现高还贷率。

有了易县的经验，1995年，在孟加拉乡村银行的支持下，我们又把试验点扩大到河南的南召和虞城两个县以及陕西的丹凤县。河南南召和虞城分别位于该省的西部（山区）和东部（黄泛平原区）。按孟加拉乡村银行/信托公司（提供资金的机构）的要求，希望在贫困人口多的省进行试验。当时河南省分布了中国较多的贫困人口，但其贫困发生率和贫困深度比西部一些省区好一些，贫困人口居住也相对集中些。选陕西丹凤作为试点县是因为该县是中国社会科学院对口扶贫单位。

在试验过程中，"扶贫经济合作社"与孟加拉乡村银行/信托公司及其创始人尤努斯建立了非常良好的合作关系。农村发展所和试验点的主要管理人员差不多都到孟加拉乡村银行实习过或接受过培训。孟加拉乡村银行/信托公司的专家也多次到中国开展培训。1995 年 9 月，尤努斯借到北京参加世界妇女大会之机第一次来农发所访问（据说这也是他第一次到中国访问），交流和实地考察了易县试验点工作，其间还提出希望与中国政府扶贫和金融部门座谈。笔者请当时国务院扶贫办主任杨钟在农发所与他见面，介绍中国扶贫情况和政策。笔者记得他听后对中国政府在扶贫中发挥如此大的作用非常赞赏，评价很高，几次表示，孟加拉乡村银行愿意为你们做点什么。以后他多次来中国，或参加国际研讨会，或考察试验点工作，讨论后续发展计划。20 世纪 90 年代，尤努斯在国际上已经有很大名声，但在中国，知道他的人还不多，以后他来中国不少是与中国社会科学院农村发展研究所的试验项目有关。

易县、南召和虞城扶贫济合作社不长的试验取得了出乎意料的社会影响。一些中央和地方的党和政府机构以及不少国际组织纷纷到易县考察，来自基层单位和各类福利组织更多了。据易县扶贫经济合作社的不很准确的估计，在 1994 年开始贷款以后的一两年，到易县参观的人每年平均能达到三千人次，这使人想起"文化大革命"期间到山西大寨参观的情景。人们对易县小额信贷的试验产生出如此高的兴趣，笔者想这可能是由于国内扶贫工作的迫切需要，扶贫资金如何能到贫困户的手里是当时扶贫问题面临的迫切问题。

扶贫经济合作社在 20 世纪 90 年代及以后对孟加拉乡村银行模式的试验有成功也有失败，有经验也有教训。如陕西丹凤试验点由于未料到的原因最后关闭了。虞城试验点由于资金一度被少数管理人员挪用给企业而招致巨大损失。但不长的试验积累起了小额信贷在中国的最初的实践经验，发挥了积极的社会效果。

农村发展研究所在河北、河南和陕西的小额信贷试验工作，从一开始就得到了国务院扶贫办公室的热情支持，当时的办公室主任杨钟和副主任杨泳沂多次听取我们的试验情况汇报并参与一些研究和讨论，以后历届扶贫办主任对试验工作都给予了极大的支持。扶贫办的领导和工作人员，先后多次到过易县和虞城县调查，对于两个县小额信贷扶贫效果给予了充分的肯定。国务院扶贫办在丹凤县所属的商洛地区举办过多期全国性培训，向全国介绍商洛地区开展小额信贷做法和经验。易县扶贫经济合作社的情况最早反映到中央是通过一篇报道。1995 年 11 月 10 日,《中国改革报》刊登了题为《易县试行孟加拉模式扶贫》的文章,该文于 1995 年 11 月 12 日被中央政策研究室的简报转载,并上报了总理办公室,李鹏总理 12 月 13 日对该文做了批示:"请春云同志阅。"姜春云当时是主管扶贫工作的副总理,他批示:"经验值得参考。"记得是一天下午,当时的扶贫办主任杨钟用急件把这个批件复印件转给了我。当时我正与杜晓山和张保民开会商量什么事情,看到这个批示我们都很受鼓舞。1996 年或 1997 年,一次虞城县扶贫办主任到北京向当时主管扶贫工作的国务委员陈俊生汇报小额信贷的实施情况时,陈俊生同志对虞城县小额信贷也给了高度的评价,当时他写道:"虞城关于用小额贷款扶贫的经验,我感到很好,可以给予大力支持、希望×××同志听一次汇报并大力进行宣传。这是扶真贫、真扶贫的一个好方法。"正是在国务院和扶贫部门的积极推动下,小额信贷开始从个别的试验逐渐提到了政策的层面。

　　1996 年中央扶贫开发会议提出扶贫资金不仅要到县,而且要到村、到户。这是在总结多年扶贫效益难以落实到贫困农户的经验教训以后,对扶贫资金使用上的重要调整。但是到村到户工作量大,并且需要完善的金融网络,这是银行无力单独完成的,必须找到一种合适的形式和制度。正是在这种背景下,小额信贷被政府采纳,成为一项扶贫政策。1998 年 2 月,国务院扶贫办召开的全国扶贫到户工作座谈会首次提出在全国范围内进行小额信贷试点。提出,从今年开始,凡是没有进行小额信贷试点的省区,要积极进行试点工作;已进行试点的,要逐步推广;试点并取得成功的,可以稳步在较大范围内推广。当年 9 月,中共中央、国务院《做好当前农业和农村工作的通知》对小额信贷扶贫工作提出了"积极试点、认真总结规范,逐步发展推广"的方针。文件还指出,总结和推广各种行之有效的扶贫到户经验,重点抓好小额信贷试点和推广。1998 年 10 月 14 日中共中央十五届三中全会通过的《中共中央关于农业和农村工作若干重大问题的决定》指出,要总结推广小额信贷等扶贫资金到户的有效做法。1999 年中央扶贫开发工作会议再次强调小额信贷扶贫的作用。有关文件指出:小额信贷是一种有效的扶贫到户形式,要在总结经验、规范运作的基础上,积极稳妥地推行。

在中央政策的推动下，小额信贷走出了社会科学院的大门。

中国社会科学院小额信贷试验的结局。小额信贷试验得到了中国社会科学院的支持和肯定。小额信贷课题组两次获得中央国家机关"五一劳动奖状"，还获得过中国消除贫困奖励委员会（中国扶贫基金会）的"消除贫困创新奖"等多项奖项。中国社会科学院直接管理的在各县的小额贷款试点都实现了保本微利。扶贫经济合作社理事会经过多年实践、思考，深感管理、经营金融业务已经不是理论研究机构自己所能和可以长期担负的使命了，我们既缺乏管理金融业务的知识和技能，也没有这方面的专业人员队伍。最后在 2013—2014 年决定把"扶贫经济合作社"的几个试验点，包括组织、资金、人员移交给中国扶贫基金会等更为专业、专职的金融机构或当地政府管理。移交后不久，2014年中国人民银行等四部委（1999 年是中国人民银行等部委批准中国社会科学院农村发展研究进行小额信贷试点的）对试点工作做了最后的评估。评估报告认为：小额信贷试验取得了较好扶贫效果，能够在更大范围内复制推广，为解决贫困农户"贷款难"积累了重要经验。随后由总理李克强和两位副总理签署了国务院办公厅对中国人民银行等部委报告的回复意见，回复意见认为中国社会科学院的试验在探索小额信贷扶贫模式、发展普惠金融方面取得一定效果，积累了经验。至此研究机构的实验研究任务结束。目前几个试验点运营正常，有的还获得较快发展。

三 20 世纪 90 年代及以后孟加拉乡村银行模式的进一步扩展情况

扶贫经济合作社的试验效果，推动了一些国内和国际机构在中国支持和试行孟加拉小额信贷模式。这里特别要提的是，商务部中国国际经济技术交流中心实施的联合国开发计划署扶贫项目对此发挥了巨大作用。

联合国援华项目的目标在进入 20 世纪 90 年代以后越来越关注贫困问题，对小额信贷采取了更为积极的政策。联合国开发计划署的扶贫项目由原外经贸部（现商务部）中国国际经济技术交流中心组织实施。

它的目标是建立综合的、低成本的和可推广的扶贫模式。1995 年开始在四川仪陇县试验小额信贷扶贫项目。与联合国其他机构在 20 世纪 80 年代所做的工作不同，现在是把小额信贷作为一种完整的扶贫金融制度，而不再是借用小额信贷的个别做法，通过提供资金帮助，使农村贫困农户提高生产力，扩大就业以及改善生产、生活条件。

联合国开发计划署小额信贷项目开始并没有打算借鉴孟加拉乡村银行的做法，后来看到了中国社会科学院扶贫经济合作社的经验，改为采用孟加拉乡村银行模式。开发计划署小额信贷项目区开始时只局限于四川、云南的少数几个县，以后规模不断扩大，最后几乎遍及西部各省区的几十个县，成为在中国规模和影响最大的小额信贷项目之一。

开发计划署选择的小额信贷项目区都在西部的边远山区，其自然和社会经济特征不仅与孟加拉乡村银行项目区截然不同，而且与中国社会科学院农村发展所扶贫经济合作社项目区也有很大差异。在这里资源更加匮乏，交通更为不便，更加远离大城市和经济发达区，农民的居住也更为分散，居民的贫困程度明显高于扶贫经济合作社项目区。这样的地区对于以扶贫为目标的小额信贷项目也许更具有典型性。开发计划署资助的小额信贷项目为把小额信贷向中国更加贫困的地区推广做了更多的尝试和贡献。一旦在这样的地区获得成功，其意义更大。因此它的项目从一开始就更加受到人们的关注。还有一点要提及的是，开发计划署资助的项目少数在城市，所以他也开了城市小额信贷的先河。

也许正是由于一些机构在试验孟加拉乡村银行模式方面取得的成功经验推动了孟加拉乡村银行这种小额信贷模式不断扩大自己在中国的影响。越来越多的机构或多或少，或直接和间接地借鉴了乡村银行的经验。从相当多的国内小额信贷项目中都可以看到乡村银行模式的痕迹，使得孟加拉乡村银行成为在中国影响最大的小额信贷模式，以致在社会上常常引起误解，认为只有乡村银行的模式才是典型的小额信贷。尽管当时国际上已经形成了许多成功的小额信贷模式，可惜国内对它们的了解却很少。

这一阶段小额信贷的特点，一是建立了专门的组织操作信贷工作，不再是某个扶贫项目的附属品；二是完整、全面地借鉴和引入国外小额信贷成功的经验；三是各机构提出了可持续发展的目标。但是截至 20

世纪90年代中期，小额信贷项目几乎全部是由国际机构提供资金和技术支持开展的，国内资金几乎没有介入，正规金融机构基本上没有参与进来。

小额信贷在中国推广的一个转折是1996年中央扶贫开发会议提出扶贫资金不仅要到县，而且要到村、到户。在这种背景下，小额信贷被政府采纳，成为一项扶贫政策和措施。这标志着小额信贷在中国的一个转折点：小额信贷从由公益组织、社会团体操作，主要利用国外资金在小范围试验转向了以政府和正规金融机构操作、以使用国内资金为主，在全国范围内推广，各地在具体操作中，主要由政府扶贫办和中国农业银行协作管理，信贷服务和产品形式也突破单一孟加拉小额信贷模式。最早参与扶贫资金到户的正规金融机构是农行，接着约在20世纪90年代末，是农村信用社，之后，迅速扩展至其他涉农商业性金融机构。

四 中国实践对孟加拉乡村银行小额信贷模式的检验

20世纪90年代先后建立的小额信贷组织据说超过200个。它们大部分借鉴的是孟加拉乡村银行小额信贷模式。以后不少由于各种原因关闭了，留存下来的构成了中国目前公益性小额信贷组织的主要部分。在以后实践中，孟加拉乡村银行小额信贷模式的一些基本原则和管理制度仍在被广泛使用，如只向低收入和贫困农户贷款、实行商业利率、妇女为主、放贷在借款人社区进行、借款人以一定形式组织起来、分期还款以及连续贷款等。但是有些小额信贷机构根据中国的具体情况和贫困农户信贷需求特点对孟加拉乡村银行小额信贷模式做了一些调整和改变，小额信贷组织形式、目标宗旨、管理制度、信贷产品等开始呈现多样化趋势，例如开发了个人贷款；在农业专业化程度较高地区改整贷零还为整贷整还。

孟加拉乡村银行小额信贷模式的某些制度在中国试验中也有不成功的。例如中心会议制度，在中国几乎找不到成功的实例。20世纪90年代农发所的一项调查认为，中心会议制度增加了借款人的借贷成本，这点在居住分散的山区尤为突出，难以为借款人接受。强制储蓄和小组基金也未被中国小额信贷组织广泛接受。一些组织曾经一度实行过，但最后也放弃了。理由是管理成本很高，但对筹措资金和控制风险的作用却不大。

这里特别要谈谈小组联保问题。所谓小组联保应当理解为小组成员因死亡或其他原因无法偿还债务时，其他成员有义务替他还债。在中国众多借鉴孟加拉乡村银行模式的小额信贷机构中能做到这点的成功的实例很少。这并非完全否定小组在防范信贷风险方面的作用。某个成员不能按时还款时，其他成员暂时替他还款，等于把拖欠人与小额信贷机构的债务关系转为小组成员之间的债务关系。这固然起到了控制风险的作用，但这不是小组联保的概念。这里有必要澄清一件事。2006 年 10 月孟加拉乡村银行信托基金总经理和副总经理三人在北京小额信贷培训中心介绍乡村银行广义化推广系统（即所谓孟加拉乡村银行二代）时，她们明确认定，孟加拉乡村银行从未实行过小组联保制度，即一户拖欠，其他小组成员有义务替他还款。说明我们学习孟加拉乡村银行虽然已经 10 多年，但对其主要制度还有未搞清楚的地方。

中国文化传统和国情与孟加拉有很大差异，由此在中国会形成许多不同于孟加拉乡村银行的做法。所以在借鉴外国经验和多样化的基础上，形成有中国特色的小额信贷体系应是未来发展的方向。

五 与小额信贷试验相关问题的讨论

扶贫社 20 多年的试验性研究证明了直接向贫困户提供信贷支持是可行的和有效的。还在 20 世纪 80 年代，国务院扶贫办的一项研究结论是：扶贫资金直接投向贫困农户比间接使用资金对贫困户的脱贫更有效，成本也更低。扶贫社以实践经验证实了这一点。

在小额信贷复制和推广过程中，无论在国内或国外都曾经有过很大争论，尤其在初期。首先是，贫困户有信贷需求吗？如果有，他们拿到贷款后能否有效使用贷款，不仅能偿还贷款者的本金和利息（通常还比较高），还能从资金使用中获得纯收入。对贫困户的更大质疑还在于他们有没有信誉偿还贷款。还有一点争议也很大，即穷人能不能支付得起商业利率，小额贷款会不会变为沉重债务而恶化他们的生活状况。事实上，直到今天对小额信贷是否能直接帮助穷人还未能达成完全的共识。

有一种全盘否定的观点。例如，有的人直接把小额贷款称作是"小额负债"，认为它对穷人是没有意义的，他们无力偿还，只能更增加他们已经不堪重负的家庭经济负担。[1] 有人认为：扶贫是政府的事，应当由政府去做，反对赋予信贷以扶贫的功能。还有人怀疑，在穷人的社会中，是否存在着像小额信贷高峰会议所认定的那样广阔的市场需要。莫斯勒（Mosley）和拉克（Rock）也对小额信贷的有效性提出质疑，认为通过向雇用贫困人口的非贫困人口提供贷款可能比直接向贫困人口提供贷款更能有效地缓解贫困。[2] 有一些人认为，不应当去推行那些直接向穷人提供资源的扶贫方式。在众多的批评者中，我们注意到下述观点，认为：瞄准借贷，与风险化解的基本原理相悖，瞄准导致贷款给指定的受益人群，他们有共同的特征，由此产生系统风险。相似的观点在中国也一样普遍。

我们并不同意这些极端的观点，因为它们不符合小额信贷发展的历史和现实。

大量的实证证明，小额信贷能够在扶贫的很多方面发挥积极的影响，如：①它能扩大贫困家庭的收入来源，使其多样化；②应对紧急发生的现金流缺口，降低贫困家庭的经济脆弱性；③在积累资产等方面可以帮助穷人摆脱贫困的恶性循环；④在非经济方面的影响可能更值得关注，如妇女地位。

在试验扶贫小额信贷过程中，一个令人困惑的问题是，小额信贷很难覆盖穷人中的最穷人。或者说，小额信贷对农村中最穷的那一类农户往往是低效或无效的。小额信贷高峰会议所认定的小额信贷可以服务于穷人中的极端贫困人口的结论尚未被广泛实践证明。

根据对 20 世纪 90 年代以来进行的小额信贷试验的调查，小额信贷的客户在经济上大多属于当地中等到偏下区间，涵盖的贫困户也多属于贫困户中中等、中等偏上的一类。有的调查还认为现行某些贷款管理制度还排斥最穷人。这是基于对公益性小额信贷组织调查的结论，而他们

---

① 俄亥俄州立大学达理—阿达目（DALE ADAMS），参见中国社会科学院农村发展研究所小额信贷中心《小额信贷研究》（内部刊物）2003 年第 3 期。
② 参见中国社会科学院农村发展研究所小额信贷中心《小额信贷研究》（内部刊物）2003 年第 4 期。

是迄今各类小额信贷组织中贷款深度最深的一类。在别的国家，类似的情况到处都有。一项报告认为，在全球有名的小额信贷组织中，除孟加拉的小额信贷组织能够覆盖较高比例的贫困线以下人口外，其他的所能覆盖的贫困线以下人口的比例均不高或很低。即使孟加拉的小额信贷组织也不能把自己的服务扩大到最穷人，即所谓赤贫人口。[①] 小额信贷组织发生目标偏离的情况可以经常看到。小额信贷能不能把自己的服务不断向更贫困的人口延伸是一个长期困扰小额信贷业界的难题。

为什么小额信贷对最贫困户是低效和无效的。这种情况的发生可能同多种微观和宏观因素有关。

一般认为，信贷扶贫作用的大小与贫困户自身的经济特点有关，也在很大程度上受到穷人聚居地区的社会与经济条件的制约。政府政策、社会保障水平和信贷新技术等也是重要的影响因素。

卓安-帕科（Joan Parke）在《小额信贷的适用性》一文中认为小额信贷最适用于已有的经营活动，适合有头脑和管理能力的人，而对于最穷人，由于他们不具备这些条件而不能发挥作用，"对于长期贫困，没有先期努力以降低其脆弱性和技能的培训、信心的树立以及最基本的资金，信贷很难成功"。[②] 一些经验证明，小额信贷对有以下特征的农户不能发挥有效的作用，如长期贫困，无生产技能，没有一点资金积累，缺乏信心。小额信贷的借贷人至少具备一定条件才能使信贷发挥积极作用。这些条件包括：①有最基本的生产技能；②不是严重缺乏生活资料，以致任何贷款都可能被转移用于消费目的，生活资料包括生活必需品，如粮食、医疗开支和教育开支等；③已积累有一定最基本资金（所谓原始积累）；④有摆脱贫困的要求和信心。除了上述条件，如果还具备以下条件的，小额信贷可以发挥更大的影响：①已有了现成的生产项目，贷款用于这些项目的扩大再生产；②贷款人的家庭有了多元化的生产结构和收入结构；③商品性生产有了一定发展（非自然经济）。这些条件常不是赤贫户所具备的。

---

① 参见世界银行扶贫协商小组编《微型金融和风险管理：一个微型金融客户的观点》，《焦点》2005 年第 17 期。

② 参见世界银行扶贫协商小组（CGAP）编《小额信贷的适用性》，《焦点》2001 年第 20 期。

对于居住在一些缺乏条件地区的贫困户，不管他们是哪一个层次的贫困户，小额信贷都很难发挥很好的作用。这些条件是指，基础设施，市场，人口密度（不过于分散而使成本过高），生产结构和收入结构（多元化，而非单一），交易形式（现金交易而非实物交易），自然灾害，经济环境、法律和社会秩序等。对于使用抵押品替代的小额信贷，还要求社会凝聚力的存在。缺乏这些条件，信贷服务对于任何人都很难发挥很理想的作用，对穷人尤其是这样。当然，这些条件不应认为是持久不变的障碍，经过人们的努力，条件是可以改善的，小额信贷向更贫困地区和人口延伸的可能性也会增大，覆盖最穷人的目标绝不是遥不可及和不能实现的。

党的十八大以来，实行的精准扶贫政策为解决上述问题提供了新鲜经验，也丰富了传统的小额信贷理论与实践。例如，政府建立激励金融机构向贫困地区和贫困农户提供金融服务机制和制度、建立和提高农村社保体系和水平（医疗卫生、教育、养老等）、加强贫困地区基础设施建设、对有特殊困难农户实行救助和补贴，所谓"输血"与"造血"结合、对居住在缺乏基本生产、生活条件的人实行移民搬迁、政府帮助穷人把生产纳入当地产业链，开展生产技术培训，开拓市场营销以及合作建立信息共享制度等。这些措施提高了扶贫金融效率，也扩大了扶贫金融的广度和深度，为最贫困的那部分农户（所谓赤贫人口）获得金融服务提供了新机会。

预计 2020 年中国将消除绝对贫困人口。但这并不意味着小额信贷将减弱和消亡；相反，小额信贷仍然会有巨大的市场前景。小农将是在相当长时期内中国农村占比最大的经济形式。它所涵盖的人口、拥有的生产资源都会占很大比重，它在提供某些农产品方面的地位尤其不可小视。如何使小农与其他经济形式一样生产发展、收入增加，逐步与现代化对接，将是乡村振兴面临的重大课题之一，而金融服务仍是一个不可或缺的条件。

中国小额信贷回顾与展望

徐 忠 雷 曜[*]

摘 要: 20 世纪 70 年代以来,以孟加拉乡村银行为代表的各类小微信贷技术和组织开始涌现,学界和业界社会责任和商业可持续性、政策支持和市场配置资源、严格监管和弹性监管等话题展开争论和创新。中国引入小额信贷后,其在民间融资"阳光化"、改善小微企业和农村金融服务等方面起到了重要作用。人民银行等部门积极推动小额贷款公司等新型农村金融组织的创新规范发展。当然,这一行业仍面临着监管未完全到位、少数机构经营管理不规范甚至突破法律底线等问题。下一步,要按照依法分层分类监管、形成正向激励和可持续发展机制的思路深化改革,应用现代科技提升行业能力,使小额信贷行业更好地服务于小微企业和乡村振兴等国家重要战略。

关键词: 小额信贷 金融监管 金融改革

20 世纪 70 年代以来,以孟加拉乡村银行为代表的各类小微信贷技术和组织开始涌现,学界和业界围绕社会责任和商业可持续性、政策支持和市场配置资源、严格监管和弹性监管等话题展开争论和创新。中国引入小额信贷后,其在民间融资"阳光化"、改善小微企业和农村金融服务等方面起到了重要作用。人民银行等部门积极推动小额贷款公司等新型农村金融组织的创新规范发展。当然,这一行业目前仍面临着监管

---

* 徐忠,经济学博士,中国人民银行研究局局长;雷曜,经济学博士,中国人民银行研究局处长。

未完全到位、少数机构经营管理不规范甚至突破法律底线等问题。下一步，要按照依法分层分类监管、形成正向激励和可持续发展机制的思路深化改革，应用现代科技提升行业能力，使小额信贷行业更好地服务于小微企业和乡村振兴等国家重要战略。

一 国际小额信贷的起源和发展

小额信贷（microcredit）在 20 世纪 70 年代发端于孟加拉国，是信贷机构向低收入阶层和弱势群体提供的信用贷款，额度很小，无须抵押。到 90 年代，这一行业以追求商业可持续发展和贷款覆盖率为目标，服务内容扩展到小额信贷、小额储蓄、小额汇兑和小额保险等，帮助许多国家缓解了小微企业和贫困农户融资难问题。国际小额信贷的主要模式可归纳为以下五种。

一是以孟加拉格莱珉银行[①]（GRAMEEN BANK）为代表的非政府组织模式。格莱珉银行创建于 1974 年，20 世纪 80 年代在政府支持下转为独立银行，主要通过农户贷款小组发放无抵押的短期小额信贷，小组成员相互帮助选择项目，相互监督项目实施，相互承担还贷责任。

二是以印度尼西亚人民银行小额信贷部（BRI—UD）为代表的正规金融机构模式。严格分离银行的社会服务职能和营利职能，建立若干营业中心，独立核算并决定贷款发放与回收，再加上高利率和鼓励储蓄等政策，使该机构实现了财务可持续。

三是以印度国有开发银行—印度农业和农村发展银行（NABARD）为代表的，非正规农户互助组与正规金融相结合的模式。从 1991 年开始，该机构帮助农户互助组进行建组培训、内部储蓄和贷款；达到一定条件后才向农户互助组提供贷款，对基层商业银行提供的小额贷款提供再贷款支持。

四是社区合作银行（又称信用联盟）模式。合作银行不以营利为目的，以一人一票的原则管理合作社。村银行由国际社区资助基金会（FINCA）开创，采用经济民主化的方式运作，可以一人多票，提供市

---

① 即孟加拉乡村银行。——编者注

场利率的贷款。

五是以孟加拉农村就业支持基金会（PKSF）为代表的小额信贷批发基金模式。为集中管理国内外捐助机构和政府的扶贫资金，推动小额信贷机构的良性竞争和可持续发展，孟加拉国政府于1990年设立该机构，注册资本为国内外赠款和国际金融组织贷款共1.7亿美元，对符合其标准的合作机构提供能力建设和免予担保的小额信贷批发业务。

总的来看，缺乏土地和房屋等正规抵押品是贫困人口获得金融机构贷款的主要障碍。大部分的小额信贷机构利用各种风险管理工具的组合来突破上述障碍：一是贷款金额小、期限短，通常起始于50美元，期限为3—12个月；二是以将来有权使用更高的贷款额度奖励激励按时还款；三是以非传统的方式处理抵押担保和风险方面的关键问题，如组成连带小组并承担本小组成员连带还款责任；四是收取反映风险成本的利率。

多元化的小额信贷模式针对不同国家的经济发展水平、社会文化背景和不同客户特征而设计，目标和服务都是为低收入阶层提供便利的金融服务，帮助他们脱贫致富。同时，改变了原来由政府简单贴息等模式，引入了市场机制，实现小额信贷机构的可持续发展。成功的小额信贷项目显示出高还款率（平均在90%以上）和高入户率（100%贷款到户）两大优势。联合国将2005年确定为"国际小额信贷年"，并对小额信贷在实现千年发展目标（2015年前将全球贫困人口减半）的积极作用予以充分肯定。

但是，2008年开始，一些国家出现小额信贷客户无法偿贷问题，微型金融机构资产质量开始恶化，2010年印度尼西亚又爆发小额信贷危机，暴露出这一行业市场增长过快、客户过度负债、利率过高及非生产性用途贷款过多四大问题，引发了国际社会再反思和再改革。

二　中国的小额信贷实践

中国的小额信贷实践始于1993年，逐步形成了以银行类金融机构特别是农村信用社为主体，新型农村金融机构、小额贷款公司和其他金融组织共同构成的多层次、多元化的服务体系，有效地扩大了小额信贷的覆盖范围。

（一）中国小额信贷经历了从模仿到创新的四个历程

第一阶段：小额信贷以 NGO 形式运行。从 1993 年底至 1996 年 10 月，小额信贷作为一种扶贫理念和信贷技术逐渐传入中国，主要在国际资金和技术援助下，以 NGO 形式开始运行。1993 年，中国社会科学院农村发展研究所参照"格莱珉银行"模式，在河北、河南和陕西等地成立"扶贫经济合作社"，开始进行小额信贷扶贫试验。从 1995 年开始，联合国开发计划署（UNDP）和中国国际经济技术交流中心在全国 17 个省的 48 个县（市）推行以扶贫等为目标的小额信贷项目。后来，开发计划署还在天津和河南的部分城市开展了针对下岗职工的城市小额信贷项目。一些国际组织相继在中国开展了小额信贷项目，多以扶贫和妇女、儿童发展为目标。

第二阶段：政策性小额信贷扶贫项目开始发展。1996 年 10 月，为实现千年扶贫攻坚计划和新世纪扶贫任务，借鉴 NGO 小额信贷的技术和经验，以国家财政资金和扶贫贴息贷款为资金来源的政策性小额信贷扶贫项目开始发展起来。国务院扶贫办系统、民政部门、残联、妇联等部门先后参与其中。这些项目大多分布在农村地区，也包括面向下岗失业人员和城镇低收入人口的一些城市小额信贷项目。2008 年，中国扶贫基金会以其小额信贷部为基础成立中和农信项目管理有限公司（中和农信），后来又引入世界银行集团国际金融公司和蚂蚁金融等股东，以其托管的专项扶贫资金和银行批发贷款为资金来源，采用连锁式专业放贷组织模式向贫困农户发放小额贷款。

第三阶段：正规金融机构大规模介入小额信贷领域。在中国人民银行支农再贷款支持下，农村信用社分别从 1999 年和 2000 年开始发放小额信用贷款和农户联保贷款。这标志着正规金融机构正式介入小额信贷领域，小额信贷的目标也从扶贫领域扩展到为一般农户以及小微企业服务的广阔空间。2007 年，原银监会发布《关于银行业金融机构大力发展农村小额贷款业务的指导意见》，商业银行也陆续开展各种小额信贷业务。如农业银行以惠农卡为依托，对符合条件的农户"一次授信，循环使用，随借随还"。邮政储蓄银行 2008 年开始在全国推广小额贷款业务。2014 年，有关部门为建档立卡贫困户量身定制了"扶贫小额信贷"，其特点是"5 万元以下、3 年期以内、免担保免抵押、基准利率放贷、财政贴息、县建风险补偿金"。截至 2018 年 6 月末，全国银行业金融机构发放扶贫小额信贷余额 1469 亿元。

第四阶段：商业性小额信贷的探索发展。在农村金融总体改革框架下，适应农村金融市场开放的政策取向，由私人资本投资的商业性小额信贷机构开始试点。2005 年，山西、内蒙古、四川、陕西和贵州 5 省（区）试点成立第一批小额贷款公司，小额贷款公司"只贷不存"，贷款"小额、分散"，贷款对象主要限于农户、个体经营者和小微企业，业务运作坚持立足农村、服务"三农"，以改善农村金融服务为目的。

总结中国小额信贷从模仿到创新的发展历程，具有以下几个特点和经验。一是得到中国人民银行支农再贷款、财政补贴等多项政策的推动。中国人民银行综合运用差别化准备金率、再贷款、再贴现等政策工具引导金融机构加大小额信贷投放，降低融资成本。中央财政部实施县域金融机构涉农贷款增量奖励和农村金融机构定向费用补贴政策，对金融机构发放的 10 万元以下农户小额贷款的利息收入免征增值税。

二是机构试点由点到面，迅速缓解了小额信贷供给不足问题。2005 年，山西等 5 省（区）试点成立第一批小额贷款公司，2008 年试点推广到全国。截至 2018 年 7 月末，全国已设立小额贷款公司 8362 家，贷款余额 9662 亿元。2007 年中国开始试点并推广新型农村金融机构（村镇银行、贷款公司、农村资金互助社）。截至 2017 年 9 月末，全国已组建村镇银行 1567 家，贷款公司 13 家，农村资金互助社 48 家，超过 90% 的贷款投向了农户和小微企业。

三是加强信用信息等基础设施建设。农村信用环境的改善是增加农户小额信贷的主要条件。从信用环境建设看，目前农户自我守信的意识逐步建立，同时，各地广泛开展"信用户""信用村""信用乡（镇）"建设，构建"守信受益、失信惩戒"的信用激励约束机制，从外部增强农户守信履约职责，改善了农村地区的信用环境。截至 2017 年年末，中国共为 1.7 亿多农户建立了信用档案，建档农户中有 9000 多万户获得信贷支持。2013 年中国人民银行开展小额贷款公司评级试点工作，并选择规模较大、经营良好的小额贷款公司接入金融信用信息基础数据库。

四是建立多元化风险分担机制。加强担保、保险等增信保证机制建设，推出小额信贷保证保险等产品，建立政策性、商业性、合作性相结合的涉农担保体系，深化银保、银担合作，开发"信贷＋保险""信贷＋担保"等产品。2016 年成立国家农业信贷担保联盟有限公司，拟用 3 年左右时间建立覆盖全国的农业信贷担保体系。2018 年设立国家融资担保基金，带动各方资金扶持小微企业、"三农"和创业创新。

（二）摸索中的问题

一是与小额信贷相关的定义模糊且不统一。从现有政策文件看，中国小额信贷定义可笼统概括为向农户、农村工商户、农村小企业以及城市中下岗失业人员等低收入弱势群体提供的额度较小的贷款。在 2007 年中国人民银行《涉农贷款专项统计制度》中，农户小额信用贷款的定义是：以农户的信誉为保证，在核定的额度和期限内对农户发放的小额信用贷款。农户联保贷款的定义是：机构对联保小组成员发放的，超出农户小额信用贷款范畴，由联保小组成员相互承担连带保证责任的贷款。在 2007 年《银监会关于银行业金融机构大力发展农村小额贷款业务的指导意见》（以下简称"《小额贷款指导意见》"）中，农村小额贷款定义为向农户、农村工商户以及农村小企业提供的额度较小的贷款。

二是对小额信贷具体额度的规定不够明确和统一。中国人民银行《涉农贷款专项统计制度》中指出，农户小额信用贷款核定的具体额度，是由农信社等机构根据当地农村经济状况、农户生产经营收入、信用社资金状况等确定。原银监会在"《小额贷款指导意见》"中规定，农村小额信用贷款额度原则上发达地区可为 10 万—30 万元，欠发达地区可为 1 万—5 万元，其他地区在此范围内视情况而定；联保贷款额度视借款人实际风险状况，可在信用贷款额度基础上适度提高。财税部门给予农村金融政策优惠对农户小额贷款的定义是指单笔且该户贷款余额总额在 10 万元以下（含 10 万元）的贷款。中国人民银行、财政部、国家经贸委和劳动保障部在《下岗失业人员小额担保贷款管理办法》中，对下岗失业人员小额担保贷款的规定是指额度在 2 万元左右。针对农村工商户、农村小企业的小额贷款等没有具体的额度标准。

三是小额信贷业务的统计调查工作有待完善。目前缺乏对小额信贷数据的系统性采集与统计，数据质量参差不齐，无法对全国小额信贷的发展进行全面准确分析。中国人民银行仅采集涉农贷款专项统计中的农户小额信用贷款、农户联保贷款以及扶贫贴息贷款，其中农户小额信用贷款和联保贷款的填报标准由农信社等机构自行确定。中国的小额信贷是指仅针对农村地区的各类小额贷款还是包括城市中低收入和弱势群体的小额贷款均没有明确的文件说明。

四是对小额信贷机构的金融属性和监管模式存在分歧。中国将小额贷款公司定性为以自有资金放贷、自担风险的非金融机构，难以按现代金融企业的要求对小额贷款公司实施监管，只能采取严格限制股东持股、外部融资比例等方式控制风险。但小额贷款公司为了满足低杠杆率下的资本回报要求，倾向于提高单笔贷款规模和利率，客观上反而可能放大信贷风险，与发挥其支小、支农作用的政策初衷不符。此外，国家层面上鼓励金融机构支农、支小的财税、信贷、监管政策大多不适用于小额贷款公司。小额贷款公司与银行间资金融通成本高于银行业同业业务成本，易混同于高利贷、非法集资等非法金融活动，一定程度上影响了其社会形象。

对小额贷款公司的监管思路存在分歧。一种观点强调小额贷款公司以自有资本为主，不存在系统性金融风险，不需要严格监管。另一种观点强调，小额贷款公司资本金已有相当部分变相来自银行贷款或公众负债，且业务性质与金融机构非常接近，对其外部融资比例和渠道仍应坚持审慎监管。在实践中，尽管部分地区对优质小额贷款公司放宽了业务范围和融资限制，但由于监管思路的分歧和管理部门之间缺乏协调，这些政策发挥作用有限。

五是农村金融基础设施和生态环境有待提升。农村信用体系建设仍需加强。农民金融知识缺乏、风险意识淡薄，逃废债现象时有发生，农村金融生态环境仍需持续改善。部分小额贷款公司只想查询数据库信息，而不愿提供相应的信贷信息。出于防止客户流失的考虑，小额贷款公司接入金融信用信息基础数据库的意愿不强。建议从地方政府监管上进一步推动小额贷款公司接入金融信用信息基础数据库，及时上报相关信贷信息，实现金融信用信息基础数据库对小额贷款公司及其信贷信息的全面覆盖。同时继续全面推动小额贷款公司外部信用评级，并基于评级结果实施分类管理，奖优罚劣，推动信用评级结果作为银行与小额贷款公司合作、地方政府对小额贷款公司监管的重要参考，防范风险跨行业、跨地域转移。

三　进一步促进中国小额信贷发展的基本思路

（一）小额信贷要更好地服务小微企业和乡村振兴

当前，金融机构"难贷款"和"三农"、小微企业"贷款难"问题并存，金融服务供需不匹配的矛盾仍然比较突出，不能很好地满足乡村振兴战略需求。金融机构要增强服务渗透能力，下沉服务重心，深化"支农支小"服务，打破金融服务"小微不小"的怪圈。要聚焦"三农"和小微企业中的薄弱群体，真正往"小、微"上转，创新金融产品和服务，改造信贷流程和信用评价模型，切实扩大对"三农"和小微企业的信贷投放和覆盖面。

（二）将小额信贷纳入规范发展的轨道

尽快出台《非存款类放贷组织条例》。2013 年中国人民银行启动《非存款类放贷组织条例》（以下简称"《条例》"）起草工作。《条例》拟坚持以业务实质而非组织形式进行统一监管，不论名称是否为小额贷款公司，只要不吸收公众存款且实质从事放贷业务，都要接受《条例》的管辖，实施严格的牌照管理，统一监管标准，实现监管全覆盖，防止监管套利。2015 年 7 月 31 日，中国人民银行牵头起草的《条例》（代拟草案）上报国务院，已完成公开征求社会各界意见。目前，中国人民银行正在配合相关部门开展进一步研究论证工作，推动《条例》的出台。

通过这一立法，将在明确小额贷款公司的法律地位、准入管理和经营方向的基础上，为监管部门制定审慎规范的资产分类制度和拨备制度，明确其监管主体、监管标准以及中央与地方的双层监管体制提供依据，也有助于财税和金融部门制定更有针对性的扶持政策措施和考评办法。

此外，还可以借助科技手段，依法依规建立小额贷款公司运营系统和非现场风险监测系统，跟踪掌握实时数据信息，规范其贷款操作流程和风险管理程序。借助外部审计力量，开展对小额贷款公司的年检和现场检查工作。发现问题，及时纠错。对于严重违规经营的小额贷款公司，坚决实施市场退出，维护市场秩序。

（三）以可持续的思想指导小额信贷行业的发展

目前国际小额信贷的发展趋势具有四大特点：一是小额信贷具有双重价值，即社会目标和金融目标，而非单纯强调扶贫性；二是小额信贷机构更加专业化，原来大多是大银行开展一些小额信贷业务，现在是设立小额信贷机构，专门从事小额信贷；三是小额信贷已成为一个行业，而不仅仅是一种产品，许多专门从事小额信贷的机构针对不同客户群体运用不同的方法开展小额信贷业务，逐步形成具有一定竞争性的市场；四是小额信贷商业化已成为潮流，只有商业化才能可持续发展，也只有商业化才能吸引足够资本投入到小额信贷行业。

（四）应用现代科技提升小额信贷服务水平

基于现代通信手段的无网点银行，摆脱了传统银行业务对网点、人员的依赖，可利用现代化通信手段在农村地区低成本地提供存款、汇款、贷款和保险等基础性金融服务，有利于金融机构在维持财务可持续的原则下，不断扩展金融服务覆盖面。数字技术更重要的价值在于通过发掘个人信用信息，减少对不动产等传统抵押物的依赖，同时降低金融机构的信用管理成本，提升小额信贷的服务水平。当然，数字技术同时也给监管实时性、数据安全、隐私保护、金融消费者教育等诸多方面带来了新的挑战。

农户小额信贷发展情况和主要做法

李均锋[*]

摘　要： 中国农村普惠金融已取得积极进展，但作为农村普惠金融重点的农户贷款依然存在贷款难、贷款贵、贷款慢的现象。银保监会主要采取了六个方面的措施来改善农户贷款情况，即利用基层党组织和政府优势，成立县、乡、村三级金融服务网络；建立农户信用评价体系；融资与融智结合；创新产品与服务渠道；完善风险分担管理机制；完善政策支撑体系。

关键词： 普惠金融　小额信贷　农户贷款

一　引言

自联合国 2005 年提出普惠金融的概念以来，中国政府高度重视发展普惠金融，并以积极的姿态参与国际合作。2015 年，中国政府出台发展普惠金融国家战略，提出到 2020 年推进普惠金融发展的目标、实现路径，从机构产品供给、基础设施建设、政策支撑等方面提出了一系列的政策和措施，对推进普惠金融实施作出了全面的安排。党的十九大报告进一步明确了新时代中国社会主要矛盾是人民日益增长的美好生活需要和不平衡、不充分的发展之间的矛盾。具体到金融领域，就是要解决农村地区的金融服务需求和金融供给不平衡、不充分的矛盾，把更多

---

* 李均锋，中国银行保险监督管理委员会普惠金融部主任。

的金融资源配置到薄弱领域和农村地区。

二 中国农村普惠金融发展现状

当前中国农村普惠金融的供给主力军依然是银行业金融机构,同时小额贷款公司、互联网金融机构等新型机构也发挥了有益的补充作用。从客户的需求看,农村地区的金融需求主要是生产经营性需求、消费性需求等,有龙头企业、专业合作社、家庭农场、种养大户,也有贫困户需求主体。农村普惠金融的重点是解决农户的融资问题,难点是两头,即贫困户和新型农业经营主体的融资需求问题。

在中国政府积极引导推动、各市场主体的共同努力下,中国农村普惠金融发展取得了积极的进展。目前,中国农村金融基础覆盖面不断扩大,在农村地区基本实现了乡乡有机构、村村有服务、户户有账户,金融服务薄弱领域的贷款可得性明显提高。

截至 2018 年 6 月末,银行业金融机构涉农贷款余额共 32.16 万亿元,占各项贷款余额的 24%,农村企业及各类组织贷款余额 17 万亿元,农户贷款余额 8.8 万亿元,覆盖了约 8000 万农户。目前银行业金融机构还对约 60% 的农户进行了建档评级,对约 38% 的农户进行了授信。有贷款余额的农户占比约 30%。从农村贫困农户的贷款情况来看,我们建立了建档立卡贫困户的小额信用贷款,向 638 万户建档立卡贫困户发放贷款 2600 亿元。大概是 28% 的建档立卡贫困户得到了额度为 5 万元的小额信用贷款。

三 推进农村普惠金融发展的问题与对策

当然,我们在中国推进农村普惠金融发展中也遇到了一些困难和问题,即农村地区,特别是农户贷款,贷款难、贷款贵、贷款慢的现象依然存在。部分农村地区金融服务空白,服务不充分、竞争性不够。农村地区的金融基础设施建设和金融生态环境仍较差。为了解决这些问题,中国政府特别是银保监会在推动农村金融服务方面,采取了一系列的政策和措施。在解决农户贷款难、贷款贵的问题上,我们主要采取了六个方面的手段。

（一）发挥基层党政组织优势，解决农村金融服务供给不接地气、农户贷款谁来贷的问题

在农村乡镇地区要设立机构网点存在财务不可持续的问题，怎样解决金融机构在县、乡、村的服务？大部分地方探索利用基层党组织和政府部门在信息资源等方面的优势，成立了县、乡、村三级金融服务网络，实现党政部门与银行业金融机构在机构、人员、信息、风控等方面的有效对接，共同搭建起政银融合的农村金融服务平台，实现了金融服务从"没人管"到"管到底"的转变，在金融服务空白和不足地区发挥了积极作用。比如在中国的青海地区，地广人稀，如果大量布设网点成本非常高。青海依托基层党组织和基层银行合作，推出了"双基联动"的模式，在行政村联合建立信贷工作室，同时通过流动金融服务车，对农牧民实施跟踪式的服务，解决了农民贷款难的问题，构建起了适合中国国情的"银行＋党支部＋农户"的普惠金融模式。

（二）建立信息收集和评价体系，解决农户贷款贷给谁的问题

目前农户信用信息收集和评价既有政府推动的，也有银行金融机构，特别是农村金融机构自己做的农户手工或者电子的信用档案。多数农村地区按照"三好三强"（遵纪守法好、家庭和睦好、邻里团结好，责任意识强、信用观念强、履约保障强）和"三有三无"（有劳动力、有致富愿望、有致富项目，无赌博、吸毒等不良习气，无拖欠贷款本息、被列入贷款黑名单的记录，无游手好闲、好吃懒做行为）设定定性标准及多项定量指标，来对农户进行信用评价。因为农户既是一个生产主体，又是一个消费主体，无法按照企业来评定，所以把农户的很多软信息在农户信用评价中作为一种参数，组织人员采集贫困户的信息。在信用信息收集的基础上做好信用等级评定，根据农户信用等级决定其授信额度、担保方式和利率水平，对失信农户采取惩戒措施，与所在的行政村信用等级绑定，对于信用等级高的行政村提高授信额度、实施更优惠的利率和更灵活的担保方式，对于信用等级低、贷款不良率高的行政村暂停发放贷款。个别地方称为农户贷款的熔断机制。同时，做好信

用信息动态管理，采集信息和评级结果统一录入信用信息系统，并根据实际情况及时动态调整农户信息，实现银行金融机构与政府信息共享。

（三）融资与融智相结合，解决农村发展什么产业、农户贷款往哪里贷的问题

农村地区往往是产业发展的薄弱地区，抗风险能力比较差，同时也存在内生动力不足，发展能力弱的问题。围绕这些问题，很多地方持续加强对农户的劳动技能、生产能力的培训，立足各地实际，通过注入金融活水，加强信贷支持，变"输血"为"造血"，引导贫困户增收创收，引导信贷资金用于发展生产。一方面是围绕主导产业选择项目，各地根据资源禀赋、自然条件和产业基础，确定主导产业发展方向，引导农户围绕当地主导产业上项目，对符合主导产业发展方向的项目给予重点信贷支持。另一方面是围绕项目建机制，着眼改变农户"单打独斗"发展产业风险大的局面，探索生产带动、劳务增收、合作经营、订单农业等多种模式，以信贷投向促进产业拉长链条，构建农户有龙头企业带动、合作社组织、生产基地承载的产业发展联结机制，推动产业项目从"小散弱"向"专精深"转变，使农户融入产业发展并长期受益。

（四）创新产品和服务渠道，解决农村贷款可得性差、农户贷不到贷不好的问题

针对农户融资"瓶颈"，银行业金融机构在结合自身定位，创新产品服务模式，拓展服务广度和深度，创新内部机制方面，农业银行、邮储银行等国有大型银行主要在内部通过专业化的建设，建立"三农"金融事业部，用专业化的机构、专业化的人、专业化的核算、专业化的产品来支持"三农"或者农户。小银行本身主体就是为农村金融服务的，所以更多的是在产品流程上打造更符合农户特点的一些产品。金融机构在创新贷款产品方面，把小额信用贷款作为农户贷款的主打模式。农户普遍缺少抵押品，银行对一般农户授信5万元采取信用贷款，或者是信用担保贷款。在创新担保模式方面，以农村产权改革为契机，积极探索农村土地使用权、经营权、财产权等的抵押手段创新。同时，积极发展政策支持或者财政支持的农业信贷担保体系。从2015年开始在国

家、省、县三级，组建国家农业信用担保体系，主要功能是为银行业金融机构发放 10 万—300 万元信用金融贷款提供担保。创新服务技术方面，充分利用互联网、大数据等先进技术和电子渠道，拓展服务深度，提升服务效率，降低服务成本，使农村广大需求主体以更短的时间、更低的成本获得适当的产品，提高便利性和满意度。

（五）完善风险分担管理机制，解决农村贷款风险大、农户贷款还不了的问题

农村普惠金融业务应坚持成本可算、风险可控、商业可持续的服务原则，目前在风险分担方面主要做法有：通过担保、保险增信，建立地方风险补偿基金，以及一些地区和银行采用的风险熔断机制。例如，在一个县财政拿 5000 万元作为风险分担机制，按照 20 倍，目前可以放 10 亿元，有银行业金融机构和地方政府积极建立风险共担的机制，按照四六或者五五来进行分担风险。2015 年启动了农业信贷担保的建设，已经建立了三级信贷担保体系。

（六）完善政策支撑体系，解决农村金融机构动力不足，农户贷款不愿贷的问题

为了激励引导银行业金融机构提供农村普惠金融服务，中国政府在差异化货币政策、财税政策和监管政策方面打了一套组合拳。财政政策方面，对 100 万元以下农户贷款利息免征增值税，所得税应纳税基给予减免等。货币政策方面，采取定向降准、支农和扶贫再贷款等措施。监管政策方面，在资本风险权重、尽职免责、不良容忍度等方面实行差别化的监管政策。这些差别政策的核心主要是起一个激励作用，同时避免银行业的风险。

我的小额信贷与普惠金融研究点滴

焦瑾璞[*]

摘　要: 本文从回忆中国农村金融改革与小额信贷萌芽开始, 重点描述了小额贷款公司的探索和发展。同时, 笔者结合自己的研究经历, 描述了普惠金融从提出到发展的研究脉络, 并对中国普惠金融的特点和可持续发展提出了自己的看法。

关键词: 小额信贷　小额贷款公司　普惠金融

小额信贷和普惠金融已经成为目前中国经济金融理论和实践的热点, 在其发展的进程中, 我也有幸参与了部分研究和试点工作。回忆起来, 头绪繁多。执笔叙述, 更觉无从下手。下面, 我仅撷取几个时点加以描述, 由于时间跨度大且手头资料有限, 如有叙述中涉及的资料和观点等的不准确和错误, 也请大家谅解。

一　中国农村金融改革与小额信贷的萌芽

20 世纪 90 年代, 中国金融改革开始发生巨大变化。1993 年中央出台了两项重要规定, 一是关于深化金融体制改革的决定; 二是关于外汇管理体制和人民币汇率并轨。上述两项规定让中国的金融体系逐渐成为真正的市场化金融体系。与此同时, 还造成一些结果就是大型商业银行

---
*　焦瑾璞, 博士、研究员、享受国务院特殊津贴专家, 现任上海黄金交易所理事长、上海市政协经济委员会副主任委员。

更加注重经营效益，逐步撤并了一些在县、乡、镇设立的金融机构网点，原来依附于农业银行的农村信用社实现"行社分离"，独立以后的农村信用社又大多存在高额不良资产，很多农村信用社资不抵债，不能正常开展经营。县域以下基层地区已经没有什么金融机构，资金都在往上走，往城市走，逐渐形成了"金融真空"，一些典型基层地区既没有金融机构也没有金融活动。因此，如何更好地服务于县域经济和小微经济，成为当时金融改革的重点之一。

当时，考虑到工农中建等国有大型商业银行要股改上市，基本无暇顾及微型金融，因此从2004年开始，中国在中央一号文件中正式提出要发展多种所有制的金融机构，完善农村金融体制。2005年进一步提出要培育和发展小额信贷组织，此后连续多个中央一号文件也都在沿着这一思想脉络，并不断对参与机构、所有制等问题做具体和深化的论述。从2003年到2008年，我作为中央一号文件起草小组成员，有幸参与并见证了它的探索性提出与发展，也开启我的一段延续至今的小额信贷和普惠金融研究实践岁月。

二　中国小额贷款公司的探索与发展

（一）开始试点工作

为研究落实2004年中央一号文件精神，探讨小额信贷组织发展的有关问题。2004年5月，时任中国人民银行行长助理的易纲主持专题会议，决定成立小额信贷专题组，时任中国人民银行副行长的吴晓灵任组长，易纲和我分别任副组长。2005年以来，中国人民银行与银监会、财政部、商务部、农业部、国务院扶贫办、工商总局等部门就开展小额贷款组织试点问题多次进行专题调研和政策研讨，各方面对开展此项工作的意义和政策原则在认识上基本趋向一致。当时确立的试点步骤是，小额贷款公司先试点，取得经验后在全国推广。2005年10月，山西、四川、贵州、内蒙古、陕西五省（区）决定各选择一个县（区）进行小额贷款公司试点。"在我们的心目中，既然是试点，就可能成功也可能失败，因此对小额信贷的发展前景，大家当时还不能准确的判断。"

此外，在无经验可循的情况下，如何为小额贷款公司制定相关政策与法规成为一个十分突出的问题。

（二）访问孟加拉国

为了解决此问题，我们一方面开展了一些农村地区的金融实地调研，另一方面积极与具有国际经验的专家交流。2006 年 6 月中上旬，我接受亚洲开发银行的邀请，与中国人民银行和证监会的同事一起到孟加拉国考察小额信贷，并与"穷人的银行家"穆罕默德·尤努斯（Muhammad Yunus）进行了深入交流。尤努斯创建的"乡村银行"（Grameen Bank）模式是国际上公认的最成功的信贷扶贫模式之一。这次短暂的孟加拉之旅给我留下了非常深刻的印象，也给我了一些启示。我在 2006 年书写的一篇博文《不能穿皮鞋搞小额信贷》对此事有详细记录。此后，尤努斯荣获 2006 年诺贝尔和平奖。同年 10 月，尤努斯在获奖一周后旋即到访中国，国内掀起了一场"尤努斯热"，一时间，围绕小额信贷的各种讨论不绝于耳。并且尤努斯在访华期间接受央视《对话》栏目的专访，引起了社会各界的关注，同时也引起了高层领导的关注，很好地推动了小额信贷理念在中国的普及。

（三）坚持的几点原则

尽管对中国来说，尤努斯是一位权威小额信贷专家，但我认为中国国情不适宜照搬孟加拉国的经验，应辩证历史地去看待小额信贷，既不能左，也不能右，中国小额信贷的发展应该务实、理性、可持续。

第一，坚持国内小额贷款公司"只贷不存"。关于中国小额贷款公司的"只贷不存"，我与尤努斯也当面讨论和交流过好几次，彼此间也有过争论，但当时我坚持主张国内小额贷款公司应"只贷不存"。因为我们国家国情不同，中国各类存款服务网点非常多，因此不缺存款的机构，但是缺小额信贷产品以及相应的放贷技术和放贷方式。而一旦开放存款，一方面我们吸收的存款都是穷人的钱，风险非常大；同时，吸收存款非常容易和非法集资混在一起，为了小额贷款机构长期的发展，因此坚决不能存款。

第二，应适当放开农村贷款利率。作为商业机构，维持一个可持续的商业模式是其成功的根本。对于小额贷款公司，需要确定的就是资金的成本，即利率。于是，当年我向高层领导提出了农村贷款利率应适当放开并最高不超过 4 倍基准利率的建议。因为根据我们的调研，如果在中国，小额信贷利率完全覆盖成本，基本需要在 18% 左右，而按照当时的利率 4 倍上限，那么就是 25%。因此，在 25% 之内，微型金融机构应该基本可以实现商业化。如果像有些国家那样，完全放开利率，使得利率上浮到 60%、70%，甚至达到 100%，那么到底能有多少贷款户愿意接受这样的高利率？实体经济中又有哪些经济机会能够承受这样的高利率？可能除了赌博和贩毒等非法收益，很难找出其他具备如此高回报率的投资机会。另外，即使将来利率市场化了以后，小额信贷的利率趋势也只能往下降，而不应该往上涨。

第三，坚持运营的可持续性。2016 年在中国—孟加拉乡村银行小额信贷国际研讨会上，我对此进行了明确的表述：对于我们所倡导并正处于试点之中的小额贷款公司，还有一个需要特别说明的问题，就是试点小额贷款公司应该有别于非政府组织（NGO）类机构，必须是以商业投资资本为主的小额贷款公司，其经营应该遵循商业原则。只有商业性资本，才在保持盈利能力和机构可持续性方面有着最充分的动力；在服务覆盖面方面，如果适当放开利率管制，商业资本也具有业务扩张的动力；而外部政策的适当规范，也可以在相当程度上保证商业小额信贷机构将资金投放到农村地区。如果商业性小额信贷最终获得成功，那么强调市场力量的农村金融新方法将极大地促进农村金融政策的系统性改进。此外，由于在中国经济转型和金融改革中，政府干预曾经对金融企业法人治理产生了普遍而深远的影响，强调试点小额贷款公司的商业性，还意味着需要对各种形式的行政干预保持高度警惕。但政府及其资金在商业性小额信贷的发展中还是可以发挥作用的，这种作用应主要体现在优化金融生态环境和为商业金融的可持续发展创造条件等方面。

（四）政策框架考虑

2006 年我在中国—孟加拉乡村银行小额信贷国际研讨会的发言中对此问题做过回答，当时主要介绍了以下四点原因。

第一，小额信贷的客户评信办法和贷款管理技术与大额商业贷款完全不同。而中国金融改革的历史经验表明，如果没有很好的激励和竞争，中国目前的农村正规金融机构，并没有足够的动力进入这个十分陌生的领域，以积极开拓的创新精神从事小额贷款活动。而试点的小额贷款公司，则可能利用其在客户信息方面的比较优势，开发适合小额信贷业务的特殊信贷管理技术，这一技术可以保证其为那些因为无力提供担保（抵押）品而被排斥于正规金融之外的客户提供贷款和其他金融服务，从而将大规模的金融资金和丰富的社区信息结合起来，促进储蓄向投资的转化。

第二，虽然目前大量处于法律监管之外的民间金融资金，迫切希望获得进入金融体系的适当途径，但由于前些年金融改革中有些金融机构（比如农村合作基金会）违规经营引致了巨大的金融风险，使得金融监管当局对民间资本从事金融活动顾虑重重。基于这种认识，探索发展"小额贷款公司"，就是在中国经济改革的"渐进转型"经验之下，试图走出一条风险可控的"有限开放"之路——政策设计中"只贷不存"的小额贷款公司可能导致的风险是十分有限的。这样，实际上我们为民间资本进入金融市场，以及金融监管当局的审慎开放态度，找到了一个双方都容易接受的妥协方案。对于监管当局而言，如果出现风险隐患，问题也可以较为容易地得到控制和解决。

第三，中国现有金融机构实际上在动员和吸收存款方面已经具有较高效率，问题主要存在于贷款管理方面。从此意义上说，在中国探索发展专事贷款的金融机构和贷款管理技术，是金融改革的一个关键环节。这类专门贷款机构发展起来以后，再以某种形式建立其与正规金融体系融资的渠道，这样，它们作为一个整体，就能发挥完整的金融中介职能。

第四，探索和发展小额贷款公司，可望为正规金融机构培养一个新的竞争对手，而竞争必然有利于这些正规金融机构的改革和发展。虽然很难想象小额贷款公司会成为未来农村金融的重要力量，但它的确能够在处于改革中的农村金融市场中发挥"鲇鱼效应"。

2013—2015 年为了做好中央一号文件的起草工作并落实文件相关精神，我和同事们最终在借鉴国外先进经验的基础上，在遵循与中国实际要相符合的原则上，结合国内多次实地调研了解到的实际状况，提出了试点小额信贷公司的政策框架。

一是试点小额贷款组织被明确界定为"只贷不存的小额贷款公司"，严格按照《公司法》有关规定设立和运作的公司法人。小额贷款公司的股东是自然人、个体工商户或企业法人，每个小额贷款组织的股东总数不得超过 5 个，股东注册资本金必须是实缴货币资金。

二是试点小额贷款公司，在当地政府牵头成立的"试点工作协调小组"指导下，依法在试点县（区）的工商行政管理部门注册登记，并向当地银监局和中国人民银行分支机构备案。

三是试点小额贷款公司，只能以股东合法的自有资金、捐赠资金以及来自一个主体的外部融资发放小额贷款，不得以任何形式吸收公众存款，不得发行债券或彩票。

四是试点小额贷款公司，只能在机构所在的县级行政区域内开展业务，不得跨行政区域经营。贷款对象仅限于农户、个体经营者和小微企业，业务运作坚持立足农村、服务"三农"，以改善农村金融服务为目的。贷款单笔数额一般不超过资本金的 5%，单一客户的贷款余额参照各地人均 GDP 水平由各试点地区分别规定。

五是试点小额贷款公司发放贷款的利率由借贷双方在法定范围内自主协商确定。根据中国司法解释，这要求贷款利率最高不能超过中国人民银行规定的同期同档基准利率的四倍。

（五）商业性小额信贷的发展概况

第一，政策层面。自 2004 年的中央一号文件提出要加快改革和创新农村金融体制以来的 8 个中央文件可以看出，中央的政策是一脉相承的，并且越来越细化，越来越具有操作性。与此同时，中国人民银行和银监会，也出台了很多支持微型金融发展的文件和政策，比较突出的有两项，一项是对推动银行业金融业务进行创新，推出这种小额信贷的产品和服务。比如，《农村信用社小额信用贷款管理暂行办法》（银发 [1999] 245 号）、《农村信用社农户联保贷款管理指导意见》、《下岗失业人员小额担保贷款管理办法》、《关于银行业金融机构大力发展农村小额贷款业务指导意见》等，这些都是业务方面的创新。另一项是支持和探索组织创新，如设立村镇银行、商业银行全资小额贷款公司、农民资金合作社等，在此期间开始萌芽和起步。

第二，机构层面。2005 年 12 月开始，国内五省（区）7 家小额贷款公司成立，标志着商业性小微金融机构正式出现。2006 年 12 月，银监会发布《调整放宽农村地区银行业金融机构准入政策的若干意见》，包括设立三类新的机构，发展两类现有机构。三类新型农村银行业金融机构包括：一是村镇银行；二是社区性信用合作组织；三是专业贷款业务的子公司（由商业银行和农村合作银行设立）。两类现有机构：一是支持各类资本参股、收购、重组农村信用社，将农村信用社代办站改造为新型农村银行业金融机构；二是支持现有银行业金融机构在农村地区增设分支机构。

第三，愿景。2009 年 7 月 23 日我在小额信贷国际峰会中发表题为"中国小额信贷的任务和发展愿景"的发言中指出："将小额信贷纳入正规金融体系，成为中国建设普惠金融体系的一个重要组成部分。让更多的人来享受现代金融服务提供的便利，让更多的人来分享经济发展带来的成果，这是未来小额信贷发展的主要愿景。"

三　中国普惠金融概念的提出和发展

从 20 世纪 90 年代开始，国际上掀起了一股减贫的热潮，越来越多的政府和金融机构开始认识到，面向贫困地区和低收入群体单一地提供贷款是远远不够的，贫困人群也需要全面的、多层次的金融服务。在这种认识的促使下，国际范围内小额信贷的发展，逐步从传统"小额贷款"向为低收入客户提供全面金融服务的"微型金融"过渡。微型金融是指为贫困人口提供的一系列包括借贷、储蓄、保险以及转账在内的金融服务。进入 21 世纪以来，又有很多人开始提倡用普惠金融取代微型金融的概念，即从资助分散的微型金融机构和金融创新向建立包容性的金融体系的转变。这种转变意味着外延和内涵都进一步扩大，更加重视金融服务的广度和深度。同时，普惠金融也意味着相关的金融服务供给者，即不同类型、不同规模的金融机构可以通过各自的比较优势为贫困人口、低收入家庭以及微型和小型企业提供服务。用"普惠金融体系"的概念取代"微型金融"，意味着微型金融不再被边缘化，而是与更加广泛的金融体制融合,成为一个国家金融体制的一部分。引进普惠金融这一概念,将会对中国的金融体制进一步升华和完善。

(一) 普惠金融概念的提出

2004 年以后,我的主要研究工作集中到了农村金融以及小微企业融资等方面,因此,在这方面也花费了相当的精力和工夫。2006 年,我与我的几位学生共同翻译和引进了联合国编写的《构建普惠金融体系》一书。我记得当时,在相关领导的支持下,将上述内容分别以政策建议、背景资料、研究报告等形式送国务院以及相关部门参阅。

2009 年我又出版了《建设中国普惠金融体系——提供全民享受现代金融服务的机会和途径》一书,此书系目前检索到的中国最早论述普惠金融的专著。论述普惠金融的原因是我们确实是到了应该建立一整套多层次的金融机构,共同为所有阶层的人群提供合适的金融产品和服务的时候了,这就要求多层次的机构可持续地发展以及合理地监管。那么这个体系应该是什么呢,就叫作普惠金融体系。所谓普惠金融体系,它的含义其实就是包容性的金融体系。它的包容涵盖着我们现在的金融体系,发展得好的部分我们继续发展,发展得不足的部分我们则需要弥补。

(二) 普惠金融概念提出的原因和意义

2003 年以来中国金融改革持续深入推进,金融基础设施建设成效显著,金融服务水平明显提升。先后出台了一系列扶持政策,不断加大金融对"三农"、小微企业和民生等经济社会发展薄弱环节的支持力度,使金融改革发展成果更多惠及广大人民群众。但是,金融支持经济发展方式转变和结构调整的任务仍十分艰巨,金融改革有待进一步深化,对"三农"、小微企业、社区金融等服务还存在一些薄弱环节。

促进普惠金融发展,积极发展民生金融,对于进一步深化中国金融改革与发展,保障金融服务实体经济增长具有重要作用。发展普惠金融,不断提高金融覆盖面和渗透率,有利于改善中国金融基础设施建设,有利于提高"三农"、小微企业、社区金融服务水平,也有利于保护弱势群体的金融消费权益。因此,2013 年 11 月 12 日,中国共产党第十八届中央委员会第三次全体会议通过《中共中央关于全面深化改革若干重大问题的决定》，正式提出"发展普惠金融"。

关于构建普惠金融体系的重要性，在《中国金融》2010 年第 10 期的《构建普惠金融体系的重要性》一文中，我曾进行过具体论述。基本观点是：普惠金融体系的提出，是现代金融理论的一大突破，一定程度上颠覆了金融主要为富人服务的传统理念，要求我们转变对传统金融体系的认识，金融服务不只属于富人，大规模的弱势客户应该与其他人一样得到共同的、公平的金融服务的权利。因此，构建普惠金融体系，对于完善现代金融体系，健全金融服务网络，有效运用金融手段促进经济可持续发展，特别是通过小额信贷和小额融资服务帮助农村和城市地区低收入群体提高生活水平、降低贫困程度具有重要的意义。

2013 年 11 月 25 日，我在新浪"金麒麟"论坛上将发展普惠金融的意义总结为以下四点：一是发展普惠金融有利于中国实现共同富裕的社会发展目标，可以通过金融手段让更多人从贫困走向富裕。二是发展普惠金融有利于进一步深化金融改革，构建正金字塔形金融体系。三是发展普惠金融有利于金融业的创新发展，比如说互联网金融、手机银行、代理银行等，为大家提供更多可选择的金融产品和金融服务。四是发展普惠金融是金融战略，是一个系统性工程，既需要有顶层设计，也需要有具体的实践。

如今来看，普惠金融对于经济社会以及金融体系的发展与稳定更是具有重要的意义。

一方面，发展普惠金融可以优化资源配置，助力经济增长。例如，普惠金融的账户和存款服务，可以提高居民储蓄率和投资率。普惠金融的支付服务便利资金往来，节约交易时间，降低全社会的交易成本。并且，借助金融科技，数字普惠金融可以推动金融业的创新与可持续发展。例如，在普惠金融服务过程中，数据技术使记录经济足迹轻而易举地进行，因此产生了大量的数据。从这些大数据中可以挖掘出信用数据，对客户进行画像，降低信息不对称。

另一方面，普惠金融的发展有利于金融稳定和社会公平稳定。在个体层面，普惠金融使个体在经济波动时能够平滑消费支出，降低流动性风险，提升财务健康度，提高风险承受能力。在行业层面，普惠金融促使金融机构将信贷资产分散到更广泛的客户群，避免集中于少数大客户和重资产的周期性行业，有助于分散经营风险。在社会层面，普惠金融可以帮助弱势群体摆脱贫困，缩小贫富差距，避免"马太效应"，培育中产阶级，提升社会平等和稳定，孕育稳定的金融体系。

（三）中国普惠金融发展的特点

从 20 世纪 90 年代至今，中国普惠金融的发展大致经历了萌芽期、发育期、成熟期和创新期四个阶段。目前，中国普惠金融正处于创新期，其主要特征是数字技术与普惠金融服务的快速融合，形成了数字普惠金融服务。回顾中国普惠金融发展的历程，我认为其具有以下五个主要特点：

第一，政府部门的大力推进。例如，从 2004 年到现在，每年的中央一号文件中都有关于小额信贷、微型金融和普惠金融发展的论述。在 2013 年 11 月的十八届三中全会上，普惠金融被写入"中央关于深化改革若干重大问题的决定"，也因此被推向了更高层次。2015 年年底，国务院颁布《推进普惠金融发展规划（2016—2020 年）》作为未来五年国家层面的普惠金融发展战略规划。杭州 G20 峰会通过《数字普惠金融高级原则》，成为数字普惠金融领域首个国际纲领。

第二，民间机构和农村金融机构的实践。在中国，践行普惠金融除了民间机构外，还有很多农村金融机构的介入。中国从中华人民共和国成立国初期就成立的农村信用社就是一个很好的例子，很多农村信用社工作人员念念不忘他们入村进户、送贷款到户到人的事例。在 2000 年左右，农村信用社开始发放信用贷款和联户联保贷款时，这类贷款数量曾占到农村金融贷款的 60% 到 70%。

第三，大型金融机构的加入。除了一些小型的金融机构在发展普惠金融业务外，很多大型金融机构也在布局相关业务。2017 年，银监会印发《大中型商业银行设立普惠金融事业部实施方案》，鼓励大中型商业银行积极提供普惠金融服务和产品。这在一定程度上进一步推动了普惠金融在中国的发展。

第四，金融科技与普惠金融的结合。金融科技给中国的普惠金融发展增加了广泛的应用，特别是互联网金融崛起后，把普惠金融的概念推广到更大的范围。

第五，数字普惠金融异军突起。普惠金融在中国得到了快速推广，其发展迅速的原因主有三个方面。一是中国的经济社会已经发展到一定程度，发展普惠金融水到渠成。现在提倡的全民致富、精准扶贫，符合经济的发展方向。二是中国金融体系的进一步深化。中国金融体系的特点是大银行太大、小银行太小、企业趋于上市、银行发展同质化，因此，发展普惠金融也是金融体制和金融结构改革的需要。三是发展数字普惠金融也是新时代的需求。如今，中国社会的主要矛盾已经发生变化，发展数字普惠金融实际上就是对不平衡、不充分发展矛盾的修正。

（四）中国普惠金融发展中面临的问题

中国普惠金融发展取得阶段性成效的同时，我们也要清醒地认识到，中国金融服务覆盖率和渗透率方面仍然存在一些薄弱环节和制约因素。此外，普惠金融服务成本高、效率低、"最后一公里"难以打通、商业可持续性不强等问题依然突出。

第一，普惠金融方面。尚未形成整体战略规划和顶层设计；专门的统计制度和指标体系有待建立；差异化金融监管体系有待完善；技术创新和数字化金融需要深化。

第二，结构性矛盾方面。例如资金一直向城市集中，县及以下地区的金融基础设施薄弱，中小企业和低收入人群获得的金融服务少等，普惠金融发展过程中的结构性矛盾和问题依然突出。

第三，数字普惠金融发展面临的新挑战。一是消费者权益易受侵犯；二是信息安全风险日益突出；三是金融风险不可忽视。特别是互联网金融与传统金融的"边界"模糊，形成了一批"大而不能倒"的互联网金融巨头，数字普惠金融发展需要有边界。

（五）探索可持续发展的普惠金融之路

一方面，要完善和构建中国普惠金融的理论体系和框架，推动相关研究和教学工作的落地与普及。目前我们还缺乏一套较完整的普惠金融理论体系。我们都在谈普惠金融，但普惠金融的理论含义是什么？包括它的概念、范围、外延、内涵是什么？没有一个人能讲清楚的，各说各有理。能够变成扶贫的,政府把它变成政策性的,商业性机构就把它变成商业性的。尽管中国普惠金融已写入国家发展战略,讨论的人很多,也有很多这方面的实践,但是这方面的理论探讨和研究不够。另外,普惠金融教学方面,目前国内大专院校相关教学课程也十分缺乏,截至目前,仅有我自 2009 年开始在清华大学五道口金融学院开设了《普惠金融与发展课程》,其他院校尚没有发现完整的教学课程。

另一方面,要继续推进数字普惠金融创新。在如今的数字化时代,普惠金融与数字技术的融合创新为解决上述难题提供了一条可行的路径。一是数字普惠金融依托于(移动)互联网、云计算等技术,突破了传统金融服务的地域限制,提高了金融服务的可获得性。二是数字普惠金融可以通过电脑、手机及其他移动终端设备等,向需求者提供金融服务,扩大了金融服务的覆盖范围。三是数字技术降低了金融服务对于物理网点的需求;同时,基于大数据的风控体系进一步降低了征信与风控的成本。

此外,普惠金融若要真正成为"普及大众、惠及民生"的事业,还需要监管部门加以引导和规范。首先,针对数字普惠金融发展中存在的乱象,应明晰互联网金融业务的边界。其次,要做到"五个加强":加强金融服务牌照管理,规范业务范围;加强功能监管,区别对待存款和非存款类机构,对存款类机构实行审慎性监管;加强行为监管,借鉴股市行为监管的经验,防范"羊群效应";加强穿透式监管,针对数字技术和金融创新带来的新风险,必须要抓住其业务主线;加强金融监管之间的协调,构建新型的法律与监管体系,使之适应金融市场的发展。然后,需要创新监管实践。可以借鉴英国金融行为监管局首创的"监管沙箱"对创新金融业务进行试验。最后,要发展监管科技,利用数字技术来提升金融监管能力。

中国金融发展的下一步,是要走出一条有特色的普惠金融之路。我们以前是跟随,现在是突出;以前是借鉴,现在是探索;以前是模仿,现在是创新。当然,要完成这一目标依然任重而道远。

中国扶贫小额信贷的改革发展之路

——从社会创新项目到社会政策工具

黄承伟　袁　泉[*]

摘　要： 中国扶贫小额信贷从非政府组织的探索、政府项目试点、多元主体参与，进而成为制度化、规范化减贫干预的政策工具，是新时代脱贫攻坚战中金融扶贫的重要载体。"扶贫小额信贷"作为精准扶贫十大工程之一，在完善激励和约束机制、降低贫困农户贷款门槛、调动农户和银行积极性、拓展信贷规模和期限以及强化配套帮扶等方面具有政策创新性，取得了良好的减贫成效。坚持政策创新发展、坚持利益共享发展以及坚持"输血""造血"结合，是中国扶贫小额信贷发展的基本经验，对于其减贫发展以及其他社会政策领域的创新都具有参考价值。

关键词： 扶贫小额信贷　社会创新项目　社会政策工具

一　引言

党的十八大以来，扶贫小额信贷被列入"精准扶贫十大工程"，是打赢脱贫攻坚战重要的政策工具。截至 2017 年 10 月底，中国扶贫小额信贷总量达 3931 亿元，支持建档立卡贫困户近 1000 万户（次），户

---

* 黄承伟，博士，现任国务院扶贫办全国扶贫宣传教育中心主任、研究员；袁泉，博士，华中农业大学副研究员。

（次）获贷率达到 36%①，充分满足了贫困群众脱贫的资金需求。这不仅极大地扩展了小额信贷的益贫边界，创造了中国扶贫小额信贷发展进程的最好成绩；而且进一步挖掘了"小额信贷"的减贫效应，在全球范围内为这一扶贫模式的发展树立了典范。

经过 20 多年丰富的实践探索，扶贫小额信贷在中国由最初的社会创新项目逐步转化成为减贫与发展的政策工具。从 20 世纪 90 年代初一些官员和学者赴孟加拉国考察学习，到 1996 年"世界银行秦巴山区扶贫项目"实施，再到 2014 年多部门《关于创新发展扶贫小额信贷的指导意见》出台，中国的扶贫小额信贷基于中国实际以及减贫发展的阶段性特征，不断改革创新、调整完善，形成了一条具有中国特色的扶贫小额信贷发展之路。

中国扶贫小额信贷的发展历程，完整地呈现了一项试点推广的社会创新到制度化的政策工具的过程。在更广泛意义上，社会创新项目转化为社会政策工具不仅有助于社会政策本身的发展和完善，同时对于激发社会活力、凝聚社会共识、动员社会资源都具有积极影响。回顾和总结这一转化发生的历史情境与进程对于中国贫困治理的完善和发展具有一定的启示意义，同时对于社会政策其他领域的创新发展也能提供参考借鉴。

二　党的十八大以前中国扶贫小额信贷的发展历程

在中国金融史的视野中，中华人民共和国成立初农村的金融合作社也被视为小额信贷的"雏形"；减贫领域，研究者多将 20 世纪 90 年代以来，模仿自孟加拉乡村银行的信贷模式视为中国扶贫小额信贷的起点。此后，由最初的非政府组织试点，再到政府推动发展，小额信贷逐步成为中国减贫制度化、系统化、规范化的扶贫政策工具。其发展历程可以划分为如下几个阶段。

---

① 资料来源：《农村经营管理》，《要闻》2017 年第 12 期。

（一）1986—1995 年：非政府组织和地方政府探索试验阶段

20 世纪 80 年代中期，中国启动了有组织、有计划、大规模的农村扶贫开发，开始由救济式扶贫转向以区域为主的开发式扶贫。有别于简单的送钱给物，开发式扶贫注重营造发展机会与条件以促进贫困人口的发展，而"缺资金"正是贫困人口摆脱贫困的主要障碍之一。因此，为贫困户提供信贷资金支持成为开发式扶贫的一条重要措施，以便为缺乏资金且不能从银行获得贷款的贫困农户提供资金支持，改善他们的生产条件，提高生产率和收入。[①] 这一举措在缓减农村贫困过程中发挥了积极作用，但也出现了扶贫资金瞄准贫困人口的偏离现象，政府补贴难以惠及真正的贫困人口，且贷款还款率很低，信贷模式的创新势在必行。1982 年，中国开始出现类似小额信贷扶贫的农村救灾扶贫互助储金会。江西省民政厅率先提出创办的村级"农村救灾扶贫互助储金会"，为入会会员提供有偿小额借款。这一做法得到民政部肯定，并于 1986 年倡导各地积极兴办农村救灾扶贫互助储金会。[②]

20 世纪 90 年代以后，小额信贷作为一种扶贫理念和信贷技术逐渐引入中国，并开始在国际资金（软贷款或赠款）和技术援助下，由非政府组织运行和实施。1993 年年底，中国社会科学院农村发展研究所的部分科研人员在孟加拉乡村银行和福特基金会支持下，实施了一项"行动—研究计划"。在河北易县组建了国内第一个非政府组织操作的专业小额信贷机构——"易县扶贫经济合作社"，并在随后两年在河南省和陕西省先后建立起虞城、南召、丹凤三个扶贫合作社。

随后，商务部国际经济技术交流中心、中国扶贫基金会、地方妇联或扶贫办也逐渐探索开展相应的小额信贷项目。这类非金融的民间或半政府项目机构专门向中低收入群体和贫困户（其中多数为妇女）提供小额信贷服务。他们利用社会筹资，其中主要是国（海）外机构和人士的捐助，开展只放贷款、不吸收社会存款的小额信贷扶贫活动。在运

---

① 吴国宝：《扶贫模式研究：中国小额信贷扶贫研究》，中国经济出版社 2002 年版，第 115 页。

② 高灵芝、胡旭昌：《中国小额信贷扶贫实践模式的综述与反思》，《济南大学学报》2005 年第 6 期。

营方式上，主要借鉴孟加拉乡村银行模式，实行小组或联保小组方式，小组成员间互相帮助和监督。①

总体上看，这一阶段中国小额信贷还处于试验和探索阶段，主要借鉴国外小额信贷主流规范模式，开展以扶贫为目标的单一信贷业务，或将小额信贷作为社区综合发展项目的一部分，体现出显著的扶贫社会效益，且在一定程度上建立了较完善的运作管理制度，② 为下一阶段政府主导的扶贫小额信贷项目发展奠定了基础。

（二）1996—2004 年：政府推动实施阶段

伴随非政府组织及地方开展扶贫小额信贷项目的探索和试点，地方政府直接参与小额信贷扶贫试验的强度和范围进一步加大，也推动了以国家为主体的扶贫小额信贷政策的发展。自 1996 年 10 月开始，中国开始实施由国家政府和农业银行主导的"政策性小额信贷扶贫项目"，项目资金主要来自国家财政资金和扶贫贴息贷款，主要由农业银行管理并直接以"扶贫贴息贷款"的形式发放到户。

1997 年，为解决贴息贷款到户率低的问题，借鉴国内非政府组织操作小额信贷的做法，国家开始在扶贫贴息贷款的分配管理体制中新建负责贷款小组组建、贷款项目选择和帮助资金回收的扶贫社，使原来由扶贫办和农业银行组成的二位一体体制，转变为由扶贫办、农业银行和扶贫社"三位一体"的体制。1999 年和 2001 年，中国人民银行先后颁布了《农村信用社小额信用贷款管理暂行办法》和《农村信用社农户小额信用贷款管理指导意见》，要求全面推行农户小额信贷，解决农户"贷款难"的问题。

1998 年，在各地开展小额信贷试点基础上，中央政府将小额信贷扶贫提升到政策层面对待。在中共中央作出的《关于农业和农村若干重大问题的决定》中，明确提出"总结推广小额信贷扶贫资金到户的有效做法"。1999 年，中央扶贫开发工作会议也进一步指出："小额信

---

① 杜晓山、张保民、刘文璞、白澄宇：《对民间或半政府机构开展扶贫小额信贷的政策建议》，《红旗文稿》2004 年第 6 期。

② 同上。

贷是一种有效的扶贫到户形式，资金到户率高，还款率高，项目成功率高，深受贫困农户欢迎。各地要把小额信贷作为保证信贷资金扶贫到户的重要措施，在总结经验、规范运作的基础上，积极稳妥地推广。"同年，为规范小额信贷扶贫到户贷款工作健康发展，扶持农村贫困人口尽快解决温饱问题，中国农业银行总行颁布了《中国农业银行"小额信贷"扶贫到户贷款管理办法（试行）》。根据这一管理办法，"小额信贷"扶贫是农业银行向贫困农户提供小额有偿扶贫资金而无须农户出具财产抵押的一种扶贫贷款方式，采取"小额短期，贷户联保，整贷零还"的基本运作方式，贷款对象为列入政府扶贫开发规划并建档立卡的农村贫困户，原则上采用孟加拉乡村银行的小组联保型方法，贷款用户组成小组之后才能获得贷款。[①] 进入 21 世纪以后，在促进"三农"发展战略背景下，农村信用社、农村商业银行、农村合作银行等一批政府主导的农村合作金融机构，在中央银行支农再贷款支持下，也开始发放"小额信用贷款"和"农户联保贷款"。

这一阶段中国小额信贷获得较快发展，项目覆盖到两三百个国（省）定贫困县，资金总额十多个亿。[②] 由此，小额信贷成为中国扶贫资金和项目到户的一种重要方式，不仅有助于增加贫困人口发展生产的物质资本，也在此过程中增加了其参与项目选择的机会和权力，减少了决策的盲目性，在一定程度上强化了政府主导扶贫的组织和管理。[③]

（三）2005 年以来：多主体参与、多元化发展阶段

随着小额信贷成为中国农村扶贫开发的重要行动举措，其在扶贫领域发挥的作用越来越受到重视。同时，也出现了政府主导扶贫小额信贷的局限和不足，并催生了商业性小额信贷的产生发展，中国扶贫小额信贷逐步步入多主体参与、多元化发展阶段。

---

① 参见中国农业银行关于印发《中国农业银行"小额信贷"扶贫到户贷款管理办法（试行）》的通知（农银发〔1999〕49 号）。

② 杜晓山、张保民、刘文璞、白澄宇：《对民间或半政府机构开展扶贫小额信贷的政策建议》，《红旗文稿》2004 年第 6 期。

③ 吴国宝：《扶贫模式研究：中国小额信贷扶贫研究》，中国经济出版社 2002 年版，第143 页。

2004—2006 年，中共中央连续出台的 3 个一号文件，对农村金融改革和发展提出了全面、概括的要求，同时对小额信贷的发展也有明确指向，即"鼓励大力推动，试行多种模式，保证健康发展"。2004 年提出"农业银行等商业银行要创新金融产品和服务方式，拓宽信贷资金支农渠道。继续扩大农户小额信用贷款和农户联保贷款"；2005 年提出"有条件的地方，可以探索建立更加贴近农民和农村需要、由自然人或企业发起的小额信贷组织"；2006 年提出"大力培育由自然人、企业法人或社团法人发起的小额贷款组织；引导农户发展资金互助组织"，并要求有关部门应尽快制定小额信贷机构的具体管理办法。① 由此，推动了中国小额信贷扶贫进入"商业性小额信贷"的探索发展阶段。中国人民银行和银监会开始分别支持小额信贷公司和村镇银行试点工作。2006 年年底，中国成立了邮政储蓄银行，开始向农村贫困人口提供小额贷款服务，拓展了扶贫小额信贷项目的参与主体。

伴随国家提出鼓励和支持个人、企业法人或社团法人发起的小额贷款组织，国家有关部门也开始制定相应的指导意见和管理办法，以规范扶贫小额信贷的运行和管理，更好地发挥金融信贷支持的扶贫减贫作用。2008 年，银监会、中央人民银行发布关于小额贷款公司试点的指导意见，要求小额信贷公司在坚持为农民、农业和农村经济发展服务的原则下，自主选择贷款对象，发放贷款坚持"小额、分散"的原则，鼓励其面向农户和微型企业提供信贷服务，着力扩大客户数量和服务覆盖面。

总的来看，小额贷款从最初的国际援助和非政府组织试点探索，发展到国际机构和非政府组织资助小额信贷项目、政府主导的小额信贷扶贫项目和农村信用社的小额信贷、具有商业性质的小额信贷公司和村镇银行多元主体并存的发展格局。② 但同时，一方面小额信贷在农村减贫发展方面发挥了积极作用，扶贫小额信贷发展的政策环境和社会环境日趋完善；另一方面，中国扶贫小额信贷的持续发展和益贫性建设方面也

---

① 上述内容参见 2004 年、2005 年、2006 年中央一号文件。

② 郑智峰：《农村小额信贷——扶贫与可持续发展研究》，《中国农业银行武汉培训学院学报》2010 年第 1 期。

存在一定的制约因素。

三 党的十八大以来中国扶贫小额信贷的创新发展

党的十八大以来，"扶贫小额信贷"被纳入精准扶贫十大工程。国务院扶贫办总结中国过去小额信贷有益经验，结合打赢脱贫攻坚战的现实需要，和相关金融部门合作，探索出了一条适合贫困农户资金需求与发展禀赋、兼顾金融机构商业可持续性的扶贫小额信贷政策体系，取得了良好的金融精准扶贫成效。2014年年末《关于创新发展扶贫小额信贷的指导意见》，这标志着扶贫小额信贷开始成为中国国家贫困治理的重要政策工具。作为为建档立卡贫困户量身定制的金融精准扶贫产品，其政策要点是"5万元以下、3年期以内、免担保免抵押、基准利率放款、财政贴息、县建风险补偿金"。扶贫小额信贷自推出以来，在帮助贫困农户发展生产、增收脱贫等方面发挥了重要作用。

具体来说，这一政策创新体现在以下几个方面。

（一）完善激励和约束机制，实现信贷服务管全程

扶贫小额信贷兼具金融和扶贫两种存在张力的目标，如果缺少合理的激励机制，资金往往无法通过有效的金融途径配置到贫困农户；如果没有约束机制的规范，小额信贷也极易偏离扶贫目标，甚至助推农户间经济地位的分化。"扶贫小额信贷"政策则充分考虑这两种机制的张力，通过合理的制度设计促使两者耦合发力，既使扶贫小额信贷可以落地落实，又规避了其实践所包含的困境和风险。

具体而言，该政策以激励机制和规范机制创新解决小额信贷实施过程中的关键问题和关键环节，使资金能贷得出，贫困农户用得上、用得好，最终实现能致富、可持续的目标。首先是鼓励各地建立县、乡、村"三级联动、政银合作"服务体系，不仅将贫困农户信贷需求信息有效传递，也将农户的信用信息与银行共享，利用政府治理资源降低了小额信贷的交易成本。在此基础上，扶贫小额信贷的政策设计还充分考虑贫困农户运用资金致富的各方面，既落实了"谁来管"的责任，"谁来贷""怎么贷""如何用"以及"怎么还"的一系列问题，也有了政策

激励和规范，真正实现了促进贫困户贷得到、用得好、还得上、逐步富。

综合运用激励机制与规范机制，减少了过去或强调银行作用，或偏重政府推动单向发力的弊端。政府和银行行为的规范化避免了地方政府为规避责任而使小额信贷扶贫"瞄不准"，也避免了金融机构因高风险和高成本而不愿放贷或高利率放贷，从而解决贫困农户贷款难和贷款贵的问题。具体的政策安排中，一方面强调通过政府引导、市场运作，发挥了政府统筹协调作用，注重按市场规则推动扶贫小额信贷持续健康发展，协调金融机构为建档立卡贫困户量身定制贷款产品，完善信贷服务。另一方面，则积极通过规范运作、防范风险，要求各地加强金融风险防控，探索建立贷款风险分散和化解机制，维护地方金融秩序稳定；同时要求金融机构根据建档立卡贫困户的信用评级，审慎核定授信总额，合理设定贷款管理比率，实现贫困农户资金管理市场化和规范化。

（二）降低贫困农户贷款门槛，施行"免抵押、免担保"信贷

长期以来，尽管小额信贷扶贫定位于服务贫困人群，但实践中为了规避金融风险或节约交易成本，金融机构仍然保持对贷款对象的甄别和筛选，抵押和担保往往是筛选和甄别的重要依据。因而在只有银行和农户参与的信贷实践中，农户依然面临一定的信贷门槛。而从银行的角度来看，这种门槛的设置又是必需的，在金融稳定运行的前提下，银行难以甄别缺乏抵押和担保农户对资金的真实需求和经营能力，也无法通过利率机制充分覆盖无抵押和担保的风险。

农户有资金需求，银行有资金供给，二者无法充分匹配的困局需要制度创新来突破。"扶贫小额信贷"政策基于对这一矛盾的认识，利用政府掌握的建档立卡贫困户信息以及政府信誉的担保功能，打通贫困农户和银行之间资金流动的渠道。对于已录入建档立卡信息系统的贫困户，政策规定"凡有发展愿望、生产能力、发展项目和还款能力的，都有资格申请贷款"。同时支持鼓励"金融机构从实际出发，适度放宽申请贷款的年龄条件"。

然而打通农户与银行的对接渠道并非不计后果或者无的放矢，通过"三级联动、政银合作"管理体系，以及全国扶贫信息网络系统与银行

贷款管理系统有效对接，贫困农户的资金需求得到充分识别；通过驻村工作队、帮扶责任人、村"两委"以及第一书记（或者村级组织）对扶贫小额信贷全过程跟踪监督，各级扶贫部门还要实地察看、走访农户开展定期监测，资金的使用过程也得到了政府治理资源的规范，从而使资金"贷得出"，也能"用得好"。

（三）调动农户和银行积极性，进行财政贴息和风险补偿

由于银行凭借垄断地位可以有效地控制风险，贫困农户抵御风险的能力又弱，因而完全通过市场机制难以充分实现小额信贷的扶贫功能，于是政府重构小额信贷的利益关系和风险结构则成为扶贫小额信贷创新的突破点。"扶贫小额信贷"政策在探索建立贷款风险分散和化解机制方面做出了重大创新，通过财政资金建立风险补偿金将金融机构不愿承担，贫困农户难以承担的风险"打包"由政府来承担。这一做法创造性地实现了财政扶贫政策与金融良性互动，有效克服了信贷中市场失灵的问题，也解决了一些地方财政扶贫资金规模小且分散化的困境。

为了避免地方政府推卸相关责任，政策也对政府的行为进行了约束，中央和省级将扶贫小额信贷县级风险补偿金建立情况、贫困户贷款获得以及贷款偿还情况等分别纳入对地方政府考核的范畴。与此同时，政府责任的边界也得到了明确，并非为贫困农户承担无限的责任，对于非恶意或非故意不还款情形，经村级金融服务组织核实后，贫困户可申请按政策要求办理无还本续贷或展期业务。而对于恶意或故意不还款情形，银行将通过法律途径持续追偿，农户也将承担相应的法律责任。此外，在实际操作中，除县级运用财政资金，建立扶贫小额信贷风险补偿资金外，建立银、保、政三方共担坏账损失的机制按规定对不良贷款进行补偿和分摊，政策还鼓励村级将帮扶单位捐赠的资金用于风险补偿。

"贴息"与"风险补偿"的综合运用，一方面有效激发了贫困农户的贷款意愿，也降低了"风险厌恶"导致的内生动力不足；另一方面通过风险分担机制的设计，减少了金融风险对农户的冲击，避免了对银行风险控制的干扰。

（四）释放小额信贷优势，拓展信贷规模和期限

一般而言，资金规模小，贷款时间短被认为是小额信贷的重要特点，然而这也是小额信贷的局限所在，是一种银行更多受益的制度设计。事实上，对于农业生产，尤其是特色农业生产而言，其对于资金规模和还款周期都有一定要求，资金太少难以实现产业升级换代，周期短又无法适应一些特色农牧业生产周期长的特点。

"扶贫小额信贷"在风险控制的基础上，将小额信贷资金规模上限设置为5万元，周期上限设置为3年。这一安排基本可以满足农户一般农业生产的资金需求。而且在具体操作中村级组织除对申请人审查外，还要对申请发展的项目进行评判，根据项目规模和生产周期初步审查其贷款金额或贷款期限。银行对申请人情况进行复核，如情况基本属实，原则上满足贫困户提出的贷款申请额度和使用期限，但贷款额度不超过5万元，期限不超过3年。此外，贷款资金必须户借、户用、户还，但按照贫困户的意愿，多家多户可抱团发展生产，还可以财务合作社的方式共同发展生产。

资金规模和贷款周期的拓展，不仅有效地助推了贫困农户"摆脱贫困"，同样也为进一步发展提供了空间。作为一项金融创新，"扶贫小额信贷"这一制度设计打破了长期以来小额信贷"解决'温饱'有效而对促进'发展'乏力"的局限。[①] 其不仅对打赢中国脱贫攻坚战和全面建成小康社会有积极作用，而且对于世界减贫事业有重要启示，即在发展中解决贫困问题，在解决贫困问题中促进发展是一个连续性的时间过程。

（五）面向建档立卡贫困户，强化配套帮扶

解决贫困农户发展资金的约束只是"扶贫小额信贷"实践的第一步，贫困农户最终致富，还需要资金能够用得好。解决金融精准扶贫中"怎么扶"的问题，不仅需要资金作保障，更需要以"绣花功夫"帮助农户发展产业自力更生。以往小额信贷面临的一个主要矛盾在于农户致

---

① 杜晓山、刘文璞等：《小额信贷原理及运作》，上海财经大学出版社2001年版，第132页。

富意愿、资金需求与自身能力三者之间的矛盾。越是贫困农户其运用资金发展生产的能力也越弱，即使获得资金也很难充分利用好资金。这一意义上，资金只是贫困农户发展的外因，真正让其能致富，还需要提升其生产能力这一内因。对此，"扶贫小额信贷"不仅构建了贫困农户发展的有利条件，同样也激活和培育了其发展的意愿和能力。

"扶贫小额信贷"的一大亮点就在于不仅解决农民的资金需求，也充分利用政府、银行、驻村帮扶队等多种力量来帮助农民用好资金。首先政策明确了农户申请贷款需要同帮扶责任人、驻村工作队、村"两委"、第一书记等共同协商，从而选择适合自己发展的项目。其次，贷款资金原则上只能用于申请的即贷款合同规定的项目，并且应专款专用。在使用过程中，村级组织、帮扶责任人、驻村干部等要对贷款贫困户进行走访，了解他们的生产生活状况，经营状况，监督贫困户将贷款用于申请发展的项目，对没有按贷款约定发展项目和更改贷款用途的，及时上报。这一安排不仅避免了过去农户将信贷资金视作财政补贴的做法，也通过经常性的互动来影响和鼓励农户专心发展。

为了应对贫困农户技术和能力方面的"短板"，政策安排也突出了相关部门对于农民的非资金帮扶。农户贷款发展项目需要的技术服务主要通过村级组织来获得，贫困户可以将技术服务需求告知村级组织负责人、由驻村工作队、乡镇驻村干部、"第一书记"并通过他们衔接县、乡镇相关业务部门技术人员开展针对性的技术服务。市场服务主要通过帮扶单位、龙头企业、农民专业合作社等新型农业经营主体，积极运用批发市场或电商平台，获取市场信息和产品营销服务。

总之，党的十八大以来的创新发展将"小额信贷"所包含的市场机制、社会机制同政府减贫干预的政策优势相结合，使扶贫小额信贷真正成为中国减贫发展重要的政策工具。如此一来，小额信贷则从非政府组织的有益探索，最终为社会政策的创新发展提供了理论参考以及经验基础。

四 中国扶贫小额信贷的基本经验与政策启示

扶贫小额信贷实践虽然经历了多年实践和发展，党的十八大以来基于精准扶贫精准脱贫方略，有关部门对于这支金融扶贫的重要形式进行了系统性和综合性的创新，充分发挥了小额信贷扶贫的各项优势。扶贫小额信贷从社会创新项目到社会政策工具的转化，不仅为打赢脱贫攻坚战积累了基本经验，也对社会政策其他领域的创新发展具有启示意义。

（一）坚持政策创新发展

小额信贷在一定程度是一项舶来的社会发明，其在国内的运用也并非党的十八大以来首创，然而所取得的实践成就无疑是前所未有的。"扶贫小额信贷"政策不仅将小额信贷扶贫的潜力进一步挖掘，而且很大程度上规避了以往小额信贷扶贫的诸多弊端。这主要得益于党的十八大以来创新发展理念的运用，以及在扶贫小额信贷实践中贯彻精准扶贫、精准脱贫的基本方略。

首先，"扶贫小额信贷"在政策设计和制度安排上作了诸多创新，敢于突破既有政策模式和成熟经验。这些创新不仅体现在风险分担机制的运用，而且融合了财政资金和金融资金，充分发挥两者的优势，有效地规避了过去小额信贷扶贫实践的诸多弊端；还体现在银行与保险融合，通过保险机制来分散金融风险。这种将过去多种相对独立的领域和机制以特殊的方式统筹融合，其对于扶贫开发其他领域具有很好的借鉴意义。

其次，制度创新融合只是技术路线层面的改变，创新不应无的放矢，而是要具有明确的针对性。"扶贫小额信贷"正是紧紧围绕如何实现金融精准扶贫而进行的一系列创新。不仅要缓解农户发展的资金约束，更要通过小额信贷激发建档立卡贫困户的内生动力，实现脱贫致富；不仅要通过金融创新打赢脱贫攻坚战，还要通过脱贫攻坚行动提升政府治理能力，改善基层社会治理状况。

（二）坚持利益共享发展

扶贫小额信贷是普惠金融实践的重要载体，充分体现了以利益平衡为特点的金融资源再分配，通过稀缺资源向贫困人口的倾斜配置来实现社会的整体公平正义。然而，社会公平正义的实现，并非没有成本和代价，考虑到穷人金融的高交易成本和利用资源的效率，金融扶贫并非社会整体福利的最优配置。因而以小额信贷实现助力贫困人口脱贫,不仅要充分考虑贫困人口的需求特点与利益诉求,还要在系统层面来分析小额信贷的运行与功能。

从宏观来看,扶贫小额信贷乃是共享发展理念的有力体现,将金融、财政等资源合理融合共同支持贫困农户发展生产。然而小额信贷相比于财政资金支持的优势在于充分利用了市场机制,即农户和金融机构在其中均能受益,而且从整体上促进了地区的经济发展。因而小额信贷的实践必须遵从基于市场机制,获得商业的可持续性。"扶贫小额信贷"的实践就做到了这一点,在具体的政策安排中,政府搭建了平台,设置了市场机制得以运行的条件,从而使银行在扶持贫困农户发展的同时,也获得了可持续的利润来源。

(三) 坚持"输血""造血"结合

精准扶贫、精准脱贫乃是要通过政策的"组合拳"实现激发贫困群众内生动力改变贫困状况的目标,这就意味着不仅需要运用好政策工具和金融工具,还需要着力激发贫困群体的内生动力。扶贫小额信贷的政策创新的出发点也正是在于以贫困农户的需求以及禀赋核心,进而去调整政府和银行在政策结构中的角色和功能。在小额信贷扶贫实践中,银行和政府不仅向农户提供资金,也在尊重农户自身发展意愿的基础上帮助其发展产业。在这种帮扶的模式中,政府不再是过去"逼民致富"干预者的角色,而是成为农户发展的合作"伙伴"。

"政银农"三者关系的重构,不仅改变了贫困农户的弱势经济地位,同时也为其市场价值的实现提供了途径,从而为其内生动力的生长提供了空间。对于农户而言,"造血"能力的实现首先是以"输血"为前提,但单纯的"输血"不仅难以培育"造血"机能,甚至还会损害既有的"造血"能力。因而对于金融一类具有"输血"性质的扶贫手段,如果不注重内生动力的激活,不仅无益于贫困农户发展,甚至还会造成不可逆的损害。

联合国开发计划署援建小额信贷
项目发展历程

白澄宇[*]

摘　要：商务部交流中心与联合国开发计划署自 20 世纪 90 年代初开始，合作开展扶贫小额信贷创新试点，建立了国内早期规模最大的小额信贷项目，培育出了一批优秀的扶贫小额信贷机构，产生了巨大的社会和经济效益，有力地推动了小额信贷政策和行业的发展。但因体制机制和管理等方面存在的问题，这批小额信贷机构面临严峻的挑战，需要根据新的发展形势选择适当的发展出路。

关键词：小额信贷　扶贫　国际合作

一　联合国开发计划署小额信贷项目发展历程

联合国开发计划署（以下简称"UNDP"）是联合国系统内最大的发展援助机构，20 世纪 80 年代中叶开始在中国开展业务，其合作重点领域始终是扶贫、社会发展、环境保护、改善治理等方面。20 世纪 90 年代初期，UNDP 开始在华开展大规模的扶贫领域合作项目，除与国务院扶贫办等中央有关部门开展政策研究和能力建设外，还在全国 17 个省市自治区 48 个贫困县开展了大规模扶贫项目，并在项目中开展了扶

* 白澄宇，国际金融硕士，高级商务师，中国国际经济技术交流中心处长，中国小额信贷联盟常务副理事长，主要工作领域和研究方向：农村发展、扶贫、小额信贷、普惠金融、合作金融、社会影响力金融。

贫小额信贷创新试点。UNDP 小额信贷项目经历了三个发展阶段：项目试点阶段（1995—2000 年）、项目巩固阶段（2001—2005 年）和项目后续发展阶段（2005 年至今）。

（一）项目试点阶段（1995—2000 年）

1993—2000 年期间，商务部中国国际经济技术交流中心（以下简称"交流中心"）作为项目执行机构与 UNDP 合作，通过一个"伞"形的"扶贫发展方案"在全国 17 个省和自治区的 48 个贫困县开展了综合扶贫项目，其中包括扶贫小额信贷的试点内容。2000 年又在天津市开展了城市下岗女工小额信贷试点。到 2000 年，UNDP 扶贫项目总投入 1994 万美元，其中小额信贷循环资金投入约 7000 万元人民币，直接扶持超过 9 万个贫困农户。

项目最初设计在贫困村建立储蓄互助组织，但因政策等问题没有实际推进。因中国社会科学院农村发展研究所在河北易县开展的孟加拉乡村银行的小额信贷模式（以下简称"GB 模式"）试点获得成功，并得到中央领导肯定，UNDP 项目从 1995 年开始统一按照 GB 模式开展小额信贷试点，以妇女为主要对象，提供小额联保贷款。项目分别在省级和县级建立了项目管理办公室，负责项目实施的具体管理运营。在 48 个县中，有 10 个县是与科技部合作开展的扶贫项目，由科技部成立的项目管理办公室负责监管，交流中心没有直接参与管理。

为开展小额信贷试点，交流中心领导在 1996 年亲自带队到孟加拉考察乡村银行，并与乡村银行和尤努斯教授建立了合作关系。为支持交流中心开展小额信贷管理，UNDP 于 1996 年设立了"扶贫方案支持项目"（CPR/96/201），该项目于 1997 年由交流中心派人牵头组建了小额信贷管理团队——"扶贫项目支持与协调办公室"（以下简称"SCO"），编制了统一的小额信贷管理手册和电算化的管理信息系统。这是国内最早、最系统的小额信贷管理制度和信息系统。其中的财务管理手册还被中国人民银行用于在国内小额信贷行业推广。

（二）项目巩固阶段（2001—2005 年）

2000 年，第一阶段的扶贫项目陆续结束，小额信贷工作因取得了较好的效果且被国内有关部门认可，交流中心和 UNDP 决定继续加强对小额信贷试点的管理，促进小额信贷在中国的推广。为此设立了两个项目。一个是"综合扶贫项目"（CPR/01/201），其中包括小额信贷子项目，内容是通过 SCO 继续管理 UNDP 小额信贷项目机构，并为其提供技术支持。第二个项目是"可持续小额信贷扶贫"（SMAP）（CPR/01/210），内容是在原有小额信贷机构中挑选出 4 个最优秀的机构（赤峰、定西、仪陇、兴仁）进行重点支持，希望将其打造成为大规模和可持续的小额信贷机构，为此成立了 SMAP 项目办公室，外聘专业人员负责项目实施和管理。

为解决 UNDP 小额信贷项目试点的小额信贷经营的合法性问题，交流中心于 2000 年通过商务部给中国人民银行和国务院扶贫办去函，就"继续开展 UNDP 小额信贷试点问题"征求意见，均得到对方支持。中国人民银行在回复中同意 UNDP 项目试点地区继续开展小额信贷业务，相当于提供了特许经营权。

为加强对小额信贷机构的管理，UNDP 授权交流中心的 SCO 办公室负责在项目结束后继续管理小额信贷循环资金和小额信贷机构，并继续提供技术支持。UNDP 允许 SCO 按循环资金的 2% 收取管理服务费，用于弥补 SCO 的管理成本。交流中心在 2000 年后陆续与各省、自治区和各县项目机构签署了后续管理协议。明确项目提供的小额信贷资金依旧是项目循环资金，要求各机构在财务报表中将循环资金列入长期负债。

因项目结束后项目办不能长期存在，各县项目办陆续改制为在当地民政部门注册的社团组织。在这个阶段，交流中心依靠 UNDP 的两个后续项目提供的技术支持资金，继续保持对基层小额信贷机构的严格管理和密集的培训，特别是依靠各省级项目办公室，起到了较好的管理和服务效果。2000 年以后，交流中心每年组织召开 UNDP 小额信贷机构参与的"社区工作代表大会"，总结项目情况，讨论发展问题，表彰先进机构和工作人员。

为从根本上解决小额信贷试点机构的政策和法律地位问题，推动小额信贷行业的发展，交流中心于 2003 年开始利用"综合扶贫项目"资助中国人民银行开展了小额信贷政策研究工作，组织对国内外小额信贷机构进行了大量考察研究，最终形成了《中国小额信贷发展报告》。该报告提出的政策建议指出，中国应该发展商业可持续的小额信贷行业，应该成立小额信贷行业协会。小额贷款公司政策由此产生，拉开了中国小额信贷行业大规模发展和小额贷款公司发展的序幕。

（三）项目后续发展阶段（2005 年至今）

2004 年后，UNDP 有关小额信贷的两个后续项目结束，不再提供经费支持，交流中心只有依靠 SCO 在项目期间收取的管理费继续开展对小额信贷业务和机构进行管理并提供技术支持。后根据 UNDP 意见，SCO 暂停收取管理费。

2004 年，为彻底解决 UNDP 项目小额信贷机构后续管理问题，交流中心根据中国人民银行政策报告的建议，联合中国社会科学院农村发展研究所、全国妇联发展部、中国扶贫基金会等机构发起成立小额信贷行业协会——"中国小额信贷发展促进网络"，并由交流中心向商务部申请作为协会主管部门，具体挂靠交流中心进行管理。商务部批准了交流中心的筹建请示，并向民政部递交了注册申请。民政部考虑到该协会涉及金融业务，建议征求中国人民银行意见。商务部给中国人民银行去函征求意见，中国人民银行考虑到拟参与协会的会员机构都是公益组织，不是金融机构，建议先以协会筹备委员会名义开展工作，待小额贷款公司管理办法出台后，再将公益小额信贷机构改制为小额贷款公司，获得金融机构身份后，再正式成立带有金融属性的行业协会。根据民政部和中国人民银行的意见，交流中心与中国社会科学院农村发展研究所和全国妇联发展部于 2005 年正式成立了中国小额信贷发展促进会筹备委员会，对外以"中国小额信贷发展促进网络"名义开展工作，秘书处设在交流中心。后改名中国小额信贷联盟，并挂靠到中国社会科学院主管的中国县镇经济交流促进会下，成立了小额信贷发展研究分会。

此后，交流中心将 UNDP 小额信贷机构的管理工作与行业协会的工作统筹开展，利用协会平台和 UNDP 项目资源继续对 UNDP 小额信贷机构提供培训等各项服务。每年一度由交流中心出资的项目"社区工作代表大会"也常与行业协会的活动合并举行。

由于 UNDP 项目不再提供经费，省级项目办公室逐渐解散，不再承担对 UNDP 小额信贷机构的管理任务，只有个别省份（如青海）通过向小额信贷机构收费的方式维持原有的管理工作。

2005 年，中国人民银行与银监会邀请交流中心参与制定小额贷款公司试点管理办法，但未出台，而是由部分省区主持试点工作，由省级政府发放小额贷款公司牌照，并负责属地监管。贵州省发布的小额贷款公司试点招商公告中，明确提出欢迎交流中心到贵州合作，参与发起小额贷款公司并提供技术支持。交流中心借此机会试图开展小贷机构转制工作，但因没有找到志同道合的投资者而无果而终。2008 年，银监会和中国人民银行正式联合发布《关于小额贷款公司试点的指导意见》（以下简称“《意见》”），但是《意见》忽略了制定政策时考虑到的扶贫初衷，各省将小额贷款公司当作普通放贷机构进行推动，均设置了较高的注册门槛。中国人民银行原本希望把公益小额信贷机构改制为小额贷款公司的计划也因此遇到障碍。

为解决利用政策解决 UNDP 小额信贷机构后续发展的问题，交流中心于 2009 年委托专业机构开展调研，提出了对 UNDP 小额信贷机构的改制方案。方案建议由交流中心参与发起成立资产管理公司，将 UNDP 小额信贷机构的资产合并到资产管理公司，然后吸引投资参与，将公益小额信贷机构转制为小额贷款公司。因体制、机制限制，这个方案没有被交流中心接受。交流中心 SCO 办公室又提出过另外一些依托其他机构建立资产管理公司的方案，也都没有实现。目前，依然维持了由 SCO 对小额信贷机构进行管理的方式。

2013 年，经交流中心牵线搭桥，安信永国际与地方政府达成协议，决定对在湖南湘西的小额信贷机构进行投资改制，后由安信永参股的高信隆公司接手投资项目，并于 2015 年正式开办了小额贷款公司，将 UNDP 小额信贷机构的资产和管理团队整体移交到小贷公司继续经营。高信隆小额贷款公司基本沿袭了 UNDP 小额信贷机构的城市信贷业务，并做了更大的创新和发展，为吉首市微型企业提供无抵押的信用贷款业务。

在开展后续项目时，交流中心曾建议 UNDP 将小额信贷循环资金的所有权移交给商务部，由交流中心负责管理。但 UNDP 始终没有同意，坚持在项目期间依旧归 UNDP 所有。2016 年，UNDP 再次致函交流中心，明确小额信贷循环资金归 UNDP 所有，继续委托交流中心管理，希望继续在小额信贷领域开展合作。

2018年，UNDP与交流中心在小额信贷机构后续发展问题上最终达成共识，决定对小额信贷机构进行脱钩，聘请专家对小额信贷机构进行评估，针对不同机构的具体情况制订后续发展方案，然后将小额信贷循环资金的产权移交给小额信贷机构。UNDP和交流中心将为愿意参与改制的机构提供技术支持。

二 UNDP小额信贷项目的作用和贡献

（一）UNDP小额信贷项目推动了小额信贷试点在国内的大规模发展

在UNDP小额信贷项目开展之前，尚无任何国际组织或国内机构成建制、大规模地开展扶贫小额信贷试点工作，也没有形成有影响力的模式。UNDP是联合国系统内最大的发展援助机构，其项目率先统一采用由中国社会科学院（以下简称"社科院"）引进的GB模式在17个省48个县同时开展试点，其影响力巨大，促使很多国际组织也利用GB模式开展小额信贷项目。据统计，到2000年，国际组织共在国内援建了约300个扶贫小额信贷机构，其中由商务部对口管理的联合国机构的小额信贷项目占了近一半。

UNDP项目与中央和地方政府合作开展小额信贷试点，推动了小额信贷创新由试点向主流化发展，并最终获得政策支持，得到大范围推广。其中有几个关键的事件。其一，UNDP最先开展小额信贷试点项目的是外交部定点扶贫的云南省金平和麻栗坡县，1996年，时任外交部副部长的唐家璇同志到金平、麻栗坡考察，了解到UNDP项目小额信贷试点，给予了高度评价，并向云南省政府推荐了这个试点。云南省扶贫办随即派人赴麻栗坡调研，之后在扶贫办设立了云南省小额信贷办公室，在全省扶贫工作中推广UNDP小额信贷试点经验。与此同时，社科院在陕西商洛的试点也在陕西省得到推广。云南和陕西两省的小额信贷扶贫工作得到了国务院扶贫办的重视，在调研基础上，国务院扶贫办建议在"八七"扶贫攻坚战期间在全国以小组联保的扶贫小额信贷方式发放扶贫贴息贷款，并最终由中国农业银行作为信贷主体，在全国开展

了小组联保的扶贫小额信贷业务。其二，2003 年，UNDP 项目资助中国
人民银行开展小额信贷政策研究，中国人民银行的政策研究报告提出在
中国发展商业可持续的小额信贷机构，直接推动了小额贷款公司政策的
出台，帮助中国人民银行建立了与国际小额信贷行业的交流与合作渠
道。其三，部分项目地区政府通过试点获得了新的发展理念，增进了他
们对农村金融改革与发展的积极性。例如，仪陇县在 UNDP 小额信贷试
点成功的基础上，成为四川农村金融改革试点县，四川第一家村镇银行
在仪陇落户，贫困地区村级资金互助试点也在仪陇发端。

（二）UNDP 小额信贷项目的作用与贡献

UNDP 项目在交流中心建立的 SCO 办公室，聘请了国际上最有经验
的专家提供咨询和培训，开发了国内最早的小额信贷管理手册和管理信
息系统，还开发了小额信贷机构评估手册，最早尝试在小额信贷机构开
展社会绩效管理，以及其他具有开创性的工作。这些都为国内小额信贷
行业发展提供了大量可供借鉴的技术和经验。

UNDP 项目培育出内蒙古赤峰昭乌达妇女发展协会等一批优秀的扶
贫小额信贷机构，为小额信贷行业树立了成功的案例，证明非营利小额
信贷机构具有其他商业金融机构无法替代的作用，也具有持续生存和发
展的能力。

UNDP 小额信贷机构在试点地区为当地贫困户提供了所需的信贷服
务，培养了贫困农户自力更生的发展能力，帮助一大批贫困户靠小额信
贷脱贫致富，甚至成为致富带头人。项目引进的国际先进管理制度和技
术，提高了地方政府、小额信贷机构和管理人员的能力，很多项目工作
人员因此而获得很大的发展机会。试点在各地产生了巨大的经济和社会
效益以及影响力。

三 UNDP 小额信贷机构现状和面临的问题

2012 年，中心曾对 UNDP 小额信贷机构进行过摸底调查，将中心
负责管理的小额信贷机构分为良好、中等、维持和停滞/关闭四种类型。
近 6 年来，UNDP 小额信贷机构整体情况逐渐恶化，部分好的机构

资产依然保值增值，而一些中等机构状况恶化，濒临倒闭。

目前，共有 5 家较好机构，贷款资产约 5800 万元，其中包含一家已经改制成小贷公司的机构。12 家维持运作机构，资产约 2300 万元；29 家已经倒闭或基本停止运营（包括科技部管理的十个县），项目的循环资金留在当地，主要分为两种情况：资金主要在借款农户手中，形成长期不良信贷资产；资金被管理机构消耗殆尽。

深究原因，既有小额信贷业务自身存在的挑战，也有管理制度和管理方式的原因，还有宏观政策和金融监管环境的影响。

（一）项目设计的小额信贷模式已经不适应新的发展需要

20 世纪 90 年代至今，农村经济环境发生了很大的变化，农村的人口结构、产业结构、农民的收入结构变化巨大。项目开始时设计的小额信贷服务方式和信贷产品已经不适应新的发展需要。

1. 农村金融市场和服务对象发生变化

项目设计时要求瞄准最贫困的农户，在项目初期，农村金融服务很欠缺，几乎没有金融机构能够为项目区的农户提供有效的金融服务，为项目发展提供了很大空间。在 UNDP 项目成功试点的推动下，中国小额信贷行业和农村信贷获得不断发展。目前，项目区收入较高的能人大户基本可以得到正规金融机构的信贷服务，而建档立卡贫困户普遍获得了政府贴息贷款和补贴，不再需要项目的小额信贷服务。现在需要融资但缺少服务的是上述两个群体之间的普通农户，需要调整客户定位。

2. 贷款额度不合理

项目开始时，农村人均收入只有几百元，随着经济增长和通货膨胀，现在农村人均收入早已在 3000 元以上，农村户均贷款需求也已超过 2 万元。但目前大部分机构提供的信贷额度少于 1 万元，部分机构仍然维持在 2000 元。这一方面是因为项目设计时强调小额原则，更主要的是因为各机构自有资金有限，也难以提高贷款额度。贷款额度不能满足需求，不仅造成客户流失，更促使垒大户现象频频发生，产生巨大风险。

3. 项目引进的孟加拉乡村银行模式水土不服

孟加拉乡村银行模式的核心和关键是小组中心制度和定期召开客户

参加的小组中心会议，在会上收款放款，目的是解决信贷机构的信息不对称性，减少信贷人员道德风险和操作成本。这个模式在贫困人口密度极大的南亚地区非常成功，在刚引进中国的时候也具备一定的条件。但随着农村情况的巨大变化，这个模式已经失去了其原来的功效，原因是贫困人口逐渐减少，贫困户居住分散，且越来越多的农村劳动力进城务工，留守农村的多是老人和孩子，客户参加中心会的成本越来越高，难以坚持定期开会。如果不开会，信贷员与客户之间的收款放款行为就成为单独的交易，道德风险和监管成本极高。常年发生的垒大户现象多为客户与信贷员串通，骗取大额贷款。小组中心制度不仅不是控制风险的手段，反而成了产生风险的温床。这是近年来各个机构产生坏账的主要原因。

（二）小额信贷机构管理问题日益严重

1. 小额信贷循环资金产权问题

开发署项目提供的小额信贷循环资金的所有权目前依旧归开发署所有，交流中心只是受开发署委托对循环资金和小额信贷机构进行管理。虽然交流中心始终强调产权问题，但地方政府和小额信贷机构则倾向认为，项目资金在项目结束后应该归地方所有，忽视交流中心的管理地位，个别地方政府甚至将资金挪作他用。无论未来如何发展，循环资金的产权归属问题始终是要解决的问题。

2. 交流中心的管理职责问题

交流中心曾经将小额信贷作为业务发展的新增长点对待，因此设立了 SCO 办公室，专门负责这项工作。随着交流中心业务和职能的改变，小额信贷业务逐渐被边缘化。项目结束，SCO 也不可能靠收取管理费来履行其职能。因此，需要对管理模式和机制进行调整。

3. 各级管理部门的管理经费问题

在开发署项目执行期间，项目给各级管理部门提供了管理经费，项目结束后，省级管理机构因无经费基本解散，交流中心失去了实际的管理权。

4. 各项目地区政府对小额信贷机构的管理涣散

地方政府是项目最主要的实施机构和监管机构，随着 UNDP 项目结束和地方政府获得国家财政支持的项目增多，地方政府逐步失去了对

UNDP 小额信贷项目的重视，放松了对 UNDP 项目的支持和监管。地方政府人员变更频繁，造成无人管、不愿管、不想管的局面，导致部分小额信贷机构无人支持和无人监管。

5. 小额信贷机构自身管理问题严重

小额信贷机构自身管理问题包括：人力资源严重不足，主要管理人员来自政府部门或事业单位，缺少足够的信贷管理能力和精力；信贷员大多来自乡村干部和农户，且是兼职，信贷机构难以有效管理；公益性小额信贷机构缺少内部有效的激励机制，难以靠奉献精神长期支撑业务的开展；项目开发的电算化管理系统因年久失修，难以维护，无法使用等。

（三）公益小额信贷机构发展空间受到限制

1. 缺少法律地位

虽然 UNDP 的小额信贷机构获得了中国人民银行的特许经营权，但那是基于没有小额信贷机构相关立法的历史条件。未来，一旦颁布了小额信贷机构的法律和监管制度，则中国人民银行的授权就会失效，必须按照未来的制度进行合法化转制，不可能长期以公益机构形式开展业务。

2. 缺少资金来源

公益小额信贷机构因其非营利性质难以获得长期稳定的资金来源，只能依靠政府支持或公益组织的捐赠为继，规模难以做大，也就难以持续发展。如果不能大规模持续发展，随着其他金融机构进入农村金融市场，公益小额信贷机构的作用和价值就会逐渐消失。

3. 缺少管理人才

没有法律地位、缺少资金来源的公益小额信贷机构难以获得合适的人才加入。目前经营情况较好的机构主要依靠项目初期就参与的、有责任心的政府派出的人员管理，随着他们年龄不断增长，越来越多的人到了退休年龄，小额信贷机构的管理人才后继无人。

4. 公益机构治理结构的天然缺憾

这是公益小额信贷机构最根本的致命弱点。公益机构因没有商业机构那样明确的产权关系，项目各方都是依据各自职能参与管理，没有足够的动力去主动对机构进行支持和管理。公益机构也缺少对理事会的严格制度要求，大部分公益小额信贷机构的理事会形同虚设，难以发挥监督和指导作用。

综上所述，UNDP 项目建立的公益小额信贷机构已经遭遇发展的"瓶颈"，难以为继。如果不进行调整，将有越来越多的机构濒临瓦解和倒闭，部分优秀的机构也会在不断变化的环境里逐渐消亡。

国内外大量的研究表明，公益小额信贷机构要持续发展，必须根据各国的法律和监管制度进行机构改制，转制为合法的可以从事金融业务的机构，才能有效地解决治理结构和资金来源等问题。国内晚于交流中心开始从事公益小额信贷的中国扶贫基金会，已经于 2010 年之前将其管理的小额信贷业务剥离出来，注资成立了中和农信资产管理公司，并以该公司作为总部投资基层小额信贷机构。目前已经在全国建立了 300 个分支机构，资产规模达到 70 亿元人民币，为近 40 万农户提供了有效的信贷服务。蚂蚁金服已经参股中和农信，未来会有更大的发展。

四 可供选择的 UNDP 小额信贷机构后续发展途径

UNDP 与交流中心经过 20 余年的努力，推动了小额信贷在中国的试验示范和发展。交流中心作为 UNDP 委托的小额信贷机构的管理者，对项目建立的小额信贷机构的发展承担着责任。但是，现有的小额信贷业务发展和管理方式已经遇到困难，应该尽快对小额信贷机构发展出路进行研究，制订战略和方案。根据国内现实情况，目前有几种方案可以选择。在对方案进行确定和选择时，应该考虑以下几个关键问题：一是国家的大政方针和法律法规，二是小额信贷的市场环境，三是 UNDP 小额信贷循环资金的所有权处置，四是地方政府和基层小额信贷机构的支持配合。

（一）推广"仪陇模式"

交流中心利用 UNDP 普惠金融体系项目在仪陇开展的资金互助业务管理体系的试点取得初步成效，形成了"仪陇模式"。该模式的基本内容是：

1. 核心制度是利用村内农户之间的信任关系，解决信息不对称和信用评估的难题

这是解决目前农村农户信贷服务最有效的途径之一，UNDP 公益小额信贷的实践已经证明孟加拉模式在中国农村已经难以继续推行，外部金融机构都难以跨越信息不对称的鸿沟，而互联网金融机构只能有效解决触网和经营网点的部分群体的信贷服务问题，大量没有被扶贫资金瞄准的农户没有得到有效的金融服务。

2. 关键环节是在县一级建立一个公益性的社会化服务机构——民富中心

为合作社及资金互助业务提供孵化、培育、能力建设和技术支持服务，并受政府委托对合作社及资金互助业务进行监督；在合作社及资金互助业务规范发展基础上，帮助合作社对接外部市场和金融机构的融资。这个服务中心解决了扶贫办试点的无人管理问题，也解决了其他地区"一放就乱一管就死"的问题。

民富中心自身建设是项目关键，只有打造一个专业、高效且受监督的优良团队，才能发挥民富中心的作用。民富一项基础工作是对农户及合作社管理人员的能力建设。只有通过不断的培训，才能提高农户经营管理的能力，才能有效开展生产、供销和信用合作。

3. 政府的支持和监督是重要保障

仪陇县政府专门为开展试点出台了政策和管理办法，授权民富中心开展有关业务，并允许民富中心适当收取服务费。

仪陇试点已经取得初步成效，短短 2 年时间已经在 50 个村建立了资金互助社，交流中心利用 200 万元项目资金，撬动了农户 6800 万元资金，规模远远大于 UNDP 在仪陇原有的公益小额信贷机构 500 万元的资金规模。在试点村，资金互助社已经成为村里最主要的信贷服务机构，解决了农户日常借款的需求，贫困户也可以通过小额资金入社获得其所需的信贷服务。而且，扣除管理成本，年底还可以分红。在交流中心项目的帮助下，民富中心建立了有效的互助资金管理制度，严格管理风险。2016 年年底，全部资产逾期不超过 3%。基于目前的资产质量，可以考虑与农商行合作，为优秀的资金互助社提供批发资金，这样就解决了农户更多的资金需求。

仪陇模式的成功试点证明，农民合作社内的资金互助是有效解决农村和农民金融服务的途径。中国人民银行、国务院发展研究中心、农业部、社科院等机构都到仪陇进行了调研，给予充分肯定，也提出了进一步完善的建议，中国人民银行还编写了调研报告。

福建宁德市中国人民银行带队考察了仪陇模式后，古田、寿宁和南平三个县决定参照仪陇经验开展试点，建立民富服务中心。古田县已经与 UNDP 进行项目合作，建立了民富中心，也取得了较好的效果。目前，正有更多的地方和机构关注仪陇模式的发展。

因此，UNDP 公益小额信贷机构的一个发展出路是按照仪陇模式进行调整，具体做法如下：

一是将公益小额信贷机构的职能由直接发放贷款改为仪陇民富中心那样的服务功能，孵化、培育农民合作社及资金互助业务，为合作社提供能力建设，受政府委托对资金互助进行监督，并帮合作社对接外部资源。

二是各县留存的小额信贷循环资金的用途由直接对个人提供贷款，改为向合作社提供批发资金；或将循环资金改为能力建设资金，用于合作社和农户的培训。

这个方案的好处是基层机构不再承担小额信贷的经营风险，也不会涉及小额信贷放贷权的法律问题，同时也符合中央有关"三农"发展的大政方针和农村金融的发展方向。

这一做法的挑战是，在仪陇模式推广过程中需要大量的能力建设资金支持，才能建立起合格的管理团队和严密的管理体系。需要开发一个云平台的网络版管理信息系统，帮助民富中心对资金互助进行有效监控。

（二）将优秀的 UNDP 小额信贷机构改制为小额贷款公司

参照中和农信等先期改制机构的经验，具体做法如下：

一是将有潜力的小额信贷机构在自愿基础上进行整合，由现有小额信贷机构为股东，发起成立资产管理公司，将各机构资产合并到资产管理公司，进行统一的经营管理。

二是筹建小额信贷投资基金，由基金参股资产管理公司，扩大资产规模。

三是由资产管理公司出资，在公益小额信贷机构所在地成立扶贫小额信贷公司。将原有公益小额信贷机构的信贷业务和团队移交给小额信贷公司，公益小额信贷机构不再直接经营信贷业务，而是以股东身份参与资产管理公司决定和监督，保证业务的扶贫宗旨不变。原有的协会机构也可以继续开展其他公益项目。

这样做可以不改变循环资金的使用宗旨，将小额信贷以更加合法的形式在更大规模上得到可持续发展。但是否能找到认可公益小额信贷理念并不改变宗旨的投资机构是成败的关键。这个方案也涉及循环资金的所有权的处置问题，需要 UNDP 和交流中心协商解决。

（三）将小额信贷机构改为扶贫和社会发展机构

对于资金规模虽小，但尚保存了循环资金的机构，如果没有能力也没有机会转制为小贷公司，但地方政府和管理部门依然有愿望继续开展扶贫项目，可以考虑在将循环资金移交给地方政府的同时，允许其改变资金用途，不再用于小额信贷业务，改用于支持当地扶贫和社会发展领域的项目。

目前，交流中心与 UNDP 达成共识，决定尽快将项目建立的小额信贷机构脱钩，将循环资金移交给地方政府，但在移交过程中要妥善进行处置，根据各地不同情况，寻求最佳的处理方式，以期最大限度地减少损失，最大限度地支持地方政府和小额信贷机构获得后续发展的机会。

国际机构与中国小额信贷的发展

程恩江[*]

摘 要：小额信贷项目和机构是国际机构对华援助的重点：支持的时间跨度长、参与的国际机构多、援助的方法多样、规模大。本文发现通过引进和支持公益性的小额信贷，支持地方性商业银行的微贷项目，国际机构帮助中国把开发性扶贫的理念落到实处，并把正规金融支持微小企业和实体经济的愿望部分转化为现实。本文对新时期小额信贷的进一步发展提出政策建议。

关键词：小额信贷 国际机构 扶贫 经济发展

一 介绍

国际上一般把对微型企业和低收入的群体所提供的金融服务称为微型金融（Microfinance）。微型金融系指对低收入的人群和微型企业所提供的金融服务，包括小额的贷款、存款、汇款、小额保险及其他方面的金融服务。微型金融包括在农村和城市进行的金融服务。在中国，我们把英文 Microfinance 翻译成小额信贷。这其中部分的原因在于中国的微型金融以微型贷款为主，少有其他方面的金融服务。在本文中，微型金

---

* 程恩江，获澳大利亚墨尔本大学的博士学位，现为维多利亚大学兼职高级研究员，主要研究领域为农村金融、微型金融和扶贫。

融和小额信贷均对应于国际上的 Microfinance。[①]

国际上，小额信贷是在总结了传统的发展金融的经验教训并吸收了民间借贷的特点基础上发展起来的。20 世纪 80 年代以前，传统的观点认为政府可以在农村金融和小额信贷市场上发挥积极作用并倾向于进行直接干预，通过增加信贷供给的方法来增加农民和贫困人口的信贷可得性。不少国家的政府一方面建立了国有的农业发展银行之类的专门金融机构，并通过其发放大量低息的农业、扶贫贷款。另一方面，政府制定并实行存贷款利率的法定上限。迄今为止，几乎所有采取贴息贷款扶贫方式的国家都不同程度地面临着难以瞄准穷人和贷款的按期还款率很低的问题。贴息贷款还扭曲了农村金融市场资源的配置，不利于商业性可持续的金融机构的产生和发展，从而阻碍了农村金融市场的发展。

小额信贷一个最主要的特点是，在扶贫和支持微型企业发展过程中采用市场化的方法力争使有限的扶贫资金发挥最大的扶贫效应。为此，小额信贷进行了金融工具、金融手段和金融组织方面的创新。就金融工具和金融手段来说，小额信贷利用小组贷款和小组担保、动态激励、经常还款等手段来控制无抵押贷款的信贷风险。就组织方面来说，小额信贷强调建立有良好公司治理结构和内控机制的能够持续经营的小额信贷机构。

讨论国际机构与中国小额信贷的发展，我们必须首先对小额信贷进行清晰的定义。本章所讨论的小额信贷，或小额贷款系指单笔贷款的额度在人均 GDP 2.5 倍以下的、以贷款机构或贷款项目的财务可持续为目标的贷款。中国 2017 年的人均 GDP 大约为 9000 美元，这样单笔贷款的金额大约在 15 万元人民币以下。另外，小额贷款一般是以促进农户和微型企业增收为目的，纯消费性的贷款、高利贷（实际有效贷款利率超出中国人民银行基准利率的 4 倍以上）都不在我们讨论的范围之内。[②] 用以上的标准衡量，目前中国流行的很多 P2P 及现金贷等项

---

① 国际上对微型金融有明确的定义，就贷款而言，其单笔贷款的上限不应超过本国人均 GDP 的 250%。

② 2018 年中国人民银行的基准利率在 4.5% 左右，考虑到物价上涨的因素，小额贷款实际有效利率的上限应维持在 20% 左右。超过这个利率的可以被认定为高利贷，其贷款的偿还不受法律的保护。

目，并不属于小额信贷。中国农业银行执行的补贴性的扶贫贷款和部分城市执行的低息甚至无息的下岗职工贷款也不应包括在小额信贷的范畴之内。

在上述小额信贷的定义下，我们又把小额信贷分为公益性与商业性的小额信贷。前者一般以扶贫为目标，同时强调小额信贷自身运行的财务可持续和机构可持续，但不以股东利益或利润的最大化为目标。在不少情况下，公益性小额信贷机构会限制股东的分红和收益，把利润的一部分返还到贫困人口和贫困社区，或用于支持扩大小额信贷的覆盖面。衡量公益性小额信贷项目和机构成功的标准包括贷款覆盖贫困人口和低收入人口的广度和深度、机构或项目的财务可持续性和贷款对客户收入和能力的影响，所谓小额贷款的三重底线。[①] 商业性小额贷款强调的主要是单笔贷款的额度限制和贷款目标人群，在严格控制单笔贷款额度和贷款对象为低收入人口的前提下，商业性小额信贷机构可以追求股东利润的最大化。这也是部分商业银行和商业性的小额贷款公司参与小额信贷的基础。值得注意的是，有时公益性与商业性小额信贷的界限不是那么分明。同时，公益性与商业性的小额信贷是可以互相转换的。在国际上，有不少公益性小额信贷转化为商业性的小额信贷的案例。

本文的主要目的是通过描述国际机构在中国小额信贷发展过程中所起的作用，分析其所做的重要贡献，并对中国的扶贫开发和小额信贷的发展提出政策建议。

在纪念中国小额信贷开创 25 周年之际，总结国际机构与中国小额信贷的发展有着极其重要的意义。第一，国际机构是中国小额信贷发生、发展和壮大的重要组成部分，中国小额信贷 25 年的发展进程也就是国际机构帮助、参与中国小额信贷发展的过程。第二，中国小额信贷发展的现状与国际机构也有着非常大的关系，分析总结国际机构在中国小额信贷发展进程中的作用和贡献对我们反思中国的扶贫和发展经验、政策、措施，从而筹划中国 2020 年后的扶贫和发展大计有着重要的现实意义。第三，国际组织援助中国小额信贷发展的经验和教训可以反过

---

① 有关小额贷款三重底线的讨论，参见 Morduch（1999）。

来用于中国"走出去",包括帮助开发中国援助其他发展中国家小额信贷和其他扶贫项目。第四,国际机构在支持中国商业性小额信贷发展过程中所秉持的部分理念和方法对目前中国政府致力于的金融支持实体经济和小微企业融资意义重大。

本文重点讨论国际组织在中国公益性小额信贷发展过程中所起的作用。本文第二部分回顾国际组织与中国公益性小额信贷的发展。第三部分讨论国际组织与中国商业性小额信贷机构的发展。第四部分是总结政策建议。应该指出的是,国际机构在中国村级互助资金发展过程中发挥了重要的作用。限于本章的篇幅,我们这里不专门讨论国际机构与村级互助资金的发展。本章的资料来源除特别说明外,均来自笔者长期从事小额信贷和农村金融的实地调查和咨询所收集的第一手资料。

二 国际机构与中国公益性小额信贷的发展

小额信贷在中国是舶来品,中国小额信贷的发展始于扶贫的公益性小额信贷。1993 年,中国社会科学院农村发展研究所首先将与国际规范接轨的孟加拉乡村银行(GB)小额信贷模式引入了中国,成立了"扶贫经济合作社",在河北省的易县,河南省的虞城县和南召县和陕西省的丹凤县建立了以孟加拉乡村银行的小额信贷为贷款模式的小额信贷扶贫社。乡村银行基金会作为位于孟加拉的一家国际非政府组织,在国际捐赠机构的支持下致力于在其他发展中国家复制乡村银行小额信贷模式。中国社会科学院(以下简称"社科院")是在乡村银行基金会的支持下将乡村银行模式的小额信贷模式引入中国的。

1995 年开始,作为国际多边援助机构,联合国开发计划署(UN-DP)和中国国际经济技术交流中心在全国 17 个省的 48 个县(市)试点以扶贫等为目标的小额信贷项目。还有一些国际组织相继在中国开展了小额信贷项目,包括联合国儿基会、联合国人口基金、澳大利亚发展署、加拿大发展署,以及世界银行秦巴项目在四川省的阆中、通江和陕西省安康县的小额贷款试点。从 1995 年至 2005 年,中国公益性小额信贷的机构和项目发展情况见表 1。

表1　　　　　　　　　**2005 年中国小额信贷发展情况一览**

小额信贷项目或机构	开始年份	项目数	项目省数	项目县数	项目资金总量（百万美元）	小额信贷资金总量（百万美元）	每县小额信贷资金总量（元）
1. 多边捐赠机构							
联合国开发计划署 UNDP	1995	32		48	11.11	8.21	1368333
联合国儿基会	1996	68		68			
儿基会 SPPA 项目	1996	25	13	25		6.5	2080000
儿基会 LPAC 项目	2001	43		43			
联合国人口基金组织	1999	15	13	15	5.05	2.25	1200000
世界银行	1997	3	2	3			
国际农发基金（估计）	1980	19		95	473.08	345.7	29112615
2. 双边捐赠机构							
澳发署青海	1996	1	1	3	5A $	2.05	4114333
新发署社区基金	2005	1	1	2			
3. 国际公益性组织							
国际鹤类资金	1994	1	1	1			
4. 国内公益组织项目							
社科院扶贫社	1994	4	2	4		1.87	3750000
中国扶贫基金会	1996	11		11		2.5	5000000
四川省乡村发展协会	1996		1				
山西陵县小额信贷	1993	1	1	1			1500000

资料来源：笔者的调查数据。

需要说明的是，表1只是提供了中国小额信贷机构和项目部分的信息。实际上还有更多的国际机构参与了中国公益性小额信贷。例如，乡村银行基金会帮助社科院把小额信贷引进到中国，并在部分贫困县进行试点；世界银行扶贫协商小组（CGAP）和美国福特基金会对中国小额信贷项目培训和能力建设的支持，并在中国推广成功的小额信贷经验和模式；加拿大发展署、香港回归基金等机构在中国也有小额贷款项目（见表2）。另外，联合国开发计划署和澳发署还支持了中国小额信贷政策研究。

表2　　2005年小额信贷调查时的小额信贷机构抽样情况报告

项目机构	全部的机构和项目数	样本数	样本比例（％）	项目数[2]	独立的单位数[3]	公益性小额信贷机构数[4]
联合国开发计划署/交流中心	32	25	64	6	3	16
儿基会	68	18	26	11	6	1
加发署	2	2	100	2	0	0
世行	3	2	75	0	0	2
其他国际捐赠者		2		2	0	0
国际公益性组织		2		0	0	2
香港回归基金		2		2	0	0
社科院扶贫社	4	4	100	0	0	4
中国扶贫基金会	6	5	83	0	0	6
当地政府项目		5		3	1	1
总计		67		26	10	32

资料来源：笔者的调查数据。1调查时国际机构或国内组织拥有的全部小额信贷机构和项目的数量。2指小额信贷项目的样本数，项目由临时组织的抽调不同单位的人员组成政府的项目办公室执行。3指单个政府单位（如县农业局或扶贫办）执行的小额信贷项目的样本数。4已经由小额信贷项目转为注册的小额信贷机构的样本数。

为了更清楚地了解中国小额信贷发展的情况，笔者在2005年对中国的公益性小额信贷机构和项目进行了一次全国性的调查。调查的抽样情况见表2。从表2可以看出，在我们的样本中，到2005年已经注册成公益性小额信贷机构的有：UNDP 资助的 16 家机构，中国扶贫基金会 6 家机构，社科院扶贫社 4 家，世行资助的 2 家，当地政府 1 家（四川省乡村发展协会）和儿基会 1 家。这些机构或者注册成社会团体，或者注册成民办非企业单位，都是非营利性机构。一般而言，从项目转变为机构后，其财务和机构可持续的目标更加明确。

2005 年调查时我们已经发现，虽然中国的公益性小额信贷机构和项目达到 300 家左右，在这 300 家左右的小额信贷机构和项目中，能正常运行的不到 1/5。真正能达到操作可持续性的机构屈指可数，能达到财务可持续性的机构（剔除补贴后，利息和其他收入可以补偿操作成本，呆账损失和按市场利息率计算的资金成本）更是微乎其微。不少小额信贷机构当时面临严重的挑战，贷款资本金在不断缩小。

近年来，中国公益性的小额信贷机构发生了很大的分化。部分运行良好的小额信贷机构获得了长足的发展。根据笔者的了解，由中国扶贫基金会的小额信贷转型而来的中和农信项目管理有限公司异军突起，至 2017 年年底，已经成为覆盖 21 省、280 个县、覆盖 38 万贷款户的全国性小额信贷机构，贷款余额接近 60 亿元人民币。而在 2005 年时，扶贫基金会的小额信贷项目只在 6 个县运行。从公益性小额信贷机构发展而来，坚持小额贷款方向和理念并且发展较快的还有宁夏东方惠民小额贷款有限公司（注册资本金 1 亿元），赤峰昭乌达妇女可持续发展协会（6000 户以上的贷款客户）。以上这三家公益性的小额信贷机构经过 15 年以上的发展，证实了机构发展和财务的可持续性，基本实现了公益性小额信贷所追求的扶贫和可持续发展的双重目标。[1] 以上 3 家机构的共同点是：在不同的发展阶段接受过不同国际机构的资金和技术援助。

国际机构支持中国公益性的小额信贷有如下几个特点。首先，国际机构支持中国公益性的小额信贷一般是以扶贫为目标。通过对调查数据的分析，我们发现中国的小额信贷项目和机构主要以扶贫，妇女和儿童发展为目标。80% 以上的项目位于国定贫困县，不少在交通不便的山沟里。在项目开始时，42 个项目县要求借款户必须是贫困户，2 个项目县

---

[1] 在实践中，肯定还有更多笔者不太了解的经受住实践考验的实现了双重目标的小额信贷机构和项目。

不一定。其次，国际机构一般不直接在中国实施小额信贷项目，而是帮助国内的机构开展和实施小额信贷项目。表3是我们调查的样本中小额信贷机构执行和资助机构的情况。国际捐赠机构大多是通过中国中央政府的相关部委支持地方政府或在地方政府的支持下成立的小额信贷机构实施小额信贷项目。最后，国际机构采取多种有效的形式支持中国的小额信贷：包括提供小额信贷试点的本金[①]、引进和介绍国际上成功的小额信贷模式和经验、对小额信贷机构和人员进行能力建设与培训、对贷款户的培训、帮助建立电子计算机信息系统、建立有利于小额信贷在中国发展的生态系统（如对小额信贷行业组织的支持）、对小额信贷的政策研究和小额信贷监管方面的支持等。

表3   样本小额信贷机构（项目）的项目执行和捐助机构

项目机构	出资机构	执行机构或合作伙伴	数目	%
联合国开发计划署	联合国开发计划署	交流中心和当地政府[1]	25	
儿基会	儿基会	商务部和当地政府	18	
加发署	加发署	商务部和当地政府	2	
世行	世行	中国扶贫基金会和商务部和当地政府	2	
其他国际捐赠者	其他国际捐赠者	当地政府	2	
国际公益性组织	国际公益性组织	国际公益性组织	2	
小计：国际捐赠者			51	76
香港回归基金	香港回归基金	当地政府	2	
扶贫社	乡村银行基金会，杨麟先生，澳发署[2]	扶贫社和其县级分支机构	4	
中国扶贫基金会	国内外[3]	中国扶贫基金会和当地政府	5	
当地政府	当地政府	当地政府	5	
小计：国内捐赠者			16	24
总计			67	100

注：1 UNDP 项目在县一级主要是由当地政府执行的。2 杨麟先生是一位中国台湾地区的企业家。3 中国扶贫基金会的资金来源比较多样。

---

① 如表1和表2所示，国际捐赠机构，包括联合国开发计划署、联合国儿基会、加发署、澳发署等都为公益性小额信贷机构的发展提供了本金，而大部分的本金是无偿的。

在长达 25 年的发展进程中，国际机构对中国公益性小额信贷的发展作出了巨大的贡献。笔者认为，国际机构通过支持中国公益性小额信贷的发展，对中国作出的最大贡献是把中国开发式的扶贫理念落到了实处。中华民族传统的观念既主张扶贫济困，又主张授人以鱼不如授人以渔。中国改革开放以来开发式扶贫的理念与传统的授人以鱼不如授人以渔的观念一脉相承。小额信贷主张通过给贫困农户和低收入户提供小额贷款和其他的支持服务帮助有能力的贫困户增收，从而摆脱贫困。国际机构通过在中国推广贫困户能够偿还贷款的理念、可持续的贷款利率、小额信贷机构良好的治理机制和强化财务管理实现小额信贷机构的可持续发展，使扶贫可持续，从而使开发式扶贫的理念落地。扶贫方法研究中一个很重要的问题是扶贫资金使用的效率问题，如何能够用最少的资源取得最大的扶贫效果，所谓的一石二鸟，而成功的小额信贷机构比较好地解决了这个问题。

国际机构作出的另外一个贡献是在为小额信贷项目和机构提供资本金的同时，提供了大量的技术援助资金用于引进模式、试点、小额信贷的能力建设和引进小额信贷技术，用于支持行业性组织的运作。可以说，没有模式的引进，现代小额信贷技术的推广和能力建设，中国的小额信贷不可能像现在这样能坚持得这么久，并产生一些成功的案例。国际机构资金的使用属于在小额信贷援助中软硬结合，这与中国国内扶贫资金的使用，以及中国援外资金的使用有很大的不同。

国际机构对中国公益性小额信贷的支持，直接催生了中国商业性小额信贷和村级互助资金的产生和发展，这主要是由于长达 10 年以上在中国国内的宣传、试点和推广、对政策制定者、学者、商业银行和发展实践人员都产生了潜移默化的影响。国际机构对中国小额信贷的具体贡献还包括：

帮助创造了公益性小额信贷机构，实现了从部分项目到机构的转变和相对独立于地方政府运行，为今后发展打下基础。

把扶贫小额贷款的利率，实际上从原来的 3%—5%，提到 16%—20%，也改变了政府、学术界、商业银行和其他人对利率的看法。

先于正规的金融机构实验小额扶贫贷款的方法，并证明贫困户是能够还款的，只要有比较好的管理和信贷方法，有一定的规模、项目和机构设计合理，即使是在贫困地区，小额信贷机构也是可以实现持续经营的。

把信贷与扶贫以外的其他社会发展目标相结合，如提高妇女地位、改善农村健康水平、农民培训和农业推广等。

三 国际机构与中国商业性小额信贷的发展

通过推动公益性小额信贷的发展，国际机构为中国中国人民银行在2005 年左右推动商业性小额信贷及其在全国五省小额贷款公司的试点提供了经验。中国商业性小额信贷主要包括商业性小额贷款公司的试点和地方性商业银行的贷款下移。国际机构在以上两方面都作出了不可磨灭的贡献。

（一）地方商业银行的微贷项目[①]

通过与国家开发银行（国开行）合作，国际机构通过项目把微型贷款（也称小额贷款，或微贷）成功引入到中国的地方性商业银行，并在国内的银行业得到了有效的推广。

在世界银行和德国复兴银行的支持下，国家开发银行于 2005 年 11 月开始执行小额融资项目（地方商业银行微贷项目），并于 2010 年 12 月完成。项目宗旨是扶持城市商业银行和农村商业银行，采用商业化的模式向中国城镇和城乡接合部地区的小型及微型企业提供小规模信贷服务。在国际项目咨询公司（IPC 公司）的顾问支援下，国家开发银行从 2005 年 11 月 28 日前开始向合伙金融机构提供转贷和现场技术服务，此项支持服务于 2008 年 6 月 30 日终止。

地方商业银行微贷项目主要是向参与合作的地方商业银行提供转贷和技术支持。

参与的国际机构世界银行和德国复兴银行在与国开行合作的基础上提供了技术支持的方案和费用。国开行小额信贷项目的专家团队首先进入包商行和台州商业银行，微贷项目在 2006 年 9 月扩展到第三家银

---

① 本节部分内容源于程恩江（2011）。

行——九江商业银行，随后于 2007 年 5 月扩展到兰州银行、桂林银行和马鞍山农商行，再到大庆商业银行、重庆银行和德阳银行（分别于 2007 年 8 月、9 月和 11 月实施）。其他合作金融机构于 2008 年加入该项目，分别是 2008 年 1 月的桂林市商业银行，2008 年 2 月的曲靖市商业银行和 2008 年 4 月的荆州商业银行。当一家合伙金融机构从现场技术支援处学成毕业，国家开发银行努力提供持续的远程支持和监控服务，特别是针对先前的三家合作金融机构。在培训期满后，这些合作金融机构已成功开展自己的微小型企业信贷业务。在 2008 年年初，经国际项目咨询公司同意，国家开发银行已不再向兰州银行提供现场支援。

在短期内（3 年左右）推进的地方商业银行微贷项目总体来讲是一个非常成功的项目。首先，项目已达到全部的主要项目目标：包括借款人数量、培训的贷款官员数量、小额贷款拨付等。项目实现了贷款下移的目标。2005—2008 年，12 家合作金融机构的平均单笔贷款规模分别是人民币 15000 元、52857 元、68981 元和 77980 元。该项目还达到小额贷款的财务可行性目标，如小额贷款运作的贷款质量和财务绩效。合作金融机构发放的微小型企业贷款质量始终一贯地保持在优良水平，逾期偿付超过 30 天的贷款占贷款组合总规模的比例一直低于 0.7%，远低于项目评估文件为该贷款组合设定的 3% 控制目标。项目清晰地表明，中国银行业采用商业化方式扶持微型和小型企业发展是完全可能的。

其次，该项目实现了诸多超越项目设想的其他目标。如一些合作金融机构已将从该项目学到的小额贷款技术应用到其他银行业务运营中，主要是为乡镇企业、农户、中小企业提供融资；一些银行经理已将小额贷款业务人员的招聘和管理方法运用到其他银行职员的管理中，包括企业和消费者贷款业务人员；再如通过开展微贷业务，合作金融机构已吸引更多储蓄存款和优质客户，为这些银行的未来发展奠定了良好基础。

最后，可能也是最重要的成果是项目实现了把微小企业贷款引入到中国正规金融系统的目的。其最主要的标志是在项目结束后，越来越多的城商行和农商行通过自己花钱购买专家服务的形式引进并推广微贷业务，并且形成了商业化的银行业对体制外微贷专家服务的需求，以及相对应的市场化的微贷专家服务提供商。通过购买专家服务主动开展微贷业务的地方商业银行包括常熟农商行、武汉农商行、成都农商行、长春市农商行等。① 一些全国性的商业银行也积极开展了微贷业务，如邮政储蓄银行。很多小额贷款公司和村镇银行也在与该项目密切相关的小额贷款业务中获得类似的技术支持。一些项目顾问已获聘为一些银行主管微小型企业贷款的高层或中层管理人员。可以理解的是，微贷专家服务提供者很多是以前由 IPC（德国国际技术咨询公司）雇用的在地方商业银行微贷项目中提供咨询服务的中方顾问。

国际机构对中国商业银行微小企业贷款的贡献可以概括为以下几个方面。第一，总的来讲，在对当时中国社会经济发展需求和银行业发展状况深入把握的基础上，国际机构在适当的时机果断地推出了商业银行微贷项目，通过引进国外的先进微贷理念和经验，帮助中国政府和商业银行把正规金融机构服务微小企业的理想部分转变成了现实。第二，国际机构通过这个项目，既培养了一批银行内的从事微贷的管理人员和专家，还培养了一批市场化的为商业银行提供微贷咨询服务的专家队伍，从而使微贷技术在中国银行业扎根。第三，不少合作银行的人员认为，他们从微贷项目中受益最多的是，改变对总体贷款业务，培训和管理贷款官员及中层管理人员的思路和工作方法，这远比单纯地引进一套贷款方法重要得多。第四，通过微贷项目的实施，国际机构帮助证明了，中国的商业银行，特别是中小型的商业银行，是完全能够开展商业性的微贷业务，服务微小企业的。第五，通过开展微贷项目，国际机构也促成了中国的金融监管机构在监管条例上作出了有利于银行服务微小企业的修改。

国际机构支持中国地方性商业银行微贷的发展也给了我们若干的启示。具体来讲，国际机构在项目设计和推进项目的过程中，把地方性的商业银行（小银行）作为微贷的突破口，符合中小银行服务中小企业的理论与原则，使得微贷模式在比较短的时间内在中国的城商行和农商行中得到推广。② 另外，与推进中国的农村小额信贷不同，国际机构在

---

① 其他城商行和农商行包括东营市商业银行（山东省）、靖江农村商业银行（江苏省）、平顶山市商业银行（河南省）、济宁银行（山东省）、宿迁民丰农村合作银行（江苏省）、新余市农村商业银行（江西省）等。

② 有关中小银行服务中小企业的相关论述，请参阅林毅夫《发展中小银行服务中小企业》，《金融与保险》2000 年第 11 期。

推进城市微贷的过程中更具有计划性，目标明确，把外来支持聚焦于适合商业银行微贷技术的传授和对银行微贷工作人员的培训，在短期内取得了比较好的效果。国际机构选择的技术支持团队和技术支持方式有效，通过手把手的师傅教徒弟式的培训，使商业银行的信贷人员能在半年左右的时间内初步掌握微贷技术，并且形成了良好的信贷习惯。

（二）国际机构对小额贷款公司试点的支持

与公益性的小额信贷和商业银行的微贷项目不同，小额贷款公司（以下简称"小贷公司"）试点主要是由中国人民银行推动开展的，国际机构处于一个帮助和参与的位置，所起的作用也相对有限。

为了落实金融服务"三农"和支持实体经济的中央文件精神，中国人民银行积极倡导小额信贷的试点，推动建立只贷不存的小贷公司。当时中国人民银行的副行长吴晓灵指出，中国有大量的民间资本，希望有一个进入金融市场的渠道，小贷公司为民间资本进入金融市场和监管者的审慎态度，找到了一个结合点。[①] 当时的中国人民银行行长助理易刚也指出，"商业性小额信贷机构是农村金融整体框架的一个非常重要的组成部分，因为商业性小额信贷，既可以被视为是在政策性的农村社会发展目标和商业性的可持续与赢利原则之间，走出的一条超越传统农村金融的创新之路，也可以被看作是在中国特殊的历史和制度环境中，对私人资本开放农村金融市场的一次审慎尝试"。[②]

小贷公司试点是在吸收了公益性小额信贷和其他项目的基础上发展起来的。与公益性小额信贷机构相比，小贷公司有明确的投资人和所有人，这就为建立良好的公司治理结构，防止资金所有权不清和可能的道德风险打下了良好的基础。成立小贷公司的同时也有利于减少当地政府对贷款可能的干预。开始时只贷不存，控制可能的金融风险，有利于保护存款人的利益。

在小贷公司试点的过程中，德国技术合作公司和其他国际机构积极支持五个省的试点，并提供了技术支持，政策咨询和培训服务。德国技

---

① 参见中国人民银行副行长吴晓灵在"微型金融国际研讨会"上的讲话。
② 参见易刚在"小额信贷高级培训班"上的讲话。

术合作公司与中国人民银行有一个支持五省小额信贷试点的项目,还支持了内蒙古自治区的小贷公司试点,并帮助自治区制定了试点的监管规则草案。亚洲开发银行支持了内蒙古和贵州两省(区)小额信贷公司标书的准备和招标。

值得指出的是,在中国人民银行支持小贷公司试点的大环境下,国际机构积极寻找投资机会进入中国的小额贷款市场。如国际金融公司入股中和农信和南充美信(现南充美兴),通过影响力投资的方式帮助中国的小额信贷机构成长。德国复兴银行通过低息贷款和技术支持帮助内蒙古赤峰市的公益性小额信贷机构转型。国际金融公司和德国复兴银行和其他机构还协助国际小额信贷机构进入中国,参与中国的小额信贷试点,如帮助美国的安信永、法国的沛丰等知名国际小额信贷机构进入中国市场。

四 小结及其政策建议

(一) 小结

中国小额信贷包括公益性和商业性小额信贷的发展与国际机构,特别是与多边和双边援助机构的支持分不开。国际机构通过引进和支持公益性的小额信贷,帮助中国把开发性的扶贫理念落到实处。国际机构通过支持地方性商业银行的微贷项目,帮助中国政府和金融机构把正规金融支持微小企业和实体经济的愿望部分地转化为现实。

在支持中国开展小额信贷的同时,国际机构带来了新的发展理念。新的发展理念主要包括可持续性发展的理念(小额信贷运作和财务的可持续性、小额信贷从项目到机构的转型,重视扶贫和小额信贷机构的财务管理等),支持妇女发展的理念(妇女更守信用、优先贷款给妇女),社区参与的理念(小组担保、村级互助资金)。商业性的小额信贷更是把发展的目标与市场化的目标有机结合起来,用市场化的方法推动微小企业的发展,从而在经济增长的同时增加低收入人群的就业机会、提高他们的收入水平并缩小贫富差距。国际机构通过在中国发展小额信贷,充分证明了有创收能力的穷人能够还款、为低收入和贫困人口提供小额贷款的小额信贷机构能够实现可持续经营、商业金融机构能够在没有政府补贴的情况下，通过向微小企业发放微型贷款盈利，并实现当地市场份额和贷款组合多样化等方面的受益。

在支持中国开展公益性小额信贷的过程中，国际机构也带来了创新性的小额信贷模式和发展援助方法。创新性的小额信贷模式和技术包括孟加拉乡村银行以小组联保和中心会议为主的针对失地和少地农户的小组贷款模式、以现金流为基础的针对微型企业的个贷模式、作为村级互助资金基础的村银行模式，以及最近发展起来的农业产业链贷款模式。国际机构以多种援助方法支持中国小额信贷的发展：如提供试点的资本金、提供技术支持经费和能力建设资金、支持小额信贷生态系统的建设，包括支持行业协会和会议，以及直接参与传播小额信贷新的模式和信贷方法。在支持中国小额信贷的过程中，国际机构支持的方法也根据小额信贷机构的发展发生变化，如从初期提供资本金和再融资过渡到股本投资；从引进小额贷款模式到引进小额保险、帮助小额信贷机构建立电子计算机信息系统、开展信用评级、信贷打分等。

25 年来中国小额信贷的发展及其国际机构的积极参与给我们以若干的启示。首先，小额信贷能在中国获得长足的发展，其主要原因是中国国内扶贫和经济发展的需要：中国政府在 20 世纪 90 年代初期和中期大规模的扶贫开发为公益性小额信贷的发展提供了制度和政策环境；商业性小额信贷的兴起更是为了回应国内长期存在"三农"贷款和小微企业贷款难的问题。其次，虽然过去 25 年中小额信贷获得长足的发展，但与其他一些发展中国家相比，小额信贷在中国的发展总的来说不尽如人意。迄今为止，我们还看不到国内有哪家小额信贷机构有希望发展成像孟加拉的格莱珉银行，我们甚至落后于跟中国小额信贷同时起步的邻国蒙古人民共和国和柬埔寨。① 经过 20 多年的发展，中国还没有形成有影响力的可持续的小额信贷银行，这跟中国作为一个发展中的、低收入人口和微型企业缺乏金融服务的大国地位不相称。最后，值得指出的

---

① UNDP 和其他国际组织在蒙古国支持的小额信贷机构已经发展转型成汉斯银行，成为该国规模数一数二的商业银行（同时坚持从事小额信贷业务）。UNDP 和其他国际组织在柬埔寨支持的小额信贷机构已经发展转型阿德莱拉银行，成为该国最大的商业银行（同时坚持从事小额信贷业务）。

是，国际机构对中国小额信贷能够作出的贡献在很大程度上取决于国内小额政策的政策和环境等因素。与许多一些国家相比，国际机构在中国所面临的限制较多：在不少情况下，国际机构特别是多边和双边援助机构，难以自主决定在什么地方开展项目，与谁合作，捐赠机构必须与地方政府一起执行项目；公益性小额信贷机构的法律地位没有解决，难以从事小额贷款以外的服务，这也使部分原本公益性的小额信贷机构注册成商业性的小贷公司运营。此外，对商业性信贷公司的外部融资限制得比较死。

（二）政策建议

鉴于国际机构和国际经验在中国小额信贷发展过程中所起的巨大作用，我们应该继续学习、吸收国际上先进的扶贫和发展经验，包括小额信贷的经验。就进一步推动中国小额信贷的发展，笔者提出如下几点建议。

首先，今后若干年中国小额信贷发展的重点应该是推动对小微企业的融资和贷款，降低小微企业融资真实的成本，从而使金融能真正地服务实体经济、在国内经济下行压力增加的情况下，为低收入阶层和农民工提供更多的就业机会，使经济能够稳定、协调地发展。增加对小微企业融资的关键是增加金融市场的竞争，在加强监管的情况下，放开对服务小微企业的中小金融机构的准入。只有在充分竞争的条件下，银行贷款才能真正实现下移，服务小微企业。

其次，对现有的真正服务小微企业的运营良好的金融机构和准金融机构（如注册的小贷公司等），提供能顺利经营的条件和适当的政策支持。如适当放开对外部融资的限制（现有的限制是资本金的50%），比照农村信用社系统提供低成本的中国人民银行支农再贷款，给予税收的优惠等，放松对它们经营的地域限制等。政府也可以考虑给那些专门从事扶贫事业的公益性小额信贷机构以明确的法律地位，使它们能够依法向贫困人口和微型企业提供贷款和其他金融服务。目前，中国小额信贷的中介服务行业是缺位的，既没有行业评级机构和公布其经营业绩增加透明度的平台，也没有像孟加拉 PKSF（Palli Karma – Sahayak Fund）那样用于批发的专业的资金和机构，应发展小额信贷的中介服务和生态系统。

最后，在中国走出去，对外援助的过程中，我们可以认真总结国际组织援华的经验和教训，用以充实和完善中国对外援助的政策、措施和方法。

参考文献

1. 程恩江：《国家开发银行实施微小企业贷款项目完工评估报告》，未公开发表报告，2011。
2. Morduch J. , "The Microfinance Promise", *Journal of Economic Literature*, Vol. XXXVII (December 1999), pp. 1569 – 1614.

关于普惠金融的点滴思考

王灵俊[*]

摘　要：借鉴普惠金融国际经验，必须根据本地情况进行改良，但基本原则不能偏离。非营利机构与商业机构的社会职能不同，要秉持向善之心，不偏离本位，首先做好各自分内之事。大型机构和小型机构要发挥各自优势，密切协作，共同构建普惠金融生态。中国在数字普惠金融领域的实践引领全球，可望做出独特贡献。普惠金融仅仅是包容性发展的一个方面，其作用不能夸大。在信息化智能化时代，产业与金融、金融各子业态之间的边界日趋模糊，金融监管面临前所未有的挑战。

关键词：小额信贷　非营利机构　普惠金融　数字普惠金融　信息化智能化时代

笔者是 1996 年偶然进入小额信贷行业的，最初在中国社会科学院农村发展所做研究，后为联合国儿童基金会、联合国开发计划署等国际机构的小额信贷援助项目做咨询，2009 年随着中国小额信贷的商业化大潮进入商业领域。二十多年来，笔者有幸经历了从小额信贷（对外援助项目—非营利小贷机构—小贷公司）到普惠金融，从公益到商业化，从农村到城市，从传统方式到数字化金融的不同发展阶段，行业履

---

* 王灵俊，1989 年毕业于厦门大学经济系，2001 年毕业于美国杜克大学，获公共政策硕士学位。现任瀚华金控战略发展部总经理。曾供职于中国社会科学院农村发展研究所，从事经济研究多年。曾任世界银行、联合国开发计划署、亚洲开发银行等多家国际机构咨询专家。曾参与筹备国家开发银行中国微金融发展投资基金。

历丰富完整。现选择几个角度，谈点个人对行业发展的思考和体会。

一 小额信贷与中国小额信贷

从 1993 年以杜晓山老师为首的先驱们将孟加拉乡村银行模式（Grameen Bank Model，GB）引入中国到 2005 年前后，中国小额信贷和国际小额信贷基本接轨：有着类似的目标、定位、服务对象、操作模式，双方大体在同一语境下对话。2006 年尤努斯博士和他创立的孟加拉乡村银行荣获诺贝尔和平奖后，"小额信贷"这个生僻词语在中国迅速普及，这个小众行业受到全社会的广泛关注。此后，监管政策迅速出台，中国小额信贷进入小贷公司主导的时代。

小额贷款多大额度为"小"？国际上有一个大体标准，即笔均放款额为该国人均国民收入（Gross National Income，GNI）的 3 倍左右，发达国家和发展中国家皆适用。2010 年，美国人均 GNI 是 4.7 万美元，中国为 4200 美元（以当年汇率 6.83 计算约合人民币 3 万元），印度为 1300 美元，孟加拉国为 640 美元。而同时期中国小贷公司的平均放款额超过人民币 100 万元，南亚地区小贷机构的平均放款额约为 300 美元，中国的小额贷款额度远远高于国际标准。记得当时国内举办小额信贷国际研讨会，国内和国外参会嘉宾关注的焦点、发言的内容、语境大相径庭，明显不是一路人，此后双方貌合神离，渐行渐远。当时有人戏言说，这个世界有两种小额信贷：小额信贷和中国小额信贷。

现在"普惠金融"这个词也大有被泛化、滥用的趋势，与"小额信贷"比有过之而无不及。普惠金融是个筐，杂七杂八的东西都可往里装。国人做事似乎有这么一个倾向：紧追热点——哄而上——地鸡毛，结果是：假作真时真亦假。不知是文化原因还是体制原因，或者兼而有之。

中国早期小额信贷曾有三大分支，发展壮大的只有中国扶贫基金会旗下的中和农信公司，难能可贵的是，他们在创新发展中一直遵循国际规范，成为中国小额信贷的一面旗帜。近期听说蚂蚁金服可能会成为其最大股东，相信蚂蚁金服在被赋予资金、技术、机制与商业智慧的同时，不会偏离轨道太远。

二　国际经验与中国贡献

GB 模式是在中国影响最大的国际小额信贷模式，早期中国的小额信贷项目基本都采用或借鉴了 GB 模式。但从其在中国的实践情况看，良好的国际经验必须根据本土的地理条件、经济、社会、文化习俗来创新和改良。

笔者 2004 年曾去孟加拉乡村银行考察两周，深感两国的农村状况和经济发展水平差别很大。孟加拉国农村政府势力较小，人口密度极大，人们闲散，喜欢群聚，在这样的地方实行每周还款和中心会制度毫无问题。中国的贫困地区山大沟深，人们散居在各处，同一个行政村内的自然村之间往往需要翻山越岭，搞每周例会时间成本很高，况且农民们也没有如此频繁的创收机会。这是国内许多 GB 模式项目中心会制度坚持得不好的一个客观原因，很多项目后来对中心会制度进行了改良，频率大大降低，有的甚至取消。另外，在 GB 模式中发挥着很大作用的强制储蓄制度①也没有在中国得到广泛推广，非营利机构不能开展储蓄类业务的规制约束可能是其主要障碍。

除 GB 模式外，国际小额信贷历史上还出现过印度尼西亚人民银行（BRI）模式、村银行模式、自助小组模式（SHG）、代理商模式等成功实践。作为增长速度最快、体量最大的发展中大国，中国在减贫方面的成就举世公认，在小额信贷或普惠金融领域能贡献什么呢？

移动支付是一个大家公认的贡献，无处不在的移动支付极大地提高了交易效率，降低了各参与方的时间和财务成本，让中国在这一领域走在了世界的最前列。网络信贷、数字化财富管理也可能在未来结出硕果。此外，像阿里巴巴这样有着雄厚科技实力和丰富交易场景的互联网平台公司也可能会打造出数字化普惠金融生态体系。

中国与世界各国和相关国际组织应该在普惠金融领域加强交流，互相学习、借鉴、碰撞、交融，共同谱写信息化时代人类普惠金融新篇

---

① 客户每周还款时必须存入少量资金，一方面发挥贷款保证金作用，更重要的是培养贫困客户的储蓄习惯和理财能力，该笔存款所有权归客户，按银行活期利率付息。

章。这方面笔者感觉做得不够。

三　非营利机构与商业机构

政府机构、商业机构、非营利机构构成一个正常社会的三极。非营利机构或公益机构的宗旨是实现社会效益，商业机构的目标是为股东创造利润，两者从不同的维度增进社会福祉。非营利机构不乏良心、爱心、理想、激情，短板是人才、管理、机制和资金约束。商业机构不乏人才、管理、机制和资金，但往往冷酷无情、唯利是图，甚至不择手段。笔者认为，商业机构或许更加符合目前社会发展阶段的普遍人性或大多数人的境界和追求，有付出也有回报，过程充满挑战、竞争和压力。如果让两者充分交融、取长补短该多好！小额信贷或普惠金融机构重点服务"三农"、小微企业和中低收入群体，是为数不多的天然地将商业和公益交织在一起的领域。良好的土壤造就了全球若干家拥有几百万客户的大型普惠金融机构；但商业和公益距离太近，也很容易过线。

2005年前后是中国非营利小贷机构发展的巅峰时期，全国共有300多家机构，此后除个别机构外，行业整体式微。2008年中国允许民间资本开办小贷公司，短短几年就涌现出数千家公司，可见商业化机制的巨大威力。从国际上看，非营利小贷机构（特别是其中的佼佼者）的商业化也是一股浪潮，但转型之后能否保持初心，真不好说。研究发现，多数机构商业化后都会出现不同程度的客群上移，这也可以理解，因为商业化后根据股东结构的不同，或多或少地会带来盈利的压力。

商业与公益各有各的游戏规则，只要遵规守矩，本分做事，它的存在给别人带来好处或方便，社会福利得以增加，这个机构就有存在的价值。一个本分经营的公司或企业家，如能资助公益慈善固然值得赞赏；但即便不做，也不应当受到指责。有的商业机构开展或资助一些有特色的公益事务，以此为亮点宣传造势，意图促进其商业业务，只要其投入了真金白银做公益，只要其商业活动遵循基本的商业道德，采取这样的商业策略无可厚非。但如果一家金融机构一边将大量贷款投放给污染企业，一边又支持民间环保组织，笔者认为是本末倒置、虚情假意。再进一步，像某些所谓互联网金融机构或Fintech机构，扛着普惠金融大旗，却以欺骗、利诱的方式向涉世未深的年轻人推销"校园贷""房租贷"，以高回报为诱饵吸取辨别能力有限的老年人的一生积蓄，这样的行为简直就是犯罪。这类机构确实提高了普惠金融的"覆盖面"，但采取砍头息、非余额递减法基础上的等额本息还款、隐匿或粉饰关键合同条款、暗设陷阱等伎俩就很不地道，应遭到唾弃。也有公益机构拿着捐赠人的钱却打着为小团体谋私利的小算盘，同样需要警惕。

商业机构与非营利机构的社会职能不同，最核心的要求是，要秉持向善之心，不偏离本位，首先做好各自分内之事。一个商业机构只要合法经营，遵循基本的商业伦理与道德，提供对社会有益的产品或服务，对员工、客户、社区负责，经营透明，就是在发挥正能量；在此基础上兼顾公益，才是锦上添花。一个非营利机构要始终聚焦自己的目标和使命，适度借鉴商业机构的管理、考核和激励做法，有效率地使用纳税人或捐助人的资金，实现可持续发展；想方设法提高员工的福利和待遇无可厚非，但要公开透明，特别是让利益相关方都清楚明了。

最理想的状况是让商业和公益水乳交融、浑然一体，将高尚的理念和价值观，贯穿到治理结构、组织架构、企业文化、运营机制、激励考核当中，在为股东创造价值的同时使社区和社会变得更好。工业化时代优秀的企业往往通过设立基金会、企业社会责任部门或专门预算的方式体现公益之心。人类文明的不断提升，特别是信息和智能技术的快速发展，为实现这样的愿景提供了可能性。尤努斯等普惠金融领袖一直在全球推动的社会企业实践就是一个有益的尝试。

四　大机构与小机构

做好普惠金融是全社会的责任，包括商业机构、非营利机构；大机构、小机构；当然更离不开政府机构营造出恰当的政策和监管环境。

中国政府对金融支持小微企业、"三农"和创业创新非常重视，绝大多数金融资源又掌握在国有机构手中，因此近年来国家不断出台各项政策，三令五申，督促各大金融机构通过设立专营部门等方式投身普惠金融。但金融一般是讲究门当户对的，大机构资金雄厚，其定位、产品、激励考核机制、信息系统等更适合服务大客户；如果硬性要求它们去直接服务小微客户，在没兴趣、没能力、没效率的条件下，难免会做应景文章。

国际上大机构如何做小微金融是有成功经验的。笔者多年前对此做过专题研究，大体归纳为四种模式，即行内模式、子公司模式、合作伙伴模式和金融工具模式。行内模式是在金融机构内部专设一个部门直接面向客户开展小微金融业务，印度尼西亚人民银行（BRI）是一个成功范例。BRI的成功经验是：有广泛的网点资源；最高决策层对小微金融业务的深刻理解和一以贯之的坚定支持；责权利彻底下放，小微金融业务和管理系统的自成一体。如果决策、激励、升迁等还与行内其他部门混同，谁愿意劳心费神地去做小微业务？

子公司模式把小微金融业务天然地和大机构的主流业务隔离开来，子公司使用独立的品牌，招聘独立的员工队伍，建立适合小微金融业务特点的管理运营系统，开发适合小微客户需要的金融产品。2010年前后，中国建设银行和中国银行分别宣布与西班牙桑坦德银行和新加坡淡马锡公司合资组建村镇银行控股公司，计划在几年内开设百家以上村镇银行，国家开发银行也有意在这一领域发力。目前，仅有中国银行与淡马锡合资的中银富登一直坚持原有发展战略，通过自建或收编其他机构的村镇银行，初步实现规模化发展。走这条路不易，但一旦走出来，护城河还是很宽阔的。

最符合分工协作原理的是合作伙伴模式。与大机构相比，小机构的优势是贴近市场、贴近客户、决策快、信贷产品灵活多样。鼓励将大机构的资金优势与小机构的市场优势和成本优势相结合，是推动金融普惠的一个重要领域。印度农业与农村发展银行（NABARD）开创的自助小组模式（SHG），通过与众多小额信贷机构合作，成功地向农村贫困群体发放贷款，也带动了其储蓄业务的开展。中国普惠金融领域大小机构之间的合作起起落落，一直没有成气候。国家开发银行一度曾经向数十家小型商业银行和数百家小贷公司提供批发贷款，后来由于机构转型和业务重心调整，也迅速萎缩。商业银行向小贷公司提供批发贷款的业务由于不受监管鼓励一直也没有开展起来。

国际经验表明，监管部门应当把主要精力放到如何营造一个自由、宽松、竞争性的政策和监管环境上。只有面临足够的竞争，大机构才有压力；只有能够收取足以覆盖小微金融高成本和风险的利率，大机构才有动力；只有出现成千上万充满活力的小微金融机构，大机构和小机构之间才会有更多的合作和创新空间，最终造就一个各类机构共同参与、丰富、有机的普惠金融生态系统，惠及更多群体。

五 不应夸大普惠金融的作用

普惠金融概念是由小额信贷演进而来，它涵盖金融业中的所有类别：信贷、储蓄、保险、支付、汇兑、投资理财等。一般认为，普惠金融能增加客户收入，平滑家庭消费，积累家庭资本，更好地管理风险，最终达到缓解贫困和不平等的目标。但不同的业务类别发挥的作用不同。研究表明，储蓄、汇兑、支付的改善基本上发挥正面的作用，储蓄的增加有助于改善子女教育和家庭成员健康，增强贫困家庭改变命运的机会；支付和汇兑可以节约交易成本、降低存取资金的时间和路途成本。信贷和保险总体作用是正面的，但并非多多益善，关键是要量力而行，与客户的认知和偿付能力相匹配。2010 年发生在印度安德拉邦的小额信贷风波，就是有小贷发展失序、客户负债远超其还款能力、暴力催收等因素造成的恶果。国内的一些网贷机构针对没有收入或收入不高的群体激进营销花样迭出的消费信贷业务，追求高成长和短期暴利，应引起足够的警觉。普惠金融是一个脆弱的生态系统，一旦打破平衡，必将迎来监管的整肃和社会的质疑，导致行业名声受损和整体倒退。

普惠金融仅仅是包容性发展的一个方面，它仅仅针对发展诸要素中的资金方面，其作用不能夸大。孟加拉国的小额信贷和普惠金融举世闻名，但国家的贫困状况反反复复，至今还停留在联合国"最不发达国家"名单上（2024 年可望"毕业"）。中国改革开放四十年农村贫困人口减少 7.4 亿，农村贫困发生率下降 94.4 个百分点，更多的是得益于基础设施的根本性改善和经济的长期快速增长，而非定向的金融支持。

六　金融与普惠金融的未来

在工业化时代，金融与实业分离，金融业高高在上，是行业皇冠上的明珠。实业客户既是金融机构的服务对象，往往也是盘剥对象。中国至今还是如此，金融业是最赚钱的行业，2018 年中国企业 500 强中金融企业利润占据半壁江山，上市金融机构利润占全部上市公司总利润的 60%。

在信息化、智能化时代，金融和实业的界限日益模糊，那些技术实力雄厚、有丰富场景和上下游产业链条的互联网平台公司和大型产业公司可能成为主角，金融机构的中介职能弱化，可能沦为配角，成为可嵌入在整个产业服务链条上的一个环节。

随着互联网、大数据、云计算等技术的发展和智能设备的普及，金融服务变得唾手可得，以前成本高企、难以触达的边远地区的客户或小额度的需求，现在可以边际成本趋零的方式覆盖，普惠金融将迎来数字化阶段，其广度和深度有望得到极大提升。中国在数字普惠金融领域处于领先地位，2016 年，中国作为 G20 主席国期间主导制定的《G20 数字普惠金融高级原则》，是国际社会首次在该领域推出的高级别指导性文件，成为推广数字普惠金融的国际性准则。

在数字普惠金融时代，人与人之间的信息鸿沟显著减小，但知识鸿沟依然存在；金融触达能力大大提升，但传统的金融风险依然存在，还出现了数据安全等新的风险，对那些金融知识不足、缺乏科技常识和智能化设备使用经验的客群来说，风险可能会被放大。

技术改变了金融营销和服务方式，提升了效率，但没有改变金融服务的本质。数字化时代的金融监管面临前所未有的挑战，监管技术要跟上行业技术的发展速度；要能有效监控跨界融合；要识别和保护真正的创新，还要警惕和防范伪创新及其恶果；监管需要张弛有度，克服"一放就乱、一管就死"的弊病，在规范和发展中不断寻找平衡点。

参考文献

1. 胡斌、王灵俊：《大银行的小额金融之道》，《中国金融家》2011 年第 8 期。

2. 王灵俊：《反思印度的小额信贷风波》，《南方周末》2011 年 1 月
   20 日。

普惠金融含义及推进普惠金融的路径

何广文　潘　婷*

摘　要： 发展普惠金融，已经成为中国的国家战略，但是，中国理论与实务部门对普惠金融概念的认识还没有统一。在理解普惠金融概念时，应该认识到普惠金融是一种愿景、是金融服务未来所要达到的一种状况和一种格局，是一个动态、渐进的过程，也可以把普惠金融理解成一种金融服务理念。普惠金融深化的路径主要在于推进机构创新和机构业务创新。其具体措施是多种多样的，可以从进一步促进机构多元化、构建农户信用体系、推动合作金融发展、培育商业金融机构的社会责任意识和普惠金融理念、强化社会大众和农户以及小微企业等普惠金融群体的普惠金融教育等角度，继续完善和深化推进普惠金融事业。

关键词： 普惠金融　机构创新　业务创新

作为政府和金融部门要努力实现的一种金融服务格局，普惠金融是一种愿景，是一个逐步推进的动态过程和渐进过程。它与扶贫金融、政策金融、商业金融、小额信贷、微型金融的概念存在一定的区别和联系，普惠金融深化的路径主要在于推进机构创新和机构业务创新。同时，发展普惠金融，已经成为中国的国家战略。政府和金融部门采取了多种措施和办法推进，不过，中国的普惠金融服务还需要继续深化。

---

* 何广文，农学博士，中国农业大学经济管理学院教授、农村金融与投资研究中心主任，主要研究农村金融、农户和中小微企业信贷、普惠金融、合作金融；潘婷，管理学博士，安徽财经大学金融学院讲师，主要研究金融理论与政策、农村金融与普惠金融。

一　问题的提出

普惠金融（Financial Inclusion）概念，是伴随金融排斥（Financial Exclusion）概念的，由联合国在 2005 年国际小额信贷年率先提出，认为金融体系是一个具有包容性特征的体系，为那些应该使用正规金融服务却被排斥在外的群体（也是一个"银行可接受却得不到银行服务的人"的群体）中的每个人提供服务的体系，被称为"普惠"金融体系。这个体系能够为所有银行可接受的个人和企业提供贷款服务，为愿意购买保险产品的个人和企业提供保险服务，以及为所有人提供储蓄和支付服务（UN，2006）。

较多研究认为，发展普惠金融对经济发展具有一定的促进作用。一方面，金融发展可以提高中低收入群体和小微企业获取金融服务的机会（Beck 等，2007），缓解金融发展滞后地区的就业不充分、技术生产效率低下等问题（Conroy，2005），一定程度上削弱区域间经济差距和贫富差距（Kim，Lin，2011；田杰，陶建平，2011）。另一方面，中低收入群体等弱势群体的纳入可以增加金融机构资产多样化，降低资产流动性风险和亲周期性风险（Morgan，Pontines，2014）。虽然经济与金融的关系依然存在较多争论，但金融在经济增长中的重要作用不可忽视。普惠金融问题越来越受到学界和政府部门更广泛关注。

也正是基于普惠金融对发展的意义，2013 年 11 月，党的十八届三中全会《中共中央关于全面深化改革若干重大问题的决定》正式提出，要"发展普惠金融"，2015 年 1 月，中国银行业监督管理委员会调整机构设置，成立了普惠金融工作部，专门负责小微企业金融服务、"三农"金融服务、小额贷款公司、互联网金融等相关普惠金融监管工作。2015 年年底，中国国务院还印发了《推进普惠金融发展规划（2016—2020 年）》（国发〔2015〕74 号）。

发展普惠金融，实际上已经成为中国的国家战略。那么，怎么理解普惠金融概念？其与扶贫金融、政策金融、微型金融、小额信贷有哪些区别和联系？中国金融机构的普惠金融服务绩效如何？这些都是理论研究者和实务部门关注的重要内容。

二 普惠金融的概念界定

根据既有普惠金融研究成果，学者们对普惠金融内涵的表述形式存在差异，认为普惠金融是与金融排斥相对立的概念（Mohan，2006），普惠金融体系的构建过程是一个消除金融排斥，实现金融包容的过程（Mohan，2006；何德旭、苗文龙，2015）。联合国"建设普惠金融体系"蓝皮书（UN，2006）指出，普惠金融的目标是在健全的政策、法律和监管框架下，建立一整套的金融机构体系共同为所有层面的人口提供合适的金融产品和服务。但从现有文献来看，对普惠金融尚缺乏统一的界定。不过，在理解普惠金融概念时，需要注意以下要点：

1. 普惠金融的服务对象是社会所有阶层和群体

但由于贫困、低收入人口往往是受到现有金融体系排斥的服务对象（Conroy，2005），因此，被传统金融市场排除在外的群体，成为普惠金融体系构建过程中的目标客户群体（吴红军、何广文，2015），是普惠金融重点关注的问题。

2. 普惠金融的产品和服务供给方由多种类型的正规金融机构和非正规机构共同构成

何广文（2008）指出，在微观层面上，普惠金融机构体系应包括非政府小额信贷组织、商业性小额信贷机构、社区金融组织，区域性、地方性、小型化的私营和国有商业银行，非银行金融机构等。另外，随着农村地区经济发展模式的转型，顺应转型发展模式的金融服务供给也发生新变化，以资金互助为内容的合作金融新模式、供应链金融、产业链金融中一些非正规金融服务的供给者也成为农村普惠金融体系的新供给机构（吴红军、何广文，2015）。

3. 普惠金融的产品和服务是多样化、全方位的

普惠金融的服务和产品不仅是贷款，还应该包括储蓄、信贷、租借、代理、保险、养老金、地区和国际汇兑等（焦瑾璞，2010）。United Nations（2006）认为普惠金融的服务产品主要包括储蓄、短期和长期贷款、租赁、代理、抵押、保险、养老金、支付以及当地资金转账和国际汇兑等。

4. 普惠金融与扶贫金融、政策金融、商业金融、小额信贷、微型金融的概念存在一定的区别和联系

①普惠金融与商业金融的最大区别体现在经营目标上，商业金融以追求利润最大化为单一经营目标（曾康霖，2005），而普惠金融的经营目标是双重的，即服务供给机构的可持续发展和满足需求者的合理金融需求。②普惠金融与政策金融的差异主要体现在供给方式上，政策金融的供给是以宏观经济政策为主导的金融供给（刘营军、褚保金、徐虹，2009），而普惠金融的供给是包含政策性金融供给在内的所有金融供给。③普惠金融与扶贫金融的差异主要是服务群体的差异，扶贫金融的服务群体是弱势群体（曾康霖，2007），而普惠金融的服务群体是包括弱势群体在内的所有社会群体。④普惠金融是小额信贷和微型金融的发展和延伸，其旨在将小额信贷及微型金融所涉及的零散的机构和服务有机地整合为一个系统，并将这个系统融入金融整体发展战略之中（焦瑾璞，2010；吴红军、何广文，2015）。

为此，笔者认为，普惠金融是使那些没有享受到和没有充分享受到金融服务的群体在需要的时候也能够有机会以合理的成本有尊严地持续性地获得金融服务的一种格局。这样，普惠金融就是一种愿景，是金融服务未来所要达到的一种状况和一种格局，是一个动态、渐进的过程。进而，也可以把普惠金融理解成一种金融服务理念。

由于普惠金融是一个动态、渐进的过程，因而，政府和金融部门就有一个逐渐拓展金融服务广度和增加金融服务深度的问题，就有一个绩效和绩效评价的问题。

三　普惠金融深化的路径在于推进机构创新和机构业务创新

从实践来看，推进普惠金融服务广度和增加金融服务深度的路径主要包括机构创新、业务创新两种方式。对这些路径绩效的评价是检验普惠金融实现程度的重要方法，而评判的依据则是这些路径推进普惠金融的进展程度与普惠金融最终目标实现的距离。

1. 普惠金融的机构创新路径是增加小微金融机构的数量，促进竞争，并推进大型金融机构下沉，其措施是多种多样的

中国的金融机构体系，可以说，已经是一个机构多元、竞争性的金融机构体系，已经是一个国有与非国有、政策性与商业性、银行金融机构与非银行金融机构并存的金融机构体系。不过，中国的金融机构体系，仍然是一个由大型金融机构主导的格局，中国农村地区银行业金融机构网点覆盖率相对较低、金融供给竞争不充分、金融服务供给不足等问题仍然普遍存在。为此，政府推进普惠金融的机构创新路径主要有三个方面：

（1）以稳定县域为基础，将农村信用社改革为社区性地方金融企业。不论是 2003 年 6 月《国务院关于印发深化农村信用社改革试点方案的通知》（国发〔2003〕15 号），还是 2004 年 8 月国务院《关于进一步深化农村信用社改革试点的意见》（国发〔2004〕66 号），都强调了这一点。

（2）推动新型金融机构的发展。中国银行业监督管理委员会在 2006 年 12 月发布了《关于调整放宽农村地区银行业金融机构准入政策，更好支持社会主义新农村建设的若干意见》（银监发〔2006〕90 号），2008 年 5 月，中国银行业监督管理委员会和中国人民银行联合发布了《关于小额贷款公司试点的指导意见》（银监发〔2008〕23 号），调整和放宽了农村地区金融机构准入政策，允许境内外银行资本、产业资本和民间资本到农村地区投资、收购、新设包括村镇银行、社区性信用合作组织、银行专营贷款业务的全资子公司、"只贷不存"的小额贷款公司等各类金融机构。到 2018 年 9 月底，银监会已经批准设立村镇银行 1606 家、资金互助社 46 家（原批准成立 49 家，其中 1 家机构在 2017 年、2 家在 2018 年退出）、银行贷款子公司 13 家。根据中国人民银行的统计，到 2018 年 6 月底，各省金融办批准设立的"只贷不存"小额贷款公司 8394 家（比最高峰时的 2015 年 9 月底的 8965 家下降了 6.4%），贷款余额 9762.7 亿元。

（3）推动资本下乡和大型机构下沉。银监发〔2006〕90 号文件中提出，要支持各类资本参股、收购、重组现有农村地区银行业金融机构，支持地方法人银行到农村地区设立分支机构、县域法人银行在本机

构所在地辖内的乡（镇）和行政村增设分支机构。2017 年 5 月，财政部等八部委联合出台了《大中型商业银行设立普惠金融事业部实施方案》（银监发〔2017〕25 号），中国大型商业银行也在 2017 年 6—7 月先后完成了普惠金融部的构建。

（4）明确支持以成员为基础的信用合作。银监会于 2007 年 1 月 22 日出台了《农村资金互助社管理暂行规定》（银监发〔2007〕7 号），并在 2008 年 10 月的中共十七届三中全会文件以及 2008—2017 年多个中央一号文件中提出，要推进农村资金互助社，发展比较好的农村合作社要开展信用合作。"十二五"规划也提出，要鼓励有条件的地区发展农村小型金融组织和小额信贷。

2. 普惠金融业务创新路径主要在于激励金融机构开展小额贷款

业务创新一定程度上可以推动普惠金融的发展，带动农户的增收。

（1）通过财政税收政策激励金融机构增加农村小额信贷服务。例如，2009 年 3 月 2 日财政部出台了《中央财政农村金融机构定向费用补贴资金管理暂行办法》（财金〔2009〕15 号文件），经银监会批准设立的村镇银行、贷款公司、农村资金互助社，当年贷款平均余额比上年增长，中央财政按照上年末贷款余额的 2% 给予补贴。中央财政对基础金融服务薄弱地区的银行业金融机构（网点），按其当年贷款平均余额的 2% 给予补贴。

2010 年 5 月 13 日，财政部和国家税务总局《关于农村金融有关税收政策的通知》（财税〔2010〕4 号）界定，农村信用社、村镇银行、农村资金互助社、由银行业机构全资发起设立的贷款公司、法人机构所在地在县（含县级市、区、旗）及县以下地区的农村合作银行和农村商业银行，单笔且该户贷款余额总额在 5 万元以下（含 5 万元）的农户贷款，利息收入免征营业税，且农户小额贷款的利息收入在计算应纳税所得额时，按 90% 计入收入总额。

2015 年开始，国务院将享受税收优惠的农户小额贷款限额从 5 万元提高到 10 万元。

（2）中央银行以货币政策激励金融机构开展小额贷款。主要通过定向降准和再贷款支持方式实现。2010 年 9 月，银监会出台《关于鼓励县域法人金融机构将新增存款一定比例用于当地贷款的考核办法

（试行）》（银发〔2010〕262 号）规定，中西部地区县域法人金融机构，当年新增存款主要用于当地发放贷款，可以少缴法定存款准备金1%，并且，监管部门可以优先批准其新设分支机构和开办新业务的申请。

2016 年，中央银行继续发挥了定向降准的正向激励和结构引导功能，除了对中小金融机构、农村金融机构执行较低的准备金率外，还增加了支农支小再贷款、再贴现限额，下调了信贷政策支持再贷款利率，并在支农再贷款项下设立了扶贫再贷款，引导金融资源向贫困地区聚集，提高扶贫开发金融服务水平。

（3）政府以建立担保基金和提供风险补偿方式，促进金融机构拓展扶贫小额贷款。2014 年 12 月，国务院扶贫办、财政部、中国人民银行、银监会、保监会《关于创新发展扶贫小额信贷的指导意见》（国开办发〔2014〕78 号）出台以后，中央和地方财政部门一是建立了扶贫小额贷款贴息制度；二是建立了对贫困户放款的担保基金；三是建立了金融机构发放扶贫小额贷款的补偿机制。由此，建立起了针对贫困农户放款的机制。

四　完善普惠金融深化路径的对策

在讨论深化普惠金融服务对策时，理论与实务部门，对机构创新和业务创新的绩效，都有较多评价和研究。综观普惠金融绩效评价结果，可以发现，大家从不同角度和不同样本、不同区域对中国普惠金融机构创新、业务创新的绩效进行了研究，其结论是不一致的，也就是说，不同的深化路径，其绩效是不同的。

例如，何广文（2007）通过对农村资金互助合作机制的阐释，分析了其经营绩效和社会绩效，认为资金互助不仅使农户获得了资金服务，满足了零星、小额的资金需求，填补了农村正规金融的不足，更重要的是农户有了负债意识、正确的金融意识，培育了农村信用文化，改善了农村金融生态。赵丙奇、杨丽娜（2013）则改进了 Yaron（1992）的评价框架，从自我持续性、覆盖面和社会影响力三方面对村镇银行的绩效进行评价，认为村镇银行在一定程度上缓解了农村金融供给不足的局面。

蔡则祥、刘骅（2013）和王佳楣、罗剑朝、张珩（2014）的研究则表明，机构创新的绩效是有差异的。蔡则祥、刘骅（2013）从增加农民收入和减少贫困、目标客户覆盖率、可持续发展能力三个维度构建了新型农村金融机构运行绩效评价指标体系，对江苏省 102 家村镇银行、农村小额贷款公司和农民资金互助合作社的绩效进行了实证分析。按由高到低的顺序，得出三类新型农村金融机构的依次排名为农村小额贷款公司、农民资金互助合作社、村镇银行。王佳楣、罗剑朝、张珩（2014）从对传统金融机构安全性、流动性、成长性、营利性的考量，对包括 4 家村镇银行、13 家小额贷款公司、3 家资金互助社在内的 20 家新型农村金融机构进行综合绩效评价，得出新型农村金融机构综合绩效整体处于中等偏上水平的结论，并指出村镇银行综合绩效最优，小额贷款公司次之，资金互助社最差。而陆智强（2015）则认为村镇银行不具备向农村地区提供金融服务的功能。

不论如何，普惠金融服务还需要深化。笔者认为，深化中国普惠金融服务的路径主要在于：

第一，需要构建一个机构多元的、竞争性的、商业化经营的普惠金融体系。即使是着眼于中低收入群体的服务，也不能不依靠商业银行，但是，商业银行参与普惠金融服务的条件在于竞争环境的形成和自我可持续服务发展机制的培育。同时，需要构建正规商业金融机构的普惠金融服务机制。

第二，需要在农户信用评级基础上构建农户信用体系建设。中国农村地区的正规金融机构通过信用环境建设、农户信用评级、评定信用户和信用村等手段，是可以建立起可持续的自主服务农户的内生机制的。

第三，合作金融在推进普惠金融服务方面的作用是不可替代的。贫困村资金互助社、农村资金互助社、合作社内部的信用合作等，鉴于其在信息、成本等方面的优势，在满足农户普惠金融服务需求方面的优势突出。

第四，适当运用财政手段发挥政府的倡导和激励作用，特别是需要注意怎么构建可以消除道德风险的完善担保机制、风险补偿机制。

第五，对于社会大众和农户、小微企业等普惠金融群体的普惠金融教育，是普惠金融推进和健康运作的基石。

第六，需要注意培育商业金融机构的社会责任意识、普惠金融理念。

参考文献

1. Beck T., Demirguc - Kunt A., Peria M. S. M., "Reaching out: Access to and use of banking services across countries", *Journal of Financial Economics*, 2007, 85 (1): 234 – 266.

2. Conroy J., "APEC and financial exclusion: missed opportunities for collective action?", *Asia Pacific Development Journal*, 2005, 12 (1): 53 – 80.

3. Kim D. H., Lin S. C., "Nonlinearity in the financial development – income inequality nexus", *Journal of Comparative Economics*, 2011, 39 (3): 310 – 325.

4. Mohan R., *Economic Growth, Financial Deepening, and Financial Inclusion*, 2006.

5. Morgan P., Pontines V., *Financial Stability and Financial Inclusion*, 2014.

6. UN, 2006, *Building Inclusive Financial Sector for Development*, UN Publication Number: E. 06. II. A. 3, May 2006.

7. Jacob Yaron, "Successful Rural Finance Institutions Discussion", Washington D. C.: *World Bank Paper*, 1992.

8. 蔡则祥、刘骅：《农村新型金融机构运行绩效集成评价——基于江苏省的实证分析》，《审计与经济研究》2013 年第 2 期。

9. 何广文：《农村资金互助合作机制及其绩效阐释》，《金融理论与实践》2007 年第 4 期。

10. 何广文：《小额信贷成功的基本要素何在?》，《中国金融》2008 年第 7 期。

11. 何德旭、苗文龙：《金融排斥、金融包容与中国普惠金融制度的构建》，《财贸经济》2015 年第 3 期。

12. 焦瑾璞：《构建普惠金融体系的重要性》，《中国金融》2010 年第 10 期。

13. 刘营军、褚保金、徐虹：《政策性金融破解农户融资难研究——一个微观视角》，《农业经济问题》2011 年第 11 期。

14. 陆智强：《基于机构观与功能观融合视角下的村镇银行制度分析——以辽宁省 30 家村镇银行的调查为例》，《农业经济问题》2015 年第 1 期。

15. 田杰、陶建平：《农村金融排除对城乡收入差距的影响》，《中国经济问题》2011 年第 5 期。

16. 王佳楣、罗剑朝、张珩：《新型农村金融机构绩效评价及影响因素——基于陕西与宁夏 20 家机构的调查》，《西北农林科技大学学报》（社会科学版）2014 年第 7 期。

17. 吴红军、何广文主编：《中国农村普惠金融研究报告 2014》，中国金融出版社 2015 年版。

18. 曾康霖：《按科学发展观设计中国的金融制度》，《西南金融》2005 年第 6 期。

19. 曾康霖：《再论扶贫性金融》，《金融研究》2007 年第 3 期。

20. 赵丙奇、杨丽娜：《村镇银行绩效评价研究——以浙江省长兴联合村镇银行为例》，《农业经济问题》2013 年第 8 期。

中国农村小额信贷：发展模式与未来趋势

王曙光[*]

摘　要： 小额信贷的理念在全球不断推广，对全球贫困人群和低收入人群的发展扮演重要的角色，在世界反贫困历程中起着重要作用。20世纪90年代以来，中国逐步引进了小额信贷的理念和模式，而随着普惠金融理念的输入和推广，作为达成普惠金融目标的最重要载体之一的小额信贷更是受到中国的高度重视。20多年来，小额信贷对中国低收入人群的信贷支持逐步提升，对中国反贫困事业有突出贡献。本文在以库兹涅茨曲线效应为视角论证小额信贷减贫功能的基础上，系统梳理了中国农村小额信贷的主要发展模式，深入探讨了新型城镇化与乡村振兴战略给农村小额信贷发展带来的新机遇与新挑战，并对小额信贷与社区发展的结合模式即社区发展基金模式进行了重点讨论。在结论部分，本文指出农村小额信贷未来发展的四大趋势，即更好地与乡村治理的完善相结合、更好地与农民组织化和农业的产业化相结合、更好地与互联网金融技术相结合、更好地与农村"在地化力量"相结合，以实现小额信贷的未来可持续发展。

关键词： 小额信贷　农村发展　反贫困　乡村治理　普惠金融

---

* 王曙光，北京大学经济学院教授，博士生导师，北京大学产业与文化研究所常务副所长。先后获北京大学经济学学士、硕士和博士学位，后留校任教至今。已出版经济学著作《中国论衡》《产权、治理与国企改革》《中国农村》《中国方略》《问道乡野》《农行之道》《告别贫困》《金融减贫》《金融伦理学》《农村金融学》《金融发展理论》《守望田野》《乡土重建》《草根金融》《普惠金融》《天下农本》等二十余部，并出版散文集《燕园拾尘》《燕园困学》《燕园读人》《燕园论艺》《燕园夜札》等。

一 从库兹涅茨曲线效应看农村小额信贷

（一）小额信贷的含义与机制特征

小额信贷在中国已经走过了 25 年历程，这 25 年，既是农村小额信贷蓬勃发展的历史时期，也是中国农村农业发生历史性巨变的时期，更是中国迅猛崛起的重要历史时期。在这一时间节点上，回顾和反思小额信贷的发展历程，系统梳理中国小额信贷发展的经验模式，并对中国小额信贷的未来趋势进行前瞻性的预判，对于小额信贷的可持续发展是非常重要的。

值得提出的是，在学术研究中，目前常用的"微型金融"（Microfinance）是一种专门向低收入者、微型企业提供的小额度的金融服务（包含小额信贷和小额保险等）。"微型金融"比"小额信贷"的含义更加宽泛，但在实践中微型金融和小额信贷的含义是基本一致的，因此在本文中，不作特别的区分。小额信贷第一次成功地将金融服务扩展到了低收入和贫困家庭，是金融史上的革命性举动。正如孟加拉乡村银行（Grameen Bank，GB）创始人穆罕默德·尤努斯所坚信的那样："信贷绝不是天生就决定了它必然与穷人无缘。"穷人并不缺乏摆脱贫困的勇气与决心，贫困者的困难首先在于他们不能像其他人一样从正规金融机构得到借款，在于缺乏用以摆脱贫困的最基本的物质条件或要素禀赋。而小额信贷恰恰就是这样一个打破信贷市场失灵的制度创新，为社会尤其是贫困者提供了一种改变初始要素禀赋配置的途径。

20 世纪 60 年代开始，一些发展中国家和国际组织在"资本积累是增长的发动机"以及"农民需要的资本远远超过他们能够进行的储蓄"信念的指引下，开始为贫困者提供扶贫贴息贷款，但低利率的农业贴息贷款政策引起了金融市场效率低下和严重扭曲。1974 年，孟加拉国吉大港大学教授穆罕默德·尤努斯博士开始了打造乡村银行的成功实践，带来了真正意义上的小额信贷。此后，亚洲和拉美一些发展中国家的先行者们，借鉴传统民间借贷的一些特点和现代管理经验，结合当地经济、社会条件以及贫困人口的经济和文化特征，在不断摸索和试验的基础上，创造性地构建出了多种适合贫困人口特点的信贷制度和模式。

小额信贷具有鲜明的特点：①将贷款对象定位于传统信贷体系下无法获得金融服务的穷人，这是与一般商业性贷款最为不同的一点。②是一种信用贷款，无须土地、房产等作为抵押，用社会担保取代了经济担保。③贷款额度小，一般等于或小于一国人均国民生产总值，有时甚至是一国人均国民生产总值的 10% 左右。④偿还方式灵活，按照当地实际情况分为一周、半月或一月偿还一次，这样一方面分散了风险，提高了贷款回收率，另一方面也减轻了农户一次性还不上款的顾虑。⑤期限短，具有可持续性，一般小额贷款借出的期限控制在一年以内，如果农户还款信誉良好，可续借 2—3 年。⑥贷款利率高于一般的商业银行贷款，但低于民间的高利贷利率。⑦一般实行小组联保，但也有其他模式。

（二）从库兹涅茨曲线效应看小额信贷的作用

金融发展的库兹涅茨曲线效应（即倒 "U" 形收入差异效应）是指在金融发展过程的初期，由于金融体系的扩张，会显著拉大国民收入差距（以基尼系数为衡量标准），而后期随着金融发展的深入推进，收入不平等状况会逐步改善。用时间序列资料证实倒 "U" 形假说有一定困难，然而用国家间的横截面资料观察到它是相对容易的，很多文献都运用横截面资料证实了库兹涅茨效应的存在。Hayami（2001）用双对数图的形式绘制了对应于 1990 年的人均国民生产总值和 19 个国家 20 世纪 70 年代和 80 年代的基尼系数，该图呈一个平滑的钟形，数据对二次曲线的拟合程度也很高。我们可以用下图简单地描述这个钟形曲线。该图的横轴表示人均国民生产总值（Y/N），纵轴代表基尼系数（G）。图中表示出 ABC 三条弯度不同的曲线，其中 A 表示该国在经济发展过程中收入不平等程度最高，C 表示收入不平等程度最低，B 的情况居中。在库兹涅茨曲线的最高峰值上，代表着收入最不平等的时点，在这一峰值上人均国民生产总值处于 2000—3000 美元。

在金融发展和经济发展的初期，低收入者和高收入者的收入差异会显著增大且呈不断扩张的趋势。因此，在库兹涅茨曲线的左半边（负效应区域），由于收入差距不断增大，金融机构会更倾向于在具有较高预期收益从而具有较高偿还能力的城市投资,而不愿意在收入较低的农村社区投资,从而出现资金由农村向城市的净流动,这就是典型的"系统性负投资现象"。单向的资金流动和系统性负投资导致城乡收入差距持续拉大,收入不平等程度加剧,低收入者陷入贫困陷阱。问题的核心在于能否运用一些特有的制度安排和激励框架,来遏制或至少在一定程度上缓解系统性负投资,从而使库兹涅茨曲线变得相对平缓一些,减少经济发展和金融发展过程中的收入差距,在图1中即表现为"A→B→C"不断移动的过程。也就是说,即使这个库兹涅茨效应不可避免,也应该运用某种制度设计使基尼系数上升的幅度低一些。

图1的左侧部分为库兹涅茨负效应区,在这个区域,随着经济和金融发展,人均收入上升,但是收入不平等也在加剧;右侧部分为库兹涅茨正效应区,即经过经济和金融发展的一定阶段之后,随着人均收入上升,收入不平等现象缓解,基尼系数下降。如何由库兹涅茨负效应区尽快过渡到正效应区,如何在经济和金融发展过程中降低收入分配的不平等,是中国面临的严峻课题。国际实践证明,运用系统性的激励和约束框架,建立相应的农村金融发展机制,鼓励小额信贷机构发展,构建多层次、广覆盖、可持续的普惠金融体系,可以在一定程度上缓解穷人的信贷约束,从而平滑其收入水平,降低经济发展和金融自由化过程中的

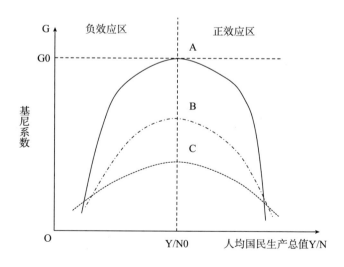

图1 库兹涅茨曲线效应

收入不平等程度（降低库兹涅茨曲线的峰值，并使库兹涅茨负效应区尽快过渡到正效应区）。可以说，小额信贷发展是降低收入不平等的重要途径。

二　公益机构主导型、商业机构主导型和政府主导型小额信贷

（一）福利主义和机构主义小额信贷

根据小额信贷发展的目标，可以分成福利主义（welfarism）小额信贷和机构主义（institutionalism）小额信贷。所谓福利主义小额信贷，乃是强调小额信贷对于穷人和弱势群体的福利提升功能，持福利主义观点的人认为，小额信贷是为了帮助穷人和弱势群体摆脱困境而开展的特殊的金融服务，因此应该以提升穷人福利为首要目标，而不是以营利为首要目标。所谓机构主义小额信贷（有些中国学者也将其翻译为"制度主义"，实际上 institution 在此处更强调"小额信贷机构"，即指向机构的可持续性，因此翻译为"机构主义"更贴近英文原意），则强调小额信贷机构的财务可持续性，认为只有实现小额信贷机构自身的可持续发展，才能为穷人和弱势群体提供更好的金融服务，如果小额信贷机构本身不能实现财务上的可持续，就很难做到持续提供金融服务并改善穷人的福利状况。

事实上，福利主义和机构主义小额信贷在发展目标上并不矛盾，而且完全可以实现兼容。福利主义小额信贷既要强调其提升穷人福利的功能，同时也要强调自身机构的可持续性，不能以丧失机构自我发展能力为代价来进行金融扶贫；机构主义小额信贷既要强调机构自身的可持续性，同时也要在定价和运行机制方面考虑到穷人的福利，不能唯利是图、竭泽而渔，不能以商业化为借口，最终脱离小额信贷需求者，这样就偏离了小额信贷真正的发展方向。一个好的小额信贷机构，既能够使自身实现财务可持续，又能够帮助穷人和弱势群体脱离贫困，两个目标兼容并相得益彰。

（二）公益机构主导型小额信贷

中国非政府组织近年来有了长足的发展，很多非政府组织致力于运用金融手段进行有效的扶贫，成为中国小额信贷发展的主要力量之一。

自 1993 年中国社会科学院农村发展研究所在河北易县建立第一个以小组模式为依归的扶贫经济合作社开始，中国已经拥有数百家由非政府组织主导的小额信贷机构。这些以扶贫为宗旨而不以利润为首要目标的非营利机构，在很不宽松的法律环境与政策环境下努力生存，虽然也有少数小额信贷组织获得了成功，但是大部分机构却仍未实现财务盈余与机构的可持续发展。民间小额信贷组织面临的第一个问题，也是其最大的发展障碍，在于其法律地位的不确定性与含混性。法律地位的不确定性影响了小额信贷机构的对外信誉度、吸引资金的能力以及与其他经济主体的缔约能力。

公益类小额信贷机构面临的第二个问题是如何在扶贫目标与营利目标之间实现一种有效的平衡，使民间小额信贷机构既可以实现其反贫困的目标，又能以一定的盈利能力实现机构的财务可持续性。如何实现这两个目标的平衡，如何使小额信贷机构有一个正确的定位与发展愿景，则一直是困扰很多小额信贷机构的重要问题之一。

公益类小额信贷机构面临的第三个问题是如何实现有效的风险控制以及如何设计有效的内部治理机制，从而对机构的管理层与信贷员进行有效的激励与约束。外部的风险控制涉及贷款发放机制与回收机制的设计，以及对小额信贷客户的信用甄别与信息处理；而内部治理机制主要涉及小额贷款机构如何协调好出资人、管理者和相关利益者的相互关系，以及如何设计有效的薪酬机制与监督机制。

（三）政府或准政府主导型小额信贷

中国的贫困大致可以分为制度供给不足型贫困、区域发展障碍型贫困、可行能力不足型贫困（结构型贫困）、先天缺乏型贫困和族群型贫困。中国的反贫困战略大致也可以划分为制度变革型扶贫、基础型扶贫（或大推进型扶贫）、迁移型扶贫（或生态恢复型扶贫）、能力增进型扶贫（或结构型扶贫、"造血"型扶贫）、救济型扶贫（或"输血"式扶贫）和族群系统型扶贫，但是在反贫困实践中，各类措施往往齐头并进形成合力。解决中国当前的贫困问题，需要综合性的系统思路，需要扶贫主体的多元化和扶贫模式的多元化。其中能力增进型扶贫，是当前扶贫工作的重要思路之一。能力增进型扶贫着眼于提高贫困人群的禀赋和可行能力，信贷扶贫是能力增进型扶贫的重要方式之一，也称为"金融反贫困"，它通过赋予贫困人群一定的信贷资源，使其拥有自我发展的能力。

中国政府从扶贫的角度出发，正在全国各地大力推进"金融反贫困"，试图从金融服务的角度，赋予更多穷人信贷权，改变以往穷人被剥夺信贷权、被排除在信贷体系之外的状况。政府主导型的小额信贷，其供给主体主要是国务院扶贫办以及各地区的农业部门、民政部门以及青年工作和妇女工作部门。国务院扶贫办正在大力推广社区发展基金，努力通过社区治理的改善来推动小额信贷发展，从而实现金融反贫困的目的；各地农业部门和民政部门集中扶贫资金，通过小额信贷的方式对贫困人群进行定点式扶贫；各地政府中青年工作和妇女工作部门也通过农村青年创业小额信贷和妇女再就业小额信贷，加大对他们的小额信贷支持力度。未来政府主导型的小额信贷，应该更多地与商业金融机构和专业从事小额信贷业务的非政府组织对接，政府只作为资金的批发方和监督者，这样不但达到了扶贫的目的，而且提高了扶贫资金的使用效率，可以滚动使用扶贫资金，创造一种长效扶贫机制。

（四）商业机构主导型小额信贷

目前，大量商业性的金融机构也参与到小额信贷供给者的行列中。近十年来，农村的小额贷款公司、村镇银行、农村信用社、农村合作银行和农村商业银行、农业银行、邮政储蓄银行、股份制银行以及各地的地方商业银行等，几乎都开发了自己的小额信贷产品，为农民以及农村中小企业提供小额信贷服务。随着农村小额信贷服务的供给主体越来越多元化，随着商业机构的大举进军农村金融市场，农村小额信贷体系的效率正在逐步提升。

商业性金融机构普遍通过社区银行的模式来推行小额信贷，这是一种值得关注和推广的模式。社区银行是资产规模较小、主要为区域内微型客户（主要是微型企业和居民家庭）提供金融服务的区域性的小型商业银行。社区银行虽然体量小，但是由于其经营灵活，对客户提供比较贴身的周到的金融服务，因此其竞争能力也很强，生命力很旺盛，一旦出现金融危机或大规模的金融风险，这些社区银行往往有很强的生存能力。从根本上来说，社区银行的竞争力和生命力来自于它对区域内微小客户信息的准确全面把握。社区银行对当地的产业发展状况、经济发展状况、市场供求情况、人力资本状况、资金供求状况等十分熟悉，其信息不对称程度相对大银行而言较小，风险识别能力和风险处置能力较强，这种信息优势使社区银行的安全盈利空间比较大。社区银行与微型客户有天然的"盟友"关系，它们不仅在规模上相互匹配，而且能够凭借其信息优势、区域优势等克服信息不对称，可以从微型客户那里获得更多的软信息，因此可以更好地降低成本和进行风险控制。

三 小额信贷需求主体的变迁给小额信贷带来的机遇

（一）中国新型农村经营主体的出现

近年来，随着中国农业经济的转型，新型农村经营主体不断涌现，这为小额信贷发展提供了巨大的机遇，也对小额信贷服务创新提出了新的要求。2014 年《政府工作报告》提出："坚持家庭经营基础性地位，培育专业大户、家庭农场、农民合作社、农业企业等新型农业经营主体，发展多种形式适度规模经营。"这是对中国农业经营体系转型的极为精练的概括，也指出了中国未来农业经营体系创新的方向。农业经营体系的革新与再造，是中国农业产业化、现代化、集约化和规模化的前提，也是关系到中国农村和农业转型的重大核心问题。

家庭农场、专业大户、农民合作组织和现代农业企业一起，构成中国现代农业发展的主要支撑点，必将促使中国"原子化小农"向"规模化大农"的历史性转变，为中国构建新型农业经营主体和现代化农业体系奠定制度基础。这些新型的经营主体，形成对小额信贷的新的需求，是推动农村小额信贷转型升级的最强大力量。小额信贷机构必须认识到这些变化，要适应新型农业经营主体的需要，开发出新的小额信贷产品，为中国农业的产业化和规模化做出贡献。

（二）新型城镇化和乡村振兴战略给小额信贷带来的新机遇

城镇化给农村经济增长和农村金融发展带来巨大的机遇。在城镇化过程中，农民需要创业和再就业，农民在城镇化过程中得到的收益也可以转化为巨额的储蓄资源和再投资资源，这就为金融机构的业务扩张提供了基础。随着城镇化进程中新的经济增长点的培育和新的就业机会的出现，农民和微型企业的贷款需求也会迅猛地增长。城镇化过程中产业结构的转型和大规模的基础设施建设也为金融机构提供了大量的发展机会。因此，可以预见，未来随着城镇化的大规模推进，中国农村金融的发展必然会驶入加速轨道，中国农村小额信贷的创新和普惠金融体系的建设必然会迅猛推进。

党的十九大以来，乡村振兴战略的提出，为中国农村小额信贷的发展注入了新的活力。乡村振兴战略也给农村金融行业提出了新任务，带来了新挑战，农村小额信贷的各个供给主体必须抓住机遇进行体制机制的创新。在机制创新方面，要更加重视创新组织模式、运营体系以及服务内容；在信用体系建设方面，要更加重视政府、银行、小额信贷机构以及村集体的多方合作以及现代化的信息挖掘手段；在金融服务方面，要更加重视利用新的金融科技，融合互联网金融手段对新型农村集体经济和合作经济经营主体进行支持，促进农业转型，助力农村发展。北京大学和中国农业银行在 2017 年暑期组成联合调查组，在浙闽两省 15 县对农行支持农村集体经济和合作经济发展进行了大规模调研，我们看到很多农村小额信贷的供给主体（尤其是农信社等）在抵押担保机制创新、金融科技手段运用、金融自治村构建等方面进行了大量的探索，有力地支持了农业和农村的转型，取得了巨大的成效。

四　小额信贷与社区发展的融合：社区发展基金模式

在探索如何为贫困群体提供适当的金融服务，从而实现他们收入水平提高的过程中，社区发展基金（Community Development Funds）作为一种小额信贷与社区发展相结合的新模式，被越来越多的人所关注。

（一）社区发展基金的含义及发展状况

社区发展基金通常作为社区主导型发展（Community Driven Development）的一个子项目出现，通过对社区居民进行赋权，并向他们提供小额信贷等金融服务，培养社区居民的权利意识、发展意识与自我组织、自我管理能力，最终结合社区综合发展的科技推广、医疗合作、公共品供给等其他项目，实现社区的独立和可持续发展。何广文（2007）认为其是一种不同于传统正式金融机构商业信贷，也不同于经典的扶贫小额信贷的农村社区居民自我实现的低成本的金融服务机制。中国出现最早的社区发展基金是 1993 年贵州草海自然保护区的"村寨发展信用基金"，后来安徽霍山县 1998 年成立的"社区基金"、香港乐施会从 1999 年起在西部地区实施的"社区发展基金"、财政部和国务院扶贫办从 2006 年开始推广的"贫困村村级发展互助资金"也都属于社区发展基金的范畴，其中以财政部和国务院扶贫办的"贫困村村级发展互助资金"最为普及。与一般的小额信贷不同，社区发展基金作为一种创新型的小额信贷模式，更加关注农村社区的发展，更加重视小额信贷机构与农村社区的互动与共生关系，这是对传统小额信贷的深刻变革与创新。

（二）社区发展基金蕴含的经济思想及制度优势

社区发展基金的一项主要内容是向贫困群体发放小额信贷，因而它秉承了小额信贷一直以来的一种思想：不需要慈善，也不需要政府养活，穷人完全可以借助市场的分工合作体系所形成的适当的金融服务，摆脱贫穷。社区发展基金还是一种构建在社区基础之上，以社区自我组织、自我决策、自我管理为原则的金融服务机制，体现了参与式扶贫所倡导的赋权理念，这也是社区发展基金相对于以往的农村资金互助社、农村合作基金会等金融反贫困模式的制度创新和优势所在。赋权理念最早由 Sen 提出，他以独特的视角分析了贫困的成因，认为贫困者之所以贫困，根本原因不在于资源的匮乏，而在于穷人应该享有的基本权利的缺失，比如获得基本教育、医疗、金融等服务的权利、交换的权利、自我组织的权利、自由迁徙的权利等。社区发展基金作为参与式扶贫的一种具体组织形式，在实施过程中始终把对社区居民的赋权放在首位，从而取得了其他金融反贫困模式难以达到的效果。

五　农村小额信贷向何处去

最近几十年以来，小额信贷的理念在全球不断推广，对全球贫困人群和低收入人群的发展起到重要的作用，在世界减贫历程中起着重要作用。20 世纪 90 年代，中国逐步引进了小额信贷和小额信贷的理念和模式，而随着普惠金融理念的输入和推广，作为达成普惠金融目标的最重要载体之一的小额信贷更是受到中国的高度重视。在政府、商业金融机构、慈善和公益机构以及大量农村合作金融机构等力量的综合推动之下，中国小额信贷在最近 20 多年实现了长足的发展，其规模不断扩张，对低收入人群的信贷支持逐步提升，在中国反贫困事业中做出了突出贡献。可以说，当下中国农村小额信贷的发展正面临着最好的历史机遇，必将获得更大的发展，各种不同的金融机构和非政府组织必将在其中找到自己的用武之地。

未来小额信贷的发展向何处去？笔者认为有几个重要趋势值得关注：

第一，农村小额信贷发展必须与乡村治理相结合，必须与农村社区发展相结合，才能获得健康的发展。没有好的乡村治理，没有好的农村社区管理体系，没有好的村风和乡村伦理体系的支撑，农村小额信贷必然面临更大的风险。农村小额信贷机构要有意识地推动乡村治理的完善和农村社区管理体系的构建，有意识地推动乡村风气和信用环境的改善。

第二，农村小额信贷是一种金融工具和手段，农村小额信贷要起到深刻改变农村和农民现状的目的，要真正达到减贫的目的，就必须与农业的规模化和农民的组织化相结合。仅仅向小农实施小额信贷减贫，其效果是有限的。因此，未来农村小额信贷必须在推动农民的组织化和农业的产业化上下工夫，必须实现小额信贷产品的创新，以支持农业的转型发展。

第三，要高度重视互联网金融对小额信贷的影响。互联网金融能够极大地提升小额信贷的业务流程体系，互联网金融业务以云平台为基础开展，具有交易成本低、覆盖范围广、服务效率高等先天优势，各类金融机构可以借助互联网金融的平台，突破物理网点的限制，通过 POS机、手机银行和网上银行等方式向客户提供存款、支付、授信等一系列电子化的金融服务，降低农民获取金融服务的门槛。互联网金融还能够优化小额信贷和普惠金融的生态体系。互联网金融技术可以为金融体系建立网络支付平台、信用评估体系等基础性的金融设施，使金融服务提供者实现降低交易成本、扩大服务规模和深度、提高技能、促进信息透明的要求，同时也会进一步地规范农民、小微企业等小额信贷受益者的行为。农村小额信贷必须与时俱进，有效吸收互联网金融和移动通信等先进技术，更新自己的信息收集手段、信用评估手段、风险处置手段、客户挖掘与甄别手段、授信手段与信贷手段，革新整个信贷流程，以进一步提高信贷效率，更精准地识别与管控风险。在这方面，中国的各类小额信贷机构已经创造了很多模式，将自己的线下优势与互联网的线上优势相结合，更好地为当地小额信贷需求者服务。

第四，农村小额信贷机构必须实现与农村各类社会组织的密切结合，在扬弃小组模式的基础上，不断深化与农民合作经济组织、农村正规政治组织和社团组织、农村各类乡贤精英、农村各类商业组织、农村集体经济组织等社群机构组织的合作关系，在与这些村社组织以及村社精英互动的过程中，生成一种密切的信息沟通关系和共生共赢关系，以更好地发现客户、降低风险、提供充足信息，从而与当地各种"在地化力量"共同形成一种命运共同体，这是小额信贷真正的生命力所在。

参考文献

1. 爱德华·S. 肖：《经济发展中的金融深化》，王巍等译，中国社会科学出版社 1989 年版。
2. 曹子娟：《中国小额信贷发展研究》，中国时代经济出版社 2005年版。
3. 杜晓山：《孟加拉国的乡村银行及对我国的启示》，《中国农村经济》1994 年第 2 期。
4. 杜晓山：《商业化、可持续小额信贷的新发展》，《中国农村经济》

2003 年第 10 期。

5. 杜晓山：《小额信贷原理及运作》，上海财经大学出版社 2001 年版。

6. 杜晓山：《中国农村小额信贷的实践尝试》，《中国农村经济》2004 年第 8 期。

7. 杜志雄：《关于小额信贷几个主要问题的讨论综述》，《中国农村观察》2001 年第 2 期。

8. 何广文：《农村社区发展基金的运作机制及其绩效诠释》，《经济与管理研究》2007 年第 1 期。

9. 饶小龙、唐丽霞：《中国农村社区发展基金的现状及问题研究》，《农村经济》2008 年第 4 期。

10. 汪三贵：《小额信贷对中国扶贫和发展的贡献》，《金融与经济》2003 年第 11 期。

11. 汪三贵：《中国小额信贷可持续发展的障碍和前景》，《农村经济问题》2000 年第 12 期。

12. 汪三贵：*Microfinance Sector in China*，中国农业科学院农业经济研究所 1999 年版。

13. 王曙光：《农村金融学》（第二版），北京大学出版社 2015 年版。

14. 王曙光：《天下农本》，中国发展出版社 2016 年版。

15. 王曙光：《中国的贫困与反贫困》，《农村经济》2011 年第 3 期。

16. 王曙光：《中国农村》，北京大学出版社 2017 年版。

17. Clarke G. , L. C. Xu and H. Zou, "Finance and Income Inequality: Test of alternative Theories", *World Bank Policy Research Working Paper*, 2003, 2984.

18. Dollar D. and A. Kraay, "Growth is Good for the Poor", *Journal of Economic Growth*, 2002, 7 (3).

19. Galor O. and J. Zeira, "Income Distribution and Macroeconomics", *Review of Economic Studies*, 1993, 60 (1).

20. Greenwood J. and B. Jovanovich, "Financial Development, Growth, and the Distribution of Income", *Journal of Political Economy*, 1990, 98 (5).

21. Kraay A. , "When Is Growth Pro - Poor? Cross - Country Evidence",

World Bank Policy Research Working Paper, 3225, 2004.

22. Lucas R. E. , "On the Mechanics of Economic Development", *Journal of Monetary Economics*, 1988, 22 (1) .

23. Puhazhendhi V. , "Transaction Costs of Lending to the Rural Poor – Non – Governmental Organizations and Self – help Groups of the Poor as Inter-mediaries for Banks in India", *Foundation for Development Cooperation*, Brisbane, Australia, 1995.

24. Yaron, Jacob, McDonald Benjamin, and Gerda Piprek, "Rural Finance Issues, Design and Best Practices", *World Bank*, *Agriculture and Natural Resources Department*, Washington, D. C. , 1997.

普惠金融体系下的小额贷款公司

张　睿[*]

摘　要： 本文回顾了中国小额贷款公司从 2009 年快速增长到近几年增速放缓的发展历程，其中介绍了"中国小额信贷机构联席会"，从政策、理念、技术、交流等方面推动小贷公司合规发展所起的作用。小贷公司应属于一国普惠金融体系中"非存款类放贷机构"里面的一类机构，这类机构的发展有赖于法律对其市场准入、资金来源、贷款利率、经营范围等方面做出明确的规范。本文认为南充美兴小贷公司体现了小贷公司的价值，这样的小贷公司才是符合政策初衷的典范。

关键词： 小贷公司　非存款类放贷机构　南充美兴小贷公司

一　小额贷款公司在普惠金融体系中的地位

（一）背景

20 世纪 70 年代，在全球范围内出现了微型金融实践，1970 年印度尼西亚成立了巴厘商业银行，1971 年哥伦比亚兴起了机会国际（Opportunity International），1973 年巴西出现了行动国际（ACCION International），1976 年尤努斯教授在孟加拉国南部的乔布拉村庄开始小额信贷试验。最为引人注目的是尤努斯教授创建的格莱珉银行[①]，借款人达到

---

　　[*]　张睿，法学硕士，中国人民银行金融研究所处长，主要研究领域为普惠金融、金融扶贫。

　　[①]　孟加拉乡村银行。——编者注

数百万之多，其中绝大多数是贫穷妇女。因小额信贷试验在全球风起云涌，方兴未艾，联合国将 2005 年命名为"小额信贷年"。2006 年，尤努斯和格莱珉银行的拥有者——贫穷妇女的代表共同获得了诺贝尔和平奖。这股"小额信贷"的浪潮当时也席卷了神州大地，时任中国人民银行副行长的吴晓灵女士在北京会见了尤努斯教授。在吴行长的推动下，中国人民银行自 2005 年即开始了小额信贷的试点工作。当时在山西、陕西、四川、贵州、内蒙古五省份选了七家小额贷款公司进行试点，经过几年试验，2008 年 5 月，银监会、中国人民银行发布了《关于小额贷款公司试点的指导意见》（银监发〔2008〕23 号）（以下简称"23 号文件"）。此文件的发布，标志着中国的小额贷款公司正式诞生。

吴行长给小贷公司的定位是：资金零售商。因为我们不缺大银行，缺少的是将资金渗透到小微企业的"毛细血管"，小贷公司从商业银行批发资金，在县域内发放小额、分散的贷款，服务实体经济，填补金融服务的空白。著名经济学家林毅夫教授撰文高度评价 23 号文件的发布，从金融监管等角度称它"实现了三个革命性的突破"，首次引进了分层监管；商业银行给小贷公司拆借资金，一方面开辟了信贷批发业务，另一方面承担了对小贷公司的监督责任；记录良好的小贷公司可望组建村镇银行。这是当初政策设计者们对于小贷公司发展的美好期许。

（二）非存款类放贷机构

如果把小贷公司放到普惠金融体系中来看，它属于非存款类放贷机构中的一种类型。顾名思义，经营放贷业务但不吸收公众存款的机构就是"非存款类放贷机构"，此类机构定位于"小额、分散、短期"这一细分信贷市场，从客户和产品等方面弥补银行金融服务的不足，为经济发展提供有力支持。它的特点是：比商业银行规模小，容易成立；对借款人的约束少，经营更灵活、产品更多样、创新性更强，有利于小规模的借款人；贷款利率较高，因为它的资金成本、管理成本高于商业银行；合规成本低，一般属于非审慎监管的机构。在一个国家的经济体中，放贷机构的数量要多于商业银行的数量：南非有商业银行 81 家，持有信贷登记证书的放贷机构或个人共有 5390 个（截至 2016 年年底）；日本拥有金融机构（包括银行、信用金库、信用合作社）700 多家，截至 2010 年 8 月，放贷机构 2948 家；中国香港有 195 家银行，持牌放贷机构和个人共有 1848 个（截至 2016 年年底）。从国际经验来看，对于此类机构的监管一般涉及市场准入、利率、融资渠道等，一些国家和地区制定了专门的法规，如南非的《国家信贷法》，中国香港的《放债人条例》等。

二　小额贷款公司的发展历程

（一）快速发展时期（2009—2014 年）

23 号文件给小贷公司的定位是普通的工商企业，由省级政府负责监督管理，当地工商部门颁发营业执照。设立的"门槛"是："有限责任公司的注册资本不得低于 500 万元，股份有限公司的注册资本不得低于 1000 万元"，文件要求小贷公司在县域范围内按照"小额、分散"的原则给农户和微型企业提供信贷服务，资金来源为股东缴纳的资本金、捐赠资金和从银行融入的资金——不超过两家银行、融入金额不超过资本净额的 50%。这就是 23 号文件设定的基本框架。文件发出以后，可谓"一石激起千层浪"，各省随后颁发了小额贷款公司管理的具体细则，并且伴随着小贷公司设立的热潮，各地民企老板、国企、上市公司、海外机构不约而同敏锐地抓住这个时机，仿佛在金融这块巨大的帐幕上裂出了一丝缝隙，民间资本参与金融服务的阳光即将普照下来。

省金融办既看到机会也意识到责任重大，出于防范风险的考虑，各省纷纷提高了小贷公司注册的"门槛"，注册资本要求从几千万元到上亿元。比如，辽宁省将注册资本要求提高到 2 亿元；安徽省要求注册成立股份公司应有资本金 4000 万元。随着省级监管政策出台，乘着经济上行的东风，小贷公司迎来了迅猛发展的时期。

根据中国人民银行的统计，自 2009 年起，小贷公司从机构数、实收资本、贷款余额、从业人员等都呈现快速增长的态势，但各省的增速不均，因为监管部门所掌握的尺度不一，以及监管理念及能力有所差异。

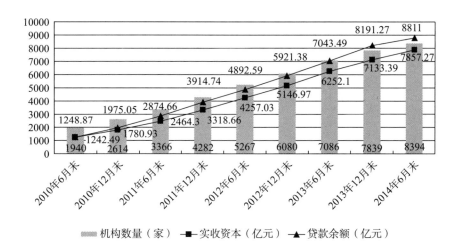

图1　2010年6月末至2014年6月末全国小贷公司概况

资料来源：中国人民银行。

（二）"中国小额信贷机构联席会"推动行业发展（2011—2014年）

2011年年初，原中国人民银行研究生部在北京召开了一个盛大的小额信贷论坛，全国各地的小贷公司高管、金融办领导、地方协会负责人、学者、中介机构、专业人士等数百人参会，可谓群贤毕至、济济一堂。原中国人民银行副行长、时任全国人大财经委副主任委员、研究生部部务委员会主席的吴晓灵女士（业内尊称"吴行长"）在论坛上发表讲话，呼吁小贷公司合规经营。"小贷公司的投资者要做一个有社会责任心的金融投资者，必须坚持依法合规经营，才能赢得更广阔的生存空间……合规第一、创新第二……小贷公司的资产回报率在全社会来说是比较高的，小贷公司宁可资金撤出，也不要做断送此类机构前程的事情。"在这个盛会上宣布成立"中国小额信贷机构联席会"（以下简称"联席会"），原国开行副行长刘克崮先生担任会长，时任研究生部主任的焦瑾璞先生担任秘书长。联席会的名称是当时的焦主任起的，英文名称"China Microfinance Institution Association"（CMIA）采纳了深圳市中安信业创业投资有限公司董事长保罗希尔先生的建议，保罗先生曾在20世纪80年代初担任过研究生部的客座教授。

从 2011 年到 2015 年年初，联席会在吴行长的指导下，依托中国金融学会，为推动小额贷款公司规范发展起到了重要作用。每年的年初，联席会举办小额信贷高峰论坛，邀请政策制定者、小额贷款实践者、研究者等海内外人士参会、演讲；年中举办小额信贷创新论坛暨全国金融办主任圆桌会议，既为实践者搭建相互交流、学习的平台，又有针对监管者的来自高层领导的指导性建议。这两个大型论坛的参会者每次都达到数百人，发表演讲的有政府官员、优秀的小额贷款业内人士、著名学者、国际机构的高层管理者，等等。论坛的主题反映了小额贷款行业发展的热点，比如，2013 年年初举办高峰论坛的主题是"责任金融——开创中国小微金融新时代"，当时，国际小额信贷行业关注的焦点是借款人过度负债，联席会倡导负责任的金融，既具有前瞻性又紧扣热点问题。除此之外，联席会还以"微型金融六十人"的名义组织了多次小型研讨会，深入探讨小贷公司的法律身份、监管、市场定位、产品创新、技术系统等问题，与会者在探讨和交流中受益匪浅。自 2012 年起，联席会发布年度"中国小额信贷机构竞争力发展报告"，撰写了"中国小额信贷蓝皮书"，组织专家和学者参与课题研究，比如，小额贷款公司评级体系建立与完善、非吸收存款类放贷机构债券市场融资、小额贷款公司会计核算办法研究等。联席会出版会刊《中国小额信贷》（2013 年更名为《中国普惠金融》），每年六期，在业内获得很好的反响。联席会在全国各地举办了许多不同内容的培训班，以及海外学习考察，旨在提高小额贷款行业的能力建设水平，助力小贷公司健康发展。

当"小额贷款公司"还是一个新鲜事物时，联席会应运而生，在四年的时间里，伴随着小贷公司的发展，联席会实质上起到了一个全国性行业协会的作用，它秉持"规范、创新、发展"的宗旨，以打造和发展具有中国特色的小额信贷市场为己任，为全国小额信贷机构搭建"课题研讨、联谊协作、考察培训、创新发展、自律维权"的服务平台，为推动小贷公司这一非存款类放贷组织的健康、有序、可持续发展做了许多工作，得到了业内监管者、实践者、研究者的普遍认可。2015 年年初，由银监会指导的"中国小额贷款公司协会"正式成立，承担起了全国自律组织的职责，联席会结束了它的历史使命。

（三）小贷公司增速放缓（2015 年至今）

随着宏观经济增速的下滑，小贷公司也步入了低增长阶段。

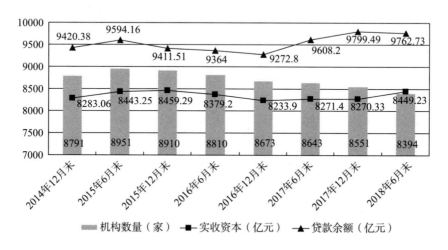

图 2　2014 年 12 月末至 2018 年 6 月末全国小贷公司概况

资料来源：中国人民银行。

与前几年相比，小贷公司的机构数量、实收资本、贷款余额、从业人员数都发生了较大的变化。全国 8000 多家小贷公司中有些经营状况良好，客户达到几百名甚至上千名，信贷员团队有几十人。但是，这样的机构数量不多，大部分小贷公司只有十几个人，依赖股东资源开展业务，在城市里跟银行抢客户，市场定位不清晰。平均单笔贷款额度几百万元，被诟病为"小贷公司不小贷"。23 号文件要求小贷公司发放"小额、分散"的贷款，"同一借款人的贷款余额不得超过小贷公司资本净额的 5%"，这样的指导意见落实下来就走形了，在小贷公司赚钱容易的那几年，一家注册资金 1 亿元的小贷公司，单笔放款 500 万元很正常，这也是设立门槛提高的必然结果。可是，经济高速增长的浪潮过后，那些找不准市场定位、没有信贷员团队、不懂微贷技术、风控不严的小贷公司风险暴露、运营搁浅甚至到了难以为继的地步。另外，小贷公司逐渐遭遇困境的原因还有税负较重，风险拨备金不能税前扣除，尤其是资金来源受限，制约了小贷公司规模化经营的可能性。小贷公司的放贷资金主要来自股东的资本金，较少的优秀机构能够获得银行批发的资金，绝大多数公司无法获得额外的资金补充。银行或要求抵押，或根本不予授信，小贷公司就连 0.5 倍的杠杆率都实现不了。小贷公司的现实困境既有其内部管理的原因，也有宏观环境变化的影响，政策设计的框架既给小贷公司竖立了"路标"，又给它前行之路设置了障碍。

三 影响非存款类放贷组织发展的几个基本要素

（一）法律地位和市场准入

从国际经验来看，规范非存款类放贷组织（Non – Deposit – Taking – Lenders，NDTL）经营的法律规范应包含市场准入、融资渠道和杠杆率、利率、经营范围等方面的内容。中国尚未出台有关 NDTL 的法规，23 号文件只是国务院部门制定的一个普通规范性文件，并不具有法律的强制性。但是，它的出台却引起较大反响并在全国范围内成立了八千多家小贷公司，可见信贷市场的需求存在，NDTL 在金融体系中是不可或缺的机构，小贷公司是普惠金融体系中的一员。

小贷公司从事放贷业务，但却没有金融机构的法律地位，这给它的运营带来困扰。例如，无法享受金融机构的税收政策；发生法律纠纷涉诉时无法适用《刑法》有关"金融诈骗罪"（包括贷款诈骗罪等）条款；等等。这个问题已经在地方得到解决，2016 年 7 月 1 日，《山东省地方金融条例》正式施行，该条例第 2 条第 2 款规定："本条例所称地方金融组织，是指依法设立，从事相关地方金融活动的小额贷款公司……"作为地方性法律，其效力略高于部门规章，因此，小贷公司作为地方性金融机构的法律地位在山东省得到了明确。

对于 NDTL 的监管，一般依据法律、法规设立不同于银行监管的专门机构进行监管，例如，南非的监管机构"国家信贷监管者"根据《国家信贷法》成立，对全国的消费信贷活动进行监管。在美国，主要有《贷款真实性法》（*Truth in Lending Act*）、《平等信贷机会法》（*Equal Credit Opportunity Act*）、《公平信用报告法》（*Fair Credit Reporting Act*）等，在联邦层面对 NDTL 的利率、放贷对象、贷款用途等做出规范性要求。大部分州有专门机构或部门负责发放牌照和监管放贷机构。在市场准入方面，NDTL 不会对银行体系和社会稳定造成影响，一般来说各国或地区对牌照的审批比较宽松，放贷机构的形式多种多样。美国的放贷机构市场准入不存在联邦管制，仅在州的层面上进行监管。许可过程非常简便，监管者在审查放贷牌照申请时比获取银行牌照要短得多、简单得多。在中国香港，按照《放债人条例》规定，任何人经营放债业务必须领取放债人牌照，牌照管理由政府公司注册处负责。因为放债属于特殊行业，所以注册处会将申请转到警务处（警察局）查背景，警方对牌照发放起决定性作用。无牌经营放债业务，将被罚款甚至监禁，由无牌放债人贷出的款项不受法律保护。

（二）资金来源和杠杆率

在国际上 NDTL 的杠杆率甚至可以放大到十倍，主要的资金来源是资本市场，具体是债券市场，一般为商业票据（Commercial Paper）和中期票据（Medium Term Notes），资金的提供者包括保险公司、养老金、基金会等机构，它们出于资金配置的需要会购买 NDTL 的债券，因为 NDTL 是专业放贷，它的管理能力、风控能力以及贷款的分散性质支持它的债券收益率高于政府债券，能达到 5%—6%，而政府债券收益率只有 3% 左右。中国香港放债机构的资金来源渠道包括自有资金、上市、发债、银团贷款等。南非的非存款类放贷机构主要以自有资金进行放贷活动，不得吸收公众存款，但是如果主要针对中小企业、妇女等弱势群体提供信贷服务，可以从金融机构和开发性金融机构顺利获得批发资金。

23 号文件规定小贷公司的资金来源途径只有三个，杠杆率 0.5 倍。各地为鼓励小贷公司良性发展，尝试放宽资金来源渠道和杠杆率，例如，重庆允许小贷公司的融资额度达到资本净额的 2.3 倍；宁夏、深圳可达到 2 倍；浙江、广东等省允许放大 1 倍杠杆。小贷公司也努力探索发行中小企业集合票据、海外上市、新三板挂牌、资产证券化等渠道扩大资本金来源。最早赴海外上市的是苏州吴江市鲈乡农村小额贷款股份有限公司，2013 年 6 月，鲈乡小贷向美国证券交易委员会递交了招股说明书，计划发行 270 万股，融资 1800 万美元。8 月 13 日，鲈乡小贷在纳斯达克上市，最终 IPO 定价为每股 6.5 美元，发行 137 万股普通股，募资 890.5 万美元。成为国内第一家在美国上市的小贷公司。2013年东方证券资产管理公司与阿里小贷合作推出"阿里巴巴 1—10 号专项资产管理计划"，以阿里巴巴小额贷款公司发放贷款形成的债权为基础资产发行证券化产品；小贷行业人士将阿里小贷的先行先试看作是"业内的曙光"。2013 年 7 月 19 日，温州市瑞安华峰小额贷款公司成功发行了全国第一单小额贷款公司私募债，即小贷债。2014 年 8 月，苏州高新区鑫庄农村小额贷款公司在新三板挂牌，成为首家在全国性场外交易市场挂牌的小贷公司，随后，在 2015 年陆续有 40 多家小贷公司挂牌，直到 2016 年 5 月全国中小企业股份转让系统有限公司发布通知，停止了受理小贷公司等具有金融属性企业的挂牌申请。

小贷公司从这些渠道募集来的资金成本并不低，基本上都达到8%—9% 的年化利率。即使是这样高成本的资金，大多数小贷公司也难以获得。

（三）贷款利率

小额贷款的借款人一般没有规范的财务报表，收入波动性较大，因此放贷机构的管理成本高、贷款风险比较大，必须以较高的贷款利率来覆盖成本和风险。有的国家或地区规定利率上限或者豁免一定额度的贷款利率。例如，中国香港《放债人条例》规定：任何人经注册都可以从事放债业务，利率、金额、借款时间和偿还方式由借放款双方自行约定，但利率不得超过规定的年息上限 6 厘以上。南非《高利贷豁免法》规定，机构或个人只要是发放 5000 美元以下的贷款，不管其利率高低，只要到管理机构登记就算合法。在国际上有的国家限制最高贷款利率，有些则不做限制，世界银行对是否限制贷款最高利率的国家进行了研究，发现设定利率上限导致两个结果：一是微型信贷的市场占有率下降，贷款的可得性降低；二是放贷机构为了生存，不得不增加隐性收费，致使贷款成本的透明性更加糟糕，更不利于保护借款人。这是政策设计者未曾预料的结果。

小额贷款的借款人在乎贷款的可得性，因为他的需求呈现"短、少、频、急"的特点，获得资金可以使他的边际收益提高，从而能够承担较高的借款利息负担。据宁夏惠民小贷公司测算，其平均每户1000元的贷款，年化利率约14%，可以给农户带来388.46元的净收益。无论从理论上还是实践上，小额贷款给借款人带来增量的收益，是放贷机构存续的正面意义所在。

23号文件规定小贷公司贷款利率不得超过司法部门规定的上限。小贷公司长期背负着"高利贷"的坏名声，其原因在于借"小贷"之名行"大贷"之实。在经济增速较快的时期，小贷公司发放的单笔金额较大的贷款还可以收回，一旦经济不景气风险就暴露出来了，一笔几百万元的贷款无法偿还公司就会蒙受巨大损失，有不少小贷公司近期忙于"收贷"，以免关门歇业，这是背离"小贷"初衷的结果。

小贷公司放贷的利率水平受到市场供给的制约。多年来，银监会出台了许多与小微企业金融服务相关的政策措施，推进对小微企业金融服务的差异化监管政策。在县域、农村的中、小、微企业，农民专业合作社、农户等，都可以得到农商行、农信社、村镇银行的服务，小贷公司有着天然的劣势，怎么跟商业银行竞争？2018年春天笔者曾经调研过一家位于贵阳市郊区的农产品加工企业，这家企业既有村镇银行、农信社的贷款，也有小贷公司的贷款。从小贷公司贷款是为了满足季节性收购农产品加工原料的急迫需求，如果申请银行贷款，走完流程就会错过时机。小贷公司紧贴着客户，及时服务，提供了200万元贷款，期限2个月，年化利率18%。可见，小贷公司在服务与银行重叠、企业规模较大的客户时，其贷款利率水平因市场竞争的原因被迫下降到年化20%以内。

（四）规模经营

23号文件限定小贷公司只能在单个县或市开展业务，这样的政策使小贷公司无法规模化经营，限制了它的发展，导致小贷公司在面临着贷款区域集中的协同性风险的同时，抵御风险的能力却很弱。因为规模化经营才能降低综合经营成本，提高机构整体抗风险能力，才能运用IT系统提高效率，从而降低贷款的利率水平和信贷风险发生概率。虽然受到政策限制，有些小贷公司还是通过设"服务窗口"等形式突破了县域范围，将生意做到全省甚至全国。从国际上来看，印度、柬埔寨、菲律宾等国的放贷机构都可以在全国范围内展业，并且其中的佼佼者在贷客户规模超过 100 万名。最著名的印度尼西亚人民银行 BRI 的贷款客户在 2013 年年底时达到了 3500 多万名。和这些机构相比，中国小贷公司的客户数量少得可怜。拥有独特资源、运营成绩最为优秀的中和农信公司目前有 30 多万客户，从全国来看是最多的。其他小贷公司中做得最好的能有上万名客户，甚至几万名；一般的公司只有几百名客户。衡量小额信贷社会绩效的指标之一是其服务所覆盖的广度，虽然不能将小贷公司与国际上优秀的小额信贷机构简单比较，但是，小贷公司因经营范围受限导致的客户数量少是不可回避的问题。

四 南充美兴小贷公司体现出小额贷款公司价值所在

南充美兴小贷公司 2007 年开业，注册资金 3 亿元，截至 2017 年年底，在四川省内开设了七家分公司，累计发放贷款金额达到 59.85 亿元，贷款余额为 8.29 亿元，在贷客户 18528 户，平均单笔贷款余额 4.82 万元，90% 以上为信用贷款，贷款规模保持逐年上涨趋势。年化贷款利率约 22%，风险贷款比率（PAR > 30%）0.35%（2017 年），2012 年年底投资回报率（ROE）即达到 10% 以上。

（一）股东的共识与管理层的坚持

南充美兴公司的大股东是法国美兴集团，其他股东有世界银行集团国际金融公司、德国复兴信贷银行和环球发展基金公司，是一家外资小贷公司。这些股东的理念是开拓中国的小额信贷事业，减少贫困。不仅仅是做生意赚钱，更关注公司的社会绩效和长远发展。公司设立之初计划前三年属于亏损阶段，股东对公司发放贷款额度有限制，目前单笔贷款金额 30 万元以上的只占全部贷款余额的 13%，其他都是 5 万—10 万元的小额贷款。

南充美兴的管理层不仅认同股东的理念，并且落实在公司管理中形成了优良的企业文化，他们挑选员工的标准是能吃苦、学习能力强、诚实守信，目前有员工 366 名，其中客户经理 226 名，占比 63%，公司的理念是：主管服务员工、后台服务前台、员工服务客户。

（二）小贷公司的价值

股东的投资获得回报，资本增值；客户获得生存和发展所需的金融资源；团队得到成长的机会。美兴小贷的客户均为农户、个体户和微小企业，这些客户绝大部分是客户经理们在市场上"抛头颅、洒热血"找来的（这是笔者2018年5月在南充美兴调研时客户经理说的，非常形象地描述了展业的不易！）。美兴小贷的产品设计紧贴客户需求，不断创新服务，使勤劳的人、有信用的人获得发展的资源。美兴小贷非常重视员工培训，专门成立了"微型金融学院"负责入职、在岗培训，讲师由一线客户经理、资深管理人员担任。客户经理分为初级、中级、高级、资深、专家五个级别，管理80名客户的是初级经理，达到300名客户数量以上的是专家级的客户经理，每个级别的激励机制都精心设计，员工通过自己的勤奋工作能够得到职业发展。美兴小贷的好名声引得银行来挖人，但是，银行即使出高薪也难如愿，因为员工认同美兴的企业文化和价值观，在这里工作能够真正得到重视和成长。这和那些员工在社会上遭受歧视的小贷公司真是云泥之别。

美兴小贷的经营彰显了小贷公司的价值，为股东的投资赢得回报、为客户的发展提供支持、为员工创造职业发展的机会。它还创造了正面的社会效益，勤劳和诚信能够获得更多资源、更大的机遇。这就是小贷公司的政策设计者希望成就的模式。

每年来到美兴小贷参观学习的全国各地同行很多，美兴模式的培训和学习持续了多年，为什么全国八千多家小贷公司中能与美兴小贷比肩的连百分之一都不到呢？笔者认为，美兴小贷成功的原因首先在于股东，投资者做事业而非赚快钱的理念一致，奠定了公司长远发展的战略之路；其次是管理团队，多年来坚持"小额、信用、分散"的经营理念，不忘初心，以企业家精神执着耕耘小额信贷市场；最后是管理的因素，包括制度建设、微贷技术、风控，等等。我们期待其他的小贷公司不光关注美兴小贷的技术层面，更多思考它深层次的理念，创办小贷公司的成就感来自客户、员工、社会的认可和美誉，改变人们生活所创造的价值远远超过金钱的回报。

五　小贷公司的未来

　　小贷公司发展到互联网时代，面临着新的挑战。根据中国互联网信息中心统计，2017 年中国的网民达 7.31 亿，其中移动用户为 95%，农村地区使用电脑和智能手机的增速超过了城市。存、贷、汇等基本的金融业务都可以在手机上办理，有些小贷公司正在追赶时代的步伐，开发了手机 APP，拓展线上获客、展业的新途径。传统的大型批发市场、小商品市场正在发生变化，有些转移到网上，有些关闭或者转型，这样的传统小贷公司的"战场"消失逼迫着放贷人转型。与此同时，互联网小贷公司发展迅速，它们的股东一般有着互联网的"基因"，可以线上获客，运用互联网平台积累的客户经营、消费、交易等大数据，拓展放贷业务。贷款的申请、审核、批准、发放、回收等全流程业务都在线上完成，效率大为提升。业务范围不再局限于县域，而是通过互联网平台在全国从事业务经营。

　　小贷公司的未来发展依赖于法律、政策的支持，对于小贷公司应该分类监管，那些从 NGO 组织转型、具有公益性质、在农村发放小额度（通常单笔贷款 5 万—10 万元）信用贷款的机构，如中和农信公司、东方惠民小贷公司等，应与普通的小贷公司区别开来，这类机构既追求商业可持续，又兼顾社会效益，需要用服务的覆盖面、深度进行评价。对于这类机构应有专门的法规或评价指标体系，特殊的政策支持。对于互联网小贷公司，需建立全国统一的监管规则，统一监管标准，防止监管套利。传统的线下小贷公司是商业化机构，按照非存款类放贷组织的法律规则市场化经营，不宜要求其承担扶贫等公益性责任。

　　小贷公司的出现填补了信贷市场的空白，它们已经在扶持小微企业、创造就业岗位、增加税收等方面做出了一定的贡献，显示出这一类机构是中国普惠金融体系中不可或缺的组成部分。虽然这类机构处在初级发展阶段，难免会有概念混淆、鸠占鹊巢的情形和困惑，但是随着实践的发展、监管不断创新、规则的逐步完善，各种类型的放贷机构都能够可持续地发展。

参考文献

1. 《贷款真实性法》制定于 1968 年 5 月 19 日、《平等信贷机会法》制定于 1974 年 10 月 28 日、《公平信用报告法》制定于 1970 年 10 月 26 日。这些法律都编在《美国法典》第 15 章中（Title 15 of the United State Code）。

2. 林毅夫：《培育农村金融本土力量》，《经济研究信息》2008 年第 8 期。

3. "利率上限与小额信贷"世界银行扶贫协商小组（CGAP）2004 年 9 月特刊第 9 期。

4. 南非国家信贷监管者网站，"Credit Law Review"，https//www. ncr. org. za/register of registrants/。

5. 吴晓灵：《论小额贷款公司的定位与发展》，《中国小额信贷》2012 年第 8 期（联席会内部刊物）。

6. 小栗诚治：《日本金融体系的现状分析》，方爱乡译，《财经问题研究》2003 年第 11 期。

7. 孙章伟：《日本贷金公司的发展现状、问题应对及启示》，《日本学刊》2010 年第 6 期。

8. 中国香港特别行政区公司注册处网站，http：//www. cr. gov. hk/。

9. 中国小贷公司协会编著：《宁夏东方惠民小额贷款股份有限公司——类孟加拉乡村银行模式》，《中国优秀小贷公司商业模式》，中国财政经济出版社 2017 年版。

10. 中国小贷公司协会编著：《南充美兴小额贷款有限责任公司——国际领先小贷模式中国践行者》，《中国优秀小贷公司商业模式》，中国财政经济出版社 2017 年版。

国际小贷公司在中国本土化
过程中的问题与启示

杨延文[*]

摘　要：本文以一家大型国际商业机构在中国创建小贷公司为案例，分析了该国际小贷公司在中国实施商业化普惠金融过程中遇到的一些问题，通过分析国际小额贷款商业化发展模式的基本原理、管理与运营、财务模型与在中国的本土化实践中遇到的具体情况，展示并总结其发展中存在的问题和启示。研究发现外资机构在中国创建大规模商业化小贷公司为中国小贷行业发展提供了可资借鉴的技术，培养了一批专业小贷人才，同时，对中国实际情况不熟悉，国内相关政策不配套，相关人力资源不足，金融基础设施不完善等问题是影响其发展的桎梏。

关键词：国际普惠金融　小贷公司　本土化

一　引言

2008 年，一家大型国际商业机构[①]凭借在东南亚成功运营商业化小贷的经验来到中国西南成立小贷公司总部。此时的中国正处于小贷公司

---

　　* 杨延文，泸州市商业银行首席顾问，曾任富登小额贷款公司中国区首席企划官，富登小额贷款（四川）有限公司首任总经理。
　　① 为了方便分析该机构在中国本土化过程中的经验和教训，故隐去该公司名称。

的兴起初期，基于在中国能成功运用小贷公司商业化运营的经验并为中国小贷行业树立起一个标杆的初衷，该国际机构开始在中国进行大规模商业化运作小贷的普惠金融历程。

该国际机构自 2008 年扎根中国以来，以其成熟的国际微贷技术和在多个亚洲国家普遍适用的信贷工厂小贷模式，在中国经历本土化后，已服务了众多的小微企业及个体工商业主。如今已在四川、湖北、重庆、云南四省设立了 33 家分公司，放贷规模达 100 多亿元，惠及小微贷款客户 2 万多户，在中国的小贷行业获得了良好的声誉，十年来每年位居中国小微金融机构百强之列。

然而，该国际机构在准备商业化运营小额贷款的初期，在本土化的过程中却遇到了诸多的困难和挑战，今天就以下问题进行探讨，有助于加深对小微贷行业的理解及认识，从中获得一些有价值的启示。

本文国际小贷公司本土化是指国外的小贷公司运营方式为适应中国的国情，能在中国可持续发展小额贷款而实施的当地化策略。

二 国际小贷的商业化模式在中国落地的挑战

（一）如何在中国落地

该国际机构 2018 年刚进入中国做小贷商业化运营的战略规划时，首要的问题是国外小额贷款的商业化模式如何在中国落地？

1. 小贷商业模式的确定

该国际机构认为，普惠金融及小额贷款金融机构需要具有一定规模，要建立强大的 IT 信息系统及高水平的风险管理技术，从而实现合理财务回报，以进一步吸引人才投入或引入专业的微型金融机构到这个行业，包括专业的经营团队、专业的管理方式，并希望可以跨过"关系"达成"普惠"地方发展的目的，从而确定了由强大总部支持众多网点运营的商业模式。

2. 肯德基模式

在商业模式上进一步确立了以社区为核心的小贷服务网点模式，在每个网点进行标准化的管理。在 2009—2019 年的十年小贷商业计划里，拟在中国建立超过 1000 家小贷分公司网点，整个财务模型也是按超过 1000 家的网点来设计建立的，在这种战略计划的安排下，首先是强投入资金以建立一个强大的总部，一个强大的小贷 IT 系统，及能够支撑至少 1000 家网点的运营系统。当时业界把这个小贷商业模式称为"肯德基"式的小贷商业模式。

3. 小贷商业模式的落地

按照这个商业模式，该机构于 2009 年雄心勃勃地以强投入方式开始总部的建立工作：从 2008 年开始在全世界的范围内用重金聘请在小贷领域内的全球顶级专家人才，他们分别来自印度、印度尼西亚、新加坡、中国香港、中国台湾，组成了一个小额贷款的"梦之队"，拟建立一个可以支撑上千家小贷业务网点的总部平台，同时以数千万的投入，引进印度的著名 IT 公司打造强大的小贷 IT 系统。

4. 出现问题

就在轰轰烈烈准备大规模商业化运营的时候，该机构面临一个巨大的问题：在中国每开一家小贷公司的分支网点，必须申请一张运营小贷的营业执照，而且在跨省开立分公司的时候，每个省的相关部门要求外资机构必须单独成立法人机构，对于一家外资机构来说难度极高，远远没有想象得那么简单。接下来在长达两年的时间都耗在了与有关部门的不断沟通协调上，开网点的进度由此远远落后于商业计划，开设一千家网点的计划也渺无希望。由于网点不能按计划的速度开业，前期投入巨大的资本金已用完，庞大的总部建设和运营成本得不到合理分摊，单网点运营成本居高不下，总体效益不佳（最多时，年度亏损超过一个亿）。

在收益远远落后于计划的情况下，投资者和经营者信心受到很大打击。这时不得不做一个艰难的决定：把一些单户的放贷金额加大，以达到财务汇报的要求。在这个阶段已经不得不开始离开小额分散的初衷，原有的商业模式也开始变成按微笑曲线经营这家外资小贷公司了，也就是 80% 的金额贷给 20% 的客户，20% 的客户占有 80% 的贷款余额，以此来保证可持续的商业化发展。

（二）以融资高杠杆财务模型为基础的商业模式本土化的难题

该机构认为：通过适当杠杆率放大股东回报率，才能持续性发展，改变普惠微型金融格局。实际上该公司 2010 年这个核心问题越来越严重，即小贷公司的融资比例问题。按中国的有关规定，小贷公司的对外融资比例不能超过资本金的 1.5 倍。这与国际小贷公司的财务模型是大相径庭的，该机构在其他国家都是 5—10 倍的融资，甚至更高比例的融资。没有足够的融资比例就不可能达到股东的资本回报要求，由于融资比例的限制，没有融资的杠杆造成资本回报率低下，未来的成长性受到限制。收益预期远远低于世界上的其他地区，于是要说服股东按时间计划追加资本十分困难。

三　本土化过程中小贷风险控制技术的挑战

该国际机构以创立信贷工厂模式而闻名于世，信贷工厂模式在其他国家或地区较容易实施，刚开始来到中国时却举步维艰。

（一）信贷工厂模式的特点

信贷工厂模式特点是小贷机构像工厂以标准化流程制造产品一样对小额贷款进行批量处理，对小额贷款的设计、申报、审批、发放、风控等业务按照"流水线"作业方式进行批量操作。在信贷工厂模式下，从客户的信息采集，资料的录入到信贷审批发放都要做到标准化；在贷款过程中，客户经理（RO）、审批人员（CO）和贷后人员（CLO）专业化分工；采用风险标准的调查方法，从不同角度对借款人进行交叉印证。

（二）信贷工厂风控模式本土化的难点

该国际机构采用上述信贷工厂风险控制模式在中国本土化的过程中遇到了以下难点：

1. 准确采集客户信息难

因为信贷工厂的风险控制模式需要标准化的作业，而在中国要准确采集小贷客户的相关信息是非常困难的，中国小贷客户的信息大多数都来自于客户的口述和客户经理的市井观察。

2. 小贷客户的家庭现金准确测算难

中国小贷客户的家庭开支缺乏规律性，受不确定因素影响极大，常常打一次麻将家庭的现金流就发生变化了。

3. 客户居住稳定性难

家庭迁移与流动人口是小微企业主和小微经营者的主力，该公司的申请客户72%都不是本地居民，由于中国最近几十年社会变革的影响，人口的迁移已经成为常态，在当地小微企业大多是外来人口经营的。

4. 社会信用环境难

中国的信用环境与国外相比有非常大的差异，难以用国外的风险技术解决中国各地区信用环境差异化的难点。由于要开展多个地区，多个省的小贷业务，按标准化的操作也遇到地区差异的问题。从初期采集到的数据可以看到，即便在同一个地区，不同的村庄，有时同一个村庄仅仅隔一条河流，都呈现完全不同的还款现象。

5. 与海外总部沟通难

信贷工厂模式本土化时需要根据中国的实际情况随时进行调整，由于该公司属于一个国际化的大机构，所以每一次涉及风险的调整都要通过远在海外的总部，而海外总部的风险控制最高决策者对中国的实际情况并不了解，与之沟通起来相当的困难，比如海外总部规定做酒类行业的客户不能发放贷款，而在四川这类客户是较为优质的客户。即便在海外的总部了解到中国的实际情况后也难以及时做出风险政策的相应变动，因为要做风险政策（CP）方面的变动非常困难，这类变动会同步影响到该国际机构在全世界的小贷业务。

四 建立大规模专业小贷团队的挑战

小贷公司行业从业人员的人文素质差异等也对国际小贷公司在中国的本土化产生不小的挑战。根据该机构的规定，公司员工首先要专注于基层的客户，坚持提供普惠金融给小微企业主和个体工商户，需要有强有力的执行力，能够严格按公司制定的SOP不折不扣地执行公司制定的操作规程。

如上所述，由于该公司需要按信贷工厂模式标准化地运作，公司所有的假设条件都是建立在客户经理非常讲诚信的基础上。该公司需要的都是高道德标准的员工，在最底层的小贷客户经理层面也要求其有很高的道德标准，有诚信的文化素养，工作勤奋努力，而且还有丰富的社会经验，要达到以上的标准，目前在国内是相当困难的。

比如，为了防止道德风险，该公司制定了被视为高压线的《十条禁令》，只要触犯了十条高压线中的一条，就会受到公司最严厉的处罚——开除。尽管多次的宣讲和警示，仍然有不少的员工因为违反禁令而受到公司的开除处分，甚至在一个分公司客户经理集体违反公司的命令，而被公司集体开除，这对公司业务的发展产生了很不好的影响，对公司将来的发展也带来了极大的挑战。在本土化的过程中，该公司员工的流失率也一度超过警戒线。

五 运营中金融基础设施不配套的问题

该外资小贷公司在本土化的过程中，其运营也遇到了金融基础设施严重不配套的问题。一是代扣代缴问题：由于小贷客户分散在郊外，客户需要身边的银行进行代扣代缴，而不会有众多的银行同时愿意给小贷公司进行代扣代缴业务。二是征信问题：虽然该公司是全国第一批接入中国人民银行征信系统的小贷公司，但也经过了艰苦的工作才得以实现。三是资金监控问题：小贷公司从资金贷出到资金收回之间，客户的资金走向对于小贷公司来说是一片空白，没有任何银行配合进行资金使用情况的监控。四是动产与不动产的登记：每个地区对动产与不动产的登记有不同的规定。例如在成都市里的不同区，对房产抵押登记办理的要求和规定都相差很远，更不用说不同的城市、不同的省了。五是贷款市场环境：由于没有小贷公司的评级系统，尽管该公司一直按世界最高标准创建并运营小贷业务，但国内小贷公司同行不合规的经营给正规的该公司带来的负面影响。

六　启示

一家大型国际商业机构到中国创建小贷公司，不仅给中国带来了小额贷款的先进理念和先进技术，而且在中国的本土化过程中留下了许多的宝贵经验，为国内培养了一批小微贷款的专业人才，对国内的小贷事业起到了探索和引领的作用，对中国普惠金融的商业化运作产生积极的影响，在一定程度上起到了标杆的作用。但是，它至今没有实现初期创建时制定的战略目标，这也给我们带来了启示。

（一）国外小额贷款成功的经验一定要与中国的实际情况相结合

国外小贷机构来到中国经常会产生水土不服的问题，从根本上讲是对中国社会不够了解，小额贷款不同于其他金融业务，更不同于其他行业，它是要与社会底层高度融合的一项社会经济活动，与高层的政策也非常相关。"肯德基"小贷服务模式在中国进行复制是难以实现的。

（二）中国的小贷公司运营中"人"的因素比"模式"的因素更重要

这是一个一直在争论的问题，做小贷业务是人重要还是制度重要，通过这家外资小贷公司本土化的实践发现在中国"人"的因素远比"模式"更为重要。

（三）小贷业务标准化作业与小贷客户的个体差异是相互矛盾的

中国的小贷客户绝大多数是非标准化的，在国内难以形成一个可以在不同的小贷公司通用的小贷标准技术模型；也难有一个理想的，可以供每个小贷公司使用的 IT 系统。每个小贷公司还是要以自己对当地市场的理解程度确定自己的商业模式。不同的小贷公司都能得找到一个适合自己的技术模式。

（四）"大而全"与"小而精"的小贷公司应该并存

国际化的小贷公司为了有国际资本的回报，也为了可以在全世界的多个国家同时做小额贷款业务，就要求上大规模。然而在中国国内，在细分市场的情况下，在某一个领域内也有不少做得不错的"小而精"的小贷公司。

（五）商业化可持续需要长期而艰苦的努力

商业化可持续做好小额贷款是一项艰苦而又长期的工作，必须同时具备以下条件：稳定资本金的支持；专注于有发展的小微客户；专注于有发展的微型客户；有专业团队和科学管理方式；有形成一定盈利的能力；有适合自己的商业化经营模式。

新时期中国小额贷款公司发展的
政策问题及理论思考

摘　要： 立足支农支小、坚持小额分散的定位是中国小额贷款公司的本源，而坚守合法合规是小额贷款公司生存发展的根基。多年来，小额贷款公司在服务小微企业、支持"三农"建设和满足弱势群体金融服务方面，发挥了持续的促进作用，是中国普惠金融版图中的重要组成部分。但是，由于其法律地位不明确，国家层面相关政策不配套且严重滞后等多方面因素的影响，新时期中国小额贷款公司行业发展遇到前所未有的困难和挑战，迫切需要国家及社会各层面予以关注解决。

关键词： 小额贷款公司　政策问题　理论思考

一　引言

如果从 1993 年中国社会科学院农村发展研究所与河北省易县人民政府签订协议，建立扶贫经济合作社，引进孟加拉乡村银行小额信贷模式算起，中国小额信贷事业已走过了 25 年的发展历程。作为这期间中国小额信贷事业发展的重要组成部分，小额贷款公司自 2005 年中国人民银行组织在山西、四川、陕西、贵州和内蒙古 5 个省份开展试点工

---

*　申秀文，经济学硕士，现任内蒙古银行呼和浩特分行行长。从 2004 年到 2014 年，在内蒙古自治区人民政府金融工作办公室从事小额贷款公司监管工作；2015 年到 2018 年年初，在一家国有小贷公司任总经理。

作至今，中国小额贷款公司行业也已走过了 13 年的发展历程。十多年来，中国小额贷款公司行业在国家有关政策的指引下，各地方党委政府的正确领导下，在各级金融办探索推动下，在政府各有关部门的配合关注下，在社会各届的参与支持下，在广大小额贷款公司从业人员及行业协会的共同努力下得到了蓬勃发展。小额贷款公司已成为中国落实普惠金融、支持地方经济发展的一支重要新生力量。然而，近年来由于政策主导的严重滞后等多方面因素的影响，中国小额贷款公司行业发展遇到前所未有的困难和挑战。笔者作为小额贷款公司行业发展的推动者、小额贷款公司试点工作的参与者和小额贷款公司的实践者对中国小额贷款公司行业发展有许多切实感受，特别是小额贷款公司行业发展中的政策问题及新时期中国小额贷款公司的一系列发展问题也有诸多切实体会和理论思考。

二 中国小额贷款公司行业的发展历程及历史作用

众所周知，中国小额贷款公司试点工作始于 2005 年。在中国，小额贷款公司作为直接服务于小微企业、个体工商户、农牧户等实体经济的非公众性金融机构，其十多年的发展历程可用"方兴未艾""逐鹿中原""大浪淘沙"三个阶段来形容。

第一阶段，2005 年至 2007 年为试点工作启动的"方兴未艾"阶段。2005 年，央行在山西、四川、陕西、贵州和内蒙古 5 个省份开展民间商业性小额信贷组织试点。同年 12 月，山西省平遥县"日升隆""晋源泰"两家小贷公司成立，标志着中国小额贷款公司试点工作正式启动。其他四省区积极推进试点工作，到 2007 年，全国共成立 7 家小额贷款公司。

第二阶段，2008 年至 2014 年为普及性发展的"逐鹿中原"阶段。在央行组织开展的试点两年后，中国银行业监督管理委员会、中国人民银行于 2008 年 5 月 4 日联合下发了《关于小额贷款公司试点的指导意见》，对小额贷款公司的性质定位、设立条件、资金来源、资金运用、资金管理等做出了规定，试点得以在全国范围内开展，小额贷款公司进入快速发展阶段。到 2014 年 12 月末，全国小额贷款公司机构总数达

8791 家，贷款余额为 9420 亿元，从业人员已达 109948 人。

第三阶段，2015 年至今为发展徘徊寻求突破的"大浪淘沙"阶段。经过多年的快速发展，2015 年以来，小贷公司面临着经济下行压力增大、互联网金融平台崛起、市场竞争加剧、坏账攀升、优质客户难寻等一系列发展"瓶颈"。在此背景下，部分小贷公司因经营难以为继，陆续退出市场，而现存的公司也面临着转型与生存难题。2015 年，全年全国净增小贷公司 119 家，而贷款余额较 2014 年减少 8.87 亿元。2016 年，小贷公司各项指标继续下滑，机构数比 2015 年减少 237 家、贷款余额比 2015 年减少 131 亿元。相比于 2016 年，2017 年中国小贷公司的机构数量仍在减少，但贷款余额增加了 504 亿元，总规模已逼近万亿元。

截至 2017 年年末，中国小贷公司已发展到 8551 家，从业人员 103988 人，贷款余额 9799.49 亿元。在全国 2800 多个县（市）中，中东部地区小贷公司覆盖面已达 100%，西部等偏远地区除西藏外，覆盖率也达 90% 以上。小贷公司的快速发展，成为中国普惠金融版图中的重要组成部分，不仅完善了中国多元化、多层次的小微金融服务体系，也有力地支持了实体经济发展。特别是，小贷公司在支持"三农"、小微企业和满足弱势群体金融服务可得性等方面，发挥了重要的、不可替代的作用。

三 国家相关政策推进和地方政府探索努力

试点工作开展以来，广大小额贷款公司坚持"小额、分散"的原则，植根"小微、个体、'三农'"融资难等问题，凭借其机制灵活、服务高效、办事快捷的优势和扁平化组织架构体系特色，已经成为支持地方经济发展的一支不可或缺的重要力量。但是，中国小额贷款公司从诞生那天起就伴随着国家有关部门相关政策的出台、推进、期盼、再推进、再期盼。从中国小额贷款公司行业发展的实践来看，如果没有国家层面的适时政策调整，没有相应政策法规保护和认可，小额贷款公司生存发展就会失去根基。

（一）国家层面的政策推进和突破

2008 年 5 月，银监会和央行联合发布了《关于小额贷款公司试点的指导意见》（银监发〔2008〕23 号）（以下简称"23 号文件"），试点迈出重要一步，拉开了小额贷款公司飞速发展的序幕，从某种意义上说，没有 23 号文件的出台就没有小额贷款公司的今天。

但由于 23 号文件法律位阶较低，而行业期待的小额贷款公司管理办法或条例迟迟未能出台，这使承担监管职责的地方政府处于两难境地。由于小额贷款公司长期处于尴尬的"实实在在从事金融业务"的一般工商企业地位，导致小贷公司无法享受国家出台的对金融机构的支持政策，严重影响了小额贷款公司健康可持续发展。

在社会各界的关注下，特别是在中国人民银行原副行长吴晓灵等金融界高层人士的积极推动下，2015 年 8 月 12 日，国务院法制办推出《非存款类放贷组织条例（征求意见稿）》，面向社会征集意见，在社会上引起较大反响，业内对此充满期待。2018 年中央一号文件明确提出，要推动出台《非存款类放贷组织条例》。

此外，国家在征求《非存款类放贷组织条例》意见的过程中，也陆续出台了一些相关支持政策。2017 年，《关于小额贷款公司有关税收政策的通知》与《关于促进扶贫小额信贷健康发展的通知》相继发布，为促进小贷公司发展提供了政策依据。

（二）地方政府试点工作的探索努力

为使本地区小额贷款公司试点工作沿着健康、可持续的方向发展，十多年来，众多省市自治区政府金融办及相关部门不等不靠，积极顺应国内外形势发展变化的需要，立足本地区经济发展的实际，牢固树立管理与服务并重的思想，积极探索建立适合小额贷款公司特点的监管工作体系，在监管体系建设、优惠政策扶持、强化指导服务、拓宽投融资渠道等多项工作中取得了较好的成效。

如内蒙古自治区先后制定出台了《内蒙古自治区小额贷款公司试点管理暂行办法》《内蒙古自治区小额贷款公司年度考核评价办法》《内蒙古自治区小额贷款公司董事、监事、高级管理人员任职资格管理

暂行办法》《内蒙古自治区小额贷款公司从业人员资格管理暂行办法》
等一系列政策，形成对小贷公司的全方位、立体化监管体系；辽宁省出
台了《辽宁省小额贷款公司评级暂行办法》，对小额贷款公司实施分类
监管；山东省政府下发了《关于鼓励和支持小额贷款公司发展有关事
宜的通知》，为小贷公司"松绑"；上海市制定了《关于进一步促进本
市小额贷款公司发展的若干意见》，允许小贷公司通过发行债务融资工
具、上市挂牌、信贷资产转让、行业内部拆借融入资金；广州市出台了
《广州小额再贷款公司业务试行办法》，成立了全国首家小额再贷款公
司——广州立根小额再贷款公司；深圳市政府下发《关于深圳市小额
贷款有限公司开展融资创新业务试点的通知》，同时还下发了《关于同
意前海股权交易中心和前海金融资产交易所开展小额贷款资产证券化创
新业务的函》，在前海股权交易中心、金融资产交易所开展小额贷款同
业拆借、短期融资凭证和收益权凭证等资产证券化创新业务试点；
等等。

（三）政策推进中的行业发展期待

法治保障是小额贷款公司行业发展的期盼和希望，应当尽快出台
《非存款类放贷组织条例》，使小额贷款公司行业得到法治保障、享受
改革红利。

第一，《非存款类放贷组织条例》的适用对象，既应包括持有国家
金融监管部门颁发牌照的各类金融公司、贷款公司、农村资金互助社
等，也应包括持有地方金融管理部门颁发牌照的小额贷款公司、农民资
金互助组织、网络信贷平台等。

第二，赋予非存款类放贷组织明确的法律地位，统一规范其称谓，
并明确非存款类放贷组织具有贷款特许经营权，未获准入的其他各类企
业和经济组织，不得发放贷款。

第三，《非存款类放贷组织条例》应明确非存款类放贷组织的内部
治理结构和治理规则，应要求其建立风险评估制度、业务授权制度、流
程控制制度、资产损失拨备制度、信息披露制度，并结合非存款类放贷
组织业务特点对各项制度基本内容、工作标准提出具体要求，为非存款
类放贷组织规范有序经营提供基准指标。同时，应明确规定非存款类放

贷组织从事经营过程中的禁止性条款，如严禁吸收或变相吸收公众存款等。

第四，应确定省级政府为该类非存款类放贷组织的法定监督管理者，负责非存款类放贷组织的市场准入与退出和日常监管，承担风险处置责任。

四 新时期推进小额贷款公司发展的理论思考

小额贷款公司是顺应经济发展需要的产物，对解决长期以来困扰我们的小微企业、"三农"融资难具有重要的作用。因此，一方面，应当加强对小额贷款公司的监管，使其规范运营。同时，应继续加大扶持力度，为小额贷款公司创造良好的外部环境，促使其实现可持续发展，从而继续为小微企业、"三农"提供更多更好的金融服务。为此，笔者结合自身作为小额贷款公司行业发展的推动者、参与者和实践者的诸多切实体会，就新时期推进小额贷款公司发展问题提出一些理论思考。

（一）需要加大对小额贷款公司的财政税收扶持力度

只有在向社会提供的金融服务所获得的收入可以覆盖其经营成本和资金成本的前提下，小额贷款公司才能实现其独立生存并不断发展的目标，才能使广大低收入群体、微型企业持续平等地享受金融服务，分享国家经济发展成果成为可能。为此，建议给予小额贷款公司享受等同于金融机构的税收优惠和有关中小企业贷款、农业贷款的风险补偿和奖励政策，并将服务"三农"的小额贷款公司纳入新型农村金融机构定向费用补贴范畴。

（二）需要扩大小额贷款公司资金来源渠道

在坚持"不吸收公众存款"原则的基础上，应进一步扩大小额贷款公司资金来源渠道。一是支持小额贷款公司依法合规从银行业金融机构融资；二是允许小额贷款公司通过发行银行间市场非金融企业债务融资工具、私募债券、资产权益转让、资产证券化等方式筹集资金；三是支持小额贷款公司与投资基金、信托公司、保险公司、资产管理公司等机构合作，通过多种方式为小额贷款公司提供债权性或股权性融资；四是鼓励合规经营、风险管控严密的小额贷款公司开展股东定向借款、同业资金调剂试点。

（三）需要支持小额贷款公司创新发展

一是支持小额贷款公司以服务县域经济和非公经济为重点，扩大服务"三农三牧"和小微企业的覆盖面。通过与建材、服装、小商品、农副产品及民族特色商品专业市场开展合作，努力挖掘潜在客户群体，针对"商圈""产业链""园区"客户，建立符合自身特点的经营模式。二是支持有意愿的小额贷款公司开展不良资产处置工作。允许小额贷款公司对不良贷款实施债转股。探索开展小额贷款公司不良贷款打包转让试点，支持有实力的大股东回购不良资产。支持小额贷款公司不良贷款通过金融资产交易平台挂牌转让，提高运用市场手段化解不良贷款的能力。三是鼓励小额贷款公司应用移动互联网、云计算等新技术、新工具，实现信贷业务的网络化、智能化，提升管理的规范性、决策的科学性和经营的高效性，为社会提供小额、快捷、便民的信贷服务。四是支持保险公司与小额贷款公司开展业务合作，积极提供贷款抵押物财产保险、借款人人身意外伤害保险、信用贷款保证保险等保险产品，为小额贷款公司安全放贷提供保险保障。

（四）需要进一步加强小额贷款公司行业监管

一是强化现场与非现场相结合的监管措施，提高监管效率。各地区要进一步落实监管责任，充分发挥县（市、区）一线监管作用，不断提高监管能力。建立健全小额贷款公司评级管理制度，根据评级情况和日常监管情况实施分类监管，严肃查处非法集资等违法违规行为。二是健全退出机制，对审计、考核和日常监管中发现小额贷款公司存在非法集资、违规融资、违规放贷等重大违法违规行为，或者拒不接受监管、出现严重影响金融秩序、损害社会公众利益行为时，有关职能部门应严肃查处，依法实施停业整顿、关闭清算等措施，或者由实力强、经营规范的优秀小额贷款公司收购兼并，确保风险可控。

（五）需要充分发挥行业协会的作用

一是加强行业自律。充分发挥行业自律机制在规范小额贷款公司市场行为和保护行业合法权益等方面的积极作用，推动小额贷款公司的业务交流与信息共享，建立行业自律公约，强化守法、诚信、自律意识，树立小额贷款公司服务经济社会发展的正面形象，营造诚信规范发展的良好氛围。二是强化行业服务。要组织引进和推广先进小额信贷理念和技术，提升小额贷款公司经营理念和技能。应用信息化网络技术，搭建存量资产盘活中心和法律咨询援助中心，健全行业维权机制，建立纠纷调解窗口，为小额贷款公司创建宣传、服务、交流、协调的平台。

（六）需要尽快出台关于小额贷款公司监管的法律法规

小额贷款公司试点从 2005 年开始，一试就是 13 年，国家至今没有出台相应的法律法规，这已成为小贷公司行业发展的最大制约因素。地方政府监管一直处于无法可依的尴尬状态，与中国全面依法行政的要求格格不入。因此，必须加快立法进度，出台相应法律法规，刻不容缓。

参考文献

1. 陈彦蓉：《小贷公司三季度统计数据出炉：机构数量持续缩水　行业发展亟待转型》，《金融时报》2016 年 11 月 3 日。
2. 陈彦蓉：《把握机遇　变中觅生　解读 2016 年小贷公司统计数据》，《金融时报》2017 年 2 月 13 日。
3. 重庆市金融局：《重庆小贷监管 5 大重点强化小贷协会作用》，财经网，2018 年 5 月 11 日。
4. 李珮：《2015：小贷公司增速放缓　亟待转型求生》，中国债券信息网，2015 年 12 月 21 日。
5. 李珮：《机构数量锐减经营困境凸显——小额贷款公司 2016 年上半年探索转型之路》，《金融时报》2016 年 8 月 22 日。
6. 杜晓山：《目前公益性小贷机构发展存在三大问题》，财经网，2014 年 4 月 28 日。
7. 焦瑾璞：《微型金融在中国》，《中国金融》2014 年 2 月。

8. 李东荣:《拉美小额信贷监管经验及对中国的启示》,《金融研究》2011 年第 5 期。

9. 《李克强作政府工作报告》(全文),新华网,2018 年 3 月 6 日。

10. 内蒙古金融办小额贷款公司监管处:《小额贷款公司行业在政策突破期待时期的监管体系建设比较研究报告》,《内蒙古小额信贷》(内部刊物)2015 年第 2 期。

11. 内蒙古小额信贷协会秘书处课题组:《小额贷款公司发展较为关注的几个热点问题》,《内蒙古小额信贷》(内部刊物)2013 年第 4 期。

12. 内蒙古小额信贷协会秘书处课题组:《小额贷款公司行业在政策突破期待时期的区域发展比较研究报告》,《内蒙古小额信贷》(内部刊物)2015 年第 1 期。

13. 内蒙古小额信贷协会秘书处课题组:《如何看待现阶段小额贷款公司发展环境的变与不变》,《内蒙古小额信贷》(内部刊物)2015 年第 5 期。

14. 内蒙古小额信贷协会秘书处课题组:《关于小额贷款公司发展问题的思考》,《内蒙古小额信贷》(内部刊物)2014 年第 3 期。

15. 内蒙古小额信贷协会秘书处课题组:《内蒙古自治区小额贷款公司行业政策法规分析报告》,《内蒙古小额信贷》(内部刊物)2016 年第 3 期。

16. 内蒙古小额信贷协会:《小额贷款公司实务操作指南》,内蒙古出版集团、内蒙古教育出版社 2012 年版。

17. 牛娟娟、许婷:《小额贷款公司迎来发展新曙光》,《金融时报》2015 年 8 月。

18. 齐东伟:《发展农村普惠金融的思考》,《金融时报》2015 年 8 月。

19. 钱箐旎:《报告显示:广东网络小贷公司发展迅猛》,《经济日报》2018 年 7 月 6 日。

20. 申秀文、王素萍:《赴蒙古国哈斯银行学习考察报告》,《内蒙古小额信贷》(内部刊物)2011 年第 1—2 期。

21. 王素萍、朱肖怡:《不忘初心　为妇女可持续发展撑起一片蓝天——中国银行业协会(花旗集团)微型创业奖机构赴赤峰学习考察报告》，中国小额信贷联盟网，2016 年 7 月。

22. 王素萍：《赴欧洲小额信贷学习考察的五点启示》，《中小企业融资高层参考》2012 年第 1 辑。

23. 王素萍、万明：《走进广东　走进珠三角》，《内蒙古小额信贷》（内部刊物）2013 年第 4—6 期。

24. 中国银行业监督管理委员会、中国人民银行：《关于小额贷款公司试点的指导意见》（银监发〔2008〕23 号），2008 年 5 月。

25. 王素萍：《〈走进四川　走进成都〉——2014 年优秀小额信贷机构赴四川学习考察报告》，《内蒙古小额信贷》（内部刊物）2014 年第 4—5 期。

26. 徐绍峰：《"区别对待"有利于小贷回归本源》，《金融时报》2017 年 12 月 28 日。

27. 张末冬：《9 月末全国共有小额贷款公司 8741 家》，《金融时报》2016 年 10 月 26 日。

28. 中国小额信贷联盟秘书处：《关于对〈非存款类放贷组织条例（征求意见稿）〉的反馈意见建议的汇报提要》2015 年 9 月。

29. 中国小额信贷机构联席会秘书处：《开创新常态下的小微金融"新生态"——第五届中国小额信贷机构联席会年会综述》，中国小额信贷联盟网，2015 年 4 月。

30. 中国小额信贷联盟秘书处：《历经风雨同舟十载　共筑普惠金融辉煌——2014 年中国小额信贷联盟年会及银行业协会（花旗）微型创业奖颁奖典礼综述》，中国小额信贷联盟网，2014 年 12 月。

31. 《在探索中寻求优化——2018 年全国两会农村金融热点前瞻》，《金融时报》2018 年 3 月 1 日。

中国互联网金融发展历程

冯兴元　燕　翔[*]

摘　要： 互联网金融引入中国的时间不长，但是发展迅速，是当前中国金融体系的重要组成部分。很大的一部分互联网金融业务属于"数字普惠金融"。中国互联网金融的发展历程包含三个阶段：萌芽阶段（20 世纪 90 年代末—2004 年）、起步阶段（2005—2012 年）和高速发展阶段（2013 年至今）。本文界定了互联网金融的定义，区分了互联网金融的类型，分析了每个阶段互联网金融的发展特点和状况，总结了尚存问题，并提出了一些对策和展望。

关键词： 互联网金融　金融科技　数字普惠金融　金融创新

一　引言

研究互联网金融对于向城乡中小微企业、低收入群体、现代农业经营主体等特殊群体提供有效金融支持有着重大的意义。向这些特殊群体提供互联网金融支持，被称为"数字普惠金融"。互联网金融的发展和改善为这些特殊群体获得各种金融服务提供了有效途径。很大的一部分互联网金融业务属于"数字普惠金融"。

互联网金融引入中国的时间不长，但是发展迅速，是当前中国金融

---

　　*　冯兴元，中国社会科学院农村发展研究所研究员，中国社会科学院研究生院博士生导师、教授，中国社会科学院中小银行研究基地副秘书长，九三学社中央经济委员会委员，《西方现代思想丛书》主编。燕翔，中国社会科学院研究生院博士研究生。

体系的重要组成部分。中国互联网金融的发展历程包含三个阶段：萌芽阶段（20 世纪 90 年代末—2004 年）、起步阶段（2005—2012 年）和高速发展阶段（2013 年至今）。本文界定了互联网金融的定义，区分了互联网金融的类型，分析了每个阶段互联网金融的发展特点和状况，总结了尚存问题，提出了一些对策和展望。

二　互联网金融的定义与类型

（一）互联网金融的定义

"互联网金融"这一概念最早是由谢平（2012）提出。与其对应的国际通行概念为"Fintech"，该概念为"financial technology"，即"金融科技"。顾名思义，金融科技是金融（financial）与科技（technology）的结合。目前，国内同时流行"互联网金融"和"金融科技"两个提法。从广义角度看，互联网金融属于一个金融谱系，涵盖了所有体现互联网精神、利用互联网技术的金融交易和组织形式。

（二）互联网金融的类型

我们可以从以下三个方面来划分中国的互联网金融的类型：一是投融资工具类，包括网上银行、网络证券、网上保险、P2P 网贷（如拍拍贷、点融网与宜信）、众筹（如京东众筹、点名时间、众筹网）、网络微贷（如京东白条和阿里花呗）、互联网小贷公司（如京东小贷）、互联网基金（如宝类理财投资）、互联网信托、互联网担保、类 P2P 网贷（如类似 P2P 网贷的网络期货、网络租赁）等。其中传统金融机构业务的网络化，包括如传统的商业银行业务、证券、保险的网络化，分别包括在网上银行、网络证券和网上保险之中。二是金融服务类，包括互联网支付（如网上直接支付和第三方支付），互联网征信（如芝麻信用），互联网金融门户。三是数字货币和区块链金融。

三 中国互联网金融发展阶段的划分

（一）萌芽阶段（20 世纪 90 年代末—2004 年）

20 世纪 90 年代末至 2004 年，中国的互联网金融发展处于萌芽阶段。在这个阶段，互联网与金融的融合还不是很明显，互联网金融主要表现为金融机构提供网络技术服务，最初是把传统线下银行业务从线下搬到线上，互联网只是作为金融机构的辅助服务手段来加以运用。90 年代末互联网技术高速发展，一些大型的商业银行开始尝试将传统银行业务与互联网相结合，开始建立网上银行，借助互联网便捷、高效的特点，尝试进行金融模式的创新。比如，早在 1997 年，招商银行便开通了自己的网站，开始了其"一网通"金融服务时代。网络证券也在同年出现。1997 年 3 月，广东湛江的中国华融信托公司湛江营业部率先推出视聆通互联网交易系统。网上保险的出现晚于网上银行和网络证券。2000 年 8 月，太平洋保险公司和平安保险公司几乎同时开通了自己的全国性网站。

2003 年淘宝网和支付宝相继诞生。淘宝网为了解决电子商务中支付形式单一、买卖双方不信任的问题，于同年推出了第三方支付工具支付宝，开展了基于支付宝的"担保交易"。

（二）起步阶段（2005—2012 年）

在起步阶段（2005—2012 年），互联网和金融的结合从技术领域转向到了更深的业务领域，在传统金融领域里的支付结算方面、风险分担方面和跨空间的资产转移方面都有了一定的互联网金融创新，相继出现了 P2P 网贷、众筹等互联网金融模式。

2005 年以后，电子商务业务快速发展，第三方支付作为配套服务也开始飞速发展。2008 年，随着移动通信技术的普及，第三方支付开始走进人们的日常生活中，从此中国进入了移动支付的时代。

2007 年，第一家 P2P 网贷公司"拍拍贷"成立，其采用的经营模式属于传统的 P2P 模式，即为投资方和融资方搭建一个信息平台。最初 P2P 还不为大家所熟知，因此发展较为缓慢。随着 P2P 模式的普及以及次贷危机后小微企业贷款难问题的显现，P2P 开始加速发展。

（三）高速发展阶段（2013 年至今）

2013 年至今为高速发展阶段。该阶段可以分为两个阶段，其中第一阶段为 2013—2015 年 6 月，属于爆发式放开发展阶段，第二阶段为 2015 年 7 月至今，属于严监管控制发展阶段。2015 年 7 月 8 日中国人民银行等十部门发布的《关于促进互联网金融健康发展的指导意见》为政府对互联网金融实行严监管控制发展的转折点。

2013 年被称作是"互联网金融元年"，以支付宝联合天弘基金推出"余额宝"的横空出世为标志。"余额宝"业务吸引来了大批投资者，年底便成为国内最大的货币基金，其他互联网公司也相继推出互联网理财业务。在该阶段，第三方支付、网上消费金融、P2P 网贷经历了爆发式发展，互联网保险公司和互联网银行开始出现，中国的互联网金融进入高速发展的阶段。同年 9 月，国内第一家互联网保险公司——众安保险上线。民生银行也宣布建立自己的网络银行业务。2014 年互联网金融第一次出现在政府工作报告中，在报告中提到"促进互联网金融的发展，完善金融监管协调机制"。2014 年 12 月，首家互联网银行——微众银行经银监会的批准正式成立。此外，众筹也第一次在 11 月的国务院常务会议上被提到，强调"要资本市场小额再融资的快速机制，开展股权融资众筹试点"。2015 年，互联网金融加速了创新的步伐。央行批准了包括芝麻信用在内的 8 家民营征信机构开展个人征信业务。同年 4 月，支付宝开通了个人小贷业务"花呗"。

2015 年下半年，一大批监管政策开始出台，以规范互联网金融的发展。7 月 12 日，证监会印发了《关于清理整顿违法从事证券业务活动的意见》，整治场外配资行为。7 月 18 日，中国人民银行等十部委联合印发《关于促进互联网金融健康发展的指导意见》，根据不同互联网金融的类型，给出了不同类型的定义、允许的业务范围，并且正式将互联网金融纳入监管的框架。7 月 22 日保监会印发了《互联网保险业务监管暂行办法》，将互联网保险纳入监管。12 月 18 日，中国人民银行发布《非银行支付机构网络支付业务管理办法》，对非银行支付机构网络支付业务做出了规范，并对支付账户进行三类分类管理。

四　投融资工具类互联网金融的发展

（一）网上银行

20世纪90年代末互联网技术高速发展，一些大型的商业银行开始尝试将传统银行业务与互联网相结合，开始建立网上银行，借助互联网便捷、高效的特点，尝试进行金融模式的创新，一方面为了提升自身的经营效率，另一方面也为了迎合金融互联网化的趋势。1997年，招商银行率先开通了自己的网站，开始了其"一网通"金融服务时代，客户可以通过网上银行进行转账、汇款等业务。1998年，招商银行"一网通"推出了"网上企业银行"，为银企关系进一步向纵深发展搭建了基于互联网的全新高科技平台。随后，建设银行和工商银行也相继开通了各自的网上银行业务，分别培育出"e路通"和"金融@家"网上银行品牌。上述银行的网上业务发展带动了全国其他银行的网上银行业务发展。

在中国互联网金融的起步阶段，网上银行的业务得到了稳固发展，除了开设网上银行的银行数量继续增加之外，个人网上银行注册过程也在不断简化。随着中国互联网用户数的急剧增加，个人网上银行用户数也大幅度增加。在该阶段的后期，手机网银和社区化电子银行得到了快速发展。

在中国互联网金融的高速发展期，为了应对支付宝、微信等互联网金融机构的挑战，网上银行所能进行的业务越来越多，不仅可以购买理财产品进行投资，还可以申请小额贷款、代缴水电费用、购买保险等。

此外，也出现了真正意义上的互联网银行。2015年微众银行和网商银行先后开业。与传统商业银行的网上银行不同，互联网银行主要是指完全通过互联网平台向用户提供各种金融服务的纯网络银行。

根据2018年8月20日中国互联网络信息中心发布第42次《中国互联网络发展状况统计报告》，截至2018年6月，中国网民规模达到8.02亿人，网上银行用户规模为4.17亿人，在整体网民数量中网上银行用户数比例达到 52%。①

(二) 网络证券

网络证券也称网上证券，或称互联网证券，是基于互联网的证券业务创新。中国网络证券起步比国外稍晚。1997 年 3 月，广东湛江的中国华融信托公司湛江营业部率先推出视聆通互联网交易系统，标志着中国网络证券的出现。其后，国内的投资者开始利用互联网网络的资源，获取交易所的及时报价、市场行情、交易所公告、上市公司历史资料及券商提供的投资分析报告等，并可直接在网上委托下单、进行资金划转、查询交割记录、建立网上投资沙龙。② 2000 年，监管部门开始鼓励网络证券业务，发布《网上证券委托暂行管理办法》和《证券公司网上委托业务核准程序》，网络证券交易正式纳入规范化监管。同年，网络证券交易层面就已在交易清算过程中实现互联网化。截至 2001 年，监管部门再次表态支持并予以重视网络证券业务，推动中国网络证券交易发展进程。③ 到 2005 年，中国所有证券公司已经都能提供互联网证券交易业务。

在互联网金融起步阶段，网络证券交易得到了快速发展。随着Web 技术的发展和智能手机的普及，网页版炒股软件和移动炒股 APP大量涌现，用户炒股更加方便、快捷。一些证券公司把这一模式移用到互联网，就形成了网上金融超市。④ 一些证券公司的新型营业部已逐步转变为金融产品超市和客户服务场所。⑤

在中国互联网金融高速发展期，一方面，证券业继续把传统证券业务拓展到互联网，另一方面出现了类似互联网企业那样的互联网证券业务运作。所谓互联网证券业务，并不是简单地将线下业务向线上进行平

① 中国互联网络信息中心发布第 42 次《中国互联网络发展状况统计报告》，2018 年 8月 20 日。
② 王银枝：《网络证券市场的兴起及其对证券市场的影响》，《天中学刊》2003 年第 1期。
③ 《国内互联网券商发展历程》，本来科技网，http://www.benlaikeji.com/page/1357.html。
④ 李耀东、李均：《互联网金融框架与实践》，电子工业出版社 2014 年版，第 85 页。
⑤ 同上。

行迁移，也不是对现有平台和信息技术模块做简单整合，而是从执行层面对公司传统业务实施从销售渠道、业务功能、客户管理到平台升级的架构重塑及流程优化，架构符合互联网商业惯例和用户体验的综合金融服务体系。[①] 2014 年 4 月 4 日，国泰君安等 6 家券商获互联网证券业务试点资格，成为首批开展该业务的证券公司。至 2016 年底，证监会批准了 5 批共 55 家证券公司开展互联网证券业务试点，几乎占到券商总数的 1/2。[②] 据不完全统计，2016 年，多家上市券商超过 80% 的经纪交易额通过移动端完成。目前，很多证券公司正在开始布局智投顾问。广发证券还打造了开放式"理财网店"平台，推出了"淘金钱包"现金管理工具。

（三）网上保险

网上保险也称"互联网保险"或"网络保险"，它是指实现传统保险业务全过程的网络化，也涉及设立全新的互联网保险公司及其运作。

20 世纪 90 年代后期，互联网与保险的结合主要体现在通过互联网发布保险信息的阶段。保险公司注重发挥互联网的信息传递优势，利用网络开展品牌宣传、产品介绍、业务咨询和市场调研等活动。[③] 2000 年 8 月，太平洋保险公司和平安保险公司几乎同时开通了自己的全国性网站。与此同时，由网络公司、代理人和从业人员建立的保险网站也不断涌现，如保险界等。

到了中国互联网金融的起步阶段，互联网保险开展了渠道探索，[④] 一些保险公司尝试在公司官网、电商平台提供产品报价，在门户网站嵌入保费计算器，开发智能移动保险平台等。一些保险公司还增加了服务提供，[⑤] 探索将保单查询、报案理赔等后续服务由线下搬到线上，节约运营成本、缩短交易周期、提高服务效率、提升客户满意度。还有一些

---

① 彭洁云：《互联网证券业务放行》，搜狐财经，http://roll.sohu.com/20140408/n397857950.shtml。
② 《互联网券商的演变及发展趋势》，搜狐财经，https://www.sohu.com/a/123946699_499199。
③ 罗艳君：《互联网保险的发展与监管》，《中国金融》2013 年第 24 期。
④ 同上。
⑤ 同上。

保险公司加速了产品和机构创新，一些财产保险公司开发出网购退货运费险、网游账号装备险和微信支付安全险等新产品，为新兴网络风险提供保障；一些寿险公司推出网络专营的万能险等保险理财产品。各保险公司几乎都建立了"电子商务部""创新事业部"等全新组织架构，提高官网直销平台和天猫旗舰店在各公司信息系统建设的优先级。

随着互联网金融概念的急速升温，2013年保险行业的互联网营销热情达到了一个新的高峰。保险公司与互联网企业开始探索以股权为纽带，共同发起设立网络保险公司。2013年11月，阿里、中国平安、腾讯三家公司共同出资成立了众安在线财产保险公司，该公司是国内第一家由监管部门颁发的互联网金融法人牌照，也是第一家不设分支机构、跨区域经营的全国性保险公司，这标志着中国互联网保险进入机构专营阶段。

（四）P2P 网贷

P2P 网贷是指个人同个人之间通过网络平台进行的直接借贷。根据2015年7月8日中国人民银行等十部门发布的《关于促进互联网金融健康发展的指导意见》，P2P 网贷属于民间借贷的范畴。P2P 网贷公司应该发挥一个信息平台即信息中介的作用，为投资者和融资方提供信息匹配、撮合交易、信用评估等中介服务。

P2P 网贷的出现是互联网金融起步阶段的标志之一。2007年，中国第一家 P2P 网络贷款平台"拍拍贷"正式成立，其主要的业务是借款信息的发布、竞标管理等，此后宜信、人人贷也相继成立。2011年后，P2P 网贷数量快速增长。

在起步阶段，由于缺少相应的法规来约束 P2P 企业，许多 P2P 公司偏离了后来政府法规所明确要求的信用中介模式，各大 P2P 公司都建立了一套自己的特色运行模式。拍拍贷采取的是传统信息中介模式，宜信采取的是债权转让模式，陆金所采取的是担保模式，翼龙贷采取的是"线上"+"线下"模式。

2011年，一定数量的 P2P 网贷出现倒闭和老板"跑路"。银监会办公厅2011年8月23日下发了《关于人人贷有关风险提示的通知》，该《通知》隐含设定了"人人贷"即 P2P 网贷业务边界的三条红线：一是要明确平台的中介性；二是不得搞资金池（资金不进账户）；三是不得非法吸收公众存款。其实这也是一直以来对民间借贷中介机构的要求。当时多数的 P2P 网贷均涉及保有资金池、成为信用中介的"问题"，部分涉嫌"非法集资"。

在中国互联网金融的高速发展阶段，P2P 网贷正在经历从"野蛮生长"到要求"合规生长"的转型过程。2012—2015 年，P2P 平台经历了爆发式的增长。一些国企和上市公司，还有一些证券公司、保险公司、银行等金融机构纷纷参与到 P2P 业务中，建立自己的子公司或是与已有的 P2P 平台进行合作，使 P2P 的业务规模不断扩大，2015 年 P2P 平台数量增加到 2595 家，成交总额接近一万亿元。[1]

随着 P2P 网贷的火爆，越来越多的风险和问题开始逐渐暴露出来。P2P 问题平台主要出现的问题包括涉足信用中介、保有资金池、平台提供保底承诺、虚假项目信息"非法吸收公众存款"等。一些平台管理能力和风控能力较差，随着整体经济增长放缓，其经营上也容易出现问题，表现为盈利能力差和流动性不足。还有一些平台涉嫌网络诈骗，以 P2P 平台的名义吸收资金后平台老板选择"跑路"。

P2P 网贷之所以出现一大批问题平台，一个主要的原因就是政府没有及时出台相应的政策法规以适度监督约束 P2P 平台，使其回归信息中介的角色，或为其搭建转型为信用中介的路径。

2015 年 7 月以后，P2P 网贷被纳入政府严监管的对象。2015 年 7 月 8 日中国人民银行等十部门发布的《关于促进互联网金融健康发展的指导意见》。2016—2017 年期间，有关监管部门先后出台了一系列有关 P2P 网贷平台登记、管理、备案、信息披露、资金存管以及负面清单的指引。随着严监管政策的陆续出台，大量 P2P 网贷停业或者成为问题平台。根据网贷之家的统计，截至 2018 年 6 月底，P2P 网贷行业正常运营平台数量下降至 1836 家，相比 5 月底减少了 36 家。累计停业及问题平台达到 4347 家，P2P 网贷行业累计平台数量达到 6183 家（含

---

① 盈灿咨询：《2015 网贷年成交量接近万亿历史累计约 1.4 万亿》，网贷之家，https：//www.wdzj.com/news/baogao/25556.html。

停业及问题平台）。① 但是，P2P 网贷对于中小微企业融资功不可没，2017 年网络贷款成交总额达 20638.72 亿元，② 而且截至 2018 年 6 月底，P2P 网贷行业历史累计成交量达到了 73341.87 亿元。③

（五）众筹

在互联网金融起步阶段的后期，出现了众筹。众筹属于直接融资的方式，利用众筹平台发布信息，投资人若对其项目感兴趣，可以为其项目投资。众筹根据偿还工具的不同，可以分为四种类型：股权众筹、债券众筹、产品众筹和公益众筹。

相较 P2P 网贷，众筹在中国起步的时间比较晚，2011 年 9 月才有了国内第一家众筹平台——"追梦网"，主要面向微电影产业。截止到 2012 年年底，中国的众筹平台一共只有 9 家。

2014 年，众筹模式开始了跨越式的发展，众筹模式被越来越多的人接受，众筹平台数目和融资规模都有了巨大的提升。根据盈灿咨询的数据，平台数目从 2013 年的 29 家增长到 2017 年的 427 家，融资总额从 3.35 亿元增长到 220.25 亿元。此外，众筹模式作为中国资本市场的延伸，越来越受到政府的重视和支持。2014 年 11 月 19 日，李克强总理在国务院常务会议上指出，"要确立资本市场小额再融资快速机制，开展股权众筹融资试点"。2015 年 3 月 11 日，国务院发布了《关于发展众创空间推进大众创新创业的指导意见》，指出要开展互联网众筹试点，增强众筹对大众创新的服务能力。不过，根据有关股权众筹具体如何运作的法规政策几年来一直迟迟没有出台和明确，限制了股权众筹的发展，导致许多众筹平台关闭退出。

（六）网络微贷与网络小额贷款公司

在互联网金融发展的起步阶段，还出现了网络微贷和网络小额贷

---

① 网贷之家：《P2P 网贷行业月报》（2018 年 6 月），https：//www.wdzj.com/news/yc/2690686.html。
② 网贷之家：《P2P 网贷行业年报》（2017），https：//www.wdzj.com/news/yc/1757515.html。
③ 网贷之家：《P2P 网贷行业月报》（2018 年 6 月），https：//www.wdzj.com/news/yc/2690686.html。

款公司。网络微贷与网络小额贷款公司相比，所能获得的贷款资金量要小，信贷周期要短，且都属于个人信用贷款。前者与后者相比，前者的业务直接依托电商平台，后者是机构化的，机构依托电商平台。

当前的网络微贷业务的提供方主要是互联网金融企业如京东金融、蚂蚁金服等。网络网贷模式主要是通过对客户的网购情况、支付习惯进行分析，对平台上的用户进行信用评估和还款能力估计，给用户提供一定的信贷额度进行消费。网络微贷更多地属于一种消费信贷，满足客户日常的、短期的资金需求，2015 年 4 月，蚂蚁金服推出蚂蚁花呗业务，为用户提供 500—50000 元的信贷额度，主要用于在淘宝、天猫等电商平台购物。

2010 年，阿里在浙江成立了网贷小贷公司，通过与淘宝、天猫等平台的对接，阿里小贷积累了大量的交易数据，通过对这些数据的挖掘和整理，配合视频验证等方式进行调查，了解到客户真实的信用水平，在此基础上向这些小微企业和个人提供金融服务。[①] 2015 年以来，国家陆续出台相关政策，推动网络小贷业务的发展，同时严格规范网络小贷公司的审批和运营。网络小贷公司数量随之剧增。截至 2017 年 11 月 6 日，获得网络小贷牌照的企业达到 242 张，主要分布在 23 个省市。[②] 在网络小贷的发展过程中，甚至出现了各类无牌照无资质尾部企业的入场。2017 年 12 月 1 日，中国金融监管机构央行和银监会联合下发了 141 号文，颁布了《关于规范整顿"现金贷"业务的通知》。在这份通知中，文件名称使用了"规范整顿"一词，网络小贷的业务发展受到一定的影响。

（七）互联网基金

互联网基金是指在借助互联网媒介的基础上实现投资客户与第三方理财机构的直接交流，从而绕开银行介入，是对传统金融理财服务的延伸和补充。互联网基金尤其涉及宝类理财基金。宝类理财基金指

---

① 许伟、王明明等：《互联网金融概论》，中国人民大学出版社 2016 年版，第 77 页。
② 《监管趋严网络小贷行业的未来发展如何？》，帝友网，http：//www.diyou.cn/news/a2822.html。

的是支付宝的余额宝、腾讯的理财宝、平安银行的壹钱包，或者是现金宝、收益宝之类以宝类冠尾的货币基金等现金管理类理财产品等。它们的好处是把我们放进去的钱用来购买货币基金，稳定收益高于银行活期存款而且取现方便。宝类理财投资具有两大特点：一是流动性高，基本都是随时存入、随时取出的 T＋0 交易模式；二是收益率较高，比传统的活期存款收益率高，是活期存款利率的几十倍到上百倍。宝类理财产品一般是依托移动支付平台进行销售。2013 年 6 月蚂蚁金服推出余额宝业务，仅仅用了 30 天的时间将其基金规模从 0 到 4000 亿元的跨越，让背后的天弘基金摇身成为国内规模最大的基金，激发了金融机构投身电子商务的热情。随着监管当局强化对宝类基金的监管，宝类理财产品的运作空间和流动性下降，收益率也不断下跌。以余额宝为例，2018 年 9 月 19 日 7 日年化利率首次跌破 3％，跌至 2.978％。2018 年 5 月 30 日，证监会发布《关于进一步规范货币市场基金互联网销售、赎回相关服务的指导意见》，要求购买的单个投资者购买的货币基金每日提现额度最高为 1 万元。这项规定进一步削弱了宝类理财产品的流动性。尽管收益性和流动性都不断被削弱，但是宝类理财产品相对于吸引流动性高的活期和短期存款依然具有较大的吸引力。

（八）互联网信托

互联网信托就是通过网络平台进行的信用委托，是将信托活动进行互联网化，在网上运作信托业务，通过网络签订合同、查询信托信息、转让信托产品。互联网信托业务一般涉及三个方面当事人，即投入信用的委托人，受信于人的受托人，以及受益于人的受益人。

中国互联网信托的发展较晚，2014 年以后有了较大的发展，存在多种探索。如 2014 年 12 月中信信托推出的线上消费信托产品"中信宝"（已下线），曾在微信号"中信消费信托"上发售产品。2016 年以后，监管趋紧，信托公司的运作压力增大。一些信托公司目前在以下产品领域开展运作：互联网消费信托，互联网理财平台的信托受益权质押融资，以及互联网理财平台的信托拆分。目前由于监管法规政策的限制，除了互联网消费信托作为互联网直销比较通行（比如

2017 年 3 月华融国际信托推出消费信托产品"融华精选",通过其微信公众号发售),其他形式的互联网信托均表现为"点"状创新,未能大范围推行。

(九)互联网担保

由于中小企业、涉农行业建立互联网信用担保体系对于普惠金融、中小企业的发展具有重要作用。互联网担保从当前具体实践来看,可以划分为三种模式:为 P2P 网贷增信、互联网金融产品提供者直接提供担保、融资担保公司自己搭建线上助贷担保平台。① 其中前两种是为其他的互联网金融模式进行增信,最后一种是将传统的担保业务从线下移到线上去操作。政府在《关于促进互联网金融健康发展的指导意见》中强调,P2P 网贷平台不允许提供担保,因此为 P2P 增信的这种担保模式也被禁止。互联网金融产品直接为互联网金融产品进行担保存在一定的弊端,不利于投资者的风险意识培养。融资担保公司独立搭建线上平台符合当前的政策导向,互联网担保企业可以通过互联网平台进行担保业务的审批,同时基于互联网对于不同的客户提供担保之外的各种服务,建设完整的担保服务链条。目前政府对融资担保机构的监管趋严、融资担保机构呈现减少的趋势。比如北京市金融工作局官网更新的 2017 年统计资料发布表显示,截至 2017 年年底,北京市融资担保公司数量 75 家,相比 2016 年年底减少了 21 家,相比 2015 年年底减少了 45 家。②

(十)类 P2P 网贷

类 P2P 网贷包括类似 P2P 网贷的 P2P 网络期货和 P2P 网络融资租赁。P2P 网络期货是通过网络平台直接发布网络期货信息,完成网络期货交易。比如昆明泛亚稀有金属交易所属于一种类 P2P 网贷的网络化"交易所"。交易所推出了"日金宝"产品,该产品是一款资金随

---

① 胡萍:《融资担保与互联网金融:拥抱还是转身》,新浪财经,http://finance.sina.com.cn/roll/20140816/075420031172.shtml。

② 兴业数金:《互联网金融背景下融资担保业务监管趋势分析》,搜狐财经,http://www.sohu.com/a/232488072_100132383。

进随出、年化约 13%、每日结息实时到账的项目。"日金宝"的运作原理是，委托方为有色金属货物的购买方，受托方则是"日金宝"投资者。投资者购买日金宝理财产品，也就是为委托方垫付货款，委托方则按日给投资者支付一定利息（资金自申购成功日起每天有万分之 3.75 的收益），并在约定时间购买货物偿还本金。2015 年 4 月昆明泛亚稀有金属交易所出现兑付危机，存在严重的"非法集资"问题，共牵涉 22 万户投资者、430 亿元资金陷入"庞氏骗局"。①

融资租赁公司通过直接搭建网上融资租赁平台，发布融资租赁项目信息，吸收投资者借贷资金，提供融资租赁产品。这种模式中，由于融资租赁公司拥有融资租赁标的物的所有权，拥有对其的处置权。目前，P2P 融资租赁在汽车、医疗、农业等行业都有所涉及，具有显著的经济和社会效益。

2015 年 12 月安徽钰诚控股集团和钰诚国际控股集团有限公司的 P2P 网络融资租赁产品"e 租宝"涉嫌诈骗被公安机关查处。两家公司组织、利用其控制的多家公司，在其建立的"e 租宝""芝麻金融"互联网平台发布虚假的融资租赁债权及个人债权项目，以承诺还本付息为诱饵，通过媒体等途径向社会公开宣传，非法吸收公众资金累计人民币 762 亿余元，扣除重复投资部分后非法吸收资金共计人民币 598 亿余元。至案发，集资款未兑付共计人民币 380 亿余元。②

五　金融服务类互联网金融的发展

（一）互联网支付

互联网支付包括互联网直接支付和第三方支付。这里移动支付可能为互联网支付，也可能不是，因而不作为一种独立类型列出。

---

① 零壹财经：《昆明政府：泛亚事件查明　已有 27974 名投资人登记》，中金网，http://www.cngold.com.cn/zjs/20160623d1897n73533811.html。
② 王浩程：《北京检方对"e 租宝"案提起公诉》，凤凰网，http://finance.ifeng.com/a/20161216/15082171_0.shtml?_zbs_baidu_bk。

1. 互联网直接支付

互联网直接支付是指依托网上银行直接进行的支付方式，提供资金的实时结算，在交易过程中资金直接由银行划拨给商户。

2. 第三方支付

第三方支付是指非银行类的第三方机构在收款人和付款人之间提供的、与银行支付系统相连接的第三方交易支付平台和服务，同时起到信用担保和技术保障的作用，主要是为了解决交易双方的信息不对称问题。在该种模式中，买家在购买商品后，不直接将钱付给卖家，而是通过第三方的支付平台，把钱交给第三方，等到买方收到商品并检查无误后，确认收货，第三方支付平台才将货款支付给卖家。

中国最初的第三方支付体现为把线下支付搬到线上来完成这种简单的支付模式。1998 年，首易信支付作为中国首家第三方支付平台宣布成立。当时它的功能仅仅停留在把用户的支付需求告知银行，让用户在银行的网上支付页面完成支付。

2003 年 10 月 18 日，淘宝网首次推出支付宝服务，开展了基于支付宝的"担保交易"，解决了电子商务中支付形式单一落后、买卖双方不信任的问题。支付宝的运作原理是：买家付款后款项先打到支付宝平台上，等交易完成并确保顾客满意后，款项才转到卖家手里。支付宝这个第三方支付平台实质上是一个虚拟账户，履行信用中介功能，能有效地降低顾客的交易风险。2004 年，支付宝从淘宝网分拆独立，逐渐向更多的合作方提供支付服务，发展成为中国最大的第三方支付平台。2010 年，中国人民银行颁布了第一个互联网金融行业的管理办法——《非金融机构支付管理办法》（以下简称"《办法》"）。《办法》明确规定，非金融机构提供支付服务，应当依据本办法规定取得支付业务许可证，成为支付机构。从 2011 年开始向非金融机构发放支付牌照。截至 2012 年年底，共有 200 多家机构获得许可。腾讯公司于 2013 年 8 月 5 日引入的微信支付异军突起，改变了中国第三方支付市场的格局。

2013 年以来，第三方支付业务具有两个特点，一是移动化，二是综合化，三是社交化。移动化体现在越来越多的用户用移动设备来实现第三方支付。综合化体现在许多不同场景可以方便地使用第三方支付。社交化体现在微信支付和支付宝支付都与社交媒体相结合。

第三方支付的高速发展和影响力撼动了中国金融体系的总体格局，也触动了现有金融机构的利益，同时伴随着许多不规范因素。监管部门对第三方支付的规范性措施也随之相继出台。2017年1月13日，中国人民银行发布了《中国人民银行办公厅关于实施支付机构客户备付金集中存管有关事项的通知》，明确了第三方支付机构在交易过程中，产生的客户备付金，今后将统一交存至指定账户，由央行监管，支付机构不得挪用、占用客户备付金。2018年3月，网联下发42号文督促第三方支付机构接入网联渠道，明确在2018年6月30日前所有第三方支付机构与银行的直连都将被切断。2018年4月1日，中国银联宣布与财付通支付科技有限公司签署合作协议，正式开展微信支付条码支付业务合作。银联与支付宝已于2018年9月10日举行内部签约仪式，就支付清算业务达成合作。到此为止，支付宝和微信支付两大第三方支付完成"收编"。

（二）互联网征信

互联网征信主要是对信息收集、处理方式进行了创新，通过大数据对企业和个人的信用状况进行评价。中国基于大数据的互联网征信是近几年的事情。中国的互联网征信产业形成了以征信公司、大数据公司、金融机构风控大数据部门等为代表的三大类征信主体。

2014年6月国务院发布了《社会信用体系建设规划纲要（2014—2020）》，6月18日，央行分四批发放了企业征信牌照，从此，企业可以允许从事征信业务，标志着中国征信行业进入了新的发展阶段。许多互联网公司进入互联网征信行业，比较成功的有芝麻信用和腾讯征信，其中芝麻信用主要是依托淘宝网、支付宝的交易数据来建立的征信平台，而腾讯征信则是依托QQ、微信的用户社交数据。基于这些大数据建立的互联网征信体系，覆盖的用户更广，涉及的信息种类更加丰富，能够更好地对个人的信用状况进行评价。2018年2月22日，百行征信拿到了央行公布的首张"银征信许准予字"文件，成为国内首家个人征信业务获批的企业。其主要股东包括中国互联网金融协会和现有主要征信企业。这意味着各个机构之间的征信信息将可在百行征信框架内得到共享。

（三）互联网金融门户

互联网金融门户是一种第三方金融中介平台，利用互联网提供金融产品、金融资讯的搜索、汇集和比较，为金融产品销售提供服务，在这个过程中，既不负责金融产品的实际销售，也不承担任何风险，其最大的价值在于渠道价值。互联网金融信息门户包含三种类型：第三方资讯平台、金融垂直搜索平台和在线金融超市平台。①

第三方资讯平台主要作用是为客户提供权威全面的信息和数据，并对相关的国家文件进行解读，同时对互联网金融的风险进行披露，典型代表平台包括网贷之家、网贷天眼、和讯网等门户网站。

金融垂直搜索平台直接与银行、基金、信托等金融机构直接对接，主要作用是促进金融产品和资金的供求双方交流互动。其典型模式是"搜索＋比价"模式，通过平台提供的众多信息，投资者筛选出一系列符合自身风险偏好的金融产品，通过比较这些产品的期限、收益、价格，选择出想要购买的金融产品并留下联系方式，之后会有相应的客户经理与投资者取得联系，完成交易。典型的代表平台是融360。随着投资者偏好和交易信息等大数据的不断积累，金融垂直搜索平台开始向综合化的金融服务中介平台转型，为投资者提供投融资和资产管理等全方位的服务，这种模式的典型代表是91金融。

在线金融超市平台是一个金融产品的在线销售平台，向客户提供"一站式"的服务。其本质是将线下的金融中介服务通过互联网转移到线上，在一个平台提供多种标准化的金融中介服务。

六　数字货币和区块链金融的发展

近年来，区块链金融和以区块链技术为基础的数字货币开始崭露头角。区块链网络属于一种价值互联网，可以被用来传递价值。区块链技术是数字货币的底层技术，也是区块链金融和区块链经济的技术

① 周雷：《互联网金融理论与应用》，人民邮电出版社2016年版，第190页。

基础。因此，区块链技术在互联网金融中应用可以分为两类：一类是数字货币，另一类是区块链金融。

（一）数字货币

数字货币也称"加密货币"或"数字加密货币"，基于区块链技术，属于匿名、可编程、分布式的加密货币，比如比特币就是第一种数字货币。近年来，随着比特币价格高企，国内数字货币发展较为迅速，这也推动了国内企业发展比特币开挖矿机和大规模的比特币挖矿。目前，中国在比特币市场起着举足轻重的作用：2018 年，中国公司比特大陆生产的矿机占整个矿机市场 70% 的份额，旗下掌握的矿池算力超过比特币全网算力的 50%。[1] 比特大陆在 2017 年 8 月启动了针对比特币区块链的硬分叉项目：比特币现金（BCH）。在极短的时间内，比特币现金就以比特币 10% 总市值的规模，为数字加密货币市场排名前三的币种。[2]

2017 年 9 月 4 日，有鉴于数字货币容易导致国家丧失货币主权和容易造成"非法集资"，政府推出禁止国内推行 ICO（初始数字货币发行）的政策。9 月 14 日，政府宣布在月内关停中国境内所有的比特币交易平台。其后，民间各种 ICO 运作转向国外，或者通过在国外注册的公司，或者名义上以区块链项目的形式来推行。

此外，中国人民银行于 2016 年 11 月宣布要筹备发行数字货币，并成立了中国数字货币研究所。到 2018 年 9 月，法定数字货币的原型系统 Demo 已经基本确定。

（二）区块链金融

区块链是一种按照时间顺序将数据区块以顺序相连的方式组合成的一种链式数据结构，是一种以密码学方式保证不可篡改和不可伪造的网络分布式账本系统。依托区块链，可以实现价值在区块链网络节

---

[1] 区块律动：《港股上市背后，比特大陆正在被 BCH 吞噬》，虎嗅网，https://www.huxiu.com/article/258015.html。

[2] 同上。

点之间进行传递。

基于区块链技术而实现的金融形式就是区块链金融。目前金融界对区块链金融较为看好。已有多家金融机构和互联网金融企业积极尝试区块链技术特性,用于数字货币、资产托管交易、股权交易、金融审计、跨境金融、电子票据、清算、供应链金融等场景中。总体上,区块链金融处在方兴未艾的阶段。2017 年 12 月,招商银行依托业内首个基于区块链的同业清算开放式的平台,完成了全球首笔区块链跨境人民币清算业务。2017 年,农业银行首次上线"e 链贷",将区块链技术应用于电商供应链金融领域。

七 结语

从 20 世纪 90 年代末到现在,中国的互联网金融发展总体上取得了很大的成就,已经成为全球互联网金融的领军国家之一。但是中国的互联网金融发展目前累积了诸多问题,既包括业内自身运作的问题,也包括监管政策的问题。无论是企业自律管理,还是行业自律和政府监管,都有巨大的改进空间。未来的金融总体上就是互联网金融。监管部门需要改变从金融维稳和方便管理视角限制、禁止或者打压互联网金融的做法,走向一种真正面向规则的、保护创新的监管。

参考文献

1. 盈灿咨询:《2015 网贷年成交量接近万亿历史累计约 1.4 万亿》,网贷之家,https://www.wdzj.com/news/baogao/25556.html。

2. 《国内互联网券商发展历程》,本来科技网,http://www.benlaikeji.com/page/1357.html。

3. 《互联网券商的演变及发展趋势》,搜狐财经,https://www.sohu.com/a/123946699_499199。

4. 《监管趋严网络小贷行业的未来发展如何?》,帝友网,http://www.diyou.cn/news/a2822.html。

5. 胡萍:《融资担保与互联网金融:拥抱还是转身》,新浪财经,http://finance.sina.com.cn/roll/20140816/075420031172.shtml。

6. 李耀东、李均：《互联网金融框架与实践》，电子工业出版社 2014 年版。

7. 罗艳君：《互联网保险的发展与监管》，《中国金融》2013 年第 24 期。

8. 彭洁云：《互联网证券业务放行》，第一财经日报，http：//roll. sohu. com/20140408/n397857950. shtml。

9. 金佳财富汇：《P2P 网贷发展史》，搜狐财经，https：//www. sohu. com/a/152657412_ 99917973。

10. 王银枝：《网络证券市场的兴起及其对证券市场的影响》，《天中学刊》2003 年第 1 期。

11. 网贷之家：《2017 年 P2P 网贷行业年报》，网贷之家，https：// www. wdzj. com/news/yc/1757515. html。

12. 网贷之家：《P2P 网贷行业月报》，网贷之家，https：//www. wdzj. com/news/yc/2690686. html。

13. 许伟、王明明等：《互联网金融概论》，中国人民大学出版社 2016 年版。

14. 中国互联网络信息中心第 42 次《中国互联网络发展状况统计报告》，2018 年 8 月 20 日。

15. 兴业数金：《互联网金融背景下融资担保业务监管趋势分析》，搜狐财经，http：//www. sohu. com/a/232488072_ 100132383。

16. 零壹财经：《昆明政府：泛亚事件查明已有27974 名投资人登记》，中金网，http：//www. cngold. com. cn/zjs/20160623d1897n73533811. html。

17. 王浩程：《北京检方对"e 租宝"案提起公诉》，凤凰网，http：//finance. ifeng. com/a/20161216/15082171_ 0. shtml？_ zbs_ baidu_ bk。

18. 周雷：《互联网金融理论与应用》，人民邮电出版社 2016 年版。

19. 区块律动：《港股上市背后，比特大陆正在被 BCH 吞噬》，虎嗅网，https：//www. huxiu. com/article/258015. html。

从制度变迁的多重逻辑看农民资金互助监管的困境与出路[*]

孙同全^{**}

摘　要：农民资金互助监管缺失与监管过度并存的状态严重制约了其良性发展。这种困境在很大程度上受到制度变迁多重逻辑的影响。其中，从国家逻辑来看，需要农民资金互助活动的规范健康发展；从农民资金互助组织逻辑来看，需要外部监管提供规范有序的经营环境。这种困境的根源在于，从政府金融监管系统的科层制逻辑来看，在现有金融监管体制单一、监管资源严重不足的情况下，面对数量大、覆盖面广、行为不确定性高的农民资金互助组织，金融监管系统及其从业人员基于成本收益的考量，从本部门和自身利益出发，权衡监管利弊后，选择了过度监管或不予监管，从而规避可能影响其职业发展的风险。四川省仪陇县民富农村可持续发展服务中心受政府主管部门委托监管扶贫互助社，取得了良好效果。因此，本文认为，对农民资金互助应建立"双层＋双线＋委托"的监管体制。

关键词：农民资金互助　监管　多重制度逻辑　民富农村可持续发展服务中心

---

　　* 本文原发表于《中国农村经济》2018年第4期，收入本文集时略有改动。

　　** 孙同全，管理学博士，中国社会科学院农村发展研究所研究员，农村金融研究室主任，主要研究领域为小额信贷、扶贫、普惠金融、农村合作经济。

一 问题的提出

资金互助是一种古老的民间小额信贷基本形式，遍布世界各地，至今仍生生不息。实施乡村振兴战略，需要调动农民的内生动力和农村内部资源，农民资金互助是一种重要的有效形式，有助于将农村金融资源留在农村，为成员农户生产生活融资提供便利，为农民创业和创收、提高生活质量和推动农村发展创造条件，因而成为农村合作金融发展的新方向（陈立辉、刘西川，2016），受到农村金融领域理论研究学者及政策制定者和实践部门的关注。

实际上，党中央、国务院一直高度重视农民资金互助的发展。2006年中央一号文件明确提出引导农户发展资金互助组织。2008年党的十七届三中全会进一步提出允许有条件的农民专业合作社开展信用合作。此后，2010年及2012—2017年七个中央一号文件都明确提出支持、引导和规范农民资金互助组织发展。2013年中共十八届三中全会再一次明确提出，鼓励农村发展合作经济，允许合作社开展信用合作。

然而，12年过去了，农民资金互助仍然没有得到广泛发展。尤其值得注意的是，在2017年《农民专业合作社法》修订草案中曾增列了关于农民专业合作社内部资金互助的规定，社会各界曾一度兴奋地认为，农民资金互助或将有法可依，可以有大发展了。但是，最终修订通过的《农民专业合作社法》却删除了资金互助的相关内容。为什么农民资金互助需求强烈，备受重视，而制度供给却严重不足？从直观上看，在农民资金互助的有效监管体制尚未建立的情况下，农民资金互助"跑偏"，转变为非法集资，严重影响经济社会稳定的案件时有发生①，这导致农民资金互助受到金融监管系统的严控甚或封杀。而问题的关键恰恰在于：为何现有金融监管体制对农民资金互助不是监管缺失导致其

---

① 例如，《江苏农民资金互助社非法集资：涉案资金近2亿》，新浪财经，http: //finance. sina. com. cn/money/bank/bank_ hydt/20121122/094513760807. shtml201；《河北庞氏骗局坍塌 涉嫌非法集资80多亿元》，人民网，http: //sc. people. com. cn/n/2015/0208/c345459 - 23833233. html；《"高收益"资金互助实为非法集资》，大众网，http: //paper. dzwww. com/dzrb/content/20150913/Articel03009MT. html。

"跑偏"，就是监管过度导致其被抑制甚至被封杀呢？或者说，中国农民资金互助组织的健康发展究竟需要一个什么样的监管体制？2017年全国金融工作会议提出"一切金融活动都要纳入监管"的要求，进一步明确了回答这一问题的必要性和紧迫性。

二　文献述评与本文研究思路

（一）文献回顾

中国农民资金互助组织大致可以分为三类：正规农民资金互助组织、准正规农民资金互助组织和非正规农民资金互助组织（夏英等，2010）。正规农民资金互助组织是指根据中国银行业监督管理委员会（以下简称"银监会"）2007年制定的《农村资金互助社管理暂行规定》成立的农村资金互助社。[①] 准正规农民资金互助组织是指根据国家相关政策开展内部信用互助的农民合作社和扶贫部门在贫困村建立的扶贫互助组织。非正规农民资金互助组织是指没有依照上述法规或政策，也没有依托农民合作社或村组织而成立的民间资金互助组织。三类农民资金互助组织面临不同的监管环境。农村资金互助社虽有作为金融机构的合法地位，但由于受到过度监管，难以发展起来（邵传林，2010；张德峰，2012；王静，2016；陈立辉、刘西川，2016）。[②] 而准正规和非正规农民资金互助组织没有作为金融机构的合法地位。有些地方的政府及监管部门对这些组织采取"不反对、不登记、不管理、不牵头、不主导、不走到第一线"的"六不"政策（陈志龙等，2007），导致监管缺失（周立、李萌，2015；彭澎、张龙耀，2015）。近年来，某些地方农民资金互助出现乱象，致使金融监管部门和一些地方政府将资金互助活动视为非法集资，不论其运营规范与否，一律禁止其开展业务

---

①　在本文中，农村资金互助社作为农民资金互助组织的一种类型，专指这种正规的农民资金互助组织。

②　自2007年以来，依据中国银监会有关规定，中国共有49家农村资金互助社得到了金融许可证，具有金融机构的法律地位。但是，这一政策没有得到持续而广泛的实行。至2016年年底，已有1家农村资金互助社退出。

（赵铁桥，2015），个别地方即使允许农民专业合作社开展信用互助，也设置了严格的限制条件。①

在这种情况下，如何建设农民资金互助的监管体制呢？伯文（2018）认为，目前中国金融监管资源总体不足，监管力量分布不平衡，应加强资源整合，充实一线监管力量。吴东立（2017）认为，农民资金互助的监管应由农业主管部门主导，并联合地方金融办和银监局共同承担监管职责，确定适度的监管内容。但是，农业部门或其他行业管理部门缺乏金融专业知识和金融监管能力（彭澎、张龙耀，2015；赵铁桥，2015）。因此，必须变革监管体制，建立农民资金互助组织的联合组织，开展行业自律（姜佰林，2010）。张德峰（2012）认为，农村资金互助社的经营管理具有独立自主性，因而应以自我监管为主，若非出于维护社会公共利益的需要，政府的监管应当是有限的。盛劲松（2017）认为，应借鉴国外经验，建立独立于银行监管体系的农民资金互助监管体系，如德国建立的受政府委托对农民资金互助组织进行审计的全国合作社联合会和区域性审计协会。

现有研究还发现，农民资金互助组织自身发展也面临一系列难以克服的困难，主要表现在四个方面：一是人才缺乏，从业人员的专业知识不足、管理能力较差（苑鹏、彭莹莹，2014）。二是资金不足，筹资渠道少，且资金互助基本上都是在同一个村或合作社内部进行，成员所从事的产业基本相同，用款时间较为集中，加剧了资金短缺（苑鹏、彭莹莹，2014；董晓林等，2012）。三是治理机制不健全，管理不规范（赵铁桥，2015；王苇航，2008）。四是成员自愿加入和退出，随时可能抽走股金，导致资金量不稳定，易发生流动性风险（盛劲松，2017；姜佰林，2010）。因此，农民资金互助组织需要外部指导和培训等服务（郭晓鸣，2009）以及流动性支持（盛劲松，2017；姜佰林，2010）。

---

① 例如，山东省农民专业合作社信用业务试点政策规定，自然人社员资金存放额原则上不超过所在县（市、区）上一年度农民人均纯收入的3倍，社员担保贷款额度不能超过5万元，等等。这些规定限制了资金互助的资金规模，无法满足经营规模较大的社员资金需求。参见中国金融教育发展基金会、山东省金融工作办公室（2015）。

（二）简要评述

现有文献对中国农民资金互助监管困境的分析和判断较为准确，但对其背后更深层次的原因分析不足。表面上看，农民资金互助的监管过度和监管缺失是两个极端，但实际上这二者反映的是同一个问题，即监管者面临着农民资金互助监管资源不足的困境。现有文献虽提到了这一点，但没有更深入的探究。

监管资源有限是常态，而金融监管部门为什么对较大的金融机构选择了合理监管，而对农民资金互助选择了要么管死，要么不睬呢？这既涉及监管资源的分配，又受到监管者个人从自身利益出发对采取监管行动的利弊权衡和行为选择的重大影响。现有研究忽略了微观层面上监管者的权衡和选择对农民资金互助监管制度的影响，对如何建立农民资金互助监管体制也未能提出具有可操作性的方案。现有研究即使提出了相对明确的建立行业自律组织的建议，但怎样建立这个自律组织，如何发挥其作用，都缺乏相应的理论研究和实践验证。

（三）本文研究思路

本文试图在既有研究成果的基础上，遵循制度变迁的多重逻辑框架，从国家、金融监管系统和农民资金互助组织三个层面，分析当前中国农民资金互助监管困境的生成机制，并基于四川省仪陇县民富农村可持续发展服务中心受托监管扶贫互助社的试点经验与启示，重点从微观层面揭示在金融监管体制单一、金融监管资源严重不足的情况下，面对数量大、覆盖面广、行为不确定性高的农民资金互助组织，金融监管系统及其从业人员从成本收益考量出发，基于本部门和个人职业发展状况及预期，权衡监管利弊并进行选择性监管、规避监管责任的机制，进而提出创新农民资金互助监管体制的方向和路径。

三 农民资金互助监管体制变迁：基于
多重制度逻辑的分析框架

（一）多重制度逻辑的概念框架

制度逻辑是指某一领域中稳定存在的制度安排和相应的行动机制，它诱发和塑造了这一领域中相应的行为方式（周雪光、艾云，2010）。制度变迁常常涉及多重制度逻辑和过程，只有细致分析其相互作用的机制，才能恰如其分地认识其各自的影响，从而对制度变迁给出令人满意的解释。同时，制度逻辑提供了宏观层次上制度安排与微观层次上人们的可观察行为之间的联系，从而为认识制度变迁提供了微观基础（周雪光、艾云，2010）。[①] 制度逻辑分析强调能动的概念，即制度环境中的行动者有能力对制度变迁产生影响，具体表现为改变规则、人与周围的人或事物之间的关系网或资源分配方式（朱蓉，2017；Patricia and Ocasio，2008）。所以，理解制度中的行动者是理解制度变迁的关键。

认识一个特定领域的制度逻辑有助于准确判断和预测其中行动者的行为，而研究不同群体的行为方式及其相互作用有助于认识相应的制度逻辑，即将制度变迁研究建立在实证的基础之上。不同群体和个人带着各自的利益诉求参与制度变迁的过程，反映了各自领域的制度逻辑，使制度变迁具有内生性（周雪光、艾云，2010）。一方面，制度逻辑命令和约束个体行为；另一方面，行动者在制度实践中具有一定的能动性，能够调节、解释、转译制度逻辑以实现组织和个人的目标（李宏贵、蒋艳芬，2017）。

在多重制度逻辑中，尽管各种逻辑相互作用，但是，在某一具体的制度变迁过程中，其中一种或若干种逻辑的作用力更强，从而会对制度变迁发挥更大影响力（Patricia and Ocasio，2008）。因此，理解具有更大影响力的制度逻辑是理解制度变迁的又一个关键。

---

① 同理，制度僵化与停滞不变也可以用制度逻辑来解释。

（二）农民资金互助监管体制变迁的多重制度逻辑

从制度变迁的角度看，农民资金互助监管体制的形成机制中存在三个行动主体：国家、政府金融监管系统和农民资金互助组织，三者围绕资金互助制度自然形成了国家、政府金融监管系统和农民资金互助组织三重制度逻辑。

1. 国家逻辑

国家逻辑一般是指政府代表国家作为行动主体，从国家需要和政治任务出发，为实现某一目标而采取行动的内在机制，其具体表现为国家政策出台及组织实施的过程。农民资金互助能够有效地缓解农村生产资金短缺，促进农民创业创收，推动农村经济和社会发展，有利于解决发展不平衡不充分的问题。因此，党和政府代表国家意志发布了一系列政策文件鼓励和支持农民资金互助健康发展，同时要求各级相关政府部门研究监管办法，担负起监管责任，以避免危害社会秩序的行为发生。这些政策体现的正是农民资金互助发展的国家逻辑。国家逻辑为分析农民资金互助的监管问题提供了基本依据，但是，政策文件的落实需要借助于具有可操作性的具体措施。这为政府金融监管系统发挥作用留下了空间。

2. 政府金融监管系统逻辑

组织行为是组织成员适应组织激励机制和组织环境的结果。政府金融监管系统是一个由不同行政级别的金融监管机构及其内部具有不同行政级别的官员构成的双重科层制体系。政府金融监管系统逻辑是指科层制结构中不同行政级别的政府金融监管机构及其官员在外部（上级或社会）激励约束和内部（机构或部门）激励约束下，权衡监管成本与收益后的行为选择机制，也可以称为政府金融监管系统的科层制逻辑（以下简称"科层制逻辑"）。监管机构及其中个人行为选择的基本依据是成本收益分析。对于科层制结构中的机构而言，影响其行为选择的主要因素依然是科层制结构中的个人行动的成本与收益。科层制结构下，中国政府金融监管机构中的官员或个人决策的主要关注点是其职业发展前景，即在最大限度上选择最有利于晋升的做法，或避免威胁职业发展的做法（周雪光、艾云，2010）。毫无疑问，在现行体制下，对于负责监管金融活动的官员而言，出色完成金融风险防控任务是最有利于其职业生涯发展的选择。因此，当促进农民资金互助发展与防控金融风险两个目标难以同时实现时，科层制组织中的官员有能力也有动力通过调整政策的具体执行措施来实现组织和个人的目标。

在科层制逻辑下，假设金融监管系统中的行政官员具有基本的职业操守，即在落实某项金融监管政策前会先权衡监管的社会收益与社会成本，当他认定社会收益大于社会成本时，再考虑监管的个人收益与个人成本。若他认定个人收益大于个人成本，则会毫不犹豫地选择落实这项政策；否则，他将选择不执行该项政策，或者采取对个人有利的方式调整性地执行该项政策，以尽可能地提高个人收益或降低个人成本。

对农民资金互助组织及其活动承担监管责任官员的监管行为选择同样遵从科层制逻辑。虽然农民资金互助的社会收益很大，但对其进行合理监管的成本很高，而监管系统的监管资源却非常有限。农民资金互助基本上都在县域运行，其监管主要依靠县级监管部门。截至2016年年底，中国县级银监办事处共有员工4213人[①]，平均每县仅有1.48人[②]；全国共有农村金融机构（包括农村信用社、农村商业银行、农村合作银行、村镇银行、持牌照的农村资金互助社）3770家[③]，平均每县有1.32家。而中国有571794个村委会[④]，平均每县有200.56个。截至2017年7月底，在工商部门登记的农民专业合作社达到193.3万家[⑤]，平均每县有678.01家。平均每县行政村和农民专业合作社的数量分别是农村金融机构数量的151.94倍和513.64倍。如果大部分行政村和农

[①] 资料来源：《中国银行业监督管理委员会2016年报》，中国银行业监督管理委员会官网，http://zhuanti.cbrc.gov.cn/subject/subject/nianbao2016/5.pdf。

[②] 资料来源：《中国行政区划（2016年）》，行政区划网，http://www.xzqh.org/html/show/cn/37714.html。2016年6月，中国共有县级行政单位2851个，本文以此为准计算平均每县的银监系统工作人员数量、金融机构数量、行政村数量和农民专业合作社与资金互助组织的数量。

[③] 资料来源：《中国银行业监督管理委员会2016年报》，中国银行业监督管理委员会官网，http://zhuanti.cbrc.gov.cn/subject/subject/nianbao2016/5.pdf。

[④] 资料来源：《中国行政区划（2016年）》，行政区划网，http://www.xzqh.org/html/show/cn/37714.html。

[⑤] 资料来源：《全国农民专业合作社达193.3万家》，人民网，http://paper.people.com.cn/rmrb/html/2017-09/10/nw.D110000renmrb_20170910_6-10.htm。

民专业合作社都开展资金互助，那么，全国农民资金互助组织的数量将超过百万家，即平均每县有数百家之多，更不必说在行政村和农民专业合作社之外还有农民或非农民自办的各类资金互助组织。资金互助组织虽然不吸收公众存款，但其成员股金与存款具有相似的特征，有必要对其审慎监管（潘功胜，2015）。然而，对数目庞大的农民资金互助组织进行监管，远非金融监管系统现有监管能力可及。因此，金融监管部门高筑门槛，严控进入监管范围的农民资金互助组织的数量，而其他行政管理部门（如扶贫办或农业部门）又缺乏足够的专业能力进行监管。

可见，对农民资金互助的监管过度和监管缺失皆因政府监管资源和监管能力不足；若勉强对其进行监管，则农民资金互助极可能成为"烫手山芋"，即没有机构愿意承担监管责任，因为若对其监管不当导致金融风险爆发，则势必影响监管责任人的个人职业前途，这是监管者不能接受并极力避免的。

3. 农民资金互助组织逻辑

农民资金互助组织是一种合作经济组织，按照经典的合作社理论，它应建立民主管理的治理结构进行自我监督。互助资金的来源和使用都局限于组织成员内部，即使发生不良资产，其影响也应不会波及组织之外。因此，有学者认为，农民资金互助组织可以有效地进行风险自我管理（张德峰，2012）。但是，大量研究发现，由于成员异质性的存在，农民合作组织难以实行民主管理，而是由少数精英控制（张晓山，2004；徐旭初，2005；林坚、黄胜忠，2007；马彦丽、孟彩英，2008）。同时，由于农民资金互助组织"入社自愿、退社自由"，大多数情况下农民只要缴纳股金就可以加入，而农民加入资金互助组织大多也只是为了获得贷款或获取入股收益，并没有多大兴趣花费时间和成本关心和参与资金互助组织的治理和运行，即出现"搭便车"行为。而"搭便车"必然导致资金互助组织管理的"内部人控制"。与传统零售银行的存款户相比，资金互助组织成员并没有更好地监督管理层，因此，资金互助也可能产生公共风险，需要外部监管（潘功胜，2015）。此外，严肃的资金互助参与者愿意采取自我监管和行业自律，并希望得到外部监管，以树立其组织规范运行的形象；同时，他们也希望外部监管能整肃不法分子，维护金融秩序，避免"劣币驱逐良币"，从而为自身发展创造良好的外部环境。因此，农民资金互助组织自我监管、行业自律和外部监管的需要一同构成了农民资金互助组织逻辑。

（三）农民资金互助监管体制的出路

从国家逻辑的角度看，支持农民资金互助健康发展对实施乡村振兴战略、解决不平衡不充分发展的问题具有极为重要的意义，即在国家层面，存在促进农民资金互助健康发展并对其进行合理监管的清晰逻辑。对于农民资金互助组织而言，其健康发展需要有效的监管，这个逻辑也是清晰的。因此，构建农民资金互助监管体制的关键就在于解决金融监管部门及其官员在科层制逻辑中遇到的困难。

金融监管有广义和狭义之分。广义的金融监管包括金融机构的自我监管、金融行业协（公）会的自律监管、社会中介组织的监管和政府金融监管主体对金融机构的监管；狭义的金融监管仅指政府金融监管主体对金融机构及其活动的监管，即外部监管（朱大旗，2007）。

国际经验表明，自我监管作为被监管对象对自身实施的审慎监管，很难有效发挥作用，难以维持金融机构的稳健运行（潘功胜，2015）。因此，从农民资金互助监管的多重制度逻辑出发，破解农民资金互助监管困境有两种思路。一是在政府体系内增加监管主体，分担现有金融监管部门的监管责任，减少或消除监管人员的顾虑，解决其在科层制逻辑中的困难；二是建立行业自律或社会中介组织监管制度，并在此基础上培养农民资金互助组织的自我监管能力，顺应农民资金互助组织逻辑，并解决科层制逻辑中的困难。

在政府体系内增加监管主体的方法有两个：一是双层监管，二是双线监管。双层监管是指在地方金融办的基础上建立地方金融监管局，赋予其监管辖区内金融机构与金融活动的职能。① 双线监管是指建立专门的农民资金互助组织监管系统，与既有的金融监管系统独立并行，二者互为补充，例如美国的农业信用管理局和法国的农业互助信贷银行

---

① 近年来，很多地方政府给金融办加挂了金融监督管理局的牌子，中国金融监管模式逐渐呈现由中央单一监管模式向中央主导、地方辅助的双层监管模式转变的趋势。资料来源：《多省推进金融"办"改"局"，监管立法提速，地方金融监管升级剑指金融风险》，中国社会科学网，http://ex.cssn.cn/glx/glxtt/201712/t20171213_3779090.shtml。

（盛劲松，2017）。面对众多金融创新形式，地方金融办系统的监管能力明显不足。[①] 而建立专门的监管系统意味着复杂而耗时的新的机构和能力建设过程。因此，这两种新的监管体制至少在短期内难以发挥作用。

在政府监管力量有限或监管动力不足的情况下，如果对农民资金互助实行行业自律或社会中介组织监管，则政府金融监管部门只需对行业联合组织或社会中介组织进行监管，从而使自身的监管责任和监管成本得到分担。这种监管方式可称为委托监管，即政府金融监管部门是委托人，行业联合组织或社会中介组织是受托人。从国际经验来看，委托监管是外部监管的辅助手段，是对外部监管的补充和延伸（潘功胜，2015）。

行业自律或社会中介组织监管在基层较容易起步，可以解决当前农民资金互助监管缺失与监管过度并存的问题。同时，行业联合组织或社会中介组织离农民资金互助组织更近，能够为其提供直接有效的监督和服务。从长远看，委托监管或可自下而上发展为全国性行业自律系统，甚或专门的监管系统，最终形成双线监管的体制，例如日本农协的合作金融体系（李硕、姚凤阁，2015）。

综上所述，在基层建立行业自律或社会中介组织监管的委托监管体制是相对简便易行的措施，且从长远看，这也可为"双层 + 双线 + 委托"监管体制的确立打下基础。这样的体制既可化解科层制逻辑中的矛盾，又顺应了国家逻辑和农民资金互助组织逻辑。四川省仪陇县民富农村可持续发展服务中心（以下简称"民富中心"）对扶贫资金互助社的监管实践在一定程度上验证了上述观点。

四 民富中心——一个农民资金互助委托监管的案例

（一）多重制度逻辑中资金互助发展的背景及困境

为了探索更加有效的扶贫资金管理与使用方式及符合贫困地区发展

[①] 资料来源：《地方金融监管鸿沟》，财新网，http://weekly.caixin.com/2018 - 01 - 19/101200209.html。

要求的扶贫工作新机制，2005 年国务院扶贫办在四川省仪陇县开展了"搞好扶贫开发，构建社会主义和谐社会"试点工作，其中一项重要内容是由政府引导贫困户开展资金互助，激活农村民间资本，将当地资源转变为发展资本，激发贫困户自身发展活力，帮助其步入发展轨道（吴忠等，2008）。为此，仪陇县在全国创立了第一家村级扶贫互助社（以下简称"互助社"）。① 截至 2016 年年末，仪陇县参与过互助社的农户累计达到 2.2 万户，累计入社资金 1.93 亿元，全县互助社累计发放借款 2.78 亿元。2016 年年末共有互助社 66 家，成员总数 6213 户，互助资金总额达 6142 万元，其中农户入社资金为 5037 万元；年末借款余额为 5889 万元，共 1817 笔。②

互助社的建立和运行在一定程度上解决了贫困户缺少生产资金的困难，提高了扶贫资金的利用效率和安全性，也提高了对贫困人口的瞄准效率和瞄准程度。一方面，由于国家资金的投入，互助社的运行体现了国家意图；另一方面，互助社由农民自己管理，成为农民实现自身利益的平台（中国人民银行成都分行课题组，2009；曹洪民、陆汉文，2008）。

互助社的发展也面临着诸多困难，主要表现在四个方面：一是由于农村青壮年劳动力大量外出务工，农村社区内人力资源不足，限制了互助社管理水平的提高和作用的发挥；二是互助社的法律地位不明确，运行缺乏法律保障；三是资金来源单一，资金短缺，不能满足农民的生产经营资金需求；四是业务操作成本高，在完全市场化条件下其发展不具有可持续性（中国人民银行成都分行课题组，2009；曹洪民、陆汉文，2008）。因此，若互助社经营管理不善或发生系统性金融风险，则可能对当地社会稳定和社会主义新农村建设产生不利影响，从而形成政治风险（吴忠等，2008）。这是当地政府主管部门及其官员最担心的和坚决

---

① 以此以国内外其他相关经验为基础，2006 年国务院扶贫办在全国范围内推动开展贫困村村级发展互助资金试点，探索提高财政扶贫资金利用效率和效果的新机制。截至 2013 年年底，全国共有 19397 个贫困村开展了互助资金试点。资料来源：国务院扶贫开发领导小组办公室《中国扶贫开发年鉴》编委会（2014）。

② 本文中关于仪陇县扶贫互助社及民富中心的数据，若非特别说明，均为笔者调研所得。

要避免的。

仪陇县金融监管部门和互助社管理部门（扶贫办）都难以有效应对上述风险。在仪陇县，银监办事处只有 1 名联系人，金融办只有 2 名工作人员，扶贫办相关管理人员数量少且不定期调动，无法形成有效的监管力量。因此，仪陇县扶贫办专门成立了扶贫互助指导监督中心（以下简称"监督中心"），对互助社进行监管。但是，由于缺少经费、人员数量少且专业知识和能力不足等原因，监督中心难以进行有效监管和提供支持性服务。在这种情况下，一些互助社出现了资金被少数人挪用或滥用的现象，个别互助社因此无法正常运转，风险逐渐聚集。此时，主管部门及其官员面临着艰难选择，即或是创新监管机制以解决监管能力不足的问题，或是关闭互助社以免影响社会稳定和自身职业发展前途。但是，那些运行良好的互助社则希望政府理顺监管体制，加强有效监管，为互助社发展创造良好环境。可见，无论是从国家逻辑，还是从科层制逻辑抑或从农民资金互助组织逻辑看，监管体制创新都是互助社健康发展的关键和迫切需要解决的问题。

（二）民富中心的创立与运行

2014 年四川省仪陇县参加了中国国际经济技术交流中心（以下简称"交流中心"）、中国人民银行金融研究所与联合国开发计划署合作的"在中国构建普惠金融体系"项目，并成立了民富中心，试图解决农民资金互助发展面临的监管困境，探索农村合作金融扶贫和发展的新模式。

民富中心是民办非企业法人，由仪陇县扶贫和移民工作局（以下简称"扶贫移民局"）和交流中心共同发起成立，经扶贫移民局委托和授权，在监督中心的指导下，对互助社进行监督、指导和支持，旨在促进互助社健康规范发展。民富中心内部设有理事会、监事会和管理层。理事会由相关机构和互助社管理人员组成。监事会由相关政府部门人员组成。管理层由民富中心聘请的具有多年资金互助管理经验与社区工作经验的专业人员组成。

民富中心自成立以来，针对互助社风险防控、能力建设和流动性支持等方面的问题重点开展了一系列活动。首先，资金互助风险防控是民富中心的核心任务。民富中心建立了审慎监管制度,将互助社面临的风险划分为机构风险、道德风险、操作风险和挤兑风险四类,并针对每种风险制定了相应的管理制度和应对策略。例如,针对机构风险,建立健全了相关管理制度和组织结构,配齐了管理人员,并为在岗管理人员购买了意外伤害保险。针对道德风险,确立了"谁放谁收、终身问责"的原则,落实了借款经办人的首席联保人责任,并要求管理人员缴纳上岗保证金和风险保证金。针对操作风险,落实了借款人家人及亲友的借款连带担保责任及单笔贷款上限规定,并积极帮助借款人解决生产和生活中的问题,倡导借款人购买第三方借款保险,以防其因遭遇经营困难或意外伤害而失去还款能力;同时还设置了风险警示线,当互助社贷款质量低于警示线时须停业整顿。针对挤兑风险,互助社和民富中心两级都建立了风险准备金制度,用于各互助社入社资金的紧急兑付。

其次,互助社组织能力建设是民富中心的重要工作。为此,民富中心协助互助社制定了相关规章制度,完善了治理机制,以加强互助社自我管理和自我监督的能力。同时,民富中心还通过经常性培训、到村现场指导等方式,努力提升互助社管理人员的业务技能和职业操守。截至2017年7月,民富中心已组织15次大规模的培训,受训人员累计达到1400多人次。

最后,为互助社提供流动性支持也是民富中心的重要工作内容。单个互助社资金规模较小,容易陷入流动性不足的困境。为此,民富中心一方面积极为互助社争取财政专项帮扶资金,帮助互助社补充互助资金;另一方面设立了专项借款基金①,为借款需求超过互助资金规模的互助社提供流动性支持。截至2017年10月底,民富中心已为19家互助社累计拆借资金832.9万元,社均借款约43.84万元,大大缓解了部分互助社流动性不足的压力,增强了其发展和服务的能力。

(三)民富中心的运行效果

民富中心成立以来取得了多方面的成效,概括起来主要表现在以下

---

① 民富中心利用项目资金,受托管理的各互助社的公积金、公益金和风险准备金,互助社管理人员缴纳的上岗保证金及个别互助社的闲置资金,组成了专项借款基金,并将75%的专项借款基金短期拆借给互助资金相对不足的互助社,以满足农户的借款需求。

三个方面：

（1）遵循多重制度逻辑，初步形成了有效的委托监管体制。民富中心作为社会中介组织，接受扶贫移民局的委托，对互助社进行监管并提供支持性服务，这弥补了政府监管能力的不足，分担了政府主管部门及官员的监管责任和压力，缓解了科层制逻辑中的矛盾，使政府部门和主管领导选择继续支持互助社发展，而非将其关闭。同时，为规范互助社发展，民富中心建立了较严格的监管标准和措施，结合日常监管、指导和支持，能比较及时地发现和解决互助社管理中的隐患，从而提高互助社的自我管理能力和业务质量，改善其发展的条件和环境，促进其规范健康发展，即符合了国家逻辑和农民资金互助组织逻辑。因此，仪陇县初步形成了有效的资金互助委托监管体制。

（2）提高了互助资金的利用效率，增强了互助社的融资服务能力和发展活力。民富中心通过争取外部资金和受托统筹管理互助社资金，在互助社之间调剂资金余缺，扩大了互助资金的规模，解决了部分互助社资金短缺或闲置的问题，大幅提高了互助资金的利用效率，增强了互助社的融资服务能力和发展活力。自 2014 年年底至 2017 年 10 月底，仪陇县互助资金总余额从约 1500 万元增加至约 6200 万元，借款余额从约 2100 万元增加至约 5500 万元。

（3）增加了成员收益，改善了贫困人口的生活质量。互助资金规模的扩大和周转率的提高增加了成员的分红收入，满足了农民的理财需求，特别是满足了留守老人的理财需求。例如，大风乡金盆四社一对年近七旬的留守老人在互助社累计投入了 4.1 万元，其 2017 年分红收入为 2050 元，比两人当年的养老金总和还要多 450 元。他们使用分红款买了年货，预交了 2018 年的医保费，余下的钱基本够支付一年的电费和购买油盐及洗衣粉的费用。分红收益不仅减轻了留守老人子女的赡养负担，而且使老人的晚年生活更有质量、更有尊严。截至 2017 年 5 月底，互助社成员累计分红 548.8 万元，社员入社资金平均年化收益率为 5.6%。

五 结论与启示

（一）结论

通过制度变迁的多重逻辑分析可以看到，金融监管体制单一和金融监管资源严重不足在科层制逻辑下导致了农民资金互助监管缺失与监管过度并存的现象。顺应多重制度逻辑，尤其是顺应科层制逻辑，解决监管资源不足的问题是改善这一现象的关键。

四川省仪陇县相关主管部门通过建立民富中心，将监管对象从几十家互助社缩减为一家民富中心，极大地节约了监管资源，比较好地解决了监管能力不足的问题。同时，民富中心受托监管，分担了主管部门及其官员的监管责任和压力，完成了看似不可能完成的监管任务，为当地农民资金互助创造了良好的监管环境，促进了农民资金互助的健康发展。可见，仪陇县通过与社会中介组织合作，形成了集监管与服务于一体的委托监管体制，解决了监管缺失和监管过度的难题，达到了既能防止农民资金互助"跑偏"，又可避免农民资金互助遭到封杀的效果。

在仪陇县互助社发展的过程中，虽然扶贫移民局承担归口管理的责任，但是，当地人民银行、银监部门和金融办也一直对该项工作给予理解和配合，即初步显示出"双层＋双线"监管的特征。加上民富中心的受托监管，仪陇县农民资金互助"双层＋双线＋委托"的监管体制轮廓隐约可见。

（二）启示

农民资金互助监管难题的深层原因在于科层制逻辑中金融监管系统及其官员对社会成本收益和个人成本收益的权衡，而其中的关键影响因素是对个人成本收益的考量。"双层＋双线＋委托"的监管体制有可能解决农民资金互助监管过度和监管缺失并存的窘境，进而打破农民资金互助"一管就死，一放就乱"的"魔咒"。

2014年中央一号文件明确了地方政府对新型农村合作金融的监管职责，2016年和2017年中央一号文件均提出落实地方政府对农村资金互助组织的监管责任。可见，中央已明确提出了建设农民资金互助双层监管体制的目标，一些地方政府也已开展双层监管体制建设试点，如山东省、江苏省等。[①] 此外，农民资金互助一般是农村社区合作组织或农民合作组织的内部资金互助业务，这些合作组织的主管部门可以承担部分日常监管职能，从而形成双线监管体制。仪陇县民富中心的实践为"双层 + 双线 + 委托"监管体制的建立提供了基层经验。当然，这种监管体制也存在局限性。例如，受托机构可能缺少足够的专业知识和监管能力，也可能缺少相应的法律地位、工作独立性及处罚违规者的权力和权威（潘功胜，2015），从而无法有效地发挥监管作用。这些问题需要在立法层面解决。金融监管当局也须培养受托机构的监管能力，并对其进行监管。

从国际经验来看，农村合作金融制度变迁是一个自发与引导发展相结合的渐进过程，即从"低级"的信用社逐步发展为"中高级"的合作银行，最终形成政府监管与行业自律并存的监管服务体系（陈希敏，2011）。民富中心目前是一个民办非企业法人的中介机构，但是，它可以转制为互助社的联合社，成为行业自律组织，相关部门也可在此基础上建立更高一级的资金互助监管体系。所以，中国农民资金互助监管体制建设也应从基层试点开始，经历自下而上、自发和引导、不断试错和纠错的发展过程。政府监管部门需要在把握住风险底线的前提下对其发展给予足够的耐心和宽容。

参考文献

1. 伯文：《金融危机十年专题·金融乱象的表现、根源及治理》，《当代金融家》2018 年第 1 期。
2. 曹洪民、陆汉文：《扶贫互助社与基层社区发展——四川省仪陇县试点案例研究》，《广西大学学报》（哲学社会科学版）2008 年第 12 期。
3. 陈立辉、刘西川：《农村资金互助社异化与治理制度重构》，《南京

---

① 参见中国金融教育发展基金会、山东省金融工作办公室（2015）以及《江苏省政府办公厅关于加强农民资金互助合作社规范管理的指导意见》，江苏省人民政府官网，http://www.jiangsu.gov.cn/art/2015/12/14/ art_ 46646_ 2556760.html。

农业大学学报》（社会科学版）2016 年第 3 期。

4. 陈希敏：《制度变迁中的农户金融合作行为研究》，人民出版社 2011 年版。

5. 陈志龙、王世停、周静文：《一个农村资金互助合作社的实践》，《中国合作经济》2007 年第 8 期。

6. 董晓林、徐虹、易俊：《中国农村资金互助社的社员利益倾向：判断、影响与解释》，《中国农村经济》2012 年第 10 期。

7. 国务院扶贫开发领导小组办公室《中国扶贫开发年鉴》编委会：《中国扶贫开发年鉴 2014》，团结出版社 2014 年版。

8. 郭晓鸣：《农村金融创新：村级资金互助社的探索与发展——基于四川省的实证分析》，《农村经济》2009 年第 4 期。

9. 姜佰林：《从农村资金互助社到综合农协的发展——以梨树县为案例》，《银行家》2010 年第 6 期。

10. 李宏贵、蒋艳芬：《多重制度逻辑的微观实践研究》，《财贸研究》2017 年第 2 期。

11. 李硕、姚凤阁：《日本农村金融体系对中国农村金融改革的启示》，《东北师范大学学报》（哲学社会科学版）2015 年第 2 期。

12. 林坚、黄胜忠：《成员异质性与农民专业合作社的所有权分析》，《农业经济问题》2007 年第 1 期。

13. 马彦丽、孟彩英：《我国农民专业合作社的双重委托—代理关系——兼论存在的问题及改进思路》，《农业经济问题》2008 年第 5 期。

14. 潘功胜：《微型金融监管的国际经验》，中国金融出版社 2015 年版。

15. 彭澎、张龙耀：《农村新型资金互助合作社监管失灵与监管制度重构》，《现代经济探讨》2015 年第 1 期。

16. 邵传林：《金融"新政"背景下农村资金互助社的现实困境——基于 2 个村的个案研究》，《上海经济研究》2010 年第 6 期。

17. 盛劲松：《欧美典型国家农民资金互助组织法律制度及其启示》，《世界农业》2017 年第 3 期。

18. 王静：《农村资金互助社状况——以瑞安汇民农村资金互助社为例》，《中国金融》2016 年第 13 期。

19. 王苇航：《关于发展农村资金互助合作组织的思考》，《农业经济问题》2008 年第 8 期。

20. 吴东立：《农民合作社内部资金互助监管问题不容小觑》，《中国农民合作社》2017 年第 5 期。

21. 吴忠、曹洪民、林万龙等：《扶贫互助资金仪陇模式与新时期农村反贫困》，中国农业出版社 2008 年版。

22. 夏英、宋彦峰、濮梦琪：《以农民专业合作社为基础的资金互助制度分析》，《农业经济问题》2010 年第 4 期。

23. 徐旭初：《农民专业合作经济组织的制度分析——以浙江省为例》，博士学位论文，浙江大学，2005 年。

24. 苑鹏、彭莹莹：《农民专业合作社开展信用合作的现状研究》，《中国合作经济》2014 年第 1 期。

25. 张德峰：《论农村资金互助社的政府有限监管》，《现代法学》2012 年第 6 期。

26. 张晓山：《促进以农产品生产专业户为主体的合作社的发展——以浙江省农民专业合作社的发展为例》，《中国农村经济》2004 年第 11 期。

27. 赵铁桥：《关于农民合作社信用合作的理论与实践问题》，《中国农民合作社》2015 年第 5 期。

28. 中国金融教育发展基金会、山东省金融工作办公室：《山东省农民专业合作社信用互助业务实务读本》，中国金融出版社 2015 年版。

29. 中国人民银行成都分行课题组：《关于四川仪陇贫困村"发展互助资金"的调查报告》，《中国金融》2009 年第 5 期。

30. 周立、李萌：《资金互助社的正规化》，《中国金融》2015 年第 7 期。

31. 周雪光、艾云：《多重逻辑下的制度变迁：一个分析框架》，《中国社会科学》2010 年第 4 期。

32. 朱大旗：《金融法》，中国人民大学出版社 2007 年版。

33. 朱蓉：《多重逻辑下的制度创业——中国 P2P 行业边界与实践的影响》，《华东经济管理》2017 年第 1 期。

34. Patricia, H. T. and W. Ocasio, 2008, *The Sage Handbook of Organizational Institutionalism*, UK：Sage Publications Ltd.

互助资金的市场化运行趋势与存在问题

董　翀　杜晓山　李　慧*

摘　要：本文基于对甘肃省两个国家级贫困县互助资金运行情况的调研，分析了扶贫村互助资金自主运行和担保增信两种常见运行模式的运行逻辑、发展状况及存在问题。研究发现，互助资金存在明显的市场化运行趋势，其激励机制、内部控制和外部监管机制尚有较大的完善空间，并提出了相应的政策建议。

关键词：互助资金　市场化运行　担保增信

一　引言

为缓解农村金融发展滞后，金融产品不足，农户生产资金缺乏，制约农业、农村发展特别是贫困农户脱贫致富的突出矛盾，中国自 2006 年开始在全国特定贫困区域开展贫困村互助资金试点工作。2009 年，国务院扶贫办、财政部联合下发了《关于进一步做好扶贫村互助资金试点工作的指导意见》[国开办发〔2009〕103 号]，其明确指出，互

---

* 董翀，管理学博士，中国社会科学院农村发展研究所农村金融研究室助理研究员，主要研究领域为普惠金融、供应链金融、合作经济；杜晓山，中国社会科学院农村发展研究所研究员、教授，原党委书记、副所长，中国小额信贷联盟理事长，主要研究领域包括：小额信贷、扶贫、农村金融；李慧，国务院扶贫办中国扶贫发展中心产业扶贫处处长。

助资金是指在贫困村建立的民有、民用、民管、民享、周转使用、滚动发展的生产发展资金，其重点在扶贫，关键在互助，方向在合作。互助资金由财政扶持资金、村民自愿交纳的互助金、社会捐赠资金等组成，其中财政扶贫资金、捐赠资金及其增值部分归所在行政村的全体村民共同所有；村民交纳的互助金归其本人所有。互助资金使用权归互助组织全体成员所有。

自 2006 年开展贫困村互助资金试点工作以来，全国大约有 2 万个贫困村设立了互助资金，通过中央和地方财政支持、农户资金入股和社会捐赠等方式筹集到的资金总量约达 50 亿元。但是，各地对此项目的重视程度和实际运营情况差异很大，互助资金的发展很不平衡（杜晓山、孙同全，2010）。从已有研究和各省市县的实践工作来看，互助资金作为一种以扶贫为目的的小额信贷，本质上是基于政策支持的合作金融，兼具集体金融和合作金融的特性，即其一方面以"自我服务"为经营目的，强调每一个成员在组织中的合作作用；但另一方面侧重于"选举、代理、聘任"的集体金融管理模式，而非"人人为我、我为人人"的合作金融管理模式。其基于地缘的信息交流和社会网络优势，在减少信息不对称、营造信任氛围，从而降低信贷服务交易成本方面具有得天独厚的优势，因而，在贫困村建立互助资金，有助于解决偏远贫困农村地区信贷服务成本高、风险大的问题，其可作为正规金融的补充，在一定程度上缓解贫困村、贫困农户生产发展资金短缺的问题，促进贫困农户自我发展，从而对缓解贫困和增加农户收入产生正向影响（孙若梅，2006；茹玉、林万龙，2015）。互助资金组织的发展方向也应该是具有合作性质的社会企业。[①]（杜晓山、宁爱照，2013）然而，不容忽视的是，外部竞争环境、商业化运行、低收入客户需求不足、信贷风险集中等诸多因素导致了互助资金项目在一定程度上出现了扶贫目标偏离（刘西川，2012；孙若梅，2006；张正平、郭永春，2013），并且在项目的可持续发展方面，其面临着严峻的挑战（孙同全，2007；

---

① 社会企业不是纯粹追求利润的企业，也不是一般地依赖外部资金生存的社会服务机构，社会企业通过市场化运作实现保本微利，确保自身可持续发展并贡献社会。其所得盈余用于扶助弱势社群、促进小区发展及社会企业本身的可持续发展。其重视社会价值，多于追求最大化盈利。

杜晓山、孙同全，2010）。

根据 2017 年 5 月笔者在甘肃省定西市两个县①调研获得的情况，由于多方面的原因，互助资金出现较严重的资金闲置现象。为解决资金闲置率高、运行效率低的问题，互助资金组织积极创新运行模式，为其相对富裕的资金寻求出路，出现类似市场化运行的社会企业特征。

二　调研地区互助资金的运行状况

（一）互助资金的两种运行模式

此次调研的两县均为国家级贫困县。从近三年两县地区生产总值、大口径财政收入、人均生产总值、农民人均纯收入和城镇居民人均可支配收入来看，A 县的经济发展状况明显优于 B 县。从近三年两县的金融机构各项存款余额、金融机构各项存款余额和金融机构数量来看，A 县的金融发展状况明显优于 B 县。两县互助资金的运行主要包括自主运行和担保增信两种模式。

自主运行模式下，各试点村在县扶贫办的指导下成立资金互助组织（社或协会），宣传发动村民参加互助资金组织，成员大会为其最高权力机构，下设理事会和监事会，理事会为其日常运行管理机构。互助资金组织成员有用于增加收入的生产经营性资金需求的，可以向组织提出借款申请。借款以小额为主，可借额度以成员缴纳的互助金为依据。以 B 县为例，其可借额度最多不超过本人缴纳互助金的 5 倍，上限为 5000元，成员借款需要 1—2 户其他成员互助联保。借款期限最长不得超过12 个月。按照计算简单、能覆盖运行成本、农户能够承受的原则，正常借款月占用费为 5‰，逾期借款月占用费为 15‰。

互助增信模式是互助资金组织将互助资金中来自财政投入和社会捐助的资金存入相关金融机构（信用社、农发行、甘肃银行等）专户作为担保金，按一定比例放大（原则上不低于 1：8，对运行规范、效益明显的互助组织可放大到 1：10），按照"一次核定、随用随贷、周转使

---

① 本文对调研两县的名称进行了处理，称为 A 县和 B 县。

用、动态管理"的原则取得相关金融机构授信，为该村农户提供贷款担保。贷款农户以非生活必需的农房、林权、牲畜、门面房等所有权抵押担保或农户联户担保等互助组织认可的形式提供反抵押担保。有生产经营性资金需求的组织成员在互助增信组织及相关金融机构共同确认无其他贷款渠道的前提下，可申请互助增信贷款。贷款总额上限为5万元，合作社或个别大户贷款须经村民大会表决通过。对用于种植、加工和贩运的贷款，贷款期限原则上不超过一年，对发展养殖业、林果业等生产周期较长的贷款，贷款期限原则上不超过两年。贷款农户须向承担互助增信的金融机构支付利息，利率标准比照农信社农户小额信用贷款利率，按季结息。

（二）互助资金的发展现状

两县的互助资金来源中，来自各级财政拨付的资金量占比均超过了96%。两县均实现了村级扶贫互助资金组织的行政村全覆盖。A县有村级扶贫互助资金协会323个。截至2017年5月，全县互助资金总量为10239万元，其中，通过自主运行模式累计发放贷款4088万元，发放贷款余额为1789万元；互助增信后作为金融机构担保金的总额达到8450万元，通过担保增信模式累计发放贷款1.16亿元。

B县有扶贫互助协会217个。截至2016年年末，全县互助资金总量达7888万元，其中，各村级互助协会通过自主运行模式发放贷款余额仅为80万元，互助增信后作为金融机构担保金的总额为2320万元，通过担保增信模式累计发放贷款2.4亿元；仍闲置的互助资金占互助资金总量的70.6%。由于资金闲置严重，21个贫困村拟退出互助资金自主运行模式。B县政府目前正在着手建立互助资金联合会，省财政为拟退出的21个贫困村分别注入财政扶贫资金30万元，与组建互助资金组织时注入的20万元/村的财政资金，以及其他闲置资金归集作担保金，进一步深入开展担保增信模式，按照1∶10放大，希望能推动互助资金的高效运行，从而撬动当地经济的发展。

自主运行模式中，B县发放贷款余额仅占互助资金总量的1%，A县的情况略好，也仅占17.5%。担保增信模式中，两县大部分乡镇的村级互助资金组织发放贷款总额均少于其担保金数量，全县发放贷款总额与其 1∶8 和 1∶10 的放大比例要求相比，还有相当大的空间。利用担保增信模式提高互助资金使用效率、撬动金融资本，从而解决发展村级集体经济和扶贫产业贷款难的目标尚未实现。

三 存在问题

（一） 政府职能错位或服务不到位，各参与方积极性不高

互助资金管理有两个核心内容，即平等的民主管理和专业的管理能力。开展资金互助应培养和发挥农民自我管理、合作发展的意识和能力，充分调动农民参与的积极性。但是，有的地方政府没有做好动员和培训的工作，反而直接介入了村互助资金的具体管理工作，严重影响了各参与方的积极性。调研发现，除县、乡镇政府有关部门对互助资金工作比较积极之外，农户、互助资金组织管理人员和承担担保增信的相关金融机构都表现得不太积极。两县各乡镇都存在农户加入互助资金组织的比例较低、对互助资金政策知晓率低的现象。

开展担保增信工作以来，各乡镇虽都进行了宣传培训，但政府职能部门的工作缺乏广泛深入的社区动员。一些地方只是进行简单的政策宣讲，各村级组织的宣传培训仅停留在村社干部层面。导致农民不知道或不理解互助资金的性质和运作方法，也不关注互助资金的事务。同时，在民主管理和业务技能两个重要方面，政府职能部门对基层政府和村级资金互助组织都缺少必要的培训。这在基层政府部门层面表现为工作人员对互助资金的性质和运作方法缺乏较深刻的理解和认识，财务监督薄弱，部分乡镇的分管领导和专干对扶贫互助资金贷款流程仍不清楚，无法对村级扶贫互助组织管理人员进行有效指导。在村级资金互助组织表现为互助资金管理人员在民主决策、信贷管理、财务管理和内部监督等方面缺乏应有的知识和能力。部分互助资金组织不能按照金融机构的要求推荐信誉良好的农户，造成银行审贷通过率较低，与金融机构的沟通不畅也导致金融机构不能及时进行入户核查和贷款发放，导致贷款发放效率低下，农户、互助资金组织和金融机构均有不满。

（二）内部管理机制不健全

在制度建设方面，两县均制定了《贫困村互助资金管理办法》《贫困村互助资金担保增信实施方案》等一系列规章制度，印制了信贷档案资料、贷款约据和专用收据，推行贷还款公示制、工作经费报账制、资金管理使用审计制，以规范互助资金的管理和使用；在组织建设方面，两县均建立了县—乡镇—村三级联动监管和互助资金月报制度，在县、乡镇和村均建立了监管机构，定期对互助资金管理使用情况进行检查监督。

但是，实际工作中的诸多问题显示，互助资金组织的内部管理机制仍有待完善。首先，内控机制不健全。一方面，管理人员职责分工不清。有的监督人员直接参与资金的发放和回收，有的出纳一人管章、管存折、负责提款和收款全套手续，管理漏洞很大。另一方面，规章制度及其执行是两张皮，规定是一套，实际操作又是另外一套。大部分村级扶贫互助组织的理事会和监事会都不能按照规章制度履行职责，贷款手续都由理事长一人办理。互助资金组织的经营管理权限向核心成员集中，出现"内部人控制"现象。有的管理人员多次得到借款，挤占了其他村民借款的机会。

其次，目前不少互助资金组织的财务管理比较混乱，如账实不符、出纳将个人存款与集体存款混合使用等。这种现象基本上有两方面的原因：一是财务管理人员没有接受过专门的培训，外部的指导和监督也不到位；二是不排除人为造假的可能。互助资金的财务管理问题反映出农村财务管理的普遍现状，即管理体制不完善、制度不健全、没有专门的财务监督小组和审计人员，村民更是缺乏对村财务运作进行监督的知识和能力。

（三）互助资金的潜在风险

互助资金的风险主要来自四个方面：一是生产经营项目可能遭遇的市场风险和自然灾害风险。与农业产业化结合形成的单一生产经营项目有利有弊，规模化和专业化会带来经营效率的提高，但也意味着经营风险的放大。二是社会风险。互助资金可能被少数管理人员控制，并沉淀到少数富裕户的手中；个别地方利用互助资金的名义非法吸储，造成金融隐患。三是破坏当地信用。如果出现长期拖欠甚至大量呆坏账的情况，就有可能破坏农民的信用意识和当地的信用环境。四是"寻租"风险和挤出效应。低利率有"寻租"的空间，可能导致贷款集中在少数人手中，而且会对商业资本和社会资本形成潜在的挤出效应。

与自主运行模式相比，互助增信模式贷款主要面对能够带动村级集体经济发展的扶贫龙头企业、专业合作社、规模养殖场和返乡创业致富带头人，因此，其可申请额度更大，贷款期限更长。此外，互助增信模式还包括不同形式的带动贫困户、放大贷款额度条款，即其贷款可申请额度与其带动贫困户（对专业合作社来说是带动社员）的数量和有效担保抵押物正相关，即带动贫困户的数量越多，其可汇集的贷款越多。而贷款实际使用者所谓的"带动"在大多数情况下仅是每年支付给被带动贫困户几千元的分红。考虑到两县相对单一的产业结构与同质性较强的农业经营内容，担保增信模式可能导致信贷风险的集中与放大。同时，相较于自主运行模式，互助增信模式下互助资金贷款的实际使用者具有较强的市场势力，如果出现逾期贷款，其催收难度就会大大增加。比如推广互助增信模式以来，一些互助资金组织的逾期贷款数量明显增加，管理人员反映贷款回收难度明显增大。

（四）互助资金可持续发展面临的问题

一是利率低与管理成本高的矛盾。根据调研情况，使用互助资金需缴纳的资金占用费率（相当于利率）普遍较低。而对互助资金组织的管理者来说，严格按照规章制度办事需要耗费大量的人力、财力、物力，虽然县级财政拨付一定的工作经费，比如，B县县级财政为建立互助资金联合会开展担保增信而专门拨付给村协会工作经费36.6万元，但是，鉴于已有规章制度对占用费收取和互助资金组织成本支出的严格规定，特别是实施担保增信后，扶贫互助组织不能再收取占用费，相关金融机构也没有给组织管理人员发放补贴，严重影响了其工作积极性，从而导致业务开展缓慢、实际工作与规章制度不符的情况。

二是外部监管体系严重缺失。外部机构（如县扶贫办、财政局、金融办等）由于人手紧张、缺乏专业知识、缺少工作经费等原因，往往注重项目前期的启动，在项目运行期间难以监管到位，不能及时发现问题，或者发现了问题也难以及时解决。

四　启示与建议

（一）启示

1. 关于互助资金的市场化运行趋势

从供给上来说，随着中国农村金融扶持政策逐步形成体系，财税政策、货币信贷和差异化监管政策相结合的正向激励机制引导各类金融机构进入农村金融市场，金融资源投入扶持"三农"的绩效显著，农村金融供给得到有效改善。从需求上来说，近年来当地农民大量外出务工，随着农村常住人口的数量减少，农业在当地国民经济中的地位下降，生活在农村常住居民的资金需求相对减少。从业务设计上来说，互助资金的业务模式设计相对呆板，不受大多数农户青睐。以自主运行模式为例，与政策性贴息贷款相比，其在借贷成本上不具有优势；与公益性小额信贷相比，其信贷额度较小，信贷期限较短，有时还需要一定的抵押或担保，业务流程较复杂。因此，互助资金对农村金融需求的覆盖能力非常有限，面对来自政策性小额信贷和公益性小贷的竞争，其发展空间必然受到挤压，不可避免地出现大量资金闲置。

同时，主要来自财政资金的互助资金在甘肃省被作为集体资产对待。政府对互助资金的监管较严格，调研的两县都建立了较为庞大的组织建制并制定了相对烦琐的业务流程和信息报送要求。对互助资金组织来说，这套体系的运行意味着极高的操作成本，这是低效运行的互助资金所带来的占用费收益无法覆盖的。因此，互助资金组织必须为其相对富裕的资金寻求出路，市场化运行或是其必然趋势。

2. 互助资金的激励机制

无论是自主运行模式还是担保增信模式，农户成员、互助资金组织管理者和相关金融机构的积极性都不高。特别是在担保增信模式下，普通农户是名义上的贷款申请者，须履行一系列手续并承担声誉风险，而生产大户、合作社和返乡创业企业等新型经营主体是实际的贷款使用者，仅支付给农户较低的固定收益，对提高农户的发展能力没有实质性的帮助。互助资金组织的管理者要进行一系列复杂工作，却既收不到占用费，又得不到劳务补助。同时，承担担保增信的金融机构在发放贷款后仅得到较低的利息收入，但相对于其他业务，担保增信业务并未有效缓解传统农村金融信贷业务风险大、成本高、收益低的问题。这表明，互助资金发展模式背后的激励机制有待改善。

3. 互助资金的内部管理和监管机制

互助资金的市场化运行趋势体现在两个方面：一是在业务上，扩大成员类别或贷款对象，或开发超出传统存贷业务的新业务，将大量资金用于从事多种经营；二是在管理上，更偏向于使所有权与经营权分离的专业化管理方式，专业管理人员可能会出于盈利需要，放弃对社员应有的资金支持，从而损害社员利益。上述两个方面的力量虽然有助于提高互助资金组织的经营管理水平，增强其盈利能力，但也会扩大互助资金的风险范围，削弱互助资金的民主管理原则和互助合作性质。互助资金的经营应以服务成员为目的，而非以营利为目的，其不具有竞争的实力，也不直接参与市场竞争，其风险被限制在相对封闭的社区内，不易向外扩散。但在日益严峻的市场环境中，其盈利动机和竞争意识的日益强化是必然的，其市场化运行也是必然的，其作为合作金融的互助合作属性也不应完全丢弃。在监管方面，虽然从长远看，政府必将退出信用合作的微观管理层面，但是政府应承担保障资金安全和规范运行的监督责任。但是，过于严格和烦琐的规范和监管流程带来的是过高的业务操作成本，从而导致互助资金业务的低效率和慢发展。

（二）建议

互助资金/信用合作是一项新生事物，各地都在不断探索。综观国内现有的农民资金互助实践，资金互助/信用合作组织可持续发展的基本条件应包括：业务覆盖地区有一定的市场经济交易活动；所在社区有一定凝聚力；管理层中至少有一位服众的、具有一定德才水平的人物；组织内部有切实可行的民主运营管理机制，社员必须入股；操作和财务管理健全，能够实现有效管理和周转；外部能够有效监管；有制度性外部融资渠道，等等。当然，并不是所有的资金互助/信用合作组织从开始时就能达到以上标准，但只有积极创造和具备这些条件的组织才能实现可持续发展。

因此，首先，应区别对待不同类型的信用合作，鼓励业务模式创新。对于农民自身组织起来的需求驱动型的信用合作，应积极予以鼓励、支持和规范，目前这类机构发展较缓，有的还遭遇不应有的阻挠。而对于政府供给推动型的互助资金组织，则不宜大面积快速推广，要吸取经验教训，积极稳妥地逐步推进。互助资金担保增信模式体现了政府供给推动型互助资金的市场化运行趋势，其借助于政策性银行和商业银行的合作，实现了"政府担保、银行操作、农户使用"的运行逻辑，是农村金融创新的一种有益尝试。在保障自主运行模式有充足资金运行的前提下，应使担保增信模式在相对宽松的政策环境下充分发展，从而扩大互助资金的服务范围，提高管理的专业化程度，提升互助资金的使用效率。

其次，应完善互助资金的制度设计，充分调动各参与方的积极性。面对来自政策性贴息贷款的短期冲击和公益性小额信贷的长期竞争，互助资金的应对策略应是保住本金，维持基本运营，力求坚持生存到贴息贷款的冲击结束后正常运营。因此，应优化运行模式，使各互助资金组织根据其金额规模、村级产业发展状况、农户贷款需求等，选择最适合的运行方式。同时，应适当鼓励互助资金组织扩大服务范围，增强其市场化经营能力；应合理设计利益分配机制，使农户、新型经营主体、互助资金组织管理者和承担担保增信的金融机构都能从互助资金中有所获益，从而调动各方积极性。此外，还应通过一定的激励机制调动村民入股的积极性，以便增加村民对互助资金的认同感和主人翁意识，使其将互助资金视为自己社区的重要金融服务机构与经济体，关心其发展。调研两县的互助资金文件上都写明须遵循"不跨区、不吸储、不分红"三原则，但在国开办发［2009］103号文件中只提出"不跨区、不吸储"，并未提"不分红"。分红是一项重要的激励策略，应适当利用，以提高相关方对互助资金的关注度和参与度，激发互助资金的发展活力。

再次，在内控机制方面，应完善"理事会—监事会—社员代表大会—高层管理"的"三会一高"治理结构，明确管理人员的权力和责任；建立健全财务管理系统，确保财务信息的透明公开。应注重互助资金组织管理人员的培训，提高管理人员（特别是财务人员）的素质和专业性。政府部门应扬长避短，做好宏观政策制定和管理工作，在不同地区，针对不同客户群，设计差异化的互助资金操作规范和监管流程，抓住核心问题和关键控制点，简化不必要的环节。应着力确保有关部门间的协同；建立相对稳定的工作队伍，对其进行专业、系统的培训；在微观层面，应培育和利用专业中介机构，发挥其优势，最大限度地降低开展互助资金业务的交易成本。

最后，应加强对互助资金的培训和指导。第一，应加大对有关政府工作人员的培训力度，包括互助资金政策、操作和监管，以及宣传发动等工作方法。第二，应加强对互助资金管理人员在产品设计、操作流程、风险控制等方面的培训。第三，互助资金健康运行的关键在于村民互助合作的意识和能力。所以，应特别加大对村民的培训，并为他们创造互助合作的机会，增加农民自组织资源。

参考文献

1. 杜晓山、宁爱照：《社会企业——中国公益性小额信贷机构的一个发展方向》，《金融与经济》2013 年第 5 期。

2. 杜晓山、孙同全：《供给驱动下农民互助资金发展中的几个问题》，《金融与经济》2010 年第 8 期。

3. 林万龙、杨丛丛：《贫困农户能有效利用扶贫型小额信贷服务吗？——对四川省仪陇县贫困村互助资金试点的案例分析》，《中国农村经济》2012 年第 2 期。

4. 刘西川：《村级发展互助资金的目标瞄准、还款机制及供给成本——以四川省小金县四个样本村为例》，《农业经济问题》2012 年第 8 期。

5. 茹玉、林万龙：《正规金融对农户利用互助资金贷款的影响——基于 6 省 12 县 24 个贫困村的调查》，《中国农业大学学报》2015 年第 2 期。

6. 孙若梅：《小额信贷与农民收入》，中国经济出版社 2006 年版。

7. 孙同全：《农村金融新政中非政府小额信贷的发展方向探析》，《农业经济问题》2007 年第 5 期。

8. 孙同全、杜晓山：《农村欠发达地区金融扶贫创新——重庆市开县民
   丰互助合作会扶贫实践的启示》，《经济研究参考》2015 年第 44 期。

9. 岳志：《合作金融思想学说史》，上海远东出版社 2017 年版。

10. 张正平、郭永春：《小额信贷机构目标偏离影响因素实证研究——
    基于固定效应模型的检验与比较》，《财贸经济》2013 年第 7 期。

实践篇

贵州草海村寨发展信用基金回顾

李凤山　管毓和　王汝斌　孔令仓　朱锡勇[*]

摘　要： 本文回顾了草海村寨发展信用基金（以下简称"村基金"）自 1995 年启动以来 23 年的发展历程，分析了草海村基金出现的问题及其对草海社区的社会和经济产生的成效，探讨了草海村基金的持续性。草海村基金在脱贫、社区能力建设、村民互助、环境保护意识等方面发挥着积极的作用。但是，作为一个小额信贷的形式，也存在不少问题。进一步系统地研究草海村基金的运行和管理机制，及其在扶贫和社区发展中的作用具有十分重要的意义。

关键词： 草海　村寨发展信用基金　社区发展　自然保护

一　引言

草海是一个国家级的自然保护区，位于贵州省贫困的西部高原山区。保护区的保护对象主要是濒危物种黑颈鹤和高原湿地生态系统。每年约有 400 只黑颈鹤和十万只其他水禽在这里越冬。截至 2008 年年底草海保护区共涉及 14 个行政村，居住有 9064 户农户，共 35729 人（徐鲜梅等，2012）。当地农民的生产生活严重依赖草海的自然资源，其主要经济来源是农业、渔业、养殖业，40% 的人口生活在贫困线以下。草

---

　　* 李凤山，国际鹤类基金会（International Crane Foundation）长江和黑颈鹤项目主任，主要从事鹤类研究和保护管理；管毓和，贵州社会科学院副研究员，从事区域经济和社区发展研究；王汝斌，贵州草海国家级自然保护区管理委员会工作人员，从事自然保护区管理；孔令仓，草海农民发展与保护协会秘书长；朱锡勇，草海农民发展与保护协会会长。

海自然保护区自 1985 年成立以来，保护区管理部门为了保护自然资源，采取了一些限制当地群众生产生活的措施，致使保护区与当地社区之间的矛盾越加尖锐。为了缓解和消除自然保护和社区发展之间的矛盾，贵州省环境保护局、贵州草海国家级自然保护区管理处（现称"贵州草海国家级自然保护区管理委员会"）、国际鹤类基金会（International Crane Foundation）、国际渐进组织（Trickle Up Program）于 1994 年在草海开始了村寨发展项目，建立村寨发展信用基金（以下简称"村基金"），是草海村寨发展项目的重要组成部分。

建立村基金的目的是：①为村民建立一个他们自己的银行，方便村民们的资金借贷，提高村民的生产生活水平；②通过管理村基金，提高村民的集体意识和能力建设；③以村基金为平台，改善当地社区与保护区管理部门的关系，增强村民环保意识，促进社区发展和草海保护的双赢。

本文回顾了草海村寨发展信用基金 20 多年的工作历程，总结了草海村基金项目的经验和教训，希望为中国其他地区的小额信贷、社区发展和自然保护工作提供借鉴。

二 村基金的组建和运行

（一）村基金的组建与发展规模

草海村基金的本金有三个方面的来源①：国际渐进组织②、国际鹤类基金会和中方政府。为了帮助受草海环境保护影响而必须放弃传统生

---

① 草海村寨发展信用基金项目其他资金的主要资助机构是丽资·克莱本和阿瑟·奥滕伯格基金会（Liz Claiborne & Art Ortenberg Foundation）、福特基金会（Ford Foundation）、贵州省人民政府、国际渐进组织，贵州省林业厅和国家环境保护总局。作者在此对他们致以谢意。

② 草海渐进项目资金的主体由国际渐进组织（Trickle Up Program）提供。英文 Trickle Up 意为"自下而上"。国际渐进组织是一个总部设在美国纽约的扶贫机构，其宗旨是：直接服务于基层，帮助穷人成立"渐进小组"，筹划和运行小生意，增强他们的生活技巧和信心，最终依靠自己的能力摆脱贫困。自 1993 年到 2003 年，在贵州草海自然保护区内共计启动了 572 个渐进小组，分布在草海 8 行行政村 30 个村民组，有近 600 户村民参与。详见李凤山、宋涛《草海渐进项目 10 年回顾》，载《自然保护与社区发展——草海的战略和实践（续二）》，贵州民族出版社 2007 年版。

产活动和收入来源的农户找到替代生计活动，国际渐进组织和草海自然保护区管理部门合作，协助农户成立了"渐进小组"，开展替代生产创收活动；对于成功运行的"渐进小组"，将从对其第二期赠款的50美元中捐出25美元留作村基金。同时，每成功一个渐进小组，国际鹤类基金会将配套赠款100美元，草海自然保护区管理处配套投入33美元，作为村基金。即成功一个"渐进小组"，将产生一个158美元的村基金。草海在1994—1997年的4年中完成400个"渐进小组"，成功率达99%，产生基金数额为62568美元，合人民币506800元（李凤山、宋涛，2007）。

村基金发放工作始于1995年6月，到2006年1月17日，草海共计启动了76个村基金组，参与村基金的农户总数为1622户，占保护区6500余农户的24.95%。据不完全统计，目前基金总额已达380431.8元。村基金分布在靠近草海湿地的8个村24个村民组的社区，分别占保护区14个村80余个村民组的67%和30%，具体为：海边村11个基金组、西海村4个基金组、银龙村9个基金组、草海村19个基金组、白马村10个基金组、东山村13个基金组、民族村9个基金组、大马城村1个基金组。

2001年以后，草海村基金开始出现很多问题，很多基金组把基金分掉，或者基金被某家独占。也有些停滞或者分掉的基金经过整顿后又重新运行。到2015年，国际鹤类基金会向福特基金会申请了强化草海社区发展的项目，贵州省林业厅配套6万元作为启动新村基金的本金，并在以后的两年中启动了6个村基金。截至2018年9月底，草海共有14个村基金，参与农户525户，其中有11个为妇女组。这14个基金组中，有三个基金组由于其成员大部分外出打工而处于停滞状态，正常运行的基金组的基金总额度为329404元（见表1）。

表1 贵州威宁草海村寨发展信用基金现状（截至2018年9月底）

组号	小组名	村名	启动年份	启动资金（包括村民配套）（元）	户数	基金组成员性别	基金金额（元）
1	水沟湾组	草海村	2016	20500	30	女性	35330

续表

组号	小组名	村名	启动年份	启动资金（包括村民配套）（元）	户数	基金组成员性别	基金金额（元）
2	蒋家妇女姐	白马	1998	3000	25	女性	暂停
3	草海六组	草海	1999	31300	129	男性	73080
4	陈春兰	东山	2005	1500	20	女性	暂停
5	赵银兰	东山	2007	2000	5	女性	11570
6	东山王家院	东山	2015	20000	50	女性	37710
7	孔令姐	东山	1999	1000	10	女性	暂停
8	潘家	东山	2015	20000	50	女性	34695
9	余家	东山	2016	20500	30	女性	26510
10	簸箕湾	草海	2016	20500	30	女性	24380
11	海发组	草海	2016	19900	33	女性	24130
12	朱锡乖	草海	1997	2000	48	多为男性	25447
13	朱大国	白马	2003	10340	47	男性	36552
14	李寿芬	草海	1997	2000	18	女性	暂停
合计	—	—	—	174540	525	—	329404

（二）村基金的管理机制

在开展草海村基金工作之前，我们邀请云南农村发展调研中心对草海项目人员进行了农村快速评估（RRA）和参与性农村评估（PRA）培训，不仅使工作人员掌握了社区工作的工具，而且通过培训讨论确定了村基金的运行机制，尤其强调保障村民在村基金的启动和管理上的充分参与。

在开展村基金工作的时候，尤其是在一个新的地点开始项目时，村民们大都不相信我们会把基金的管理权交给村民，我们会对村民们进行大量的宣传和解释，详细地介绍基金的来龙去脉。在消除疑虑后，村民们的角色将会发生改变，他们会积极地思考、共同讨论、设计基金的管理形式，成为承担村基金的管理者和使用者。

村民们共同决定的第一件事是基金的管理形式，草海的基金形式有

10 户人自愿组合的小基金到几十户不等的大基金，以及一个自然村组成的自然村基金等。基金小组确定后，村民们选举产生组长和记账员，召开会议共同讨论小组基金使用的管理规定，规定包括每次借贷户数、借贷金额、借贷时间、利息、超期处罚等条例。村民们把基金的运行方式、管理条例等制订出来后，提交给草海国家级自然保护区管理委员会（以下简称"草海管委会"）。草海管委会到村寨进行调查和审查，审核合格后才能启动。

基金启动运行以后，草海管委会指定专人负责村基金项目，并进行不定期的检查、监测和评估，检查内容包括：基金是否按管理规定运转、是否按时完成借贷、归还、账目是否清楚、小组会议是否按时召开、组员的参与性如何、对管理规定作了哪些修改等，以便保证村基金正常地运转。自 2006 年以后，草海管委会雇请村民骨干朱锡勇作为村基金协调员，负责村基金的监督、检查。2008 年，草海农民发展和保护协会（以下简称"农民协会"）成立。自成立以来，作为草海自然保护区与当地社区之间的一个桥梁，草海农民协会一直负责村基金的检查、管理和整顿工作。

（三）村基金的作用

对于村民和其所在村寨来讲，村基金的资金主要有如下两个方面的作用：

（1）提供垫本资金。村基金直接的经济作用是村民共同拥有村基金，每户农户都可以通过借用村基金获得贷款，解决自己对资金的基本需求，即贷款用于急需的生活开支或生产投资。这类贷款也是贷款项目设计时主要针对的用途。

（2）作为集体集资的平台，发展村寨公益事业。基金小组将贷款资金作为资本，通过贷款尽可能多地获取利息，很多基金小组用积累的利息开展公益事业。据不完全统计，到 2004 年 11 月村基金所产生的利息总额为 144936.5 元，其中用于公益事业的利息有 27034 元，包括修水井 4300 元，修路 3993 元，修灌渠 208 元，会议室修缮 6146 元，照明线路改造 12387 元。这种以利用基金利息开展公益事业的方式，一般是参加农户比较多的大组基金或者自然村基金。这类基金产生的利息比较多，所开展的公益事业覆盖面大，可操作性和产生的效果也都很好。

三 村基金运行中出现的问题

前面提到，草海村基金自 2001 年以后，出现了不少问题，致使很多村基金停止运行或者解体。原因是多方面的，现总结如下：

（1）基金启动过快。自 1997 年到 2000 年 12 月，启动了 70 多个基金小组，其间都有各种问题不断产生，过快地启动导致监督机制跟不上。问题出现后，没有作充分必要的整顿，使得问题越加严重。

（2）基金组成员外出打工。在草海村基金运行期间，是中国经济高速发展的时期，大批农业人口外出打工。草海也是一样，村基金组成员外出打工以后，村基金的还款、借款，管理委员会成员选举等活动就难以正常进行，造成拖欠、暂停等问题，最终导致一些基金的解体。尤其是早期启动的村基金，多数以男性为主，而男性外出打工的比例很高。

（3）基金管理部门的跟踪和管理不够。在村基金实施 10 年来，草海自然保护区管理部门的基金管理人员更换了 6 人，在 2003 年 8 月至 2004 年 6 月，长达 10 个月的时间无人管理。这些都造成了对基金项目的管理松懈、不稳定，出现的问题得不到解决。

（4）强势个人或者家族控制。某些村基金组受强势的个人或者家庭控制，其他成员很少或者不能使用基金，最终形成基金的名存实亡。

（5）其他原因。在基金还贷时，出现假钞现象，无法查清假钞来源，又无人愿意承担损失；在使用基金利息做公益项目时，资金不透明，引起基金成员的猜疑；基金组的成员患重病，借钱无力偿还等。

还有一个重要原因是，草海村基金不是一个纯金融性质的基金，至少基金的起因不是纯金融目的。也就是说，草海村基金是由几个自然保护机构联同发展机构创建起来的，除提高村民的经济水平外，还有增强村民的环境意识的目的。因此，草海村基金的运行机构缺乏金融管理经验，这也是草海村基金出现问题的原因。从另一个角度来看，当村民的经济水平和环境意识提高后，作为自然保护机构，即便村基金解体了，也达到了草海村基金的运行机构的目的。

四 村基金在草海社区保护和发展活动的成效

草海村基金项目在实施过程中把社区发展和自然保护紧密结合，达到了预期的效果，具体是：

（1）脱贫与社区发展成效显著。就村基金的效益而言，1000 元的村寨发展基金贷款能够使农户的年人均纯收入增加 300 元，1998 年村寨发展基金使贷款户的家庭人均收入提高了约 40%，在经济上是一个很成功的项目（汪三贵，2001）。

（2）增强了村民个体生存能力和自我发展的信心。参加草海村基金项目的很多农户被认为是无法扶持的农户，自从有了资金支持、接受培训、观察模仿邻居致富途径，信心和生活水平都得到很大的提高。

（3）增强了村民的管理能力。在项目启动和实施过程中，由于强调了村民作为主人参与的重要性，村民学会并增强了观察、分析、计划和行动的能力。由于基金属于每一个基金组所有，与自己的切身利益息息相关，因此他们积极参与基金的管理。村民们的积极参与既提高了他们的能力，也保证了基金的长期存在滚动发展。

（4）提供了村民之间互助合作的机会，增强了村民之间的凝聚力，提高了社区自我管理能力。如一个有 52 户的阳关山自然村，整个自然村成立一个基金小组，全村村民都参与基金的监督、管理，以及利息的使用。利用村基金产生的利息，村里人出力、出资办学校，把电线架设到村里等。

（5）增强了村民保护环境的意识，搭建了社区与草海自然保护区管理部门的伙伴关系。对于当地社区来说，草海是他们休养生息的地方，保护了草海就是保护了自己。从这样的认识出发，他们积极主动地参加到保护草海环境的行动中来。这些行动包括：在进行村寨的规划和实施过程中，村民们不仅考虑庭院、水井等的环境卫生，而且兼顾村边的草海湖水地带的水禽繁殖环境的保护；在草海湖边水土流水比较严重的沟谷，村民们修建截流坝，种植松树、杉树，在农地田埂栽植保土效果好的鸢尾，既治理了小流域环境，又减少了对草海湖的污染和淤积。

五　草海村基金持续性的探讨

　　草海村基金自发起到现在，经历了 23 年的历程。尽管出现了很多的问题，但是有些村基金还在持续运行着。中国社会科学院农村发展研究所小额信贷培训中心的研究人员于 2005 年 12 月考察草海的村基金项目后，对草海村基金项目的成绩给予了认可，认为：①草海的村基金在中国启动得最早，持续时间最长，有着可取的成功经验；②失败后的基金组，经过整顿、整合，重新运行，尤其是农民自发性地再运行，有着十分重要的意义；③妇女在草海村基金中的作用越加明显，再一次说明妇女的优势，尤其是操作小额基金的长处（张保民，2007）。

　　具体来说，草海村基金实践可总结出以下经验：

　　（1）村民对基金的需求。由于手续繁杂等原因，普通村民很难借到农村信用社等正规金融机构的资金。即便能借到银行贷款，也要把利息还给银行。在草海，目前尚有一定规模的民间借贷或集资（当地"扎会"）等现象存在。说明村民对村基金是有需求的，这也是为什么在两年前又启动了一些新的村基金。

　　（2）村民对基金有"拥有感"。农民自愿组合成立基金组，共同参与讨论和决定基金的运行方式。村民们集资注入和补充本金实际上是连接村民和基金的纽带，让村民感觉到自己的钱就在基金里。一位村民曾这样说道，我们在银行借钱，要连本带息还给人家，在基金里面借钱，是连本带息还给自己。

　　（3）外部的支持。国际鹤类基金会是草海村基金发起的组织之一。自草海第一个村基金启动到现在，国际鹤类基金会一直在草海做社区发展、鸟类保护和环境教育工作，也一直关心和支持草海村基金的运行和发展。

　　（4）农民管护员队伍和农民保护与发展协会。草海农民保护和发展协会成立于 2008 年，主要任务是加强草海自然保护区管理部门和当地社区之间的交流。自成立后，协会一直在监督和协助管理村基金，对草海村基金的持续发展起到至关重要的作用。

　　（5）妇女的作用。草海村基金尽量充分发挥妇女善于家庭理财、吃苦耐劳的长处，注重逐步提高妇女在村基金中的作用。尤其是最近几年，在基金整顿以及启动新基金时，首先考虑妇女们提出的基金申请。

六　关于草海村基金的思考与建议

刘文（2007）比较分析了在威宁县运行的三种小额信贷扶贫项目，即草海村基金、乐施会仿孟加拉乡村银行的社区基金和县扶贫办实施的小额信贷，得出草海村基金有下面几个独特的地方：①草海村基金是一个以自然保护组织来发起和管理的项目，而其他的小额信贷或者是金融机构，或者是发展机构；②草海村基金的农户参与最强；③草海村基金由村民自我管理；④对于基金组的参与农户来讲，运行成本最低。然而，总的来讲，草海村基金运行了 23 年，并没有对其进行很好的、系统的总结和评估，笔者在这里先提供几点作为参考：

（1）村基金以及其他的乡村信贷在扶贫和社区发展中有不可替代性和必要性，对其长期跟踪及其研究是社区和农村社会发展领域的重要科研课题。

（2）研究村基金和银行资金的异同性，如借贷机制、村基金本金和利率归属等。

（3）发挥基金管理及其外延中的村民自治作用。村基金是村民们十分感兴趣的一个社区平台，这使得在基金运行管理中村民都能积极参与，村民的社区管理能力得到了锻炼和提高，也带动了社区主动管理社区事务，例如道路和水井的维修、架设电线、照顾弱势人群等。

（4）探讨"诚信"在村基金运作中的作用。一个奇怪的现象是，基金管理人员试图借自己的钱给村民一段时间后并连本带息收回（利率与村基金一样），结果村民因为做生意亏本了一直收不回来。但同样是借的村基金，村民想尽一切办法连本带息都会还上，在草海的村基金中，除了一个村霸占有资金不还外，其他的基金管理都很公平，即使是基金解散了都会连本带息很公平地分掉。

（5）基金管理体制的完善。草海的村基金运行主要是依靠基金组内部管理，基金组成员参与制定管理规定后大家共同遵守。在基金开始的阶段，选举出来的基金管理人员积极性都很高，并且义务为大家工作。但是时间一长，有些管理人员的积极性慢慢下降，再加上基金管理过程中会不可避免地发生一些摩擦和矛盾，导致他们心灰意冷，不想再干。如果没有合适的人选来填补，就会导致基金解散。另外，适当考虑基金管理人员工作报酬很有必要，需要在村基金内部得到共识，并写入基金管理规定。

（6）村基金的外部监管缺失，是草海村基金运行和管理的主要问题。一是缺乏监督机构。村基金项目一直由草海保护区管理部门具体实施，而保护区工作人员调动频繁，保护区管理体制也几度变化，保护区工作重点不断转移，这些都导致了其对村基金的监督管理的弱化或缺失。在最近十年，草海保护区管理部门委托"草海农民发展与保护协会"代为管理，协会工作人员参与村基金的收款和借贷活动，以及一些协助性服务（如帮助记账等）。二是缺乏监督机制。为了尊重村民的权利，基金启动时项目组就宣布，用于村基金的本金若满足如下两个条件就属于社区所有：一是不能把基金分掉，二是承诺保护草海自然资源。如违反这两个条件，保护区管理部门有权收回基金。但在项目实施过程中，由于缺乏监督机制，对违规的村基金不能及时采取措施，偶尔依靠行政权力收回基金，但总不是长效的办法。故而形成了草海村基金目前相对比较自由散漫的状况。

（7）如何平衡村基金中的生态保护和社区发展之间的问题。在草海自然保护区内建立村基金，是出于保护草海自然资源的需要。草海自然保护区以高原湿地生态系统和黑颈鹤等珍稀鸟类为主要保护对象。由于保护区内村民极度贫困，需要索取自然资源来维系生计和发展。在这种状态下，村基金以及草海的其他社区发展工作意在通过资金的介入帮助村民转产并脱贫致富，这些活动的实施不仅推动了社区的经济发展，也扭转了项目开始以前保护区管理部门与社区农民的敌对关系，促进了草海的生态保护。

参考文献

1. 李凤山、宋涛：《草海渐进项目 10 年回顾》，见李凤山主编《自然保护与社区发展——草海的战略和实践（续二）》，贵州民族出版社

2007 年版。

2. 刘文:《草海村寨发展信用基金项目的现状和整顿》,见李凤山主编《自然保护与社区发展——草海的战略和实践（续二）》,贵州民族出版社 2007 年版。

3. 汪三贵:《草海项目的经济影响评估》,见李凤山主编《自然保护与社区发展——草海的战略和实践（续二）》,贵州民族出版社 2007 年版。

4. 张保民:《一个村银行的成功案例——草海耿家村民组"村基金"小额信贷的成功运作》,见李凤山主编《自然保护与社区发展——草海的战略和实践（续二）》,贵州民族出版社 2007 年版。

5. 徐鲜梅、苏穗、刘文、管毓和:《中国村寨基金第一村》,中国社会科学出版社 2012 年版。

扶贫小额信贷在服务中低收入群体过程中成就公益机构的成长

高向军[*]

摘　要：本文展示了真实的公益性小额信贷内核与公益性小额信贷在扶助贫困家庭成长以外的社会功能，即它不仅可以实现长效持续精准扶贫，同时也是低收入家庭有尊严自我成长发展的扶助工具；它不仅可以引导公益机构深度真实了解社会问题，而且牵引支撑公益机构的发展。但前提是需要构建起目标明确的良性公益小额信贷机制与管理体系。

关键词：公益小额信贷　可持续精准扶贫机制　公益机构成长发展工具

四川省仪陇县乡村发展协会是因为联合国开发计划署（UNDP）的乡村综合扶贫与可持续发展项目于1995年筹备1996年注册成立的，本人是本协会的发起人和20多年带领本协会坚持农村扶贫和可持续发展的秘书长（法人代表）。25年来我们走过了怎么样的一条路？公益扶贫小额信贷在这个过程中的作用怎么样？20多年来公益扶贫小额信贷是如何成就本机构成长的？我们现在怎么样？

UNDP项目的核心内涵是将国际农村发展的有效模式带入中国的农村社会，其核心是农民组织、农村社区金融、农民的市场化引导教育。

---

　　* 高向军，四川省仪陇县乡村发展协会创始人、秘书长。曾任仪陇县政协副主席，20多年矢志不渝坚持在农村第一线从事农村扶贫与发展的探索，2013年辞去行政领导职务专一从事公益扶贫与社会发展至今。

项目在 20 世纪 90 年代中期启动，开始了我们对国际有名的乡村发展模式的学习，包括对晏阳初乡村发展理论、尤努斯乡村银行①以及东南亚国家一些成功的乡村发展机构和项目的学习，由此开始了笔者 20 多年的乡村发展实践直至今天。

一 从小额信贷开始的乡村扶贫与可持续发展之路

20 多年我们坚守了两位世界农村扶贫与可持续发展前辈的核心价值取向。晏阳初的乡村发展十大信条、尤努斯的小额信贷核心价值观一直引导我们在中国五千年的农耕社会土壤里开始农村发展新的理念的行动尝试。现在回想起来，其实最大的障碍是我们自己对于中国五千年农耕文化的陌生和对中国农村社会转型过程认知的肤浅。但满腔的扶贫热忱与农村发展信念支撑我们一路的学习、实践、探索、成长和前行。

1995 年我们从舶来的尤努斯小额信贷开始农村扶贫和可持续发展的实操和实践。我们从对农村发展、农村金融完全无知开始，带着一腔热忱进入了一个陌生和动荡转型的农村世界。但 20 多年来我们一直锲而不舍地嵌入在农村第一线，在实践中不断探索，在不断的失败中爬起来再前行，其中的艰难和收获、成长的喜悦都见证了我们对于晏阳初的乡村发展十大信条理论的坚守，对尤努斯扶贫小额信贷真谛的理解与认同。20 多年来我们的扶贫小额信贷经历了四个阶段：

第一个阶段（1995—1998 年）：通过对晏阳初理论和尤努斯小额信贷肤浅的考察学习，1995 年下半年我们组建团队照搬尤努斯扶贫小额信贷模式，开始了农村扶贫和小额信贷。笔者现在记忆犹新的是最初在我们对尤努斯小额信贷囫囵吞枣片面理解的基础上，照搬其扶贫小额信贷模式开始乡村扶贫与发展推动时，一方面是中国传统农村社会和中国各级政府都完全排斥和不能接受新观念、新扶贫方式，另一方面全部的农民从骨子里不相信自己需要和可以使用贷款来发展家庭经济。我们在面对来自全方位的阻力和政治风险的情况下，用全新的乡村扶贫与可持续发展理念方式开始艰难的社区推进。尽管举步维艰，但从中收获了最

---

① 即孟加拉乡村银行。——编者注

大的兴奋点，就是小额信贷机制使乡村贫困家庭焕发出来的活力，和人们禁锢的思想得到开启后激发出来的主动性和自我潜能。这也是多年来为什么我们一直要坚守扶贫小额信贷的根本点。

1996—1998年在这个兴奋点的支撑下我们不断扩大项目服务区域，资金不足我们从发展银行申请支持开拓新社区。短短两年时间我们用满腔热忱善意快速推进，项目覆盖了近十个乡镇的七千多贫困家庭，每一户农户可以贷款1000元，按照每周还本付息1/52，即借款1000元农户每周还本付息10元。当时我们小额信贷资本金规模达800多万元（包括UNDP、联合国人口基金、德国民爱以及从农发行贷款300万元）。这是我们小额信贷初创期。但因为机构对于信贷经营管理、金融风险管理、机构管理的无知和盲目扩张导致各种问题的爆发，照搬来的尤努斯小额信贷模式水土不服、对金融经营管理和风险无知基础上盲目乐观、不知道如何进行信贷经营核算、如何进行风险管理、如何设计财务体系与财务科目。这时期风险控制主要依赖农户小组的互联互保，权责缺乏监控，总部纵使有管控的意愿，但没有有效手段。在这种情况下逐步演变成信贷人员以个体户形式，拿着总部拨付的资金在自己的服务区域内自主经营，而全部人员都没有财务金融背景，对金融的本质没有充分的认知。对金钱、利益在人性面前产生的巨大诱惑，信贷流程中各个环节的制衡分工的重要性认知不足，同时又采取了错误的激励方式，推进员工扩大发展的过程中无法解决对员工经营服务过程的控制管理，所有问题交织在一起全方位出现，摆在初创机构面前使我们束手无策。但这个初创学习阶段我们收获和更加坚信晏阳初的乡村发展理论、尤努斯有尊严的扶贫小额信贷工具，所以开始了寻求出路的第二个阶段。

第二个阶段（1999—2003年）：1999年对于信贷经营管理中出现的无法解决的问题，一方面主动叫停整个项目区域的信贷发放，完全进入对初创期问题的解剖、研究、思考、整理和对信贷资金回收；这个过程持续了四年；与此同时开始寻求专业帮助支持：①在我们的要求下UNDP专门聘请国际专家为我们项目开发信贷软件管理系统，然而这个系统在使用过程中才录入3000个客户信息资料后系统信息就全部丢失无法使用。②我们聘请当地信用社的老师来帮助进行信贷问题解决的指导，信用社的老师对于我们分期偿还的小额信贷管理也是无计可施，但是这位老师告诉我们，我们的金融经营管理的问题是在金融经营过程中没有按照金融管理科目进行管理，所以无法进行金融核算。③2000 年我们强烈要求 UNDP 再一次的技术支持，得到同意。

近四年时间组织全体员工对信贷领域的问题进行停盘式清理，全部问题浮出水面：发现最大的问题之一是照搬尤努斯模式建立的农户五户联保小组和五户联保小组基础上建立的村社项目农户活动中心环节上，但这本身是非常好的农村社区教育交流活动的组织方式，也是我们认为尤努斯小额信贷为解决客户综合能力提高的很好的组织体系（然而孟加拉国的宗教信仰环境、孟加拉国的妇女小组的组织方式在中国不存在），同时尤努斯小额信贷日常管理中如何利用小组中心体系进行信贷日常控制管理的问题我们没有关注，这是一个非常专业的金融风险控制问题。在我们对全部 1400 多个 5 人联保小组 400 多个村社农民活动中心进行全面清理后发现，80% 的 5 人联保小组都有程度不同的虚假，成员虚假、贷款使用者虚假、贷款还款者虚假；百分之百地由 3—5 个 5 人联保小组组建的村社活动中心绑架信贷人员。这种数个小组合成的非正式团组占据一个地区的主体信贷投放，也支配了信贷人员绩效收入，结果是风险集结捆绑，违背小额信贷风险分散和联保小组成员之间风险转嫁的原意。信贷人员在对这种以血缘地缘关系为核心的社区抱团绑架无能为力的情况下只能被裹挟其中，进行隐瞒管理，机构管理被小组、中心、信贷人员三层绑架而架空，机构的控制管理失效。

与此同时，2001—2003 年 UNDP 技术支持项目在帮助我们进行机构内核建设，包括机构金融财务体系建设、机构团队金融知识的培训学习、引导用市场经营服务方式开展当地农村社区金融市场调研，研究与当地相适应的信贷品种。UNDP 这一轮的技术支持为我们机构走上独立经营管理和面向社会、面向市场进行经营管理观念的建立起到至关重要的作用。但是，对照搬舶来的尤努斯扶贫小额信贷方式与当地文化与水土不服问题没有引起专家团队的认同和找到破解办法，而且这其间另外一个最大的问题是作为机构统领的我一直在小额信贷的社会价值与经营价值这两个目标的困扰中彷徨，在寻求既能坚守社会价值又能可持续自我成长的过程中左右摇摆不知所措，因为我们从事公益也是初入门，且对于金融经营管理认知肤浅，能力低下。然而通过近四年的努力我们首先对已经形成的十多个乡镇7000多农户的大规模的金融问题清理和资金回收整理工作完成，将损失降到了最低；在UNDP技术支持项目下通过我们的共同努力构建起了协会小额信贷金融经营核算管理体系；转变了我们一直排斥市场与经营管理的观念；奠定了机构市场经营与自我管理基础，在这个基础上我们主动开始厘清项目与机构的关系、机构与政府的关系问题，并开始了机构与项目、机构与政府附属的蜕变。这其间与政府的博弈结果是政府派出了专业审计团队对协会和笔者进行了三个月的审计，结果是接受笔者的建议撤并了仪陇县外经贸局（笔者为外经局局长）。通过几年的努力完成了机构资产、队伍、管理等法律意义上与政府的剥离，这是一个非常艰难与痛苦的博弈过程，通过这个过程机构才真正开始了从公益项目向独立机构的转型发展，协会完全独立。

然而，这四年我们在努力解决内部问题的时候，我们的农村社会已经远去，中国加入WTO，中国的城镇化步伐加快，中国的农产品在社会转型这个时期已完全倒挂亏损，农民更加大量地外出常年务工，农村社会已经面目全非。四年后我们以独立机构立足项目打下的基础，以脱离政府光环的独立公益机构采取专家支持帮助建立起来的新的更加严格管理的信贷服务产品，沿用孟加拉乡村银行模式5人联保小组、建立中心的体系上进行新的小额信贷经营模式的实践实验，经过大半年的努力推动基本上每一个乡镇贷款的寥寥无几。这一次的结果表面上是没有客户需求了，但员工的工资没有来源，加之员工对于脱离政府后信心不足，导致协会八个分支机构中层联名向机构辞职。怎么办？是没有信贷需求吗？是农村不需要我们吗？是联名辞职的骨干都不愿意干吗？是我们大家都无能吗？回答是否定的。对于笔者来说对大部分中层联名辞职是不能迁就的，但又不能让大家辞职，怎么破局？

第三个阶段（2004—2010年）：就在这个时期政府在提升笔者去县市做领导人，因为协会被笔者推辞了，放弃了个人升迁。一连一个多月的思考我们的路在何方？自己坚信中国农村社会太需要尤努斯、晏阳初的乡村发展方式去推动了，这么好的东西为什么在中国农村社会就走不下去，一个多月时间我组织协会中层反复讨论是哪些环节和什么问题阻止困扰我们前行？共同讨论得出：①需要取消5户联保。②根据贫困农户对资金需求提高贷款额度（从原来的每户一次性贷款 1000 元提高到一次性贷款最高上限 3000 元）。③延长单次还款时间（从每周还款延长为十天还款一次）。④针对农户对贷款需的求及时性，要求改以往的总部贷款审批为下放贷款审批权到分支机构，将以往每一笔贷款审批需要半个月以上改为一周之内的时限。⑤为调动信贷人员的积极性和贷款审批权下放的风险管理需要，按照机构内部信贷人员不同责任大小建立金融服务与经营管理相结合的员工风险金与股权相结合的激励奖励机制；员工按照岗位各自缴纳一定风险金（类股本），机构根据实际收益（刨除风险后的收益）每年发放分红，目的是把员工的利益与机构的绩效挂钩，让员工既要考虑发展，也要兼顾风险。⑥采取八个分支机构主任和信贷人员上岗双向选择竞争上岗。⑦信贷经营日常风险管理跟踪监管机制。这一次是机构将信贷经营管理与机构内部管理相结合进行的一次深层次综合性改革，实现了机构内部及员工真正从项目管理和政府依附蜕变为独立机构管理。2004 年下半年开始了以机构为核心的新的扶贫小额信贷服务与经营管理，一年时间我们走出了困境获得了再生，2005 年下半年随着信贷经营的稳步成长发展，我们面临两个问题：一是信贷资本金不足（2005—2006 年自己变卖了在当地三套房产共计 18 万元用于机构信贷资金补充）；二是借贷资金用于农业生产投入的客户完全处于亏损状态的问题，是什么原因导致这些问题？又该如何化解？2005 年下半年我们立足农村社会的变迁，靠机构自身力量开始在农村社区从事社区内置金融——村级互助基金即农民合作组织孵化的实践探索试验，希望探索有效解决农户金融问题、农民增产不增收的问题和农民组织化问题。从这里开始了协会从单一小额信贷扶贫向孵化农民合作组织及合作组织内置互助金融探索"两条腿"同时推进的扶贫与发展之路。2005—2008 年先后孵化培育了 22 个村级合作社即村级互助基金，一直摸索着走到 2010 年，这个阶段是机构自我成长发展阶段。但到 2010 年无论我们机构自身经营的扶贫小额信贷，还是孵化的 22 家合作社内置互助基金经营的社区小额信贷都出现程度不同的问题，而且这还是必然要出现的问题。

第四个阶段（2011—2017 年）：这一次出现问题的主要原因，其实是本行业普遍存在的问题：信贷管理手段不到位，信息不对称与信贷经营的激励机制偏差导致信贷经营服务全过程信息无法实现对称管理，在不合理的激励机制的推动下风险被隐藏累积起来，虽然对激励机制做了更改，也加强了对流程的监控，运作几年之后还是出现了大面积的问题，后来发现关键在于：员工虽然缴纳了风险金，理论上应该比以前更在乎贷款风险，但在短期利益（每月工资）和长期利益（风险金的安全）比对之下，行为上更倾向于实现短期收益，当风险出现时，倾向于把问题隐瞒，错误地以为自己有能力化解问题，结果问题越积越大。上一轮改革没有从根本上真正改变信贷员的个体经营模式，而只是把权责从个别信贷员转移到三几个信贷员组成的分支机构之上。信贷流程仍然缺乏分工制衡，收放贷款和现金进出完全由分支机构自主完成，机构对关键环节的控制滞后，也缺乏有效的检查功能，所以难以发现信贷员对问题贷款的隐藏；而农村社会的发展分化，出现了一些有较大额资金需求的经营户和承建商，他们从正规金融体系得不到满足的信贷需求，流到小贷机构，组织小农户帮他们取得贷款，更有甚者是当地信用社长期为我们的信贷人员造假出具银行进出账单，使我们建立的信贷发放回收资金两条线控制管理体系被冲破，没有能力及时发现金融风险和进行金融风险的及时甄别处理，同时虚假的信贷经营业绩导致对机构发展和管理的误导。比较幸运的是，这个时期我们机构有了金融专家持续深入帮助指导，在金融老师的指导下，我们进行深刻的机构风险甄别、解剖基础上，开始新的信贷模式的讨论与试验，寻求解决深层次问题的办法，在专家老师的指导下，通过一年多的试验，全新的公益扶贫小额信贷机制模式初步形成，2012 年进入初试到 2013 年开始全面推进，一路走来八年时间，我们真正步入了公益小额信贷正确的轨道。而这期间外在经济环境对于我们这类草根小贷机构不算有利：支持发展型的信贷本金来源已经基本没有；关注国内小贷发展的政策和帮扶更多地倾向于正规金融机构（农商行、乡镇银行、小贷公司、P2P 平台等），宏观经济下行使乡村小农户和小经营户受到很大冲击，信用资质下降比较明显，我们经历了中国宏观经济连续五年逐年下行的严峻考验，我们本轮的扶贫小额信贷在专家的持续跟进指导监管下，在我们精准精细、严谨、认真、正确的经营服务与管理过程中实现了金融经营风险可控的自如稳步前行。这一次可以说我们的公益扶贫小额信贷成功了。成功的核心关键在于：

（1）建立信贷全过程能实现信息对称的体系——是小额信贷的命门。从客户调查—客户资金用途—客户家庭经营状况与现金流状况—贷款发放、客户还款全过程每一个环节都构建起可操作能实现信息及信息收集过程真伪甄别机制：①加强了客户家庭调查和贷款流程中的信息存档，让信贷决策流程有据可依，有记录可查。②实现更明确的环节分工，不让任何人员垄断整个贷款流程，上收了审批权限。③在流程内加入更多第三方核查，防范作假。④明确每个岗位职责，合理化激励机制，消灭人员作假的动机。⑤鼓励人员及时暴露风险，发现一笔，解决一笔，杜绝了风险隐藏滚大。这样就建立起使每一天发生的真实性问题得到很好解决与控制的机制，即实现了小额信贷全过程信息真实对称。

（2）小额信贷作为扶贫与可持续发展推动工具，并围绕这个工具构建起了以公益价值取向为目标的公益小额信贷经营管理与信贷人员日常信贷经营服务的社会绩效考核激励机制，实现了公益扶贫小额信贷对信贷管理与信贷人员主要依靠经营经济指标考核激励向用社会绩效考核激励指标的根本性转变，所建立的公益扶贫小额信贷社会绩效考评体系有效地推动信贷扶贫与信贷经营的平衡推进；同时初步建立起了公益小额信贷机构对服务对象的社会绩效评价系统。

（3）在建立的信贷经营管理全过程信息收集与信息甄别体系，实现信贷全过程信息基本对称的基础上，构建起了相匹配的每日、每月风险甄别与风险及时有效应对处理机制和方式，探索建立起科学切合实际的具体风险处理方法与风险管理体系。

（4）在全方位有效体系机制运行过程中的外部专业监管，推动我们坚持每一天严格的信贷经营和风险管理。

（5）公益小额信贷机构的信贷资产是社会公共资产，在经营管理过程中建立资产经营管理问责的管理机制，建立资产保全基础上的经营核算管理体系。

（6）小额信贷经营管理是一个精细系统的管理过程，每一个环节都容不得半点马虎，日复一日、年复一年坚持一丝不苟是最难的事情，它依靠的是公益小额机构领头人坚定、清晰的公益价值观的支撑，并带领团队坚持不懈认真努力。

20 多年一路走来我们实实在在地面对社会问题，面对机构问题，面对管理的任何问题不回避、不隐瞒、积极解剖寻求问题产生的原因，而且有能力寻找到破解问题和重新前行的方法，我们在这个过程中成长、成熟和发展。

表1　　　　　　　　协会近三年信贷业务情况　　　　　单位：万元

年份	2015	2016	2017
年度服务客户（户/次）	1006	1044	1037
年总放贷额	1176.2	1168.4	1143.5
年末贷款总余额	705.07	676.08	693.7
年末重组贷款余额	18.5	26.67	37.8
年末风险贷款额	3.13	13.76	18.5
年冲销贷款额	3.05	6.51	5.73
年末冲销后提取风险准备金	4.86	8.686	17.162
冲销后的放贷利息收入	123	133	126

这期间我们没有盲目乐观地想着发展规模，在外部条件不算有利的情况下，实事求是地把工作做扎实，把握住每一笔贷款的走向，把握住每一个家庭的变化，有效应对每一笔贷款出现的问题，真正做到了对每一笔贷款的把控，基本实现了信息对称下的有效控制管理，即使是在近几年宏观经济形势下行带来的风险爬升的情况下，我们也胸有成竹地对出现的风险进行一笔一笔的及时化解、追收、拨备，真正实现了风险可控。

二　扶贫小额信贷成就公益机构的成长

我们几百万元小额信贷项目资金持续运行 20 多年，累计持续滚动为乡村分散的中低收入家庭发放小额度贷款 2 亿多元，累计服务的乡村中低收入家庭达 2 万户左右，在 20 多年的农村扶贫小额信贷经营服务的实践中不断摸索完善建立起了面对农村分散中低收入家庭的公益信贷服务模式。实现了在为中低收入人群提供服务基础上直接成本盈亏平衡和机构可持续运行。20 年多来上万的中低收入家庭进入我们的小额信贷项目后基本都在项目中循环参加五年以上，在小额信贷持续扶持帮助下绝大多数家庭完成对子女上学的支持；绝大多数家庭构建起了家庭有效的经营服务项目；绝大多数家庭外出务工支撑家庭发展；绝大多数家庭购买和建造房屋。20 多年来我们陪伴和见证了这些中低收入家庭的成长过程，也正是这个过程激励我们一直坚守。

在长期进行小额信贷对象的贫困家庭大规模深入调查过程中，我们发现农村社会因为贫困和社会转型冲击而产生的大量事实孤儿的社会问题（农村中被遗弃的单亲特困家庭儿童、农村残疾特困家庭儿童、农村重特大疾病、家庭暴力、服刑人员家庭子女等统称为特困事实孤儿），以及乡村小学教育差距的公平教育问题。协会针对这一类社会问题于 2010 年创建起协会社会服务部，八年来对 500 多名农村特困事实孤儿进行持续关爱陪伴助学。2017 年全年协会对分布在县内 20 多个贫困乡镇的 363 名乡村特困儿童的关爱陪伴助学，使这些不幸的孩子享受到公平教育，全年为这 363 名特困事实孤儿直接发放学生活费 94 万元，全年针对这些事实孤儿开展多维度关爱陪伴教育活动开支 60 多万元。针对乡村小学教育差距开展公平教育项目支持，截至 2017 年年底先后分别在 7 所乡村小学与校方共同打造了校内学生自由学习活动空间，并为每所学校创建起了 30—40 名学生小志愿者团队（共计招募训练小志愿者 257 名）。通过培训与训练小志愿者团队有组织地为活动空间自由开放提供持续不间断的志愿服务与空间管理，并在小学活动空间开放了网络，添置了 175 台平板电脑供学生体验学习使用。同时，开展了乡村小学对接城市优质教育资源的远程教育试验项目，2017 年为三所乡村小学 43 个班近 3000 名学生接受项目支持的"互联网＋教育"的引进城市优质教育资源的远程教育项目。此外，还开展了歌路营 1001 夜项目，在乡村留守儿童集中住校学生较多的九所乡村学校安装睡前励志故事播放，9 所学校共有 2300 名住校学生受益。

协会针对分散小农户农业生产缺乏社区服务和被市场边缘化的问题、农村金融问题、农民组织化问题，以公益扶贫小额信贷为基础的十多年努力探索构建起新型农业生产者主体（农民合作组织、家庭农场）的孵化陪伴成长综合托管监管服务体系机制并有效运行，孵化引导扶持陪伴新型农业生产者主体带领小农户共同发展成效显著：

协会针对现阶段中国农村社会农业生产主体缺失的"瓶颈"问题，二十多年努力在实践中逐步摸索建立起来的一整套针对不同类型的新型农业生产者主体，提供前期现代农村社会建设引导教育、新型农业生产主体孵化、成长辅导扶持陪伴、与市场主体利益链接引导、财务资产托管与过程监管服务一体化的综合性、可持续现代新型农业生产主体陪伴成长体系。目前托管平台孵化培育规范化成长的合作社13家；家庭农场30多家。
主要做法：

家庭农场孵化阶段行动步骤

①社区动员与寻求有意向有能力的主体辅导孵化

②进行现代农业知识系列培训

③辅导家庭农场制订农场商业计划

④指导进行规范化注册登记

⑤辅导建立家庭农场财务体系并进行托管服务

农民合作社孵化阶段行动步骤

①寻求有基础社区；②进行社区调研引导；③向社区农户进行农民合作社意义、如何发起建立、合作社知识讲解，帮助建立合作社筹备主体；④与筹备主体讨论合作社的出资、资产管理、合作社的基础运行方式；⑤进行筹备主体筹备工作开展方式培训；⑥指导筹备组开展入户动员；⑦组织讨论合作社章程、制度及注册成立活动；⑧对合作社管委会一班人进行初始培训；⑨建立合作社财务体系并实行财务核算、现金托管服务

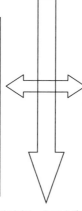

托管平台对孵化建立起来注册的家庭农场、农民合作社日常持续扶持、培育、服务、监管方式

①按月组织其进行上一月度活动情况的评估，指导制订下月计划
②指导月度流水账记录和月度流水账审核、对账
③进行月度财务核算并辅导其使用月度财务指导生产发展
④每月前往合作社扶持合作管委会组织成员教育培训活动
⑤指导合作社建立内部成员服务体系
⑥引进产业上游企业促进与其形成利益连接共同体
⑦针对运行过程中存在的问题定期开展合作社、家庭农场讲座交流活动
⑧组织外出考察参观学习

托管平台每月度产出

①各合作社财务月度报表
②家庭农场的月度流水账、资产负债表及盈亏情况
③合作社月度社区服务评估及月度计划
④家庭农场月度生产计划与评估
⑤平台月度服务活动情况简报

图1　新型现代农业生产者主体（家庭农场、农民合作社）孵化培育、规范成长陪伴的引导教育监管服务一体化行动体系

表 2 协会孵化陪伴成长的 13 家农民合作社财务资产经营统计表——合作社积累（截至 2018 年 7 月） 单位：元

村 名	成立时间	股本金	优先股	股民分红	公积金、公益金、风险金、未分配盈余
宾 蓬	2010 年 6 月 18 日	101100	6400	23720	5575
玉 屏	2010 年 6 月 22 日	120200	0	33400	35364
虎 嘴	2006 年 3 月 14 日	90500	153973	52800	65855
惠 明	2006 年 6 月 28 日	81150	0	33300	48453
张爷庙	2006 年 7 月 15 日	231500	220200	175705	237763
灯 包	2006 年 7 月 24 日	128600	81100	77700	39770
观音庵	2006 年 8 月 3 日	96500	0	80300	37756
万 兴	2006 年 9 月 13 日	217900	24350	181020	122779
九岭场	2006 年 9 月 20 日	136000	0	95120	45470
檬子梁	2006 年 9 月 20 日	123000	0	101430	52777
蔡家坪	2006 年 10 月 9 日	96800	0	40640	12218
天 桥	2014 年 8 月 12 日	64000	0	5740	10827
合 计		1487250	486023	900875	714607

表 3 协会孵化陪伴成长的 13 家农民合作社财务资产经营统计表——互助基金（截至 2018 年 7 月） 单位：元，笔

村 名	本月发生					贷款余额	准时还款率（%）	累计发生		
	发放笔数	发放金额	应收本金	实收本金	利息收入			发放笔数	发放金额	利息收入
宾 蓬	0	0	2000	0	0	171769	0	124	767800	59182
玉 屏	2	50000	15000	14624	1488	268704	97	266	2165200	171910
虎 嘴	10	75000	85000	85000	2550	228800	100	1068	7497856	306139
惠 明	0	0	10000	9240	1100	59504	92	285	1250900	107221
张爷庙	4	95000	100000	95000	1220	711442	95	1309	17120616	935294
灯 包	0	0	0	0	0	361537	—	329	2188850	253264
观音庵	2	50000	42000	39193	2825	280870	93	375	2857890	251409
万 兴	0	0	15000	13050	1450	404720	87	667	7131270	628755
九岭场	0	0	20000	17326	3950	259880	87	442	3535750	304540

续表

村 名	本月发生					贷款余额	准时还款率（%）	累计发生		
	发放笔数	发放金额	应收本金	实收本金	利息收入			发放笔数	发放金额	利息收入
檬子梁	2	60000	3500	3340	460	339290	95	402	3996500	283680
蔡家坪	0	0	10000	0	0	195565	0	183	1231490	88932
天 桥	0	0	0	0	0	35000	—	36	193000	37904
合 计	20	330000	302500	276773	15043	3887293	—	6466	55500022	3866082

表4　　　　协会孵化陪伴成长的13家农民合作社财务资产经营

统计表——产业基金（截至2018年7月）　　单位：元，笔

村名	支持建立产业滚动资金	本月发生				农户手中余额	还款率（%）	累计发生	
		发放笔数	发放金额	应收金额	实收金额			发放笔数	回收金额
宾 蓬	362600	0	0	0	0	104500	—	73	258100
玉 屏	1656000	7	42000	30000	29000	400200	97	270	1226800
虎 嘴	276000	0	0	1000	1000	61800	100	46	213200
惠 明	95930	0	0	0	0	84470	—	0	11460
张爷庙	0	0	0	0	0	0	—	0	0
灯 包	480000	0	0	2000	0	13176	0	120	466824
观音庵	1686900	0	0	25400	23000	299800	91	282	1364100
万 兴	1114000	0	0	25000	24100	192100	96	187	897800
九岭场	1086000	0	0	16600	16000	266800	96	181	803200
檬子梁	1039000	0	0	15000	14800	320800	99	171	703400
蔡家坪	44880	0	0	0	0	5980	—	0	38900
天 桥	696000	0	0	0	0	219704	—	116	476296
合 计	8537310	7	42000	115000	107900	1969330		1446	6460080

　　协会经过十多年努力探索建立集农民合作组织、家庭农场、回乡创业大户的教育引导、组织建设、财务辅导、财务核算、现金管理于一体的第三方托管监管服务体系有效运行：

　　①托管平台为自愿加入托管服务的13家合作社（合作社成员1700

多户近 8000 人）提供月度财务凭证回收、银行对账、做账和月度财务核算、现金、资产经营监管服务，规范和真实了合作社财务核算管理；通过托管平台为合作社内置互助基金、产业滚动基金构建起了基金的发放与回收收支两条线管理，杜绝了合作社内置互助金融、产业基金的体外循环和虚假借贷发生。②托管平台开展日常性对农民组织的孵化与组织建设的扶持与指导：2017 年全年对于孵化陪伴成长的 13 家合作社管委会成员 100 多人每月开展一次合作社管委会成员集中进行的社区服务自我评估与下一月行动计划及引导培训教育活动；每月分赴各合作社协助合作社开展成员教育服务活动并帮助合作社对出现的问题进行个案帮助支持的方式扶持组织成长。③托管平台针对全县回乡创业进行肉牛养殖农户（家庭农场）（30—300 头养殖规模大户）每月采取集中培训和分片区培训交流方式持续开展支持，2017 年开展 26 场次 2300 多人次参加；对 100 多户回乡创业养牛大户开展一对一的家庭理财与家庭养牛商业计划制订和农业投资金融辅导教育。④托管平台逐步探索建立起有效的产业滚动基金的服务管理及滚动运行机制，持续培育支持县域内肉牛产业的成长发展。2017 年支持 11 家养牛合作社组织 1352 户小农户养殖良种母牛，现存栏能繁母牛 715 头，存栏育肥牛 815 头，共计存栏 1530 头，价值 1100 万元。支持 100 多户回乡创业养牛大户进行品种改良，全年购进母牛和育肥牛 3360 头，年末圈存饲养 3100 头，价值 2170 万元。2017 年托管平台为以上两大块养牛产业提供产业滚动基金支持并有效回收管理费 639.89 万元。

作为农村发展公益机构，我们积极进行农村社会问题的研究，在实践中寻求这些社会问题的有效解决办法，通过整合社会各方面的资源，对这些问题进行分类干预，逐步形成了协会三大社会服务部门：农村公益扶贫小额信贷部、农村发展部、社会服务部，形成了三大社会服务内在的业务服务管理体系，三角鼎立稳定支撑协会持续成长发展。

三　机构自身在服务社会过程中稳定成长发展

20 多年来协会在用小额信贷的理念教育服务对象要依靠自力更生挖掘自身潜能的基础上有尊严地发展过程中，也影响和推动本机构立足自力更生基础上的社会服务与机构发展，20 多年来信贷收入基本支撑协会运转，使协会多年来可以一直坚持有尊严地向专业公益社会服务方向前行，20 多年来协会的稳定成长、协会对农村社会问题的研究、社会服务项目的研发、协会对于公益项目的效率管理等都无不依赖小额信贷服务过程的能力提升，使协会的社会服务项目和社会综合服务能力不断提升，有效促进协会的成长发展。无论是机构自身的成本核算、公益项目的资金核算及效率管理、公益项目的社会绩效核算管理理念能力，都因为小额信贷经营管理而受益匪浅。

（一）协会的社会公信力与专业能力赢得稳定的社会支持

2017 年协会扶贫小额贷款向 1000 多个农村中低收入家庭发放和有效回收无须担保抵押的小额贷款，规模在 1200 万元左右。

2017 年协会农村发展部全年托管各类农业发展基金 1000 多万元，有效推动支持产业培育。

2017 年全年在稳定持续的国际国内合作机构支持下执行大小公益项目 17 个，募集到账公益项目捐赠资金 303.62 万元，上年结转公益项目资金 154.1 万元，全年公益项目总资金 457.72 万元。本年度公益项目执行总支出 338.3 万元，年末结转下年度公益项目资金 119.42 万元。

（二）协会稳定持续地实现机构收支平衡

2017 年机构收入情况：协会全年公益信贷经营服务收入 126.64 万元，执行公益项目人员费收入 37.9 万元，其他营业外收入 26.6 万元，全年总收入 191.14 万元。2017 年机构支出情况：金融成本支出 2.08 万元，提取贷款损失准备 17.16 万元，人员工资及保险福利支出 125.67 万元，机构综合管理费支出 24.22 万元，其他营业外支出 1.935 万元，全年总支出 171.065 万元，收支品选实现留存收益 20.075 万元。2017 年在宏观经济形势持续下行的情况下，机构实现了社会服务和机构成长"双丰收"，彰显了协会社会服务专业水平和内部管理软实力的坚实强大。我们始终坚持以服务社会质量效率为唯一检验评估标准不动摇，坚持用公益价值观来探索创建社会服务项目，砥砺务实奋进赢得了合作机构和政府社会的信任和持续稳定支持。

协会在多年的农村发展推动过程中自身建立起了完整的管理、服务、制度体系，稳定的专职员工队伍（25 人）和活跃的志愿者队伍，有稳定的社区自我服务体系与培育的社区自我服务队伍及发展基础。协会稳定地走过了 24 个春秋，我们的农村综合扶贫与可持续发展从肤浅到厚重，从简单救济式帮助到有组织地带领贫困人们有尊严地可持续发展，从帮助需要帮助的人们的愿望开始走上了公民组织、公民社会建设之路。通过多年的努力建立起来的社会公信力和协会的社会服务专业水平为协会可持续发展奠定了坚实的基础。

最值得骄傲的是，在这 20 多年中国社会转型、社会各阶层、社会体系的重新构建过程中，在这 20 多年的浮躁、浮夸、虚假、虚拟及社会诚信崩溃的动荡阶段，我们坚守住了公益价值观，坚守住了诚信真实，脚踏实地，也正因为这样，我们 20 多年才不断成长，立于不败之地。感恩一直以来给予我们支持帮助的 UNDP 和众多的国际国内公益机构和专家学者，感恩社会和这个时代孕育成就了我们，尽管我们很微不足道，但是我们无愧于这个时代。

从小额信贷项目到小微金融机构

——中和农信的蜕变之旅

刘冬文*

摘　要： 中和农信项目管理公司从秦巴扶贫项目开始模式探索，到2000年基金会接管后的初步扩张，2005年从项目型到机构型的改制创新，再到如今的独立化、公司化、市场化、专业化运营，中和农信坚守使命，不断创新发展。在此过程中，中和农信经历了重大变革，包括完善公司治理机构，运营上实现"三级四线"管理体系，为目标客户定制产品和服务，依靠自己的力量研发建立信息系统，成功解决机构放贷资质问题，多元化拓宽融资渠道，并逐渐建立专业化职业化的人才队伍。未来的中和农信定位是打造真正扎根农村的专业小微金融服务机构，也将力争成为国内农村小微金融领域的"排头兵"，及国际同类机构的佼佼者。

关键词： 扶贫基金会　小额信贷　中和农信

一　引言

2002年6月，笔者离开国务院扶贫办外资中心（以下简称"外资中心"），加入中国扶贫基金会（以下简称"基金会"）的小额信贷部。当初选择加入基金会，主要是受到尤努斯教授创建孟加拉乡村银行的启

---

　　* 刘冬文，中国农业大学硕士，曾任中国扶贫基金会副秘书长兼小额信贷部主任，现任中和农信公司总裁。

发，想看看在中国是否也能建立类似的微型金融机构。刚好基金会也有一个类似的小额信贷项目，加上与外资中心同属扶贫系统，因此加入基金会小额信贷部似乎也顺理成章。半年之后，笔者离开了小额信贷部。因为当时的基金会还不具备成立独立小贷机构的条件，只能和地方政府以扶贫项目的方式进行合作，由地方政府成立县级操作机构，委托基金会管理。2004 年 6 月，新的《基金会管理条例》出台，使基金会成立下属机构的想法变为可能。2004 年年底，基金会领导决定将小额信贷项目进行改制，准备在各项目县成立基金会的直属机构来开展小额信贷业务，以实现责权利的统一。于是，2005 年 1 月 1 日，笔者重新回归小额信贷部，并具体负责项目的改制和后续管理工作。当时，基金会只有 4 个项目县，1700 万元贷款本金。

2008 年 11 月 18 日，基金会将小额信贷部独立为中和农信项目管理有限公司（以下简称"中和农信"），下辖 17 个县级分支机构，贷款本金 1 亿元。2010 年 6 月，红杉资本和世界银行集团国际金融公司（IFC）入股中和农信。2016 年年底，蚂蚁金服和天天向上基金入股中和农信。截至 2018 年 7 月底，中和农信在全国 20 个省 303 个县设有分支机构，员工总人数超过 4500 人。公司管理的贷款余额近 80 亿元，活跃客户近 40 万户，逾期 30 天以上的风险贷款率为 0.9%。至此，中和农信已成为国内最大的农村小额信贷机构。

二　机构发展历程

（一）1996—1999 年，模式探索

1996 年，外资中心实施的世界银行贷款秦巴山区扶贫项目启动，其中包括在四川阆中和陕西安康试点的小额信贷分项目。当时，孟加拉尤努斯教授创立的乡村银行模式（GB 模式）正风靡全国，不少贫困地区都在试点与推广。

秦巴扶贫项目是世界银行支持中国进行贫困社区综合开发的第二期项目，其主要特征是在秦巴山区选择 26 个贫困县中的特困村，同时进行基础设施、教育卫生、种养殖业、劳务输出、乡镇企业等多方面的综

合性一体化开发。在这个大项目中，安排了四川阆中和陕西安康两个县级市进行小额信贷试点，资金规划的总规模为 400 万美元（每个县 200 万美元，其中世界银行投入 100 万美元，地方政府配套 100 万美元）。项目的目的是通过小额信贷方式，帮助贫困农户发展产业，增加收入，提高能力。此外，该项目也是为开展农村小额信贷业务摸索经验，探索路子，待成功后向更多贫困地区推广。

（二）2000—2004 年，初步扩张

2000 年，经国务院扶贫办和世界银行批准，基金会全面接管上述小额信贷项目，并组建小额信贷项目部。2001 年，国务院扶贫办发文批准基金会在更多贫困县开展小额信贷扶贫试点。此后，基金会先后在 10 个县开展了小额信贷项目。

受当时的政策限制，基金会不能在地方设立下属机构。因此，基金会只能和地方扶贫办合作，由扶贫办在当地注册一个社团机构作为小额信贷操作机构，并交由基金会具体管理。这种体制导致出现了双重管理，县级操作机构会同时接受来自基金会和地方扶贫办的双重指令，导致政令不畅，管理失效，难以保证县级机构的持续稳健发展。至 2004 年年底，基金会只剩下了 4 个小额信贷项目县。

（三）2005—2008 年，改制转型

2004 年下半年，国家出台新的《基金会管理条例》，允许基金会成立下属机构。此时，基金会领导果断地决定对小额信贷项目进行改制转型。最大的改变就是由基金会直接在县里注册成立直属机构，并以此作为小额信贷项目的县级实施机构。这种改制，从根本上解决了县级机构双重管理的问题，使基金会在小额信贷项目上的责权利得到统一。2005 年 6 月，基金会在辽宁省康平县成立第一家直属小额信贷分支机构。2005 年 9 月，原来的四家老分支机构也改制成为基金会的直属机构。

此外，基金会小额信贷项目先后从国家开发银行和渣打银行获得批发贷款支持，改变了过去完全依赖捐赠或政府资金的局面。截至 2008 年年底，基金会的小额信贷业务覆盖 17 个县，贷款余额 1 亿元。

（四）2009 年以后，独立运行

随着基金会小额信贷项目的规模越来越大，也已经实现了业务的自我可持续运营，基金会觉得将小额信贷部独立出来的时机已经成熟。2008 年 11 月 18 日，基金会全资注册成立中和农信项目管理有限公司。自 2009 年起，中和农信公司开始独立经营，独立核算，实现了由项目型小额信贷向机构型小额信贷的转变。2010 年，IFC 和红杉资本注资中和农信，2016 年，蚂蚁金服和天天向上基金入股。通过这些新股东的加入，使中和农信的治理结构更加合理，融资渠道更加多元，技术能力更加先进，公司业务得到长足发展。

三 历经重大变革

（一）完善治理结构

在成立公司之前，基金会小额信贷部作为基金会的一个业务部门，接受基金会秘书处的直接领导，与其他部门适用同样的管理考核体系。但基金会属于慈善机构，实施的项目以赠款项目为主，小额信贷的企业化经营性特点显然与慈善项目的管理制度不太相符。公司独立之后，中和农信实行董事会领导下的总经理负责制。公司董事会不仅有来自基金会的代表，也有来自其他市场化股东的代表，因此董事会会站在公司发展的角度上（而不是基金会的角度），做出最有利于公司发展的战略决策和发展规划。

此外，公司可以根据自身的经营特点和发展需要，实行更加市场化的人事管理及薪酬体系，有利于公司吸引和留住专业化、职业化的技术人才。公司具有独立的财务管理体系之后，可以出具独立的财务报表和审计报告，非常有利于公司对外独立融资。

（二）优化管理架构

2013 年，为了提高经营效率和运营能力，中和农信实行更加科学的管理架构——"三级四线"体系。所谓"三级四线"，是指从总部，

到区域办公室，再到分支机构的三级管理结构，业务线、风管线、内审线和支持线的四线管理体系。

总部负责公司的全面运营，由资金财务部、全面风险管理部、运营管理部、创新业务部、人力资源部、信息技术部、综合管理部、内审部8个一级部门，及下设19个二级中心共同组成。通过完善的制度体系、高效的流程管理、专业先进的管理工具、专业严格的风控监察，全面管理公司运营。区域办公室按照就近原则设立，将全国分支机构划分为15个区域，区域办公室主要负责辖区内分支机构的业务管理。在项目县建立分支机构，负责业务的拓展，客户的营销，贷款的审核、发放和回收，客户经理的录用和管理。

在中和农信的"四线"管理体系中，最核心的是业务线。由运管、区域和分支机构组成，是公司的利润中心；第二条线是支持线，包括人力资源、资金财务、综合管理、信息技术等部门，是为了公司的业务而服务的部门，它们共同组成所有业务的后勤和补给平台。第三条线是风管线，作用是评估、管理、解决业务风险，比如，信贷审查、风险识别和预警、行业区域和产品风险分析监控和预警。第四条线是内审线，是指基于内部管理的需要，以公司日常业务流程为内容，按照董事会的要求，站在管理层的高度，坚持独立、客观、公正的原则，对企业内部管理和分支机构业务做出评价和判断，从而有效地降低内部经营风险，保证企业的良性运转，并促进企业管理的高效与透明。

（三）定制信贷产品

中国的农村小额信贷，最早都是学习孟加拉乡村银行模式，将五户联保、每周还贷等基本的金融技术照搬过来。在20年的摸索过程中，中和农信借鉴国际经验，结合中国农民的生产生活特点和信贷需求，为中低收入农户量身定制信贷产品。

2008年以前，基金会的小额信贷项目基本上是借鉴孟加拉乡村银行的小组贷款模式，5人自愿组成联保小组，每月一次集中收放款。小组贷款模式的单笔额度不大，一般几千块钱，即使到现在单笔贷款的最高额度也不超过2万元。2008年以后，中和农信学习借鉴德国IPC模式，探索开发适合中国农村的个人贷款技术，并首先在南方省份和四川地震灾区试点成功。对于客户来说，个人贷款更加方便，一个人贷款，5 万元以下无须担保，5 万元以上需要一个担保人就可以。个人贷款的单笔额度更大，笔均 5 万元，最高单笔限额 20 万元。目前，中和农信的贷款以个人贷款为主（70%），小组贷款为辅（30%）。

2018 年 8 月起，中和农信推出了客户端的 APP，农民通过智能手机就可以提交贷款申请。同时，中和农信与蚂蚁金服的人工智能团队合作，推出线上授信贷款产品（单笔最高限额 2 万元）。农户可以通过线上提交信息，经人脸识别等核准身份后，在线申请贷款，系统自动审批。十分钟申请，十分钟提现，非常方便快捷。未来，2 万元以下的小额信贷，都可以通过中和农信在线系统直接审批自动发放。

（四）自建信息系统

在投资研发管理信息系统方面，中和农信从不吝啬。1998 年，当时的世行项目就已经安装了单机版的信息系统。基金会接管以后，立即着手开发新的信息管理系统。2005 年，基金会购买了美国 kredits 公司的专业信息管理系统。2009 年，中和农信开始自主研发网络版的信息系统，并于 2010 年 10 月正式上线运行。2013 年，公司开发基层信贷员的终端 APP，使信贷员可以在农户家里完成所有信息采集并及时上传。

通过不断地加大信息技术的应用，可以大大提高员工的工作效率，也可以很好地控制风险和降低成本。目前，中和农信基本上实现了无现金交易和无纸化办公，所有交易过程和管控流程全部在系统中完成并存档。中和农信总部有 60 多名 IT 人员，可以不断地根据业务的发展需要，及时地将最新的数字金融工具引入到日常业务运营中，提高公司的运营效率和风险管控水平。

（五）解决放贷资质

之前，中和农信主要是依靠国务院扶贫办和有关部委的批文，在各县开展小额信贷业务。2011 年以后，中和农信陆续在辽宁、四川等地成立小贷公司进行放贷。2016 年，中和农信在内蒙古成立了第一家省级小贷公司，把内蒙古当时 50 多个县的业务完全纳入了当地金融办的监管范围。此后，中和农信先后在海南、重庆、四川、湖南等地成立省级小贷公司，其中重庆和海南具备网络小贷资质。通过这些省级小贷公司和网络小贷公司的成立，彻底解决了中和农信的放贷资质问题。

（六）拓宽融资渠道

由于中和农信属于小贷机构，只能放贷，不能吸储，因此如何解决贷款本金的来源问题非常关键。在基金会小额信贷项目期间，主要依靠社会捐赠和政府资金，后来开始使用银行批发贷款。成立中和农信公司以后，融资渠道进一步拓宽，除银行批发贷款以外，公司还从国际金融公司、亚洲开发银行等获得外汇贷款。2014 年年底，中和农信首次在深交所发行 ABS（资产证券化）成功，打开了直接融资的渠道。此外，经过股东们的数次增资，使公司的自有资金规模不断扩大。

（七）培养专业人才

任何事业的成功，都离不开一个有凝聚力、战斗力而且稳定的专业队伍。在成立公司之前，基金会小额信贷项目主要靠情怀吸引人才。成立公司以后，逐渐建立起专业化、职业化的人才体系。在中和农信4500 多名员工中，90% 是奔波在一线的客户经理。他们的主要工作阵地在广大农村，因此他们必须要认同中和农信的文化理念，具有良好的道德品质和吃苦耐劳的精神，勤奋好学，熟悉当地文化、风土人情、社会心理、消费习惯和生计模式等，还需要善于和农民交往。公司对于分支机构员工制定了科学合理的绩效考核机制，确保基层员工的工作积极性和规范化运作。

中和农信在总部层面主要强调专业化队伍建设，组织实施了多项人才培养项目，包括以培养分支机构负责人为主的"船长计划"，培养区域督导为主的"星火计划"等。公司还专门建立了"和信学院"，开发各项培训课程，培养内部讲师，分层次、分批次地对公司员工开展能力建设。

四　主要经验教训

（一）政府认可

在中和农信的成长历程中，一直得到国家领导和有关部门的大力支持。国务院几届分管副总理都做了重要批示，予以充分认可与肯定。国务院扶贫办、财政部、国税总局、中国人民银行和银监会等部门也都曾给予政策上的支持。

在小额信贷项目发展初期，基金会和中和农信都是与地方扶贫部门紧密合作的。扶贫部门不仅提供配套资金，还在关系协调和人才推荐方面发挥了重要作用。随着公司市场化程度的加深，并逐渐成立小贷公司进行市场化运营后，中和农信逐渐将配套资金和政府人员退还给当地政府，并开始与各地金融办对接，纳入当地金融监管范围。

（二）社会认同

在过去的 20 多年时间里，中和农信已经树立了一定的品牌形象，得到了社会各界的广泛认可。《人民日报》、中央电视台、《经济日报》《金融时报》等主流媒体多次报道中和农信在农村小额信贷方面的事迹。2016 年，中和农信通过与蚂蚁金服的合作，渐渐进入了公众视野。蚂蚁金服在全国 20 个大城市投放的地铁广告和公交广告中，就有中和农信的客户广告。在 2016 年慈展会上，中和农信被评为"金牌社企"，成为国内社会企业的标杆之一。此外，中和农信也是世界银行集团发起的"全球人人可及金融"活动签约方之一，共同致力于全球的普惠金融事业。

（三）坚守创新

纵观过去 20 余年的发展历程，中和农信之所以能取得今天的成就，主要得益于"三大法宝"。

第一，始终扎根农村市场。中和农信 22 年来始终坚守农村市场，特别是为农村那些无法充分享受传统金融服务的客户提供服务。这不仅填补了农村金融服务的市场空白，更为机构的自身发展找到了非常适宜的非充分竞争市场。在别人看不懂或看不上农村市场的时候，中和农信已经积累形成了一整套适合中国农村的小额信贷模式，并打造了一支特别能战斗、会战斗的本土化队伍，并在农户信贷市场竞争中占得先机。

第二，量身定制产品服务。中和农信始终坚持以目标客户的实际需求为中心，量身定制适合他们的产品和服务。近些年来，公司根据客户的需求变化，不断优化信贷产品和服务流程，力争为目标客户提供最贴切的金融服务。只要能持续得到客户的认可与肯定，中和农信就自然会有自己的生存空间。

第三，精益高效的运营管理。要做到精益高效的运营管理，主要做好三个方面的工作：

首先，科学合理设计制度。制度设计必须做好四个步骤：一是评估问题。即找到所面临的主要困难和问题，并进行相应的技术评估。二是设计规则。在设计过程中要充分听取各利益相关方的意见和建议，绝对不能纸上谈兵独断专行。三是传达解读。针对达成共识的管理制度，一定要进行充分传达与解读，让大家在认知理解上达成一致。四是贯彻执行。制度一旦确定并下发，则必须不折不扣地执行。此后，还应该在执行过程中不断地发现问题并持续改进，形成制度设计和优化的闭环。

其次，适时改进管理工具。工欲善其事，必先利其器。中和农信在过去的 20 年时间里，不断改进管理工具和手段，特别是近年来加强了对先进信息通信技术的应用，使机构的管理效率和水平得到很大程度的提升。比如，目前正在推广使用的钉钉办公系统、信贷系统 APP、中和金服微信服务号等，就是希望借助这些先进的管理工具，不断提升运营管理水平。此外，中和农信借助蚂蚁金服的力量，充分利用大数据、云计算等互联网金融工具，探索适应农村地区的数字金融模式。

最后，行之有效的执行力。有好的制度、好的工具，再加上高效的执行力，则完全可以造就非常精益高效的运营管理。没有令行禁止的执行力，再好的制度也只能是空中楼阁，再先进的工具也只能是空摆设和花架子。

五　未来展望

　　未来，中和农信将继续扩大小额信贷业务规模，打造真正扎根农村的专业小微金融服务机构。2018 年，中和农信的分支机构将超过 310 家，活跃客户将超过 40 万户，年放款规模达到 130 亿元。预计在 2023 年，中和农信的年放款量将达到 1000 亿元左右，活跃客户超过 200 万户。在稳健发展信贷业务的同时，中和农信将充分利用在农村地区已经形成的服务网络优势，积极探索创新业务，尝试开展小额理财、保险，以及农村电商等业务。中和农信力争成为国内农村小微金融领域的"排头兵"，并成为国际同类机构的佼佼者。

中国公益小额信贷的实践探索

——以宁夏东方惠民小额贷款股份有限公司为例

龙治普*

摘　要： 小额信贷于 20 世纪 70 年代发端于孟加拉国，90 年代初引入中国，至 2005 年央行推行小额贷款公司试点以来，在中国大地呈遍地开花之势。但由于各个方面的资源缺乏有效整合，各个机构发展理念相左，致使各家机构良莠不齐，整个行业一片浑浊。如何正本清源，走出一条适宜中国不同地区发展需要的、本土化的小额信贷之路，刻不容缓。宁夏东方惠民小额贷款公司源于一家致力于公益事业的 NPO 组织，其发展经历了政府项目办公室、社团、民办非企业、股份制公司等几种机构形式，是一家以追求公益和商业可持续双重目标为己任的社会企业，在国内有一定的代表性和示范价值。本文以东方惠民公司为例，探讨和分析小额信贷的设计原理及中国公益小额信贷实现本土化过程中的一系列问题乃至对策、建议。

关键词： 公益小额信贷　宁夏东方惠民　本土化实践

一　前言

小额信贷于 20 世纪 70 年代初源于孟加拉国，以尤努斯创建的格莱

---

* 龙治普，宁夏回族自治区盐池县人，农业推广研究员，享受政府特殊津贴。一直从事农村发展及扶贫工作，涉足小额信贷事业 22 年，创建宁夏扶贫与环境改造中心及宁夏东方惠民小额贷款股份有限公司。中国首届消除贫困奖获得者，曾经获得自治区十大杰出青年、五一劳动奖章、劳动模范等称号。

珉乡村银行①为代表，四十余年来在国际上广泛推广。小额信贷大概有三种类型：一是以牺牲经济可持续为代价的救济型小额信贷；二是以纯营利为目的的商业化小额信贷；三是兼顾公益（扶贫）和商业可持续双重目标的小额信贷，业内称为公益型小额信贷。

小额信贷一般根据其机构背景不同，均有其特定的服务对象及目标人群，本文探讨的是以"三农"为服务对象的扶贫性质的公益型小额信贷。

二　公益小额信贷在中国

（一）中国小额信贷发展状况

中国从 20 世纪 90 年代初引进小额信贷，从事该业务的大概有四股力量：

第一股力量是以 NPO 和 NGO 组织为操作主体的侧重于福利性的小额信贷，中国最早引进的小额信贷均属于该类性质，以一些国际单边、多边机构援助为主，至 90 年代末，该类机构的数量达到近 500 家。该类机构，其团队有理念、懂技术，但由于机构产权、治理等基本的制度问题没有解决，无法吸引大量社会资金的进入，长期依靠捐赠，以小的规模勉强度日，缺乏商业可持续性，至目前，相当一部分已经消亡，留存下来的只有百家左右。

第二股力量是 2005 年央行小额贷款公司五省试点工作以来涌现的一大批商业性的小额贷款公司，该类机构鼎盛时期曾经达到近 9000 家，注册资本、贷款余额均超万亿元。该类机构资金实力较强，大多有企业背景。但由于对小额信贷缺乏深刻的理解和了解，过度强调经济利益，缺乏准确的定位，大多数偏离方向，陷入了高风险的旋涡，有一部分已经垮掉。当然，网贷机构比较特殊，本文不做重点讨论。

第三股力量是政府直接推动的小额信贷，中国政府曾经在 20 世纪 90 年代后期通过其扶贫部门实施扶贫性质的小额贷款，但由于种种原

---

① 即孟加拉乡村银行。——编者注

因失败了。2006 年以来，国务院扶贫办以及各级扶贫部门在各地进行小额信贷性质的互助资金试点，目前，除少数地区还在坚持，总体已经进入收官状态，似乎没有进一步支持做大的迹象。

第四股力量是正规银行在普惠金融相关政策促动下实施的小额信贷。

(二) 对中国小额信贷行业的总体评价

1. 整体实力弱

小额信贷进入中国已经有 25 年的历史，各类小额贷款机构突破万家，貌似繁荣、热闹，但和一些国家比较，实际落后了许多。仅仅从贷款规模看，逾万亿元的贷款余额确实足够大，但从客户数量看，仅有数百万，不及东南亚一些国家一家机构的客户数量；从业务团队看，从业人员并不多，且普遍缺乏专业培训和锻炼，良莠不齐；从技术水平看，均还处于模仿探索阶段。

2. 参与者众多，但各自为政

在中国，有许多方面涉足小额信贷，包括政府、银行、研究机构、大专院校、专门机构、各资金平台。但是大家彼此隔离，少有联系，没有形成有效的联合和合作。

中国于 2015 年出台了《推动普惠金融发展规划（2016—2020年)》，其重点是：打造各类面向低收入人群的特色金融、微小金融、地方金融。该体系应该是一个有机的、多层次、多元化、功能互补的体系，有政策的制定者、倡导者，有批量资金的提供者以及多元化的资金平台，有中介机构，有各类零售机构等。

按照规划的总体思路，政府就应该是小额信贷的政策、规则的制定者、资源的支持者，没有必要亲力亲为。银行从事的小额信贷也应该分为两类，其中，一些小的地方银行，利用其特殊的小额信贷技术，专门从事小额信贷，成为专业性的小额信贷银行；而大银行，包括那些纯商业的地方银行，应该回归本我，在服务好大中企业的同时，为各类小额贷款机构提供批发资金，也不必亲自操刀。我们的难点在于如何支持、支持怎样的小额信贷机构发展起来。

3. 定位和努力方向不明确

中国开始了对小额信贷的支持，从 2005 年开始，在短短不到 5 年的时间，机构数量直逼万家，社会上，凡是有闲余资金的争相成立小额贷款公司。不可否认，这些小额贷款公司对于弥补社会信贷不足发挥了十分重要的作用。但同时，由于对小额信贷的历史背景、设计原理等缺乏了解，绝大多数机构仿效银行的做法，放贷额度参差不齐，致使一部分机构走入绝境。还有一些机构出现高利放贷、暴力收贷、非法集资等违法行为，导致该行业鱼龙混杂、良莠不齐、一片浑浊。与此同时，国际上倡导的以扶贫为目的的真正的公益性小额信贷日渐萎缩，大有"鸠占鹊巢"之势。

显然，中国的小额信贷市场需要规范，需要正本清源，需要确定一个努力的目标和方向。

（三）中国公益小额信贷机构的发展选择

如何才能促使真正的小额信贷力量发展起来？从近期来看，路径选择有三个：一是降低门槛，创造条件，对一部分 NPO 和 NGO 机构进行企业化改制，使个别机构脱颖而出，做大做强。二是加大行业约束、管理、引导、支持力度，努力使一部分商业化小额贷款公司，包括一些致力于小额信贷的小银行回归小额，并融入更多的公益元素，使它们成为真正的公益小额信贷机构。三是鼓励其他机构和个人组建更多的各类形式的小额信贷机构。

从长远来看，期望实现两种结果：一是建成一批区域经济合作组织内置的金融机构，也可称为村社内置金融，走日本、韩国那样的综合农协内置的合作银行模式。二是涌现出一批服务特定人群的小银行，社区银行。

（四）关于宁夏东方惠民小额贷款股份有限公司

宁夏东方惠民小额贷款股份有限公司（以下简称"惠民公司"）是国内第一家由 NGO 组织改制为小额信贷公司的机构，成立于 2008 年年底，其发展经历如下：

第一阶段（1996—1999 年）探索阶段。以政府性质的项目办公室为操作主体。在爱德基金会资助的"盐池县爱德治沙与社区综合发展项目"基础上,成立盐池县政府外援项目办公室,按照一次借贷2000元,以6%的年化利率,两年分四次还清,在盐池县路记梁村、井沟、沙边子村等少数几个自然村实施,放款额度只有6万元。

第二阶段(2000年至2004年7月)模式基本框架形成,操作主体为社团组织——协会。1999年年底,在爱德基金会、中国农业大学、中国小额信贷发展促进网络(现为中国小额信贷联盟)的支持下,成立了社团组织——"盐池县妇女发展协会",学习孟加拉模式,形成了盐池县小额信贷模式基本框架。截至2004年,有效贷款客户达1506户,贷款余额为286.15万元。

第三阶段(2004年8月至2008年10月)推广复制,2004年8月成立民办非企——盐池县小额信贷服务中心,管理项目。2007年通过宁夏回族自治区金融办协调,服务中心通过政府平台从国家开发银行宁夏分行得到1000万元贷款支持,机构进入了快速推广阶段。截至2008年10月,服务中心有效贷款客户达3000户,贷款余额为1500万元。

第四阶段(2008年10月至今)业务快速发展。2008年10月,由盐池县妇女发展协会(爱德基金会提供资助)、宁夏扶贫与环境改造中心(嘉道理基金会提供资助)两家NGO组织发起,吸收宁夏绿海公司、宁夏众工电器公司两家企业参股,组建了股份制企业"宁夏东方惠民小额贷款有限责任公司"。2009年3月,业务扩展至同心县。2015年,国有企业东方邦信资本管理有限公司参股,并启动上市计划,公司更名为"宁夏东方惠民小额贷款股份有限公司",业务拓展至宁夏南部山区的其他7个贫困县。在2017年通过与兰州邦信公司合作,在甘肃省和政县成立了和政子公司,业务向六盘山贫困片区的其他地区拓展。

至2018年7月底,东方惠民总资产达到5.6亿元,建成分支机构8家,子公司3家。员工人数达到220余人;公司贷款规模达到5亿元,有效贷款客户数24400人,其中女性客户占97%,户均贷款额度2万元,贷款回收率始终保持在99.5%左右。

东方惠民经历了政府办公室、社会团体、民办非企、企业四种机构形式,进一步的发展目标是打造中国一流的乡村银行。其发展几乎经历了国内所有小额信贷的机构形式,从目前的情况看,改制是成功的,一方面，实现了微利基础上的可持续发展，客户数量、贷款余额、收入、利润、员工人数等指标均有大幅度增加（详见图1、图2）。另一方面，产生了显著的社会效益，累计支持超过5万户农户，帮助超过6万个农村劳动力实现自就业；在支持农户增收、提升客户能力、推动农村文化建设方面取得了显著的成绩，被地方政府树立为信贷扶贫的样板，也对行业发挥了积极的引领作用。

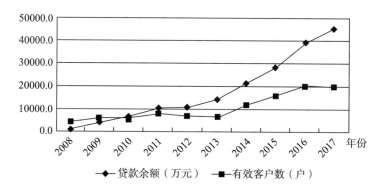

图1　东方惠民公司各年度业务发展状况

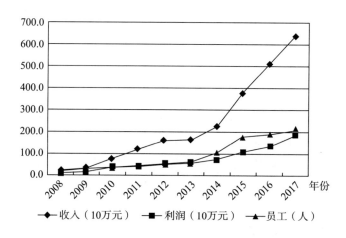

图2　东方惠民公司各年度利润及员工状况

三　中国公益小额信贷的本土化实践

惠民公司是公益小额信贷在中国本土化实践的一个典型，尽管存在一些问题，但以下几方面的举措值得借鉴：

（一）坚守公益，企业化运作

国际上倡导的小额信贷，实际上就是找到了一种将扶贫行为与企业运作相结合的有效模式。在中国引进小额信贷的 20 余年时间里，一直通过 NGP、NPO 的机构形式实施小额信贷，尽管有免税、门槛低等优势，但不可否认，由于两方面的原因，这些机构完全没有可能做大做强：一方面，NPO、NGO 组织在国内发育不够健全，有政策，但操作层面的阻力很大，问题很多；另一方面，产权问题没有解决，资本市场的资金无法进入，致使上述机构实施的小额信贷根本无法可持续发展下去。

在中国，企业运作已有百年以上的历史，企业是法律地位、政策配套相对成熟的行业，因此，借鉴国际经验，利用企业方式推动中国公益小额信贷事业是唯一明智的选择。

（二）长远谋划

机构小、实力弱，似乎是中国小额信贷机构共同的现状。机构小并不足虑，令人担忧的是许多机构没有一个长远的战略，没有自己的定位和愿景目标，没有厘清自己的差异化优势。

任何机构，均需要有梦想，哪怕是一个白日梦。你需要做的是，将这样的梦想尽量地拉回现实，越是接近现实，也就越接近你们的愿景，甚至是规划。

当然，你的梦想，甚至是规划常常有没能完成的时候。此时，你需要分析原因，也需要根据自己的现实，调整自己的战略。可以肯定，机构有了自己的梦想不一定能够成功。但是，没有梦想，没有愿景，你一定不会成功。所有成功的企业均有一个清晰的发展战略和愿景目标，该战略有引领企业的作用，更兼具了吸引人、凝聚人、激励人的功效。

小也许是一种优势，少有羁绊和顾虑。笔者见过一些机构，做到比较大的规模，于是，牵扯的利益方多了，涉及的问题多了，反而造成尾大不掉之势。

东方惠民曾经是一个很小的 NPO 机构，2007 年年初，资产规模约400 万元（其中自有资金只有 240 万元）。2008 年公司成立时一直在考虑自己的未来，经过广大员工的充分讨论和酝酿，2010 年，出台了公司第一期五年战略规划。该战略提出，公司的核心价值是：厚德亲民，兼爱互利；公司的愿景目标是：打造中国一流乡村银行，惠及千千万万低收入家庭；公司的使命是：通过建立一个富有亲情的客户网络组织，为广大的低收入家庭提供高效、便捷的微小金融等系列化服务，改善他们的生活；公司的宗旨是：面向"三农"，妇女为主，关注贫困，微贷惠民；并确定以宁夏南部的 9 个贫困山区县为目标市场，争取实现客户数量 2 万、贷款余额 3 亿元的战略目标。截至 2014 年，公司客户数量达到 1.3 万户，贷款余额达到 2.3 亿元，尽管没有完成其一期战略目标任务，但是，这样一个战略坚定了公司的业务方向，对我们的员工发挥了积极的激励作用，为公司赢得了广泛的社会声誉。2014 年年底，公司开始编制其第二期"5 + 1"（2015—2020 年）战略规划，其中价值理念、愿景、使命等基本内容没有变化，只是将其目标市场扩大到六盘山贫困片区，客户数量、贷款规模等目标均有大幅度提高。

（三）不忘初心

公益事业是伟大的、神圣的，来自经济利益的诱惑是巨大的。如何使公司在两者之间保持平衡，使机构永不变色，必须认识到：

1. 文化建设至关重要

文化似乎是非常抽象、笼统的东西，但文化则在很大程度上规定了此机构非彼机构，规定了机构的基本制度乃至员工的行为规范等，也决定了机构的未来。惠民公司在成立之初就在考虑，从中国传统思想中找到一段能够体现自身、体现公司业务乃至特色的话，经过广泛征集和充分酝酿，"厚德亲民，兼爱互利"作为公司的核心价值被确定下来。这八个字，出处不同，意义深刻，和惠民公司的追求、特征高度契合。

2. 形成有效的治理

有许多企业愿意投资惠民公司，但惠民公司并没有简单地接受，而是对其股东有具体的选择条件，一是认同公司的理念、文化，二是有足够的实力和影响力，三是为惠民公司的未来提供具体支持。正是基于这样的考虑，惠民公司形成了一个多元化的股权结构，具体构成是：NPO组织参股 10%，员工持股 6%，核心团队持股 30%，东方资产持股 27%，其他企业持股 27%。

决策职责由一个 5 人构成的董事会承担，该团队由一名资深的金融专家担任独立董事；4 名股东董事，分别来自资本运作、企业管理、微小金融、农村发展四个领域，而且均是本行业的专家。管理团队实现总经理负责制，由一名职业经理牵头，独立开展工作。

回顾公司成立的 10 年，有一些偏向追求效率的迹象，包括客户贷款最高额度由 5000 元提高到 5 万元，以能力建设为主的非金融服务的工作在弱化，村组建设的力度不够等。如果说，单笔贷款额度增加是顺应物价上涨、经济条件改善的需要，但在非金融服务以及村组建设方面的表现就差强人意了，公司董事会也意识到该问题，并在近期的考核中要求加大一系列社会指标的权重，寄希望于"回归三农、找回传统"。

惠民公司通过股权多元化、决策专业化、管理职业化，实现所有权、决策权、运营权分离，正是这样一系列制度安排，确保企业沿着正确的道路前进。

3. 战略规划非常重要

除上述提到的战略规划的一些基本内容外，惠民公司进一步明确了其市场定位：以六盘山贫困片区为进一步的目标市场，面向低端金融客户、面向低收入农户，以弥补金融服务盲区、盲点为己任，对正规银行形成补充，并坚持以农村妇女为目标人群。

（四）尊重小额信贷的内在逻辑和原理

分析金融服务缺失的原因，大家较为一致地认为：由于双方信息不对称，致使信贷供给方的贷款无法到达需要资金的客户，这是我们面临的主要问题、共同问题。

正规银行也试图了解客户并为其提供贷款，但由于广大低收入家庭，特别是居住偏远而分散的农户，获得其贷款信息的成本高，贷款额度低，因此，银行不愿意，也无法给这样的客户提供贷款。正是由于有这样一些客户存在，小额信贷应时而生。

小额信贷的关键是找到或者创造一系列特殊的解决信息不对称的技术、方法，促使信贷供给者和信贷需求者之间达成交易。如果技术、方法和银行的是一样的，小额信贷机构也就失去了存在的意义。因此，小额信贷机构必须具有不同于正规银行的技术和方法，业内也称为核心技术或者竞争力。

以解决信息不对称为切入点，做两方面的工作：一方面使信贷供给方真正沉下去；另一方面选择或者打造一个个熟人圈子，将分散的客户有效组织起来，使两方面实现充分的融合是小额信贷的逻辑出发点。

东方惠民信贷模式的核心技术是：打造一个"富有亲情的信贷网络组织"（见图3宁夏东方惠民小额贷款股份有限公司组织架构），具体做法如下：

1. 以农村妇女为服务对象

这样选择的理由是：农村妇女是真正的弱势群体，她们不能从正规银行获得贷款；妇女非常看重家庭小的收支，贷款需求低；妇女是家庭项目的主要经营者，她们外出机会少；妇女爱面子，更加讲信用。选择妇女还有其他很多优势，可以说，这种设计，将人性伦理融入了一种经济行为，是小额信贷的伟大创举。

2. 坚持小而分散，自动瞄准低收入家庭

信贷资产是一种特殊的商品，当其物美价廉的时候，就会造成争抢。我们需要设计一种富裕家庭不去争抢的产品。惠民公司的信贷产品设计是：首轮贷款不得超过1万元，最高限额5万元，利率为年化14%左右，而且要求贷款客户每5人组成一个联保小组，一个自然村成立一个大组，每月需要参加一次例会。这样的贷款对富裕家庭、对有机会的家庭而言是不具备吸引力的，而满足联保条件的任何一个农民家庭均可得到贷款。根据统计，惠民公司的客户中，93%以上为中低收入家庭。

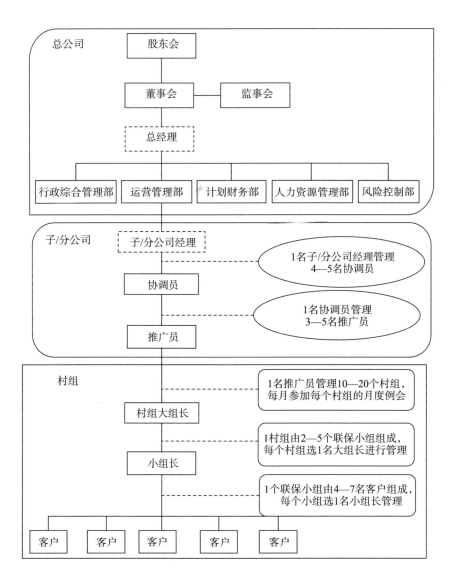

图3　宁夏东方惠民小额贷款股份有限公司组织架构

3. 打造一支富有公司文化特征的、接地气的员工团队

实现惠民业务的全面下沉,需要有深厚的文化做底垫,需要一系列
制度、产品做保证,更需要一支能够深入农村、"接地气"的员工团
队。服务什么样的客户就建立什么样的团队。惠民公司的业务员即推广
员,她们是联系公司和客户的纽带,之所以称为推广员,是希望她们作

为信息、技术、亲情、信贷的携带者，推而广之。这些推广员的招收条件是：农村女知识青年，高中文化（个别放宽之初中），居住在农村，已婚且有孩子，精明强干，能说会道，有威信。她们以自己的家为办公室，服务于周边的 20 个左右的村子。

4. 将分散的客户组织起来

惠民公司的基本工作是找到或者创造一个个熟人圈子，实现一对多人的服务，具体做法：以自然村为单位，5 户一个联保小组，一村一个大组，这样做的目的：一是通过农户间相互熟知，排除不良客户，称为客户自组织内部的自我识别；二是有效地降低成本；三是利用客户组织内部的小团体的道德约束机制，促进还款；四是搭建一个客户相互学习、相互交流促进的平台，挖掘并培育信贷需求。

5. 贷给客户一笔资金固然重要，而改善他们的生活更重要

尽管信贷资金在一定程度上解决了一些家庭的发展问题，但不可否认，小额度的贷款对一些家庭而言发挥的作用是有限的。小额信贷更重要的意义在于为广大客户搭建一个交流、学习乃至发展的平台，从而创造更多的机会。惠民公司每年在其管理费用中拿出 10% 以上用于支持农户的一系列非金融服务，并实施"八个一工程"：即建立一所农民学校、组建 10 支农民文艺宣传队、年度培训 100 名文艺二传手、年度培训 100 名农民培训师、每年推出 1000 个文艺节目、年度开展 1000 名农民骨干轮训、年度开展实用技术培训 10000 人次。受益人口达到 10 万人。这些活动极大地丰富了农村社区精神文化生活，使一大批妇女走出家庭，融入了更加广阔的社会舞台，近些年来，有 20 多名妇女获得了全球微信创业奖，客户汪树莲获得社会影响特别奖，登上了法国卢浮宫的领奖台。

6. 累计效应及其意义

滚动循环、逐轮增加额度，这种额度累计增加的同时还包含以下意义：一是随着贷款的持续，由客户内部的自我识别到推广员对客户的逐步了解，实现双方的信息累计，信任度增加；二是随着客户的持续参与，客户的经营能力、抗风险能力得到累计提升，信息量、经营规模累计放大。

7. 因地制宜

在引进小额信贷时，必须根据各地的实际，进行因地制宜的调整。分期等额还款是孟加拉国模式的基本特征之一，但在西北，由于四季分明、种养殖业的周期长、农户缺乏经常性的现金流，并不适宜这种规定，因此惠民公司在很早的时候就调整为整借整还。20余年来，惠民公司的贷款限定也多次调整，起步额度由1000元增加到1万元；最高限额也由5000元调整到5万元。

（五）众人拾柴火焰高

来自各方面的支持是惠民公司走到今天的关键，同时多元化融资渠道也在一定程度上解决了公司的流动性风险。多年来，惠民公司得到多家机构的支持，包括来自开发银行宁夏分行的贷款达到3亿元，是我们的主要支持者；来自股东之一东方资产方面的债权支持达到1亿元，还有宁夏石嘴山银行、宜信公司、宁夏国有投资公司的债权支持。宁夏金融局出台了一系列优惠政策；同时，给予惠民公司以负债500%的特殊政策。宁夏农村工作领导小组以及其他6厅局专门印发文件，在全区各市县推广复制惠民模式。

四 中国公益小额信贷行业面临的挑战及对策

（一）现代信息技术形成的错觉

近几年来，网贷、消费贷等风靡一时，似乎通过互联网的广覆盖、高效率就能够解决低收入群的信贷难，业内的一些专家、资深人士也纷纷表示认可。惠民公司也曾经有过这方面的尝试，但是失败了，原因是无法同时逾越由线上到达贫困农户的四道屏障：一是能够看得到；二是信任并接受；三是技术上可操作；四是是否有清晰的贷款意愿。物理网络永远不能代替人之间的情感沟通，因此要走出以物理网络代替人际网络的误区。线上找到更多的投资人，线下利用我们的推广员找到客户、培育客户，帮助她们上线，这样线上线下结合，才是解决问题的理想选择。

（二）城市化、现代化带来的冲击

随着经济条件的改善，越来越多的客户不满足于小额信贷机构提供的贷款；同时随着城市化的加剧，大批农村客户流向城市，客户的流动性增加，实现农村社区客户端的有效组织越来越难。显然，惠民公司需要调整自己的产品；同时，在城市社区建立自己的客户组织。在农村，继续加大对客户的服务力度，通过优质服务留住客户，在有条件的社区，建立农民合作社或者协会，将我们的信贷内置于农民组织，逐步实现由社区互助金融向产业合作金融的过渡。

（三）融资难

小额信贷是针对特定人群提供的信贷服务，是银行业务，必须依靠一定的杠杆。完全利用自有资金，不是一个盈利的商业模式。一些地方放宽了小额贷款公司的负债比例，但即使是这样，小额贷款公司的筹资渠道也是有限的，融资的价格也是无法接受的，在这样的政策规定下，小额信贷行业是不可能发展起来的。上述线上线下结合，实现小额信贷公司与 P2P 平台的有机结合似乎是一条路子，但也似乎存在公信力不足等问题。因此，从根本上解决问题的办法是：应该允许一些有条件的小额信贷公司吸收存款，甚至转为专门银行。

五 建议

（一）厘清方向，准确定位

任何人都不愿意当"老赖"，客户之所以不还款，主要是由于其资金链断了，没有能力还款所致。因此，在实力、技术、抗风险能力均无法和银行抗衡的前提下，小额信贷机构唯有坚持小而分散的策略。很遗憾，由于一些小额贷款公司对这点认识不足，随意提高单笔贷款额度，导致了大量逾期。因此，行业发展必须首先厘清：

第一，小到什么程度才算小额信贷？笔者非常同意一些学者提出的将人均 GDP 的 2.5 倍作为小额信贷的标准。我们的政策制定者、监管部门应该有一个预期，期望我们的行业涌现出一批坚守上述标准的小额信贷机构，将贷款额度大小作为评判是否为小额贷款公司的"分水岭"，有必要旗帜鲜明地规定一个额度或者行业标准，并依此制定出行业的监管评级办法的依据。允许一些小额贷款机构发放 300 万元、500万元的贷款，但鼓励其向小额分散的方向发展，只有这样，才能逐步扭转行业的乱象。

第二，怎样的小额信贷才是中国需要重点推动的小额信贷？小额信贷发端于扶贫，面向弱势人群，对贫困人口，特别是贫困地区意义重大，要从庞杂的小额信贷行业分离出来，成为一类，作为重点，加大支持力度。

目前的混乱并不足忧，令人担忧的是方向和目标的缺失，因此，要旗帜鲜明地为每个小额信贷机构指明一个努力的方向，为整个行业明确一个方向。

（二）宁精勿滥

考察国际小额信贷，就会发现，国际上，尤其是东南亚一些国家，几十万、数百万客户的机构比比皆是。而回看中国，近万家小额信贷公司，客户数量没有他国一家机构的客户数量多。这种片面追求机构数量的方式，既不利于监管，又不能保证质量，绝非明智之举。应该将重点放在支持一些机构做大做强方面，大的省份搞十家、二十家，小的省份控制在十家以内。

（三）分类分层监管

在中国，银行业的监管已经习惯于大一统的监管理念和模式，大银行由银监会直接监管，小银行银监会通过其隶属的各地监管局实现监管，权责利清晰，形成了一系列制度，实力雄厚，对各家银行达到了监管甚至是强监管的目的。

反观小额信贷行业，省级管理部门人员较少，面对数百家小贷公司，论实力、技术、权威等，均无法和银监管理体系相比。即使是这样，各地小贷监管部门仍然做出了极大的努力，在小额信贷行业，尽管有这样或那样的一些小问题，但大的、系统性的问题并没有发生。因此，在小额信贷行业，不是监管不到位的问题，而是是否有能力、有意愿、有动力去监管？

随着金融工作重要性的日渐突出，各地各级政府逐步开始成立金融工作局，作为政府的职能部门，应该赋予他一定的责任和职权。在控制小额贷款公司数量的同时，积极推行分类分层监管，其中，允许一些有实力的小额信贷公司吸收存款，将这类机构化为一类，由省一级金融局（办）直接监管；将那些不具备条件的小额信贷公司化为一类，不允许吸收存款，适度放宽负债条件，交由市县一级金融局（办）监管即可。

（四）推动可持续的信贷扶贫事业

中国政府大力推进信贷扶贫，各地政府也积极行动，在信贷扶贫方面推出一系列创新，极大地推动扶贫事业，范围之广，力度之大，令人赞叹。但不可否认，有两个遗憾：一是瞄准问题，人为的偏颇甚至是权力"寻租"，导致廉价的信贷资源的流失、偏离；二是缺乏可持续性，尤其缺乏可持续的机构。因此，应该将其重点放在发现好的机构、培育好的机构方面，只有发展若干个拥有数百万、上千万客户的可持续的扶贫性质的小额信贷机构，才是推动可持续信贷扶贫事业的明智选择。

不忘宗旨　创新发展

——重庆市开州区民丰互助合作会小额信贷回顾与展望

钱　峰*

摘　要：为满足贫困边远地区农户小额信贷需求，合作会结合实际，在"GB"模式的基础上，不断改革创新，形成具有自身特色的小额信贷运行机制，在脱贫攻坚中发挥了积极的作用，为实现普惠金融进行了积极和有效的探索，成为小额信贷一颗璀璨的新星。

关键词：互助合作会　社会成效

一　引言

贫困偏远地区的农户和小微企业，因为资产实力有限，抵御风险的能力弱，不能提供商业银行放贷所要求的抵押品，并且因为偏远分散，提供金融服务的操作成本较高，往往成为商业金融机构排斥的对象。

出于满足贫困边远地区农户、小微企业的金融服务需求，1997 年10 月，重庆市开州区民丰互助合作会诞生。

20 多年来，重庆市开州区民丰互助合作会（以下简称"合作会"）坚持"根植三农、服务百姓"的理念，坚持"服务山区中低收入农户和微型创业者"的发展定位，为实现普惠金融进行了积极和有效的探索，成为中国小额信贷一颗璀璨的新星。

＊　钱峰，开县民丰互助合作会创始人之一，退休前为合作会理事长，现为合作会顾问。

在中国小额信贷发展 25 周年之际，中国社会科学院、中国县镇经济交流促进会、中国小额信贷联盟等单位组织小额信贷实践者回顾小额信贷机构发展历程，梳理和总结经验，推动普惠金融为全面实现小康社会和两个一百年梦想做出新贡献。笔者从 1994 年开始从事小额信贷扶贫工作，参与和见证了合作会的创立、建设和发展，此时回顾合作会的发展历程，总结经验，展望未来，是十分有意义的事情。

二　合作会概况

（一）基本情况

合作会是在全国推广孟加拉乡村银行"GB"模式，开展小额信贷扶贫的背景下，经重庆市扶贫领导小组批准，于 1997 年在民政局登记注册的社团法人。合作会的主要职责是开展资金互助，实施小额信贷；主要服务对象是农村中低收入农户、城镇低收入居民、城镇微型企业和工商个体户等。

目前，合作会总资产 47145 万元，其中所有者权益 8587 万元（含实收资本和资本公积 6129 万元），资产负债率为 81.8%，资产回报率为 3%，净资产收益率为 11%。现有员工 126 人，下设 19 个乡（镇）分会（25 个营业网点）、515 个社级农户自治中心，可为近 23 万农户、80 万农民提供小额金融服务。合作会现有会员 35057 户，贷款余额 35633.36 万元、6560 户（其中农户会员贷款 21827.15 万元、6070 户，占比分别为 61.25% 和 92.5%；小微企业贷款 13806.21 万元、490 户，占比分别为 38.7% 和 7.5%）。逾期率和不良率分别为 2.62%、1.45%。

（二）发展历程

合作会是随着国家扶贫开发、服务"三农"政策不断深入，顺应农村行政体制和金融体制改革以及农村形势变化而从小到大、循序渐进发展起来的。

1988 年，国务院扶贫开发领导小组决定在四川探索成立扶贫开发公司开展信贷扶贫，开县被列入四川省四个试点县之一，经县政府批准组建开县扶贫开发公司，负责全县扶贫贷款的发放和管理工作。

1997年，全国推广孟加拉乡村银行"GB"信贷扶贫模式，重庆市扶贫领导小组批准将开县作为首个试点县。开县扶贫开发公司负责人作为自然人发起，在开县民政局登记注册成立"开县开发扶贫社"，承担开县扶贫开发公司农户小额信贷扶贫工作，其业务主管部门为开县扶贫办。

2001年，中国扶贫基金会选定开县开展农村小额信贷扶贫试点，开县开发扶贫社负责人作为自然人发起，在开县民政局登记注册成立"开县农户自立能力建设支持性服务社"，承接"开县开发扶贫社"所有业务。

2003年，中国扶贫基金会支持力度开始弱化，一直合作运行到2006年，"开县农户自立能力建设支持性服务社"与中国扶贫基金会脱钩。同时，2006年以后，重庆市扶贫办、财政局停止发放对全市小额信贷机构的财政经费补贴，全市30多家类似组织由于缺乏工作经费而停止运行并陆续关停。

2008年，"开县农户自立能力建设支持性服务社"由于经费困难、亏损较大，也面临停止运行的局面。为谋求稳定和发展，经股权改革将"开县农户自立能力建设支持性服务社"更名为"开县民丰互助合作会"。2016年，开县撤县设区更名为"重庆市开州区民丰互助合作会"。

（三）改革创新

合作会以改革创新的精神，很好地解决了小额信贷组织资本金不足和融资难的问题。

——股权改革。"开县农户自立能力建设支持性服务社"由于缺乏工作经费和后续信贷资金来源艰难运行到2008年也面临停止运行的局面。如果停止运行，将面临三个现实问题：一是大面积的山区贫困农民的信贷帮扶无人承担；二是60多名员工的去向问题；三是原农户贷款将无法收回，从而带来诸多不确定和不稳定因素。

基于这一判断，必须寻找发展的出路。出路在何方？探索股份制改革才是最好的出路。但是，在小额信贷处于低迷时期，前途和希望不清的情况下，很多人认为出资入股就是将钱往水里丢。我们多次召开员工会议，分析关门倒闭的不良后果。经过反复动员和充分酝酿，最终达成共识：凡是愿意留下来的员工按照职务高低、岗位责任的大小确定持股份额。2008 年 8 月，由 47 名员工共出资 76 万元作为注册资本金在民政登记注册，同时将"开县农户自立能力建设支持性服务社"更名为"开县民丰互助合作会"。股权改革让员工成为股东，员工工作积极性高涨，内部管理及经营走上正轨。

改制后，随着信贷规模逐年增大，合作会先后多次面向社会增资扩股，目前，共有股东 200 人，注册资本金 5000 多万元。

——推行会员制。小额信贷扶贫具有运行效率高、扶贫效果好的特点。但是，小额信贷最大的问题就是融资渠道窄，信贷资金总量不足，供需矛盾突出。2008 年经过股权改革救活了合作会，由于信贷资金不足，贷款余额只有 3000 万元，不能满足广大农户的信贷需求，扶贫效益差，机构盈利能力弱，发展的可持续面临新的挑战。增加信贷资金来源，增大信贷资金规模是合作会面临的难题。增资扩股是办法、向银行借款是办法、寻找企业合伙人是办法，但这些办法要么量小，要么成本高。最终从"GB"模式中社员定期储蓄受到启发。2009 年合作会通过"推行会员制，开展资金互助"，很好地解决了这个问题。其具体做法是：符合条件的农户由 1 名当家理财人提出申请，缴纳 100—2000 元身份会费办理会员证成为合作会会员。会员可按缴纳身份会费 1：50 放大向合作会申请贷款，会员多余的闲散资金可自愿缴入合作会作为互助金，并在会员间开展资金互助。吸纳的互助金以所在乡镇分会为考核单位，70% 投放到所属乡镇分会会员，其余 30% 交总会作为备付金。对会员缴纳的互助金及身份会费，合作会按照银行同期同档次存款利率标准支付资金占用费，并可享有合作会收益奖励，存入互助金的会员不承担经营风险。目前，会员会费及互助金达到 35000 多万元。会员会费及互助金成为合作会信贷资金的主要来源，很好地解决了小额信贷资金规模小、后续资金不足的问题。会员会费及互助金通过合作会这个平台支持了分会辖区内其他会员的发展，缴纳会费及互助金的会员能获得资金占用费和奖励收益。

会员制和资金互助的推行，增强了合作会与会员、会员与会员的互助合作关系，实现了共赢。

三　合作会治理体系

20多年的发展，合作会建立了具有自身特点的治理体系。通过构建健全的组织结构，确保机构运作平稳；通过合理的股权安排，确保决策科学透明；通过推行有效的激励机制，增强员工的主动性和积极性。

（一）组织结构

合作会的最高权力机构为会员代表大会，会员代表大会选举出理事和监事，组建理事会和监事会。理事会为合作会的决策机构，设理事长；监事会为合作会的监督机构，设监事长；聘任秘书长为法定代表人，负责日常经营管理；区总会设财务部、业务部、稽核部和办公室四个职能部室；区总会下设乡镇分会，负责信贷业务。乡镇分会设主任岗、信贷员岗、柜员岗和后勤岗。

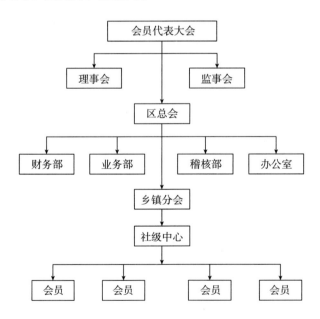

图1　开州区民丰互助合作会组织结构

合作会的组织构架融合了合作性组织和公司制企业的特点，拥有合作性组织和公司制企业结构的优势。在机构的组织形式上具有合作性组

织的特点，理事会对会员代表大会负责，会员通过会员代表大会参与合
作会的决策和管理；在机构的行政组织上基本采用了公司制企业的治理
框架，秘书长在理事会授权下，负责经营管理。同时，合作会只有区总
会和乡镇分会两个层级，属于典型的扁平化治理结构，减少了中间治理
层，提高了信息传递的速度。

（二）股权结构

2008 年实施股权改革以来，合作会经过 6 次增资扩股。目前股东
达到 200 人（其中包括 106 名合作会职工），注册资本金 5137 万元。
200 个股东中，最大股东持股 2.34%，前 10 位股东持股 18.38%，股权
分散。

分散的股权结构使合作会在面临重大事件时的决策较为合理、科学
和稳妥，避免了因大股东个人因素而产生的决策失误。内部职工持股形
成较好的股权激励，较为开放的增资扩股策略吸引了社会资金，缓解了
资本金不足的问题。同时，社会股东不具备决策权，避免了外来股权对
决策的影响，保持了机构的自主独立性。

（三）激励机制

合作会根据小额扶贫信贷的业务特征，采取绩效奖金和股权激励制
度。各分会从营业总收入中按照一定的比例提取相应的费用，然后将该
费用作为绩效奖励资金与员工业绩挂钩。合作会的正式员工按持股份额
直接参与分红，股权激励让员工成为合作会的主人，提高了员工工作的
主动性、积极性。

四　合作会运行特征

20 多年来，合作会结合开州实际，不断改革创新，形成了具有自
身特色、比较成熟的运作机制。

（一）市场错位发展

合作会针对市场情况施行错位发展战略。开州区地处大巴山区，农

户居住分散，涉农小额贷款业务风险大、成本高，商业银行不愿涉及。合作会以农村为主要目标市场，选定贫困人口相对集中，贫困程度相对严重，金融服务比较缺失的边远山区乡镇设立 25 个营业网点（其中 8 个营业网点设在村级新农村居民居住点），与其他金融机构错位发展，赢得发展空间。

（二）授信评级前置

合作会的目标客户为中低收入农户，他们无法提供贷款抵押物，合作会对农户主要实行信用贷款。因此，全面掌握农户的信息，解决信息对称至关重要。为此，合作会改变传统的贷款办理程序，将农户授信评级前置。从 2011 年开始，每年 3—10 月，合作会要收集和更新辖区农户基础信息，包括家庭人口、劳动力状况、生产资料、财产状况、生产经营情况、负债能力等，对符合贷款条件的农户建档立卡，授信评级，一至五级授信农户贷款在 1 万元至 10 万元以内。农户到合作会申请贷款，只要在评级系统中输入其身份证号码，就可以查出授信等级和对应贷款额度，迅速为其办理贷款。

授信评级前置不仅考察了潜在会员的经济实力，而且还考察了潜在会员的生活习惯、性格为人以及信用情况，有效地减少了不良贷款发生的概率。授信评级前置不仅为后续农户贷款节约了时间，而且在授信评级过程中还拉近了合作会与客户之间的关系，减少了失信行为发生的概率。

（三）熟人信贷模式

农村熟人社会金融是合作会的又一特点，既解决了与客户信息对称问题，又增强了相互的信任。一是加强农户自治组织建设。合作会在分会业务辖区内设立社级农户自治中心，每个中心选聘一名中心主任（村社干部或致富能人兼任），协助分会对本中心农户的培训，宣传发动，信息收集及贷款的发放、回收。二是每个分会安排一名本乡镇的工作人员，利用他们人熟、地熟、情况熟的优势，增强农户的信任感，强化农户会员的熟人信用意识，保障资金安全。

（四）贴切信贷服务

合作会为农户提供贴切的信贷服务主要包括两个方面。一是贴切的信贷产品。合作会以信用贷款为主，在授信额度内，农户差钱就贷，有钱就还。贷款期限分为 3—24 个月，具体期限由贷款农户根据发展项目确定。实行按季结息，到期还本，费随本清。也可以随时还款，只按照实际天数计息；贷款在 5 万—10 万元的农户可以用"农村房屋所有权、农村土地承包经营权、林权"中的一权作为抵押到合作会贷款。二是快捷的服务。小额信贷最大的特点就是高效，合作会小额信贷的高效性更为明显，这也是合作会的主要优势。合作会结合山区实际，采取"方便、灵活、快捷"的方式办理每一笔业务，最大限度地为农户贷款节约成本。具体来讲，主要贷款产品的服务模式如下：①农户贷款，区总会授权分会先行发放，每月底区总会再集中审核，确保农户能及时得到信贷资金支持；②"三权"抵押贷款，由分会自主确定，完善手续，发放贷款，每月底由区总会集中免费到林业局、国土房管局、农委进行登记；③贷款需要夫妻双方签字，若夫妻一方在外务工，只需在外出务工前到分会办理贷款授权委托书，或外出方以短信、电话告知分会同意借款，或分会将借款资金转入外出方银行账户，在家的一方可申请办理相应的贷款。合作会平均每笔贷款从申请到发放仅需 2 天，对不符合贷款条件的，在 2 天之内给予明确答复，并说明理由，这是其他小额信贷机构难以达到的。

（五）精准到户扶贫

合作会秉承小额信贷扶贫宗旨，精准发力，助推脱贫攻坚。合作会给予贫困户"两免一优一贴一补"（免抵押、免担保、优惠利息、政府贴息、政府补会费）贷款政策，贫困户会员贷款在 2 万元及以下的，由夫妻双方直接承借；贷款在 2 万—5 万元的，由所在中心的主任推荐夫妻双方直接承借，贫困户一年期贷款年利率比普通会员低 2% 并享受政府 5% 的贴息（2017 年后停止贴息业务）；政府对贫困户会员每户给予 100 元的会费补助。

在为贫困户实施金融扶贫的同时，合作会还对贫困户实施精准帮扶。一是结对帮扶。合作会员工与102户贫困户结对帮扶，根据每个建卡贫困户的实际情况，帮助他们寻找市场、选择发展项目、组织参观学习和技术指导、提供信贷资金支持，帮扶成效显著。二是教育帮扶。自2011年以来，合作会每年安排资金20万元，建立专项助学基金，每年资助10名贫困家庭大学生在校期间每人每月生活费500元。三是就业帮扶。合作会选聘员工时优先聘用贫困乡镇和贫困家庭大学生，实现了就业一人，脱贫一家，带动一片的社会效果。

（六）严密风险控制

为了防范金融风险，合作会积极探索，建立了一套切合实际的监管防控体系。一是始终坚持"借小不借大、借农不借企、借勤不借懒"的借贷原则，最大限度地减小机构运行风险，提高贷款回收率。二是建立健全了贷款制度、财务制度、人事管理办法、内部经营管理办法、资金管理办法、从业人员违规违纪处罚暂行规定等一系列内部管理制度。三是推行贷款发放责任赔偿制、逾期贷款控制法、职工收入计价考核等制度，严格控制资金风险。四是建立严格的内部审计、稽核检查和责任追究制度。监事会定期对合作会的财务状况和资金运营情况进行内部审计、检查和监督；稽核部定期对乡镇分会进行全面稽核检查，对存在的风险进行认真分析，对存在的问题进行认真梳理和责任追究。五是合作会通过员工保证金制度（员工进入合作会的前两年，须缴纳保证金，合作会给予贷款基准利率）、股权激励制度、绩效考核制度和信贷员责任制度有效防止了道德风险的发生。

五 合作会主要成效

（一）提高了农村金融效率

农业生产具有明显的季节性，农民在生产过程中能否及时获得资金就显得尤为重要。正规金融机构要求贷款者提供有效的抵押品，且贷款审批程序复杂、时间长，因此，农民很难获得正规金融机构的贷款支持。即使能够获得，时间上也难以保证，贷款到手生产季节已过。合作会高效审批、发放贷款最大限度地为农户贷款节约成本，并及时得到资金，投入到生产过程。同时，合作会对 5 万元以内的贷款不需要抵押，增大了农户的贷款可得性，提高了农村金融效率。

（二）促进了农村信用建设

合作会通过小额信贷的大力推广，促进了农村信用体系的建设。合作会主要依据农户的授信等级发放贷款，农户尽量保持高信用状况以获得更高的授信等级，对农户信用意识构成了激励。因此，农户在获得小额信贷带来的实惠时，信用意识不断增强。合作会通过组织金融业务讲座、社区宣传、院坝会议等形式，对农民进行金融知识的普及，培育了良好的信用环境。

（三）发挥了拾遗补阙作用

由于边远山区农户居住分散、收入低下、生产项目的自然风险和市场风险比较大、缺乏必要的担保和抵押品，具有信贷高风险性和低营利性特点，商业银行纷纷从农村金融市场撤出，边远农村地区金融服务被边缘化，农民"贷款难、存款难、取款难"问题十分突出。合作会填补了这些地方的金融服务盲区，发挥了拾遗补阙的作用。

（四）促进了农民增收致富

合作会主要采取两种方式促进农民增收致富。一是提供小额信贷资金，支持其发展产业。合作会全力支持种植业、养殖业、小型加工业、小商业、乡村旅游、新农村建设和高山生态移民搬迁等。二是提供技术培训，提高项目的成功率。合作会把小额信贷的发放过程变为教育和培训的过程，聘请专业人员开展技术培训、到农户家里对其进行技术指导，解决农户技术难题，提高项目的成功率。此外，分会工作人员定期下村入户，通过召开院坝会议的形式，向农民介绍最新的经济信息以及加强农民间的技术交流。通过这些措施，提高了农业生产的科技含量，使农产品更接近市场需求，降低了市场风险，减少了收入的不确定性，增加收入。

自成立以来，合作会累计投放小额贷款近 45 亿元，受益农户达 20

万户次，帮助近 80 万人次实现增收。自 2007 年以来，通过合作会扶持起来的大批农户中有 9 位贫困农户获得中国银行业协会微型创业奖。

六　几点体会

（一）党委政府的重视是前提

合作会发展的各个时期，均得到市、区党委政府的重视和支持。市、区党委政府领导多次到合作会调研总结合作会经验，多次召开专题会研究解决合作会发展中的问题。2006 年，重庆市确定合作会为农户小额到户贴息贷款试点单位。2015 年，重庆市确定开县为小额信贷扶贫试点县，合作会被确定为合作单位；重庆市委和市政府渝委发〔2014〕9 号文要求："总结推广开县民丰互助合作会经验，支持贫困农户发展产业"。渝府办发〔2014〕105 号文要求："积极向扶贫开发重点区县推广开县民丰互助合作会信贷扶贫经验，探索试点将小额信贷扶贫组织改制为新型农村合作金融组织"。重庆市扶贫办、财政局、金融办联合下发《关于推广开县民丰互助合作会金融扶贫经验的通知》（渝扶办发〔2014〕54 号），明确提出"积极稳妥推进民丰互助合作会小额信贷扶贫经验，探索研究规范发展新型农村合作金融"。

（二）具有"三农"情怀的团队是关键

20 多年来，合作会能够生存下来并不断发展壮大，最关键、最重要的是拥有一支具有"三农"情怀的员工队伍。

创办初期，分会都寄居在乡镇政府，员工几个人挤在陈旧狭小、阴暗潮湿的房间内。为了宣传发动，方便农户贷款和还款，分会员工长年背着背包翻山越岭、走村串户，每天要步行几十里山路，一年下来每个人要穿烂好几双解放胶鞋。

现在，乡镇分会担负着市场拓展、业务宣传、客户回访、授信评级、信贷服务的工作任务。分会员工长年驻扎在分会，以分会为家，每个月至少要工作 26 天，两个信贷员一组骑着摩托车走村串户，车不能到的地方就步行；区总会负责经营管理，工作职能与银行等金融机构差不多，人手少、管理面大，几乎没有星期天和节假日。

无论是创业初期的艰苦岁月还是竞争激烈的当下，无论生活条件多艰苦还是工作时间有多长，合作会员工无怨无悔，坚守小额信贷扶贫事业不动摇。其根本原因在于合作会员工均来自农村和贫困家庭，他们对农村、农民有着深厚感情。

（三）健全的制度是保障

健全的制度并强化执行保障了合作会健康持续发展。在 20 多年的发展历程中，合作会不断总结经验，借鉴国内外先进小额信贷模式，建立了一套较为完整的管理制度。根据实际，合作会制定了章程、业务运行规则、财务运行规则、人事管理办法、违规违纪处罚办法、工作人员廉洁自律守则、员工行为准则、会员贷款十不准、员工服饰管理规定、员工继续教育管理办法、客户发展与保护实施细则、内部经营管理办法等管理制度。同时，合作会实行严格的稽核检查制度，定期对乡镇分会进行封闭式的稽核检查，不定期地对业务运行和财务管理及员工日常行为规范进行检查，对违规违纪实行"零容忍"。

七　发展展望

（一）面临的机遇

1. 推进普惠金融发展的机遇

《推进普惠金融发展规划（2016—2020）》提出："要让小微企业、农民、城镇低收入人群、贫困人群和残疾人、老年人等及时获取价格合理、便捷安全的金融服务。"合作会是为农民、微型企业、城镇低收入人群、贫困人群等弱势群体提供信贷服务机构。因此，推进普惠金融发展是合作会发展的重要机遇期。

2. 乡村振兴战略

实施乡村振兴战略，离不开金融机构的鼎力支持。2018 年中央一号文件提出"坚持农村金融改革发展的正确方向，健全适合农业、农村特点的农村金融体系，推动农村金融机构回归本源，把更多金融资源配置到农村经济社会发展的重点领域和薄弱环节，更好地满足乡村振兴多样化金融需求"。20多年来，合作会一直在农村从事小额信贷服务，网点建立在乡镇、村，中心设立到社，像深入农村肌体的毛细血管，真正做到了贴近农村、深入农村、服务农村，与广大农户的感情联系非常密切，在广大农民心中形成良好形象和市场信誉，形成了很高的品牌认知度和忠诚度。因此，乡村振兴战略是合作会发展的又一重要机遇期。

（二）面临的挑战

1. 市场竞争的挑战

随着经济的发展和城市化进程的推进，金融竞争已经延伸至农村。商业银行在巩固大中城市市场份额的同时，开始回到农村地区拓展市场，各类新型农村金融机构不断诞生，各类金融产品纷纷涉足农村市场，农行、邮政银行、农村商业银行"便利店式"经营方式占领和瓜分开州农村微型金融客户，激烈的市场竞争使合作会的生存空间受到挤压。

2. 社会结构变化的挑战

随着城镇化的推进，开州区边远山区分会业务辖区人口减少日益加快，整个区域将变成林区或生态发展保护区，年轻人不回去，留下来的大都是老年人，他们不会思考发展，也没有能力发展，再过10年、20年这些地区基本就没有客户资源。同时，随着乡村振兴战略的推进，农村产业结构必然调整，单一的个体农户经营发展模式逐渐萎缩，土地流转、集约化生产经营、规模种养殖大户、家庭农场、农业专业合作社等新型农村经营主体成为未来农村发展的趋势，合作会服务的对象群体也将随之发生变化，合作会的服务方式、业务拓展、信贷资金来源、风险管控能力面临挑战。

3. 自身短板的挑战

合作会属于草根金融，虽然经过20多年的发展，积累了很多较为成功的经验，具有自身发展的优势，但也存在自身的短板。合作会的信贷产品创新能力弱，业务经营创新性不够，服务手段落后，经营形式单一；合作会资金实力、人才资源及经营管理还需增强，创新能力、硬件配置及科技运用也明显不足；合作会风险管理方式方法单一，缺乏有效多样的定量、定性分析工具和手段，对风险的认识主观性太强等。

（三）夯实基础，稳健发展

1. 狠抓客户巩固和拓展

合作会的客户就是会员，合作会的生命力来自会员。要进一步深化和拓展"会员制和资金互助"的内涵和外延，探索与会员更加紧密的利益联结机制，开发适应会员需求的信贷产品，提高贷款逾期容忍度，不断提高服务水准和质量。

2. 狠抓风险防患

风险控制是金融企业的生命线，合作会要积极主动地争取人行、银监、金融、扶贫等部门的指导、管理和监督，采取有力措施控制贷款逾期率和不良率，加强业务软件管理系统建设，加强员工的法纪教育，防范发展中的风险。

3. 狠抓团队建设

金融业是知识密集型产业，对人才素质和质量都有较高要求。合作会员工具有热爱家乡、热爱农村和吃苦耐劳的品质。但合作会的员工基本上都没有接受过正规、系统的经济、金融专业学习，专业技能素质有待进一步提升。因此，要始终坚持"建设三个一"（一支部队、一所学校、一个家庭）的队伍建设方针，沿着"数量足够、结构合理、素质优良"的队伍建设目标，建立吸引和培育优秀人才的工作机制，坚持不懈地加强员工业务技能提升培训，进一步深化激励和竞争机制，建设一支忠诚敬业的员工队伍。

八　发展建议

（一）给予金融服务主体地位

20 多年来，合作会在"GB"小额信贷扶贫模式的基础上，结合实际，不断地改革创新，在金融服务空白区持续高效率地运行，从而发挥改善贫困地区的金融服务贫乏局面、增强中低收入群体信贷可得性的作用。但是，由于诸多原因合作会至今仍没有取得金融许可证。同时，由于合作会是社团组织，银监和金融办均不是直接监管部门，扶贫办的监管作用在法律上没有权威性，外部监管缺位。合作会代表着中国一批从事扶贫事业的公益性小额信贷机构的发展现状。

《推进普惠金融发展规划（2016—2020 年）》指出："积极探索新型农村合作金融发展的有效途径，支持农村小额信贷组织发展，持续向农村贫困人群提供融资服务。"按照上述精神，建议国家创设新型农村合作金融组织制度框架，为合作会等公益性小额信贷机构转制和合法经营开辟制度通道。可以将合作会改制成扶贫办主管、金融办监管的新型农村合作金融组织。

（二）给予相应优惠政策

20 多年来，合作会始终坚持"扶弱、扶小、扶贫"的宗旨，为广大农户提供小额信贷支持。但由于合作会是在民政登记注册的社团组织，难以享受国家对金融机构支农的优惠政策。建议参照银行金融机构享受支农相关优惠政策，对合作会发放农贷增量部分贷款给予定向费用补贴，对合作会开办乡镇网点给予开办费补助，对合作会税费给予减免，对合作会发放的农户贷款给予一定风险补偿，对在合作会贷款的贫困户给予贴息。

公益小额信贷的现状、问题与对策

霍桂林[*]

摘　要：本文以赤峰市昭乌达妇女可持续发展协会为案例，分析了贫困地区发展公益小额信贷的基本思路、运营管理和实际效果，归纳总结了公益小额信贷的基本特点、面临的挑战及采取的对策。分析发现，以妇女为目标群体、以"GB"模式为主要模式、以妇联为主导的运行机制，可以更直接地为贫困和低收入家庭妇女提供金融服务和能力建设，可以较好地控制风险，贫困家庭的财务表现，特别是社会绩效方面的表现都比较明显，可以缓解贫困地区金融服务不足的问题，促进了妇女发展。但是，其法律地位的不确定性、规模的有限性、治理的松散性、人力资源的不足和市场的无序竞争等严重影响到机构的健康发展。

关键词：公益小额信贷　"GB"模式　妇女　可持续发展

一　引言

从 20 世纪 90 年代开始以复制"GB"模式[①]为主的公益小额信贷在中国进行试验，一些国际机构在中国开展了一批公益小额信贷扶贫项目，赤峰市的小额信贷也是在此期间，在联合国开发计划署（UNDP）

　＊　霍桂林，硕士研究生学历，内蒙古赤峰市昭乌达妇女可持续发展协会秘书长，内蒙古农业大学客座教授，首届中国小额信贷杰出贡献奖获得者，从事信贷扶贫工作 20 多年，在小额信贷管理方面具有丰富的实践经验。

　①　即孟加拉乡村银行。——编者注

援助、中国国际经济技术交流中心和赤峰市妇联的合作中发展起来的，并根据小额信贷可持续发展的需要，成立了赤峰市昭乌达妇女可持续发展协会（以下简称"协会"）。协会的宗旨是：为本地区城乡妇女特别是贫困和低收入家庭妇女提供资金、技术等相关服务，帮助妇女就业和创业，提高发展能力，增加经济收入，改善生活质量，促进本地区经济社会可持续发展。其目标是：在追求社会绩效的同时，建设一个"自主经营、自负盈亏、自我发展、运作规范、管理科学的、能够长期为广大妇女服务"的小额信贷机构。

二　赤峰市公益小额信贷的发展阶段

自 1997 年以来，赤峰市小额信贷的发展大体经历了四个阶段：

（一）项目阶段（1997—2000 年）

赤峰市妇联争取和实施了由联合国开发计划署（UNDP）援助、中国国际技术经济交流中心执行的"内蒙古扶贫与妇女参与发展项目"，项目金额 100 万美元。项目包括三部分，其中，小额信贷扶贫是核心内容，安排了 40 万美元的贷款循环金。1998 年 11 月，小额信贷部开始启动，1999 年 1 月 7 日开始放款，到 2000 年年底项目结束时，已放款 451 万元，还款率为 100%。

（二）项目向机构的转变阶段（2001—2004 年）

协会正式成立，并执行了联合国开发计划署（UNDP）的"可持续的小额信贷扶贫项目（SMAP）"。SMAP 项目不提供本金，只提供技术支持，更多地关注机构建设，关注小额信贷的可持续发展。协会开始专门运作和管理小额信贷工作，实现了从项目到机构的转变。

（三）商业化运作的初级阶段（2005—2008 年）

协会依照商业化的经营思想设计商业化的融资战略，完善治理结构，制定了"扶贫与可持续发展并重"的发展方略。

（四）商业化转制的探索阶段（2009 年至今）

引进德国复兴银行（KFW）的项目和资金，明确对协会进行商业化转制，争取新的投资者，与东方资产等潜在投资者探讨成立小额贷款公司的可能性，制订合作方案，开展资产评估。

三 运营管理与特点

协会在运营管理上非常注重引进新的思想和模式，并表现出明显的特点。

（一）运营管理

1. 管理策略和思想

在管理策略上坚持预防为主，夯实基础工作，争取把工作一次性做好；在管理思想上统一认识。坚持贷款必有风险、全面信贷质量管理、"没有不好的客户，只有不好的机构"等思想。

2. 管理原则

（1）坚持管理人员"三到位"原则。即中心组建完毕后，管理人员必须到位审核；第一次放款时，管理人员必须到位监督放款；第一次收款时，管理人员必须到位协助收款。

（2）坚持审、贷、收分离原则。即贷款审核由管理人员审核；放贷由信贷员和管理人员一起放贷；收贷由信贷员来收，防止整个运作过程中由一个人独立完成。

（3）坚持"九不贷"原则。这是从实践中总结出来的，具体是：①不是本地户口的不贷；②民政救济户不贷；③家庭不和的不贷；④户主不同意的不贷；⑤超过年龄的不贷；⑥没有生产项目的不贷；⑦信誉不好的不贷；⑧家有重病的不贷；⑨长期不参加中心会的不贷。

（4）坚持内外审结合原则。协会在配合做好外部审计的同时，每年做好两次内部审计，把风险控制在萌芽状态。

（5）坚持贷收两条线原则。贷款和收款使用不同账户，防止出现坐支、挪用等违规情况。

3. 主要模式

主要借鉴了孟加拉乡村银行模式，即"GB"模式，并根据赤峰市实际进行了积极的调整，初步形成了自己的贷款模式：贷穷不贷富，贷女不贷男，贷短不贷长，不用抵押，小组联保，整借零还，强制储蓄，中心会议，可持续利率，项目自选，技术培训，严格纪律等。

4. 治理结构

协会实行理事会领导下的秘书长负责制。会员代表大会是协会最高权力机构；理事会是协会决策机构，在闭会期间领导本协会开展工作，对会员代表大会负责；秘书处是协会执行机构，秘书处下设办事处（分支机构），目前共有 3 个分支机构，协会会员代表大会有 29 位代表，理事会有 9 位成员，分别来自出资方、中国国际技术经济交流中心、政府管理层、会计师事务所、协会执行层、行业专家以及客户。

代表大会的职权包括：制定和修改章程；选举产生和解散理事会，选举和罢免理事；审议理事会的工作报告和财务报告；决定本协会的发展方针、任务及终止等重大事宜。

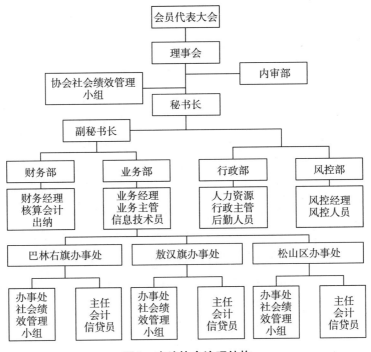

图 1 赤峰协会治理结构

理事会职责主要包括：①执行会员代表大会的决议；②选举和罢免理事长、副理事长、秘书长，任命副秘书长、财务主管和办事处主任；③筹备召开会员代表大会；④向会员代表大会报告工作和账务情况；⑤制定主要长、短期目标和政策；⑥批准秘书长制定业务计划和预算；⑦决定设立办事机构；⑧通过重要的管理制度；⑨决定聘请顾问等事宜；⑩决定其他重大事项。理事会一般每半年召开一次会议，根据需要理事会也可以随时召开。

（二）产品与服务

协会目前主要开展的业务活动包括小额信贷扶贫、妇女发展、救灾等社会发展等项目，小额信贷扶贫是其核心业务。

1. 贷款产品

协会的贷款产品既针对农村农民，也针对城镇居民。按照还款周期划分，贷款形式可以分为分期还款和整还贷款两类；按照担保方式划分，协会的贷款产品包括联保贷款和担保贷款两种。从特征上来看，其与当地其他农村金融机构提供的产品区别在于以下几点：第一，协会全年都开展业务，而不是按季节放款，解决了农户在任何时刻的资金需求。第二，协会的贷款额度低于当地其他金融机构的贷款额度，有利于机构瞄准贫困人群，保证瞄准精度。第三，协会的贷款对象只针对妇女，使妇女拥有了获得创收机会、经济收入以及参与公共领域的途径，促进性别平等和妇女赋权。第四，联保贷款客户3—5人组成一个联保小组（直系亲属不能同组），2—6个小组组成一个中心。协会严格要求客户执行中心会议制度，中心会议内容包括还款、经营技巧和经验交流以及确定下次还款的具体时间等。第五，协会贷款更加公开透明，不用求人而且上门服务。

2. 保险产品

2009年，协会在壹基金100万元资助金支持下，开发出一套适合中国的公益性小额信贷机构的保险模式。保险产品的被保险人必须是协会的贷款客户，保险责任包括意外伤害责任和疾病身故责任，保险期1年，保险额度等同于贷款额度，保险费率3‰，保险费由投保人承担年保险费率的1/3，其余部分由协会承担，小额信贷保险客户如果出现意外死亡，机构将免除其余下的贷款余额，由保险基金支付，最大限度地减少贷款风险，减轻贫困家庭还款压力。

表1 协会贷款产品一览

产品要素 \ 产品名称	常规贷款	整还贷款Ⅱ	整还贷款Ⅲ	常规贷款T	互助贷款	担保贷款	微笑贷款
贷款对象和申请条件	有劳动能力和民事行为能力的妇女，年龄18—55周岁	常规贷款客户，常规贷款期限内（新客户三个月后可申请）	常规贷款客户，常规贷款期限内（新客户不可申请）	有劳动能力和民事行为能力的妇女，年龄18—55周岁	有劳动能力和民事行为能力的妇女	非农业户口，有劳动能力和民事行为能力的妇女	松山区办事处可评估范围内，有劳动能力和民事行为能力的妇女
贷款期限	52周	20周	40周	12个月	12个月	10个月	12个月
最低额度（元）	2000	不限	不限	不限	不限	不限	2万元
最高额度（元）	第一轮：6000（常规+任意一种整还贷款）第二轮：8000（常规+任意一种整还贷款）第三轮及以上：10000（常规+任意一种整还贷款）		第一轮：8000 第二轮：10000 第三轮及以上：12000	第一轮：3万 第二轮：5万	第一轮：8000 第二轮及以上：15000	5万	
担保方式	3—5户联保，5人及以上组成中心	3—5户联保，常规贷款小组联保	3—5户联保，常规贷款小组联保	3—5户联保，5人及以上组成中心	3—5人联保	工资担保	工资担保
还款方式	整借零还，随本付息，每4周还一次	整借整还，利随本清	整借零还，第140、280天各还二分之一利息	整借整还，随本付息，贷款后第84天第一次还款，之后每28天还一次	季度还款，随本付息	整借零还，随本付息，每月还一次	到期一次性还或季度还款

续表

产品名称 产品要素	常规贷款	整还贷款Ⅱ	整还贷款Ⅲ	常规贷款T	互助贷款	担保贷款	微笑贷款
还款次数	13	1	2	11	4	10	1或4
名义利率（%）	9	17.28	17.28	13.5	10.5	9	10.5
其他条件	无	二者任选 其一		项目区农村户口可按贷款额的5%享受贴息	无	无	无
滞纳金	日逾期总额1‰	按日计收逾期总额（本金＋正常利息）的3‰		日逾期总额1‰	加收30%罚息	按日计收逾期总额1‰	加收30%罚息

3. 非金融服务

协会依据宗旨和使命，结合自身业务特点，为客户提供了有针对性的非金融服务。重点为客户提供农业生产经营技术培训、创业技能培训、性别意识培训、法律意识培训、卫生保健等培训，到2017年年底，协会自己组织或与当地政府、妇联、中国民促会、基金会及民间组织等各类机构合作为当地妇女提供的培训达35次，累计培训人数超过4800人。协会开设了8个流动小书屋，共藏书5101册，既有生产经营技术、法律、医疗等指导性书籍，又有小说、散文、诗歌等文学作品类书籍，每年均有近3000人次阅读，一方面满足了客户的知识性需求，另一方面也为丰富偏远地区客户的文化生活提供了便利条件。

（三）小额信贷的主要特点

作为公益小额信贷机构，协会在实践中形成了一些明显的特点。

1. 扶贫与机构的可持续发展并重

随着小额信贷的发展，协会明确地提出在强调社会目标的同时，追求财务目标，把扶贫和机构的可持续发展放在同等重要的位置，在追求扶贫效果的同时，基本实现了机构的可持续发展，为长期给贫困人口提供小额信贷服务打下了较好的基础。

2. 提供金融服务与能力建设并重

协会始终认为贫困产生的原因是多方面的，其中贫困人口能力不足和获得金融服务的机会少是最重要的。实践证明，能力建设和提供金融服务之间是相互促进的关系，两者的共同作用，推动了贫困人口的脱贫进程。

3. 扶贫与妇女发展并重

协会始终把贫困妇女作为小额信贷扶贫的支持对象，广大妇女既是小额信贷扶贫的目标群体，又是实现脱贫的重要力量，小额信贷扶贫充分调动了贫困妇女的积极性，她们在参与小额信贷扶贫过程中得到了锻炼，提高了素质和能力，解放了思想，开阔了眼界，得到了自我发展，反过来又能促进小额信贷扶贫工作。

4. 妇联组织作用与独立运作并重

赤峰在发展小额信贷的过程中，各级妇联发挥了重要作用，其强大的网络和社会资源优化了发展环境，推进了小额信贷的发展，在市场营销和风险控制方面发挥着重要作用。但在运营上，协会又坚持了独立运作，通过协会这个专门机构，在理事会的领导下，靠专业团队管理，推进小额信贷发展。妇联真正做到了支持而不干预。

5. 制度建设与"以人为本"并重

协会重视制度建设，出台了四十多项管理制度，做到了靠制度管理人、靠制度管理项目、靠制度管理小额信贷。与此同时，协会又重视"以人为本"的理念，尊重员工、关心员工需求、倾听员工心声，开展了定期体检、生日关怀、能力培养、团队建设等活动，并慰问员工生病家属，发送新年贺卡等，使刚性管理制度与柔性的"以人为本"的理念融合在一起，发挥最大功效。

四 运营效果

经过20年的发展，协会由小到大，由弱到强，综合效果也逐步地体现出来，成为中国少有成功的公益性质的小额信贷机构。

（一）机构经营效果

1. 贷款业务

从服务客户数、贷款余额、每个信贷员服务的客户数和运营资产回报率等看，总的趋势是向好发展的，特别是运营资产回报率表现得更为突出，从 2002 年开始就实现了操作自负盈亏；借出单位资金成本基本稳定，风险贷款率在稳定中有所增加，但仍表现不错，完全在可控之中。

表 2　　　　　　　　　协会运营指标一览

年份	2000	2002	2004	2006	2008	2010	2012	2014	2016	2017
服务客户（户）		3268	3541	3193	3331	3866	4594	5323	5140	4816
贷款余额（万元）	137	295	440	620	826	1173	2343	3184	3865	3917
每个信贷员客户数（户）	150	272	221	213	222	258	255	296	264	241
借出单位资金成本	0.21	0.05	0.05	0.04	0.05	0.04	0.05	0.05	0.06	0.06
运营资产回报率（%）	5.9	9.7	9.8	11.3	13.1	13.4	11.1	14.4	14.6	14.1
操作自负盈亏率（%）	49	102	103	122	117	119	113	135	134	152
风险贷款率（%）	0.00	0.00	0.52	0.06	0.02	0.00	0.43	0.13	1.65	1.42

2. 保险业务

从参保人数、保费收入、理赔人数和理赔金额等情况看，保险业务已经多年盈利，发挥的作用也越来越好，到 2017 年年底，累计参保人数 20743 人次，理赔人数 36 人，理赔和免除利息金额 234448.5 元，保费收入 529848.5 元，已盈利了 295400 元，实现了可持续发展。

表 3　　　　　　　　协会保险项目收支　　　　　　单位：人、元、笔

年度	参保人数	保费收入	保险基金利息	理赔人数	理赔笔数	理赔金额	免除利息总额
2010	919	10602	22500	2	3	5760	418
2011	2387	28440	30000	2	3	11100	727
2012	2217	48177	30000	4	6	16882.87	1187.63
2013	2695	71991.5	30000	8	12	31854.04	2394.96

续表

年度	参保人数	保费收入	保险基金利息	理赔人数	理赔笔数	理赔金额	免除利息总额
2014	3133	84348	30000	5	7	30073.32	2972.68
2015	3604	100266	30000	9	16	73685	6811
2016	2924	88962	30000	2	3	14075	1162
2017	2864	97062	30000	4	6	32309	3036
合计	20743	529848.5	232500	36	56	215739.23	18709.27

（二）客户经济效益

据统计，截至 2017 年年底，协会已累计发放各类小额信贷 5.4 亿元。累计有近 5 万个家庭，17 万多人受益。另据调查，贷款户中有96% 的经济收入有了不同程度的增加，通过国内外专家评估，已增加纯收入 5 亿多元。

（三）社会绩效

协会的小额信贷扶贫实践对当地社会发展起到了明显推动作用，尤其是在促进妇女发展和推动社区发展方面的影响意义深远。

1. 促进了妇女发展

以妇女为承贷对象的小额信贷，不仅在资金上支持她们发展自选项目，而且向她们提供技术培训、健康咨询等服务，使她们有了掌握技能、提高综合素质的机会，为她们搭建了参与发展和实现自我价值的平台，使她们进入更广大的发展空间。这首先极大地增强了贫困地区妇女的自信心，使她们转变了"男尊女卑""男主外、女主内"的传统观念，妇女们开始改变依附心理，主动参与家庭经济事务，创造家庭经济收入，并提高自己在家庭中的地位。同时，参与小额信贷项目的妇女们通过经常性还款、参加中心会或培训活动，有更多机会走出家门，结交到更多的朋友，增长见识，这使她们沟通能力增强，思想变得活跃，而经济条件的改善和家庭地位的变化，更使她们拥有勇气和精力去关心公共事务，发挥团结互助和无私奉献的精神，积极帮贫助困，主动参政议政。据协会 2017 年的统计，其贷款客户中有约 26 名妇女在参与小额信贷项目后担任了妇代会主任、村干部等职务，还有一位被选为人大代表。妇女们经常在中心会上讨论有关村庄建设和村民利益的大事，并派代表向村组织反映她们的意见，而她们的意见也越来越受到村委会和党支部的重视。

2. 促进了社区发展

小额信贷扶贫通过促进妇女发展带动了其家庭的发展，也对当地社区的发展有着非常积极的意义。首先，协会是由赤峰市妇联和商务部中国国际经济技术交流中心联合发起的非营利性社团法人，其主要领导也是由妇联干部担任，协会的工作极大地提高了妇联的知名度，推进了妇联组织工作机制的创新和发展。其次，协会也在一定程度上帮助部分农村妇女和城镇下岗职工解决了就业问题。除了协会本身工作人员、信贷员等职位创造的近 40 个就业机会之外，协会扶助的客户所经营的项目也创造了丰富的就业机会。最后，经过 20 年的发展，赤峰协会运营机制逐步规范稳定，日常工作实施制度、财务制度、人力资源制度、内部控制制度、社会绩效管理制度等各项规章制度在长期工作实践中得以逐步完善，这为小额信贷组织发展、政府扶贫实践和农村金融改革积累了有益经验。

五 存在的问题与对策建议

从 20 年的工作情况中可以看出，协会的小额信贷工作在取得显著效果的同时，也确确实实存在一些不容回避的问题，这些问题必须在今后的工作中采取有效措施予以解决，才能进一步推动小额信贷的健康发展。

（一）主要问题

1. 法律地位不明

国家从宏观倡导上鼓励发展各种形式的小额信贷机构，但没有一个可操作的具体的法律规定，在实际运作中还存在法律和政策风险，公益性小额信贷将来如何发展存在很多不稳定因素。

2. 融资存在障碍

由于法律地位的不确定性，协会通过银行进行融资存在很多障碍，其他方面融资也受到影响，通过一些国际机构获得一些捐助已解决不了根本问题，筹资渠道窄是当前公益小额信贷的一大挑战，实际上造成了发展慢、规模小，不能服务更多人，抗风险能力低，可持续发展能力差的现状。

3. 治理结构不完善

协会的会员代表不能代表股东或投资者，理事也不是真正意义上的董事，完全靠一种责任参与其中，与其经济利益不产生直接联系，理事会只是一个松散的理事会，从长远看，不能保证完全尽职，认真负责，其作出的决策和规划有可能准确性差、可操作性差，进而影响小额信贷的健康稳定发展。

4. 人力资源支持后劲不足

由于机构性质、稳定性、归属感和薪酬的影响，协会很难找到优秀的人才，特别是掌握现代管理知识和金融业务的人才，整体的素质较低，明知道一些员工不适应小额信贷发展的需要，但还是不能淘汰他们，有老员工到退休或因故离开机构新员工接不了班的风险。

5. 市场无序竞争的影响

目前各类金融机构如雨后春笋，各种运营模式不断出现，在抢占市场上手段多多，一些低息优惠贷款的发放也有很大的副作用，都在冲击着公益小额信贷的市场，这种情况下，扩大小额信贷的覆盖面和市场占有率难度很大，扩大规模的挑战性越来越强。

（二）对策建议

第一，希望在有关部门的呼吁和推动下，国家尽快出台公益小额信贷方面的法规和政策，解决公益小额信贷的法律地位问题，从根本上为公益小额信贷的发展提供法律保证。

第二，在当前情况下，在不改变机构使命和公益性质的前提下，探索法律地位相对明确、治理结构更加完善的小额信贷机构，如通过买壳转制或新成立小额贷款公司，并在此基础上利用杠杆引进更多资金，扩大服务规模，实现规模效益，增强机构的可持续发展能力。

第三，根据市场变化情况和客户需求，创新产品和服务，细化目标群体，开发风险可控、客户需要、市场竞争力强的信贷产品，重视非金融产品的开发，加强市场营销，扩大市场占有率和服务覆盖率。

第四，强化人力资源开发工作，做好员工发展规划，加强员工培训和团队建设，特别要重视高级管理人员和后备人员的挖掘和培养，为机构的健康可持续发展提供人力支撑。

六　几点思考

通过近20年的实践，经历了小额信贷发展的几个过程，对公益小额信贷的一些问题作了一些粗浅的思考。

第一，公益性小额信贷有其优势的方面，也有其不足的地方，不能不顾实际地进行全面否定。公益性小额信贷在坚持社会绩效方面有其他小额信贷不能替代的作用，一些金融部门不想覆盖、不能覆盖的需求，需要公益性小额信贷来满足。虽然公益小额信贷有其天然的不足，但政策的不完善或严重滞后是影响其发展的重要障碍，当前的主要任务应该是尽快完善相关的法律和政策，优化其发展的环境，促使其稳定发展。

第二，尽管"GB"模式在中国的发展目前处在低潮，有些专家也在看低"GB"模式，但从赤峰实践和其他一些地区的情况看，"GB"模式在中国遇到一些问题，不是模式本身的问题，而恰恰是没有严格坚持"GB"模式的基本原则造成的，也是管理不到位造成的，实际工作中，不坚持"GB"模式的基本原则，由工作人员安排组成贷款小组或对客户组成的贷款小组不进行识别和筛选而产生的问题，不应该由"GB"模式来承担后果。实践已经证明，只要坚持"GB"模式的基本原则，这种模式就可以使低收入和贫困家庭更容易得到贷款，更容易降低贷款的风险，提高贷款质量。

第三，公益小额信贷在中国不宜实行完全市场化的利率，也不能采用不顾成本的优惠利率，我们应该防止出现高利贷对贫困群体的伤害，也要防止优惠利率对小额信贷市场的冲击，确定一个"双赢"的利率对公益小额信贷来说是非常重要的。

第四，20年的实践证明，把妇女作为目标群体，有利于体现社会效益，也有利于控制贷款风险，还有利于促进妇女发展，是扶贫与妇女发展的成功结合，这种做法应该在实际中得到坚持。

第五，如何让公益小额信贷的利益相关方，与机构和小额信贷的发展命运建立起紧密相关的血肉联系，明确各方的责任和义务，形成利益共同体，将有利于公益小额信贷的健康发展。

扶助下岗失业妇女实现自主创业

——公益性城市小额信贷模式的探索

任志静*

摘　要：本文以天津市妇女创业发展促进会为案例，分析了城市小额信贷的发展背景、信贷模式、经济效益及对当地经济发展的作用，并总结了其发展经验、存在问题及启示。以小额贷款为主营业务的天津市妇促会创造了"门槛低、额度小、手续简便、人性化"的贷款模式。天津市妇促会以城市为业务发展中心，辐射四郊五县的农村，扶助了天津广大城乡创业女性，改善贫困人口的金融服务可得性，从而促进城乡贫困创业女性走上自强、自立、自我发展的道路。同时，也进一步促进了当地经济社会发展，解决了创业就业难题。但是，法律地位不明确、相关政策不配套、人力资源不足、征信资源不能共享等问题是影响其发展的桎梏。

关键词：小额信贷　城市小额信贷　妇女创业　天津市妇女创业发展促进会

一　天津城市公益性小额信贷的发展背景

"扶助下岗女工再就业与创业"是联合国开发计划署、澳大利亚国际发展署和中国政府合作的项目，自1998年开始至2002年12月30日

---

* 任志静，天津市妇女创业发展促进会秘书长，从事公益性小额信贷工作近20年。

结束。项目由商务部中国国际经济技术交流中心执行，全国妇联通过天津妇联实施。项目结束后，为了可持续发展，经社团管理局批准，"天津市妇女创业发展促进会"于 2002 年 11 月正式成立，承担小额信贷项目结束后的工作。经过近 20 年的实践，创出了一条按照市场化运作方式扶助失业女性自主创业的新路。

1999 年，随着经济体制改革的不断深入和产业结构的调整，部分职工下岗、失业已成为"常态"，再就业成为牵动改革、发展、稳定的突出社会问题。当时，天津市政府把进一步突破下岗再就业工作中的难点、帮助更多的下岗女工自主创业作为重点工作。UNDP 天津下岗女工再就业与创业项目办公室［天津市妇女创业发展促进会（以下简称"天津妇促会"）的前身］调查研究出下岗女工状况和再就业工作的新特点。一是女工下岗后再就业十分困难。二是下岗女工有潜力，需要激活。虽然年龄偏大，文化偏低，技能单一，下岗后一时不能适应，但是只要激活她们创造新生活的强烈愿望，她们就会在为社会做贡献中改变自己的命运。三是对下岗女工的安置性就业不能从根本上解决问题，不少人仍陷入就业—失业的循环中不能自拔，政府仍面临着下岗、失业问题的压力。

我们探索了一种科学的、市场化的城市小额信贷运作模式。它有独立的运作机构、严格的管理制度、有效的成本核算、客户可承担的贷款利息，可抵御经营风险的能力，并能做到自负盈亏，从而实现可持续发展。

二 天津公益性小额信贷发展历程

小额信贷服务最初定位的人群是天津市下岗失业妇女，属于特殊就业群体，她们在社会上就业困难，在金融机构取得贷款支持更难。正是因为这种情况，当时的小额贷款能够很好地满足她们的需求。小额信贷客户所从事行业以商贸、餐饮社区服务业为主。社区服务业投资少、见效快，技术含量相对低，较适合下岗女工。贷款客户从最初的不认可、需要由各区县妇联组织动员、亲自上门服务逐渐发展为通过各种媒介主动上门咨询、积极配合信贷员的工作，充分享受国家给予的政策。18

年来贷款客户的定位经历了如下几个阶段：

（一）第一阶段：市区发展阶段

在 1999 年 12 月 31 日至 2001 年的 UNDP 项目期间，天津妇联与天津信托公司合作，实行的是现金操作，面对的客户是市内六区，首次放贷额度为 1000—4000 元，贷款品种是小组联保的创业贷款，4—5 人为一个小组，4 个小组为一个中心，每两周开一次中心会，中心会地点由贷款客户提供，信贷员必须到会，信托公司人员负责收取每次还款的本金和利息。贷款期限为一年，还款方式每 14 天还一次，一年分 25 次还清，如还款情况良好，贷款额度可逐年递增 1000—2000 元。

2001 年后，天津市妇联与天津商业银行合作，由过去信贷员发放现金贷款及收取现金还款改为由银行放款及银行每次扣款，降低了信贷员的操作风险，提高了小额贷款的现代化管理手段，方便了贷款客户就近取款和还款。2002 年增加了个人保证创业贷款和季节贷款。前者是在原先小组联保的基础上又增加了保证担保的方式，后者的额度为 4000 元，贷款期限为两个月。2003 年增加了信用担保。2004 年增加了教育贷款，并将创业贷款额度提高到 5000 元，对信誉良好的贷款户逐年可再增加 3000 元。

（二）第二阶段：市区及农村发展阶段

2007 年开发了创业发展保证贷款，额度为 20000—30000 元，同时向滨海新区、新四区、五县拓展，为农村妇女创业提供贷款。2008 年增加了促进贷款，额度为 50000—200000 元。2009 年，为了更好地支持"三农"，把支持设施农业工作落到实处，天津妇促会响应政府号召，依托小额信贷这个平台，向农户发放设施农业贷款。新的贷款品种打破了以往整贷零还按月还款的模式，针对设施农业投入产出周期长的特点，采用半年一还款的方式，有效地解决了创业者投入后不能短期产生收益的困难。同年 9 月 30 日首批设施农业贷款在蓟县发放，共计 48 户，共发放 302 万元。经过一年的实践，设施农业贷款工作取得了较好的成绩，并向四郊五县全面推广。

（三）第三阶段：扶持专项阶段

在此阶段，手工业客户群体得到了重视，符合女性就业特点。2011年为认真贯彻落实津政发〔2011〕49号《关于支持妇女手工编织业发展的意见》的文件精神，进一步搭建妇女创业就业的服务平台，为天津市妇女手工编织业发展壮大提供全方位的融资支持，以进一步增加其家庭收入，故出台妇女手工编织贷款，贷款额度为2万—10万元。

2013年为认真贯彻落实习近平总书记来津视察讲话精神，针对全社会都关注的大学生创业带动就业的问题，天津妇促会响应市妇联号召，积极行动，搭建支持女大学生创业就业的服务平台，并提供最高额度为20万元的信贷支持。

2014年将全部贷款产品整合为三种贷款产品。它们分别是：妇女创业经营贷款、设施农业贷款、子女教育贷款，并针对不同的贷款产品制订了不同的贷款额度。

20年来，随着天津妇女创业就业情况的变化，天津妇促会的贷款客户创业年龄趋于年轻化，文化水平越来越高，专业能力越来越强，个性化突出，创业思路越来越宽，经营项目技术含量越来越高，而且改变了过去贷款没面子的观念，勇于"借鸡生蛋"。

（四）贷款产品的变化

天津妇促会在发展过程中曾有过九类贷款产品，它们分别是：妇女创业贷款、妇女发展贷款、妇女促进贷款、农村妇女创业贷款、设施农业贷款、季节贷款、子女教育贷款、妇女手工编织贷款和个人房屋抵押贷款。经过18年的发展演变，目前统一为两类贷款产品，即妇女创业经营贷款和设施农业贷款。

（五）担保方式的变化

天津妇促会贷款担保由最初的小组联保，发展为三种担保形式，一是小组联保＋担保，即由4—5人在互相信任的基础上自愿组合，成员相互联保，并承担连带担保责任，另外由企业或管理机构提供担保；二是存折保证，即借款人可用第三人的工资或退休金作为还款保证；三是由担保公司和企业进行担保。

三 天津公益性城市小额信贷的模式

（一）贷款原则

经过对目标人群的调查与分析，我们确定了贷穷不贷富、贷女不贷男，贷小不贷大、整贷零还的原则。

所谓贷穷不贷富是指小额信贷致力于为较贫困的下岗女工提供信贷支持，使其获得启动资金。根据市场调查的情况，我们确定的标准为贷款申请者收入应在上年度全市平均工资收入水平一半以下，对于夫妻双下岗的家庭和单身母亲给予优先考虑。

贷女不贷男是考虑到下岗女工是失业人群中最困难的一部分群体；女性经济基础的丧失会导致其社会地位和家庭地位下降，不利于女性自身成长及整体的进步；女性更强烈的家庭责任感及精打细算的特点使小额信贷所支持的项目更容易取得成功，因而更有可能帮助抗风险能力差的贫困家庭走出困境。

贷小不贷大是由小额信贷本身的特点决定的，即针对更广大的人群和更贫困的家庭。小额信贷通过提供启动资金，重点支持像社区服务、小加工等风险较低，但又能成为脱贫基础的小买卖。而且第一年最高4000元的贷款限额，还可以将那些不属于目标人群而又需要较多资金的贷款申请者排除在外，保证小额贷款到达贫困者手中。

整贷零还是指贷款期为一年，一次性发放，最初执行一年内本息每两周还款，一年25次还款；后来变为每月还1次，一年12次还款。贷款者可到附近的银行网点还款。这种分期还款的方式减轻了贷款客户年底一次性还款的经济压力，同时有效地降低了贷款风险。

（二）操作方式

为保证小额信贷目标的实现和防范贷款风险，我们建立了以下操作制度。

1. 审贷分离制

有贷款需求的客户须统一到小额信贷办公室进行申请，并经过统一审核。这种做法可改变信贷员因追求"数量"而忽视"质量"的问题，也可改变贷款者多头贷款的问题。

2. 入户调查制

通过入户调查与申请者面对面的谈话，可以了解贷款的准确用途，做出对申请者创业能力和家庭状况的评价。通过对经营场地的调查，可以了解到周围经营者对贷款申请者的评价，以及贷款申请者的经营可持续性，保证贷款后的监督。

3. 小组联保制

经过初审和入户调查，对申请者进行贷款前的培训，并在自愿的基础上组成小组，实行相互联保。当小组成员中有人不能还款时，其他成员有义务替其还款。

4. 信用担保制

针对城市的特点，在不能自愿组成小组联保的情况下，实行了个人信用担保，即申请贷款者可寻找一名收入较为稳定的人自愿为其担保，并签订担保合同。

5. 拖欠管理

客户拖欠有多种情况，对有拖欠隐患的客户，我们坚持做到"四必访、四必到"。"四必访"即情绪消沉必访、经营停滞不前必访、开发新项目必访、经营及居住场所变迁必访；"四必到"即家有困难必到、家中发生大矛盾必到、经营遇到困难必到、不遵守信用必到。针对拖欠的不同情况，除小组联保以外，我们还采取了不同的方法应对（见表1）。

表1　　　　　　　　不同拖欠采取对应的解决方法

拖欠原因	解决办法
忘记还款时间	加强对客户培训和小组成员的提示
资金周转困难	商品变现
经营失败	介绍到别的客户处打工以工资支付欠款
天灾人祸	提倡成员奉献爱心捐赠

续表

拖欠原因	解决办法
还款意识薄弱	加强信用教育并由银行发催款通知书
恶意不还	通过法律诉讼解决

四　城市公益性小额信贷的效果

（一）直接产生的社会效益和经济效益

1. 社会效益

（1）改变了失业女工的观念。小额信贷最初进行宣传发动时，难度很大。因为作为弱势群体，下岗女工从心理上难以接受"造血"式的贷款扶助，对国家"输血"式的无偿援助存有强烈的依赖心理；通过培训，她们学会了主动迎接市场经济的挑战，懂得了"借鸡生蛋，借钱生钱"。

（2）帮助一些家庭摆脱贫困。小额信贷的持续运转，为贫困家庭提供了强有力的支持，有的创业女性还创办了自己的企业。

（3）失业妇女精神面貌的变化。下岗女工经过贷款创业，成为主宰自己命运的主人。她们形成了团队，互相支持，互相帮助。如贷款户宗景禧表示，小额信贷使她摆脱了孤独感，体会到了创业的成就感。

（4）创业女性得到了社会的认可。据统计，经过小额信贷扶助的女性创业成功后带动了其他女性就业，其中不少还获得了"巾帼建功标兵""三八红旗手""五好文明家庭""纳税标兵"的光荣称号。

（5）家庭地位的提高。小额信贷的"贷女不贷男"原则使很多家庭的丈夫主动为妻子帮工。收入增加也改变了一些妇女在家没有话语权的困境。

（6）经济地位的提高。小额信贷的特殊组织形式，使失业创业妇女整合资源共同开发市场，形成了合力，提高了参与市场竞争的能力。

（7）政治地位的提高。通过小额信贷的扶持，一些创业女性在自主创业的基础上，积极参加社会活动，以实际行动回报社会。有的被选为区人大代表、政协委员。

2. 经济效益

天津妇促会自开业以来取得了良好的经济效益，做到了保本微利，实现了机构的可持续发展（如表 2 所示）。

表 2　　　　　　　　　机构历年来经济效益表　　　　单位：万元

年份	营业收入	支出	净利润
2002	28. 3	10. 3	18
2003	30	14. 9	15. 1
2004	27. 9	20. 2	7. 7
2005	32. 8	7. 5	25. 3
2006	64. 3	39. 8	24. 5
2007	51	50. 3	0. 7
2008	88. 9	87. 6	1. 3
2009	136	132. 5	3. 5
2010	124. 6	120. 5	4. 1
2011	92. 2	86. 2	6. 0
2012	82. 8	74. 3	8. 5
2013	151. 8	132. 7	19. 1
2014	139. 3	120. 4	18. 9
2015	92	50. 6	41. 4
2016	78. 5	47. 6	30. 8
2017	80. 4	58. 2	22. 2
合计	1300. 80	1053. 70	247. 1

（二）对当地社会和经济发展的影响

截至 2018 年 7 月底，天津妇促会累计发放贷款 13140 笔，共计16656 万元人民币，直接或间接带动就业 6 万人次，其对当地社会和经济发展产生了积极影响。

1. 为创业女性自谋职业和自主创业提供了资金支持

一般情况，自主创业起步阶段均面临资金困难，而创业女性申请银行贷款面临更大困难。小额信贷实行的小组联保机制解决了这一困难群体自谋职业或自主创业面临的资金不足问题，同时完善了天津市促进再就业的政策。

2. 开辟再就业新途径

现行促进再就业政策强调安置就业，而小额信贷强调自主择业。虽然同样是就业帮助，但是，在安置就业政策下，下岗职工缺乏自主参与和选择的自由，且无法培育其市场意识。小额信贷是对自主就业者的帮助，要求其自己选择和参与，最终实现再就业。所以小额信贷是自主实现再就业的有益尝试和探索，开辟了一个再就业的新途径，扩大了天津市再就业的领域。

3. 实现失业女性自主择业与政府促进就业的有机结合

借助小额信贷，失业女性不仅可以得到资金帮助，而且能够得到政府免费创业培训的支持。通过创业培训，失业女性得以提高创业能力和技巧，实现创业后，还能享受政府有关优惠政策，所以，小额信贷是对现行促进再就业政策的有益补充，实现了下岗职工自主择业与政府促进就业的有机结合。

五 公益性小额贷款的主要做法与经验

（一）贴息惠民政策惠及创业者

天津市妇女联合会、天津市财政局、天津市人力资源和社会保障局、中国人民银行天津分行关于贯彻落实四部委《关于完善小额担保贷款，财政贴息政策推动妇女创业就业工作的通知》的实施意见，将天津妇促会定为市级妇女小额贷款经办机构，为全市创业妇女提供小额贷款贴息服务，并将原来的贴息最高额度由 10 万元提升至 20 万元。自2009 年实行贴息政策以来，先后有 1518 名贷款客户受益，贴息金额达821 万元，创业女性普受惠、受实惠。

（二）全程服务的小额信贷模式

我们的市场定位和服务目标是为失业创业群体提供金融服务，摸索出"资金搭台，服务唱戏"的工作思路，利用妇联组织从事社会工作的优势，将支持服务与信贷方式相结合，达到互相促进的目的。提供良好的社会服务是降低信贷风险、提升贷款户创业成功率的重要保证。我们提供的主要服务包括以下几类：

一是培训服务。创业女性知识与技能不足是创业失败的主要原因。为此，我们将培训服务引入小额信贷工作。通过技术培训与经营技能培训，提高她们的创业能力；通过政策培训，使她们了解国家关于下岗再就业方面的优惠政策，降低经营成本；通过信用培训，培养其诚实守信的经营道德；通过法律培训增强其维护自身合法权益的能力。

二是协调服务。针对客户在经营过程中遇到的问题，我们在力所能及的范围内，与有关部门进行协调解决，帮助她们摆脱困境。而小额信贷作为为创业女性群体服务的机构，可以及时地将她们的需求反映给政府相关的职能部门，起到政府与贷款户间纽带桥梁的作用。

三是信息服务。促进经营信息的多向交流，使她们更易于掌握市场行情，增强参与市场竞争的能力。

四是媒体宣传。充分利用新闻媒体的作用，通过对贷款户自强自立事迹的报道，宣传其个人与产品，从而争取社会的关注与支持。

五是经验交流。通过邀请创业成功者讲述创业史，与她们进行沟通交流，帮助她们转变观念，增强信心，并且实现手拉手、一帮一的共同致富。

六是情感服务。在创业过程中，出现家庭矛盾也是造成贷款户不能继续经营的主要原因。因此，帮助解决家庭纠纷也成为信贷员的一项社会工作，为降低小额信贷风险提供了有效保证。

（三）可持续发展的风险管理模式

小额贷款创立之初的最大特点是以一个小组作为贷款单位，小组由4—5人组成，其并非随机组成的，而是需要满足一定的条件。小组成员贷款没有抵押没有担保，成员之间相互联保，并承担连带的担保责任。这分散了小组成员个人贷款的风险，这种"共担风险"就表现为一种正的外部效应。反之，如果小组成员不能替拖欠者还款，那么能够偿还贷款的成员由于受到其他组员拖欠借款的影响而无法得到后续贷款，这时会给整个小组带来负的外部效应。

此外，在原有小组联保的基础上又增加了个人信用担保贷款，即由工作稳定的第三方为借款人提供信用担保。还有保证贷款，即借款人可用下岗后单位发放的生活费、失业救济金或第三人的退休金作为还款保证。这些贷款方式更加灵活，丰富了原本单一的小组联保模式。

无论是小组联保、信用担保抑或保证贷款，都属于个人经营性贷款，都是以个人名义申请，并需要承担相关法律责任，流动性风险大，个人经营性贷款期限通常在一年以内，主要是满足借款人临时性的资金需求。由于借款期限短，在实际生活中，部分借款人逾期还贷往往不是由于经营情况恶化，而是因为未提前做好还款安排，短期内资金调度不畅，另外个人经营性贷款还会受到宏观环境、行业景气程度、企业本身经营状况等不确定因素的影响，风险更难以控制，因此对个人经营性贷款的风险控制要求也更高，主要是从"贷前、贷中、贷后"三个环节着手，落实各项风险防范措施。

贷前调查是贷款风险防范流程中的第一个环节，也是最为重要的一个环节，从客户提出申请的第一步，我们就采取了"审贷分离"的制度，以弥补原有制度设计上的漏洞。申请时借款人本人必须持有本人相关证件及经营资料到妇女促进会提出申请。信贷员收到贷款申请书以后，需进行客户贷前调查，入户调查借款人情况，了解借款人的家庭生活状况，比如家庭是否和睦，家庭成员是否有赌博、吸毒等不良嗜好；还需了解其家庭收入支出情况，查看项目经营地点，了解项目的经营过程及投入产出情况，查验销售合同，对借款人提交资料的真实性、有效性进行详尽调查。

信贷员还需对在职的担保人员进行实地调查，核实保证人是否在登记的单位工作，工作岗位及工作期限，薪金待遇与所出具的劳动合同及工资证明是否相符等。担保人必须是事业单位工作人员、公务员、退休人员。

信贷员须根据入户调查情况撰写调查报告，并将准备齐全的材料上交。逐级审批通过后，信贷员通知借款人、担保人带齐所有证件原件面签借款合同、担保合同等。放款后，借款人持本人身份证原件领取放款存折或卡。

贷中检查是指贷款发放以后，信贷员要与客户经常保持联系，对借款期间发生的突发事件要及时作出反应。

贷后管理包括六项内容：一是对贷款用途的核实，确认借款人账户中资金使用是否符合申请时的借款用途以及借款合同中的约定，有无被挪用情况。二是还款情况跟进，即每月还款时，应了解贷款的使用情况及借款人经营情况。根据借款人还款情况，判断其还款意愿和还款能力，将客户分类，区别管理。在贷款到期前一个月进行重点检查和催收，通过第一和第二还款来源，落实还款资金，同时根据客户需求及其信用、经营和还款情况，确定是否需要继续支持，但还款期间出现两次以上拖欠本息的客户，则贷款到期后不再续贷。三是担保人状况说明，即对担保人的履约情况及代偿情况进行分析和说明，确保存折的有效性和代偿足额性。四是社会绩效评估，即对贷款扶持的客户，要及时了解和分析其贷款前后的项目经营和发展情况。五是重大异常情况报告，即发现借款人本人及家庭发生重大变故，或借款人经营活动出现重大异常情况时，要及时逐级汇报，并以文字的形式作出书面说明，提出初步解决方案。六是及时处理拖欠问题，即借款人拖欠贷款出现 3 次以上的，主管信贷员要及时向借款人、担保人发送"催收通知书"，对借款人本人要亲自送达，担保人以亲自送达为主、以邮局寄出为辅，借款人及保证人在回执上确认签字。若一再无果，须进行法律诉讼，保护机构合法权益。

六　公益性城市小额信贷的问题与对策建议

（一）法律法规和政策环境不健全

在过去近 20 年的发展中，小额信贷凭借天时地利，在特定的人群中发展很快，赢得市场的认可。但随着金融市场竞争的加剧，各商业银行业务转型和延伸服务，以及互联网的渗透，如何保持现有的市场份额和特定的客户群体，扩大服务的覆盖面和覆盖深度，成为小额信贷的重要课题。从组织结构与机构治理角度来说，要发展与传统金融不同的小额信贷，中国有关非政府小额信贷的法律法规和监管措施不健全，小额信贷机构法律定位不明确，缺乏相应的专业人才和完善的监管措施，这是今后小额信贷发展面临的挑战。

（二）机构自身能力建设不足，内部控制管理比较薄弱

小额信贷运作虽然走过了近 20 年，但仍然存在队伍人员少且金融业务知识欠缺、专业技能偏弱等问题，尤其缺乏贷款风险评估与管理方面的专业人才。因此抵御风险能力还很脆弱，风险意识和风险防范能力总体不强，加上小额信贷普遍未建立起科学有效的人才激励与约束机制，信用风险控制不强也在所难免。同时，除了简单的贷款操作流程，信贷人员规程之外，管理制度尚不完善，缺乏监督制约机制，多年形成的业务流程，随着市场的变化有很多的不适用，其风险防范能力偏弱，贷款质量的高低基本取决于以往的经验与风险偏好，并未形成系统的风险管理体系，缺乏与这个行业特点紧密结合的有效内控运营机制。

（三）业务规模发展滞后，风险分担补偿能力弱

业务规模小，发展开拓市场能力不足不仅导致了小额信贷机构风险对冲能力较差，而且又因其身份的特殊性，不能享受财政税收等优惠政策，使其缺少足够的利润增长空间，风险损失补偿能力相对较弱。近几年，由于城市中相应的市场需求萎缩，小额贷款转向农村，而大部分农户普遍经营能力较低，对市场把握不准，导致生产具有较大的盲从性和跟风问题，一旦遭受自然灾害或市场价格波动影响，农业生产经营便会受到影响。而在农业保险等外部配套系统相对滞后、农村金融生态环境不够理想的情况下，风险的集中更容易引发信用风险。由于小额信贷的低利润，其风险拨备管理制度尚不完善，因而缺乏自我补偿风险能力，一旦贷款风险暴露，势必危及自身的正常经营。

（四）征信平台缺失，信息共享机制不完善

由于信用体系建设缓慢，存量信息不完全，技术水平落后等原因，中国尚未建立起完善的农村个人征信体系，机构难以掌握农户的信用状况，并且农民金融知识匮乏，信用意识较差，机构缺乏有效地控制风险手段。为此，小额信贷既要积极争取共享中国人民银行征信系统、贷款

违约信息平台以及现有的其他农村金融机构的农户信用评价信息,还要深入农村基层,积极争取当地乡村行政部门的支持,做好农户信用调查,结合实际制定出相对统一、便于操作的农户信用等级标准,建立农户信用等级档案,构建与小额信贷共享的农户征信平台,力求在客户的信用评级和风险评价方面减少失真的概率,有效跟踪贷款资金流向,防止和降低信用风险,而且信息共享平台还能够促进小额信贷健康有序的氛围及发展空间。

(五) 未来发展策略和计划

1. 确定发展方向,不断做大做强

目前,小额信贷的发展与市场需求的实际投入还有很大的距离,一个主要原因为市场定位不准、规模小、缺乏从事信贷业务的资格,小额信贷的法律地位不明确,存在机构发展不够稳定的问题。在保持机构公益性不变的前提下,需完成和企业、政府乃至银行等方面合作,注册成公司,完善公司治理结构。小额信贷是一种特殊的银行服务,在竞争日趋激烈的金融市场,仅仅依靠自有资金发展是不现实的,向有吸储能力的银行过渡才是公益性小额信贷机构的最终选择。

2. 突出自身优势,夯实可持续发展能力

坚持公益性特色,是小额信贷的原则。首先,在持续发展的能力上实施真正意义上的合规经营。在资金来源和利率方面,政府应在资金和利率上给予小额信贷更多的扶持和优惠,为小额信贷提供低资金成本的资金支持。小额信贷机构需按照市场需求开展经营活动,利用制度激励贷款人按时还款,实现机构自负盈亏的持续发展。其次,完善管理体系,提高自身运营能力,建立有效的运作机构,完善各种规章制度和财务管理体系,提高人员素质,有效运作资金,发挥自身优势,实现扩大覆盖面和确保可持续性的目标,小额信贷机构才会实现真正的使命,取得更广阔的发展天地。

3. 建立风险预警机制,实现内部风险补偿

小额信贷应建立健全贷款管理制度和风险预警机制,严格规范贷款业务操作规程,不断强化贷前评价、贷款发放考核以及贷后管理的工作。信贷员要严把审批关,贷款发放后还应通过定期贷款项目的检查、

贷款资金使用状况调查等方式及时跟踪了解贷款的去向，对贷款质量发生劣变要及时反馈，通过对客户进行风险预警分析，来加强对该客户的贷款管理，从而及时控制与防范信用风险。另外，在客户整体资质不高的情况下，小额信贷面临着比银行更高的信用风险。较低的风险拨备难以覆盖较高的信用风险。因而，小额信贷应建立和完善内部风险补偿机制，不仅要严格执行国家风险拨备管理制度，还应随着业务规模的扩大，风险程度的增加，从利润留成中多提取一些风险补偿金，从而提高小额信贷自我覆盖风险的能力。

4. 加大现有人才培训力度，建立完善的监管体系

尽快培养有较好素质的能够专门从事小额信贷业务的专业人员，同时进一步加大现有人才的培训力度。建立完善的监管体系，从制度层面确定专业的外部监管主体，加强小额信贷业务指导与管理，如引导小额信贷尽快完善其内控制度建设，坚持小额信贷"小额"的信贷经营原则，合理分散信用风险，吸收国际成熟小额信贷的风险控制经验，并将之用于小额信贷的业务指导中。推进小额信贷自身建设，促进信息交流，提高小额信贷防控风险的水平，做到监管结合，真正促进小额信贷的整体健康规范发展。

哈尔滨银行从小额信贷到普惠金融的发展模式及启示

吕天君　罗忠林　李宏权*

摘　要：本文从银行小额信贷的特点、内涵和目标客群出发，较为系统地介绍了哈尔滨银行开展小额信贷业务的战略思考、小额信贷发展历程、小额信贷的创新发展和技术输出、小额信贷模式的优化与改进、小额信贷的效果、小额信贷面临的形势和可持续发展举措、哈尔滨银行从小额信贷到普惠金融的启示等内容。研究发现，以小额信贷为主营业务的城市商业银行通过客户重心下移，大力实施小额信贷战略，坚定不移地走差异化、特色化道路，并利用大数据、云计算、移动互联网等技术不断改进和完善产品和服务，满足客户多样化需求，可以实现真正意义上的普惠金融。

关键词：哈尔滨银行　城商行　小额信贷　普惠金融

一　哈尔滨银行开展小额信贷业务的战略思考

银行小额信贷是指银行根据一定条件向小微企业、农户和个人发放的经营性贷款以及个人消费贷款，不包括向大企业发放的贷款。具体包括三个维度：第一，从贷款额度上看，银行小额信贷金额位于给定数额之下，具体额度根据不同地区的具体情况进行确定；第二，从贷款对象

---

　　* 吕天君，哈尔滨银行行长；罗忠林，哈尔滨银行工会主席；李宏权，哈尔滨市地方金融学会副秘书长。

上看，包括小微企业贷款、农户贷款和个人经营性贷款，不包括对大企业的小额贷款；第三，从贷款用途上看，包括对小微企业、农户和个人的经营性贷款，以及个人消费类贷款等。另外银行小额信贷业务是注重商业可持续性的营利性业务，因服务对象资信情况的特殊性使银行相对其他业务施予更高风险容忍度，因此较其他授信业务更具社会性。

哈尔滨银行自 2001 年起，持之以恒地进行小额信贷的探索和实践，成为这一领域多项业务的领先尝试者。哈尔滨银行创新开办的农户贷款和下岗失业人员小额担保贷款等专业特色业务在全国城商行中都属首开先河。2008 年，哈尔滨银行正式提出了"坚持特色化经营道路，建设国内一流、国际知名小额信贷银行"的发展战略。2015 年，哈尔滨银行将小额信贷战略写入 2016—2020 年新五年战略规划，继续保持其战略引领地位。

多年来，在监管部门和地方政府的支持下，哈尔滨银行不断践行"普惠金融，和谐共富"的经营理念，通过深入分析国内金融机构服务现状、国家政策和市场需求，积极调整经营策略，把服务小微企业和"三农"实体经济纳入核心战略，长期致力于发展包括小微企业贷款、农户贷款、个人消费贷款在内的小额信贷业务，并持之以恒地开展业务创新和工作探索。

哈尔滨银行之所以坚持这样做，其主要基于三方面考虑：

一是贯彻落实银监会六项机制政策和城商行"三服务"要求，把支持小微企业和"三农"实体经济融入发展战略。坚持走差异化、特色化发展之路，一直作为监管部门积极倡导和鼓励支持的中小银行发展方向，包括"三服务""四个立足于"以及"向专业市场领域的特色银行转型，打造成独具特色的银行品牌"等不同阶段的政策要求，为哈尔滨银行发展小额信贷提供了战略指导。

二是最大限度地分散风险，优化信贷结构，实现商业化、可持续发展。在金融机构竞争日益激烈、大客户集中的情况下，发挥城商行自身规模小、机制灵活、容易贴近小微企业的优势，弥补市场服务空缺，这种业务才适合中小银行，也才能够容易形成中小银行自己的核心竞争力、市场影响力和持续盈利能力。

三是履行银行机构社会责任，帮助支持传统金融机构难以惠顾的小微客户群体创业展业，实现与其共同发展、和谐共富。2005年，哈尔滨银行提出并积极践行"普惠金融，和谐共富"的经营理念，其核心思想就是致力于建设有效的普惠制金融体系，通过向传统金融机构难以惠顾的目标客户群体提供信贷资金支持，帮助城市失业人员、个体经营者、小微企业以及农村农户创业、展业，改变其自身命运，实现和谐共富。

二　哈尔滨银行小额信贷发展历程

哈尔滨银行小额信贷已经历了四个重要的发展阶段：

2001—2005年为业务探索阶段，在全国率先开办下岗失业人员小额担保贷款，并大胆涉足农村金融领域。

2006—2009年为业务初创阶段，在银监会六项机制的指引下，哈尔滨银行将发展小额信贷业务上升为全行战略，在全行范围内进行推广，探索小额信贷的商业化、可持续发展模式。

2010—2014年为发展壮大阶段，在产品、服务和管理等方面加大创新力度，建立"乾道嘉"系列小额信贷产品，形成自主知识产权的IT系统和风控技术并实现向城商行、农商行、农信社、村镇银行等其他中小银行的技术输出，培养出一支专业团队，强化了小额信贷发展的组织保障、机制保障和管理保障。

2015年起进入转型升级阶段，顺应经营形势、金融科技最新发展态势和客户金融需求变化，推进组织架构转型，实行小额信贷市场细分，加快向移动互联网转型，进一步实现产品创新、经营模式、风控技术的全面升级。

三　哈尔滨银行小额信贷的创新发展和技术输出

近年来，随着经济金融领域改革深化、互联网金融蓬勃发展、大数据等新技术应用推广，哈尔滨银行加快小额信贷经营创新步伐，整合客户、渠道、数据、技术、风控等方面资源，对营销、审批、服务进行全方位变革和战略升级，进一步提升了小额信贷的行业领先优势。

（一）加快产品创新迭代，提升产品竞争力

经过多年的精心培育，哈尔滨银行已经形成以小微企业类贷款、农户贷款和个人消费类贷款为代表的三大小额信贷品牌业务体系，发展和拥有了广泛的客户群体。2015 年，哈尔滨银行通过线上线下双渠道，一年新增小额优质客户 300 万户，不断开拓了新的市场领域，保持了持续快速发展的良好态势。

一是精耕细作小微业务。哈尔滨银行深挖市场需求，细分目标客群，重点围绕小微企业日常流动资金周转、产品销售渠道铺设、产品品牌建设等领域，为小微企业提供贷款融资、资金管理及结算、资产评估咨询、融资方案策划等"一揽子"综合解决方案。在具体领域做专做精，成立产品创新实验室和产品创新中心，2015 年陆续开发"e 秒贷""金税 e 贷""创贷保"等"互联网＋"小微金融产品，并在担保方式、授信管理、服务收费等方面持续优化，实现了专业化、特色化定制服务，极大地方便和满足了小微企业创业展业融资需求。以微贷为例，哈尔滨银行采取国际先进的"信贷工厂"模式，将作业流程化、生产批量化和管理集中化思路贯穿到优化工作中，能够实现当日面签、当日审批、次日放款，极大地节约了客户的时间成本和哈尔滨银行的人力成本，客户经理人均产能较传统微贷大幅提升。截至 2017 年年末，哈尔滨银行累计为 18 万户小微企业发放贷款 1600 多亿元，连年实现"三个不低于"目标。

二是大力开拓农金市场。哈尔滨银行与地方农业产业化发展紧密融合，认真落实国家支持"三农"和新型农业经营主体发展政策部署，全力支持农村改革发展，快速填补农村金融市场服务空白。截至 2017 年年末，哈尔滨银行累计投放涉农贷款 1400 亿元，支持涉农企业 4.7 万个，惠及农户 181 万户。

一方面，积极开发"三农"资源金融产品。2014 年，推出黑龙江省内第一款农民专业合作社土地承包"经营权＋收益权"贷款，开创了全国首个土地经营权抵押贷款样本。2015 年，推出国内首款新型线上农贷产品——丰收 e 贷，这是一款全流程线上的信贷产品，可实现"自主申请、自动审批、极速放款"。截至 2018 年 6 月 30 日，已累计投

放超过 50.5 亿元，惠及 6.3 万多农户。

2016 年 3 月 28 日，正式发放 4 笔金额为 18 万元的农村承包土地经营权抵押贷款，是自国家五部委"两权"抵押贷款试点办法出台后黑龙江省发放的首批贷款。哈尔滨银行还针对农垦地区种粮大户，开发了土地优先承包权抵押贷款，2016 年新增投放近 10 亿元，做大做透了农村土地资产。

另一方面，努力拓展农金服务渠道。从 2012 年起，哈尔滨银行开始在无网点、无金融机构地区大力推行"乾道嘉"助农 e 站。助农 e 站具有存取款、转账、贷款申请、贷款还款等多种金融功能，且依托自主研发的代理商运营管理系统，具有"建设成本低、使用成本低、运营成本低"的特点，为农村客户直接节省金融服务成本。截至 2017 年年末，哈尔滨银行布设助农 e 站设备近 1400 台，覆盖黑龙江省 361 个乡镇，服务农村人口近 113 万。2015 年，哈尔滨银行与国际金融公司（IFC）联合开发推出国内第一款专门针对农村地区客户的手机银行业务，能够满足农户农业信息查询、贷款申请、还款、支付、消费等金融需求，当年新增客户数达 3.2 万户，交易金额 1.3 亿元。

同时，努力提高农金服务集团化水平。哈尔滨银行发起设立的 32 家村镇银行，仅 2017 年就累计投放 43 亿农户贷款。发起设立的哈银金融租赁公司坚持以农机租赁为特色，截至 2017 年年末，累计投放涉农租赁业务近 65 亿元。2014—2016 年，哈银金融租赁公司连续三年荣登"第一财经金融价值榜"（金融界具权威性和影响力榜单），相继获得"最佳农业金融服务租赁公司"（2014 年）、"最佳农业特色金融租赁公司"（2015 年）、"最具竞争力农业金融租赁公司"（2016 年）殊荣，进一步验证和巩固了公司在涉农租赁业务领域的品牌和地位。

三是积极发展消费金融。近年来，哈尔滨银行将发展消费金融作为小额信贷战略的重点内容加快推进，专门成立理财事业部、消费金融事业部等部门，创新以场景金融为主打的消费金融产品，开发出包括白领贷、助学贷款、汽车分期、创贷保等十余款带有互联网特征的消费金融类产品，并初具市场规模。

（二）开展同业技术输出，保持技术领先优势

作为国内最早开展小额信贷业务的银行之一，哈尔滨银行致力于具有自主知识产权的小额信贷技术研发，同时在总结多年发展经验的基础上，从 2010 年开始在国内率先开展了面向银行同业的小额信贷技术输出服务。一方面，是为了践行银监会倡导的普惠金融理念，满足中小银行学习掌握小额信贷技术的强烈愿望和迫切需求，帮助他们培养差异化竞争优势，实现商业可持续发展；另一方面，是为了检验和提升我们的小额信贷技术，破解小额信贷技术输出这一世界性难题。

哈尔滨银行利用近三年时间，先后完成了 24 个技术输出项目，帮助四川、河南、山东、山西、江苏、浙江等 9 个省市 24 家城商行、农商行、农信社、村镇银行了解掌握了哈尔滨银行独具特色的小额信贷技术。哈尔滨银行共计为技术输出机构提供专题培训 216 场，接受培训人数 960 多人，帮助组建了小额信贷团队 27 个，招聘信贷员 237 名。哈尔滨银行还帮助开发小额信贷产品 120 多款，制定小额信贷制度 120个、运营管理机制 150 多个，拓展客户 1.1 万户，累计投放贷款 89.9亿元，累计实现利息收入 9 亿元。截至 2015 年年末，技术输出机构资产质量优良，整体不良率 0.3%。

哈尔滨银行帮助打造了四川农信"才升道"、河南开封银行"汴地金"、山西运城农商行"财运通"等多个具有国家专利权的小贷品牌。其中，四川农信的"才升道"小贷品牌已在四川全省予以推广，并作为四川省唯一金融品牌参展第七届中国（深圳）国际金融博览会。哈尔滨银行也因此受到当地政府和监管部门的充分肯定和一致好评。四川绵阳项目受到绵阳市委书记罗强、市长林书成、人行成都分行、四川省银监局等领导同志的高度评价，并在绵阳全市和四川全省推广。江苏、山西、河南、山东等地监管部门的领导也慕名来访。哈尔滨银行小额信贷技术输出成果连续两年被中国银监会纳入"中国银行业小企业金融服务成就展"。

通过技术输出实践，哈尔滨银行破解了国际公认的小额信贷技术输出难题，检验并提升了具有哈尔滨银行特色的小额信贷技术，发挥了哈尔滨银行作为国内中小银行小额信贷领先机构的引导、示范和帮带作

用，使技术输入银行掌握了先进技术，实现了盈利和发展，并造福了当地百姓和众多小微企业及农户。

四 哈尔滨银行小额信贷模式的优化与改进

一是客户服务精细化。为适应细分下沉市场和客户服务精细化需要，哈尔滨银行在原有的业务架构基础上，进一步划分业务边界，优化组织架构，进一步提高小微金融服务的精细化和专业性水平。同时，建立"紫丁香"小微企业客户联盟，成立小微企业之家 48 家，会员客户 1000 余户。

二是信贷渠道多样化。哈尔滨银行从 2013 年开始着手打造"零距离、优体验、移动化的网络银行"，以互联网金融和移动金融为载体，实施"传统业务线上化 + 线上移动金融创新"双轮驱动的新渠道模式，重点完善线上小额信贷产品体系，依托手机银行、微信银行、特色业务 APP 等，全面搭建移动支付、移动理财、移动信贷平台。2015 年，哈尔滨银行电子银行业务荣获中国金融认证中心颁发的"2015 年区域性商业银行最佳网上银行综合发展奖"。截至 2017 年年末，哈尔滨银行已有多款传统产品转移至线上办理，小额信贷移动渠道客户总量占比不断攀升。

三是风险控制模型化。哈尔滨银行建立独特的小额信贷管理模式，对小额贷款全部实行集中审批，并不断完善了信贷调查技术、风险计量技术、风险控制技术、IT 研发技术等核心技术。随着哈尔滨银行新资本协议规划项目和内控体系项目深入实施，特别是零售、非零售内部评级模型项目成果的全面落地应用，使小额信贷业务管理实现质的飞跃。目前，从申请到审批、贷款发放基本可以在 24 小时内完成，与原有审批方式相比，不仅工作效率得到大幅提升，而且最大限度地减少人为干预和专业能力差异对贷款质量的影响，降低了操作风险和信用风险。并且，哈尔滨银行独立开发建设了抵押品风险估值系统并已全面应用，能够支撑各类物业资产评估，处于同业领先水平。哈尔滨银行还充分运用大数据技术，建立信用评估模型，实现了对小额信贷客户的综合信用评价与差异化风险定价。先进风控模型的应用和管理基础的不断巩固，进一步提高了信贷审批的合规化、标准化、自动化水平。

五　哈尔滨银行小额信贷的效果

一是实现了可持续经营发展。哈尔滨银行依托小额信贷业务，找准了市场定位，提升了经营发展能力。截至 2017 年年末，哈尔滨银行小额贷款余额 1914. 256 亿元，占本行贷款总额的 80.6%，小额信贷业务利息收入 94. 355 亿元，占本行贷款利息收入的 70.2%，小额信贷成为哈尔滨银行发展的重要支撑和利润贡献点。近年来，哈尔滨银行通过单独匹配信贷规模、发行专项金融债券等方式，全力保障小额信贷发展，连年实现"三个不低于"目标。另外，哈尔滨银行发起设立的 32 家村镇银行，复制哈尔滨银行小额信贷经营模式，取得了很好的经营成果。

二是打造了核心业务竞争力。哈尔滨银行小额信贷业务以特色经营开辟了新兴业务领域，并成功复制推广到 9 个省市的 24 家金融机构，获得了监管部门和银行同业的高度认同。哈尔滨银行已经形成了以零售客户为主的客户结构和以小额信贷为主的业务结构，小额信贷成为哈尔滨银行独特的基因，哈尔滨银行 H 股上市、获批金融租赁公司、跨区域发展等工作也都是围绕小额信贷战略进行的。特别是在哈尔滨银行 H 股上市及路演过程中，鲜明的小额信贷业务特色成为哈尔滨银行最重要的业务亮点。这些都是长时间坚持小额信贷带来的变化和价值，也为下一步以小额信贷为核心的经营转型打下了坚实基础。

三是推动了品牌价值提升。哈尔滨银行小额信贷先后扶植了 20 万小微企业客户 60 万个体工商户创业和再就业，支持了 180 万农户参与新农村建设，从 2011 年起，哈尔滨银行成为哈尔滨市纳税最多的市属企业，被誉为"中小企业成长的摇篮""本土企业的本土银行""市民银行"和"农民银行"。哈尔滨银行自小额信贷业务开办以来，获得国内外各类奖项百余个，连续五次被银监会评为"全国服务小微企业先进单位"，荣获亚洲银行家杂志"中国最佳中小企业银行服务"国际大奖，是唯一获此殊荣的国内城商行。哈尔滨银行曾受邀参加美国纽约"全球小额信贷投资会议"、瑞士日内瓦"世界小额信贷论坛"等国际重大活动，接受央视"新闻联播"、新华社、第一财经等主流媒体的百余次报道和专访。郭志文董事长、高淑珍主席分别荣获"全球微型金融领军人物提名奖""中国小额信贷年度人物奖",小额信贷业务在美国小额信贷信息交流市场（MIX 市场）成功挂牌。

六　哈尔滨银行小额信贷面临的形势和可持续发展举措

作为东北地区的中小城商行,哈尔滨银行虽然在区位环境、资产规模等方面与发达地区城商行还有差距,但是凭借小额信贷战略和坚持不懈的努力,仍然实现了业务长足发展、盈利持续增长和品牌不断提升。

(一)　面临的形势

一是中央系列重要会议对经济金融工作做出部署。去年以来,党中央召开一系列重要会议,部署经济金融有关工作。2017 年 10 月,党的十九大胜利召开,这是一个决定未来中国五年甚至更长时间中国经济社会发展的重要会议,提出了战略性的方针、政策及重大决策部署,特别是全国金融工作会议、中央经济工作会议确定的工作主题,提出了"服务实体经济,防控金融风险,深化金融改革"三大任务,明确了"回归本源、优化结构、强化监管、市场导向"的四项基本原则,设立国务院金融稳定发展委员会,加强监管协调,增强地方金融监管的能力,扩大地方金融监管的功能和职责等。二是"强监管""严监管"成为新常态。从 2017 年三四月开始,监管部门提出了一系列的监管要求,出台了一系列的监管新规。总体看,"强监管""严监管"将成为今后几年或者是一个时期的新常态。同时,监管处罚的力度也在加大。三是国家对非法金融活动进行清理整顿。在银行监管本身之外,国家着力治理金融市场乱象,打击各类经济犯罪和非法金融活动,特别是涉众型的非法金融活动。目前在国家层面、监管层面、司法层面,对市场乱象正陆续采取有针对性的措施,对前几年不当的创新进行治理,央行对各类支付机构也在逐步加以调整,各省金融办都强化了地方金融监管职责的履行,七类机构都要纳入监管。

这些治理规范和新的监管要求,虽然对整个金融市场都带来巨大的影响，但实际上对正规金融机构下一步服务实体经济、规范有序的发展，也带来了很好的机遇。中小银行要有清晰的认识，把握大局和方向，对政治形势、经济形势、金融形势、监管形势认真梳理和分析，对经营策略及时做出调整，进一步研究和安排好今后几年的工作。

（二）可持续发展举措

一是坚持稳中求进，挖潜增效，全面提升各机构对集团经营业绩的贡献。要清醒地认识目前的形势变化，市场乱象治理得越彻底，中小银行的机遇越大，机会越多。面对当前的环境和形势，母行要进一步塑造科学稳健的资产负债表，有进有退、有保有压。一家银行是不是健康，很关键的一点，就是看它的资产负债结构，尤其是资产结构。另外，要优化负债结构，把高息同业负债降下来。在资产负债结构科学合理的前提下，才能稳健发展，才能可持续发展。

二是坚持回归本源，专注主业，全面提升哈尔滨银行产品服务市场的竞争力。其一，要专注风险定价。在银行由高速到高质量变化之后，考验银行经营管理水平在于风险定价。要围绕客户需求，在产品上进行差异化定价，不要局限于一个产品就是一个模式，要考虑制定符合市场需求的灵活定价机制，多推出一些能体现风险定价水平的产品。在环境变化新的形势下，哈尔滨银行将坚持好小额信贷的战略定力，在总体战略的指导方针和原则下做精做细。其二，要做好客户营销。客户资源、客户数量，尤其是有效的客户数量，是银行的根本保证。要充分挖掘零售业务潜力，要围绕自身战略定位，形成主流客户群体，深挖客户资源。其三，要继续抓好联动发展。要通过集团联动、总分联动、上下联动，创造新的利润增长点。

三是坚持合规经营，严控风险，全面排查和处置业务风险。内审稽核、合规检查要区分重要性和非重要性，采取不同的处罚措施，从根本上解决或者能够尽可能地保证同类问题下一次不犯、少犯。要进一步发挥非现场监控系统作用，继续做好案例研究，分析规律，做好防范。

四是加强各级班子及队伍建设，全面建设"忠诚、干事、干净、担当"的人才队伍。对于一个企业来讲，尤其是对于市场竞争充分的金融企业来讲，一定要保持很好的活力。在队伍建设上哈尔滨银行提出

"忠诚，干事，干净，担当"八个字要求，核心一条，就是大家一定要团结干事，要创造业绩，靠业绩说话。要通过竞聘使年轻干部脱颖而出，要让做出贡献的老同志无后顾之忧。

五是坚持党的领导从严治党，全面贯彻落实党的十九大精神。要深入学习领会和贯彻落实党的十九大精神，牢固树立"四个意识"，坚定"四个自信"，不断提高政治站位和政治自觉。同时，要强化组织观念，严明组织纪律，严格落实执行中央八项规定精神和有关要求。要加强廉洁自律宣传和警示教育工作，加强员工日常行为监督。这些也是为了防范风险，保证经营稳定。

七 哈尔滨银行从小额信贷到普惠金融的启示

哈尔滨银行长期的小额信贷到普惠金融的探索与实践，给城市商业银行以下启示：

一是监管部门的指导支持是城商行发展的必要前提。城商行的发展必须紧紧依靠国家经济金融政策，主动响应监管部门的业务指导，牢牢把握服务实体经济的本源，才能固本强基、稳健发展。多年来，监管政策得利、指导有方，在业务准入、机构建设、监管评级、税费减免等方方面面，对城商行给予支持、帮助和服务，城商行成为监管政策的受益者。

二是找到适合自己的战略定位是城商行成功的关键。城商行必须坚持差异化、专业化的经营特色，扬长避短，找到适合特点、符合地方实际的发展战略，并一以贯之地坚持好、实施好，才能建树品牌、做大做强。从哈尔滨银行的发展实践中可以看出，正是由于哈尔滨银行找到了小额信贷到普惠金融这个适合自己的战略，形成了独具特色的产品、技术和品牌，才由小到大，从东北一域走向全国，并成功登陆国际资本市场。未来五年，哈尔滨银行将在监管部门的引导支持下，坚定不移地走特色化经营之路，确立建设"服务优良、特色鲜明的国际一流小额信贷银行"的新的战略目标，继续巩固在小额信贷领域的竞争优势，努力成为国内银行业及国际小额信贷领域具备较大影响力的标杆银行。

三是持续推进转型创新是保持事业常青的有力保障。城商行必须紧跟内外部经营形势变化，加快经营管理转型，不断提升核心竞争力，才能永葆生机活力、实现可持续发展。哈尔滨银行探索发展小额信贷的过程，就是一个敢于创新、不断开拓的历程。在现有形势下，城商行更应按照监管要求创新求变，在银行业转型发展的大潮中抓住机遇，实现新的跨越。

小微企业金融的安全边界、
市场环境和技术变革

——包商银行小微企业金融实践的思考与启示

陈玉京　王　青*

摘　要：本文以包商银行小微企业金融实践为出发点和参照物，研究提出了小微企业金融的安全边界概念，并对与此概念相关的市场环境和技术变革等若干因素作了分析。研究认为，根据市场环境的变化，利用技术变革创造的有利条件，及时对小微企业金融的安全边界进行调整是必要的，而且小微企业金融的常态化发展必然要满足应对市场环境的变化和技术变革的要求。

关键词：小微企业金融　安全边界　市场环境　技术变革

　　包商银行是国内小微企业金融的先行者和倡导者，从 2005 年就开始在世界银行和国家开发银行的指导支持下，与德国国际项目咨询公司（通常简称"IPC 公司"）进行小微企业贷款的战略合作。十三年来，在国际国内经济金融环境发生深刻变化、金融科技迅猛发展的情况下，包商银行始终坚持在普惠金融领域深耕，不断探索小微企业金融新路径，在国内领先建立了数字银行、直销银行模式，牵头发起成立了贫困地区金融服务联盟，坚持着力服务实体经济，把小微企业金融一张蓝图绘到底。本文从包商银行小微企业金融实践出发，分析小微企业的安全

---

　　* 陈玉京，包商银行战略发展部副总经理。王青，包商银行北京分行原副行长、贫困地区金融服务联盟秘书长。在本文基础素材调研及写作过程中，包商银行 IPC 项目重要实践者和见证者赵梦琴、段楠、李晓梅、李伟贤、吕洁，包商银行战略发展部彭怡总经理、余柏杨经理，分享了经验、提出了建议，包商银行行长助理刘鑫给予了指导，在此一并致谢。

边界、市场环境和技术变革等若干因素及其相互影响、相互渗透的关系，从而对中国小微企业金融当前面临的困境和未来的出路提出一些思考。

一　包商银行小微企业金融实践的简要回顾

当大多数城市商业银行与大银行同质竞争，仍然在"独木桥"上拼杀的时候，包商银行立足自身实际，于 2005 年主动实施战略转型，率先引进 IPC 信贷技术，成为国内首批与世界银行、国家开发银行合作开展小微企业信贷项目的金融机构。目前，包商银行小微金融业务不仅覆盖了包头、呼和浩特、赤峰、通辽、巴彦淖尔、阿拉善盟等内蒙古全境各盟市，而且延伸到宁波、深圳、成都和北京，具备了"机构开到哪里，小微金融业务就辐射到哪里"的技术输出和异地复制能力。截至目前，为 40 多万户遍布各行业的小微企业、330 多万名个体经营者和农（牧）户提供了正规的信贷服务，惠及了 1100 多万劳动者的就业、创业和展业。在满足他们融资需求、支持他们发展壮大的同时，包商银行也实现了自身的商业可持续发展，忠诚地实践了"包容乃大，商赢天下"的企业精神。

包商银行小微金融是以小微企业信贷（以下简称"微贷"）起步的。IPC 微贷项目自 2005 年 12 月 1 日启动，截至 2006 年年底，已有 6 家支行开展微贷，微贷业务信贷员 86 人，累计发放 1588 笔，累计贷款金额 6126 万元，余额 4740 万元。2008 年 4 月 16 日，小微企业信贷部的小微信贷业务与原零售业务部的小企业信贷业务合并，由小微企业信贷部统一管理，业务上限提高至 300 万元。2009 年 3 月，总行小企业金融部改变过去一统到底、全封闭纵向管理的模式，将小企业信贷业务的具体经营下放至各分行。2009 年 10 月，对小微贷款目标客户及市场进行细分，共推出了 5 大系列 15 个新的贷款产品，市场规模进一步扩大。2012 年以后，根据市场环境和本行异地设机构、资产规模扩大等现实状况，主动转型，从小微企业信贷为主的战略转向小微企业金融集成服务的战略。2012 年 2 月 10 日，确立"一圈一链一散户"业务主攻方向。2013 年以后，全行进行事业部改革，并顺应金融科技发展潮流，开展了数字银行、直销银行的具体实践。

包商银行小微金融在逐步发展壮大的过程中，形成了独特的"微贷文化"，而且一直在传承和发扬这一"微贷文化"，如"没有不还款的客户，只有做不好的银行"的自省文化，"重经营、轻抵押（物），重信用、轻担保（公司）"的风险控制文化等。"微贷文化"处处体现着包商银行"以客户为中心"，与客户共成长、共发展的经营理念。这种"微贷文化"在本文的理论化，并限定于金融服务的主客体双方，就是确立小微企业金融的"安全边界"。[①]

二　小微企业金融的安全边界（不同于传统银行的"风险控制"）

（一）小微企业金融的定义

小微企业金融相对于普惠金融、微型金融而言，是一个外延比较狭窄（但比小微企业信贷要宽泛）的概念，同时也不同于小额信贷。[②] 我们认为，银行提供的小微企业金融服务是针对经营现金流比较稳定、具有一定成长性的小微企业的金融服务，它不是针对贫困人群、社会弱势群体以及低收入者的金融服务，它直接面对的是企业而不是个人。当然，它和证券公司、风投机构、保险机构等提供的小微企业金融也有很大区别。一般而言，小微企业的经营团队也是由少量几个人组成的，所以小微企业金融和小额信贷、普惠金融、微型金融等有一定的交集，但绝不可把它们等同起来。企业就是企业，小微企业也是企业，这一点要

---

① 在海曼·明斯基的著作中，他曾提出"安全边际"（security margin）概念，是指企业的投融资行为中，银企双方都会给自己留下一定的安全空间，借贷资金的供给价格和需求价格才能保持一定的平衡，控制好"贷款人风险"和"借款人风险"，从而保证较充分的投融资得以实际发生。本文借用了明斯基的这一概念，改为"安全边界"，不是着眼于借贷资金的价格平衡，而是着眼于金融服务的全过程；不是单一的信贷服务，而是金融集成服务；不是银行传统的"风险控制"的手段，而是促进银企双方主客体深度融合的思维和操作方法。

② 对于这些概念的辨析，要费很多笔墨，这里就不展开了。可参见杜朝运、马彧菲《微型金融与小微企业——基于厦门的考察》，厦门大学出版社 2014 年版。张伟：《微型金融理论研究》，中国金融出版社 2011 年版。

非常明确。虽然小微企业金融也很注重对个人信用的考察，但此信用非彼信用，它更加注重考察的是团队领导者的领导能力、专注力、事业心、团队合作精神等。寄希望于领导者个人提供连带责任担保、家庭房产抵押等，必然会减弱甚至忽视对于与企业经营水平、成长性更为密切相关的事项考察。

包商银行提出了自己独特的商业模式——"金融服务集成"四步法：一是成为小微企业融资专家，二是成为全生命周期银行服务提供商，三是成为全面金融服务集成商，四是成为"资"与"智"结合的"知识型银行"。包商银行不仅向企业提供信贷、结算、保证、理财、财务顾问等金融服务，而且提供管理咨询服务，为企业经营管理出谋划策，使银行成为客户的战略合作伙伴。这是一种和小微企业共成长，在企业的全生命周期融入银行金融服务的理念。在这个全生命周期里，第一步即"融资服务"显然最为重要，它既是小微企业在激烈的市场竞争中得以生存的前提，也是银行能够持续不断地为它们提供金融服务的前提。

能不能为小微企业提供第一步乃至更多的金融服务，有两种考察企业的基本方式：一是传统银行的风险控制方式，即在确认企业的现金流和还款能力、还款意愿的同时，要求小微企业必须提供抵押物或质押现金等；二是综合考察企业领导人和团队的素质、信用状况，企业的技术或贸易渠道、背景，企业的现金流和还款能力、还款意愿，重点放在还款能力和对相对较高的利率承受能力上。简单地说，传统贷款是抵押物崇拜，是以抵押物是否足值为主，以财务、其他情况分析为辅，而小微企业贷款的创新则是基于对客户真实现状的分析，不是看重抵押、担保，抵押、担保主要是形式上的。按借款人评估的"5C"原则：声誉（Character）、资金实力（Capital）、担保（Collateral）、能力与资格（Capacity）、经营条件（Condition），其中 Character 和 Capacity 是创新小微企业贷款最为看重的。在实际操作中，第一种方式偏重于抵押或质押物的价值评估，这种评估有市场上较明确的标准，较易实施。而第二种方式偏重于影响企业经营状况和还款能力的诸多情况的综合评估，技术难度和人工投入较大。更重要的是，第二种方式的着眼点是企业的长远发展，银行试图和小微企业结成对子，相伴成长。

（二）小微企业金融安全边界的确立及其弹性

基于上述思考，本文提出小微企业金融"安全边界"的概念，试图替代传统银行对于企业信贷的"风险控制"概念。安全边界就如同古老太极图中的"阴阳鱼"的那条"S"形边界，是一个流动的、充满弹性的边界，又是阴阳两边（应用于本文，即小微金融的主客体）互相环抱的边界。它完全不同于"风险控制"的那些僵硬的"标准化"条条框框。中小银行提供金融服务，目标在于和小微企业共生共荣。"皮之不存，毛将焉附？"从宏观角度看，小微企业金融的目标必须放在提高小微企业的存活率和成长性上；而从微观角度看，小微企业金融的目标则是通过主客体的深度融合和各种不同于以往"风险控制"的指标的设定，尽可能地选择信用良好、能与银行共成长的小微企业作为合作伙伴。

对于安全边界的把握，我们在实践中主要做到以下几点：一是上门营销，小微企业主要依靠客户经理跑客户，面对面地交流，以了解其金融需求，针对特定的客户设计他们需要的产品。二是交叉检验，通过多层面、多角度、多侧面地收集信息来对客户自己提供的信息进行检验。一个数据要成为对贷款分析有价值的信息，必须经过至少三种方法的检验，才能作为分析的一个元素落实在分析表格中。三是分期还款，将银企之间的一次博弈行为分解为有限次重复博弈。与一次性还款相比，一方面降低了小微企业的财务压力，提高了客户的还款意愿和能力；另一方面，银行可以及时跟踪贷款的整个使用过程，便于实施全程监控。四是权责利一致，差别授权的等级系统使分析、决策、操作各个环节都有充分授权人，同时也有对贷前、贷中、贷后各个环节的随时监测。五是团队建设，小微金融队伍都是银行自建，从"零"起步进行岗位培训。比如一对一的案例教学，师傅带徒弟、传帮带地学，金字塔形的层层递进的推进模式。六是单独考核、封闭运行，对客户经理的正向激励及时、到位，这是防范道德风险的重要一环。所有这些方面，都是主客体的深度融合之后，才能有效地实施。

（三）小微企业金融的思维突破及其合理性、局限性

小微企业金融"安全边界"概念的提出，是对传统银行服务的客体对象化思维的突破。"没有不还款的客户，只有做不好的银行"在某种程度上已经超越了对象化思维。它和马云提出的"银行不改变，我们就改变银行"有异曲同工之处。我们谈安全边界，不是像以前一样，银行摆个柜台，等待客户上来提供各类报表、相关的抵质押物清单，审查通过后，再办理抵质押，才能放款，而是银行主动到客户那里去，在某一行业、地域的若干客户中筛选出处于安全边界范围之内的，通过谈服务价格、期限等，达成一致后，再看客户是否能提供相关的抵、质押物或担保，而且抵、质押物或担保是可选的，可根据客户愿意接受的价格及其自身条件而定。

应当说，小微企业金融安全边界的理念是先进的，操作流程简单易行，整体设计是比较完善的。在经济上升期，小微企业的盈利状况比较好，信用贷款作为企业融资的主要途径相对比较安全，"没有不还款的客户"的理念在操作上具有可行性，比如包商银行在 2013 年 3 月之前的小微企业客户按时还款率一直非常高，不良率不到 1%。在 IPC 技术支持下，包商银行把自身的安全边界打开，注重培养"改变自己"而不是"改变客户"的理念，取得了较好的成效。2013 年 3 月人均放款笔数达 30 笔，单月放款 18.9 亿元。然而，小微金融安全边界的把握受到两个因素的制约，这两个因素是靠银行自身难以解决的问题造成的：一个是政策障碍，商业银行不能直接投资，导致缺乏对小微企业股权上的把控；而小微信贷本身要求的较高利率①，这些都使银行难以做到全程介入小微企业成长各环节，一旦企业做大就可能会更多地拥抱大银行，半途"离婚"的可能性比较大。另一个是市场环境的急剧变化使银行难以在整体上帮助小微企业渡过难关，市场风险难以有效把握。

---

① 由于要覆盖较高的人工和技术分析成本、较高的预期违约概率以及小银行较高的资金成本等，以一年期贷款为例，小微信贷的利率一般要比基准利率上浮 40% 以上。和大银行相比，小银行的贷款利率显然不占优势。即小银行在从事小微企业金融中的"贷款人风险"明显高于大银行，但是大银行却由于诸多制度因素并不愿意从事小微企业金融，特别是在企业初创时期更是如此。

正是基于上述考虑，在 IPC 微贷项目达到比较理想的状态时，包商银行未雨绸缪，在 2013 年推出了第一轮组织架构调整，进一步明确了"做最好的小微企业金融集成服务商"的战略发展目标，提出由单一的卖产品向"为客户量身定制金融服务解决方案"转变，从小微信贷专家向"小微金融服务专家"转变。包商银行领导层提出了"衣食住行育娱医寿"行业主攻方向，探索在这些民生行业和高（科技）、新（兴）、特（色）产业首先突破，和相关企业、金融机构一起完成小微金融"良性生态圈"的打造。事实证明，这个战略转型及时有效。2010 年以后，随着中国经济结构的转型，经济增速开始下降。与大企业相比，小微企业更加脆弱、更易受到外部冲击的影响。[1] 因此，以小微企业为主要服务对象的中小银行面临更大的金融风险。在这样的宏观经济背景下，加上其他一些市场环境的新变化和技术变革（下文将阐述），对小微信贷的安全边界做调整，争取更多地介入小微企业成长全过程，并打造金融生态圈以应对市场风险，在战略上进一步明确小微企业金融集成服务商的目标是顺势而为。

三　小微企业金融的市场环境与技术变革

（一）近十年来小微企业金融市场环境的深刻变化

小微企业金融在 2008 年中国银监会提出"六项机制"之后，得到了比较快的发展，有一些先行先试的银行进行了较充分的实践，而且取得了较明显的成效。然而，近十年来特别是电商行业迅速成长之后，小微企业金融的市场环境发生了极其深刻的变化。其主要表现在：电商冲击的影响带来小微企业客户群的重大变化、大中小银行都进入小微企业

---

[1]　学者选取了《2011 年厦门经济特区年鉴》中年主营业务收入 500 万元以上工业企业的主要经济指标进行分析，2010 年亏损的小型企业占小型企业总量的 24%，占亏损企业总量的 92.4%。而从亏损金额计算出来的亏损率，小型企业为 11.3%，也远远高于中型企业的 5.81%（大型企业为 0）。总资产利润率，小型企业为 5.81%，也大大落后于中型企业的 9.65%，大型企业的 10.53%。杜朝运、马彧菲：《微型金融与小微企业——基于厦门的考察》，厦门大学出版社 2014 年版。

金融领域带来的过度授信问题、P2P 和消费金融平台等带来的小微企业信贷分流问题等。

包商银行等做小微企业金融的先进银行，开始都定位于零售商业、物流业、加工业、农牧产品生产流通等，现在这些主要行业都已经被深度纳入了电商的体系。特别是零售商业，2014 年以后全国各地传统百货业出现的"闭店潮"在多地发生，东部沿海城市由于市场竞争相对激烈，发生的频率更高，而在二、三线市场这一问题也越来越突出。一线城市批发市场等也频遭关闭、拆迁。虽然零售实体店不会消亡，仍然有一定的发展和提升空间，但就实体店如何转变经营模式，进行差别化经营，实现线上线下共存、共荣、共同发展，进入一个比较漫长的探索期。在这种情况下，银行以往的小微客户群体的变化显然是巨大的。

2005 年中国银监会提出"六项机制"以后，大中小银行都显示出对小微信贷的浓厚兴趣，"服务小微"成了一时响亮的口号。大中小银行纷纷进入小微信贷领域，带来了小微金融的短期繁荣，但是也很快出现了值得注意的问题。一些银行不太注重新客户的挖掘，主要在其他银行的"存量客户"上做文章，这些客户在 IPC 等小微信贷技术的约束下，本来是有严格的授信额度限制的，比如一家小型零售商，本来只需要 50 万元授信、循环使用就足够了，但是在多家银行授信的情况下，产生了过度授信、过度负债的问题（加起来可达数百万元），经济环境好的时候还可以勉强还款，但一旦经济环境发生变化，该零售商的资金链就会变得十分脆弱。这种情况和一些大企业在银行公司、投行业务支持下盲目兼并收购、"做大做强"而导致资金链断裂如出一辙，甚至更为严重。因为小微企业的现金流有限，资金运作能力也弱，一旦出现几百万元的逾期，就真的成不良贷款了。

P2P 和消费金融平台等带来的小微企业信贷分流问题，也在一定程度影响了小微企业金融的常态化发展。P2P 平台的高利诱导，使一些小微企业打起了"做金融"的主意，比如从银行过度授信借来的款被"临时"放在了 P2P 平台上，尝到"甜头"后一发不可收拾，以为做实业不如做金融。P2P 平台的崩盘对于把银行借来的钱投放在这些平台上的小微企业的打击是致命的。个人消费信贷的较大规模的放开，同样也使个别小微企业主很容易取得消费贷款，而不愿意接受银行较为严格的各种考察。而消费信贷政策的紧缩，必然又导致一批小微企业陷入资金链断裂的境地。

（二）新的市场环境下小微企业金融的内涵及外延

小微企业金融服务的主要特点是：融资时效要求高，一到三天放款；资金价格承受能力比较强，基准利率上浮 30% 以上；贷款期限短期化、需求频率高，6 个月甚至更短。金融需求日益多样化，如存贷款、结算结汇、信用证、保函、供应链融资、票据贴现等。对这些特点的深入了解，都需要主客体的深度融合，想客户之所想，急客户之所急，了解行业、企业经营等许多细节问题后，才能对接合适的产品。

按行业划分的小微企业金融内涵及外延，具体来说包括以下几方面：

一是零售服务业，存贷款居多，特别是贷款期限短、需求频率高。除个别零售业巨头外，一般不易做大，"小本生意"要理性计算和控制贷款数量，不需要数家银行来授信，避免过度授信，增加企业的现金流压力，导致"借款人风险"的增加。这些客户可以和互联网公司、助贷机构合作，利用他们经过分析的大数据来确定授信和放款额。

二是高新技术创业企业。创业企业一般都有较充裕的前期投资，但需要在特定环节增加新的投资，贷款期限不长，争取到新的投资者后就能还款。银行如果能得到监管放可，也可以在 Pre－IPO 阶段适当介入投资行为。

三是制造业企业。一般是为核心企业配套的上下游企业，有较稳定的产品需求，可以用供应链融资等产品进入。这些企业一般来说需要资金支持的量也是比较稳定的，不要过度放贷，以免鼓励其经营冒险行为。

四是"公司（合作社）＋农户"。这种形式提高了农牧业生产的组织化程度，农牧业生产链条渐趋完整，农村增收潜力得到提升，也使为之提供服务的小微金融机构经营能力增强。农户贷款作为小微企业金融的重要组成部分，2013 年以来得到长足发展。①

（三）小微企业金融的移动化、数字化和深度场景化

进入 21 世纪以来，银行所服务的实体经济互联网化趋势十分显著，特别是商业基础设施已经发生变化，更形象地说，是操作系统变了。媒体、百货、出行等行业都在变革，从电视到自媒体，从线下商超到线上电商，从招手叫车到软件约车，商业服务的本质虽然没变，但是商业的服务流程和发展模式已经被颠覆。还有一个重要变化，就是银行的市场约束条件发生了重大变化，特别是利率市场化的实质推进。在新的经济形态和市场约束条件下，包商银行加快了"新型银行"即数字银行、直销银行的建设，着眼点就是建立和新经济共生共荣共成长的新金融机构，将金融服务嵌入到人们在线生活的各类应用场景中。

一是贴近民生行业、深度挖掘场景体验。银行传统的玩法是靠人、靠网点，对应的是某一个独立的业态，一个相对完整的产业链条。比如你到链家咨询买房，和中介相约选房，然后到银行贷款，然后贷款交钱买房。比如冰箱彩电的产供销一体化体系。而互联网经济或者新经济很大程度上是碎片化的生活状态和碎片化的生意状态，电商提供的是碎片化的场景和碎片化的产品，像店面超市的货架一样摆出来。数字银行、直销银行的深度场景化，就是融入互联网生活里的方方面面，客户和潜在客户顺手就可以发现你的服务、消费你的服务。包商银行提出要做民生产业，具体在"衣食住行育娱医寿"，数字银行目标是利用生态圈的各类行业"拼图"，为包商银行的整体定位、客户定位拼出生活的场景。

二是紧紧抓住创业企业中"数字原住民"和"数字移民"等新客户的培养入驻。"数字原住民"（Digital Natives）指一出生就面临着一个无所不在的网络世界，生活在互联网与手机刚性、自然地存在的时代的人。对于他们而言，网络是他们的生活必需品，数字化生存是他们从小就已经适应的生存方式，通常所说的"90"后、"00"后学生就是典

---

① 在去杠杆、信贷额度紧张的情况下，包商银行 2017 年农户贷款发放仍达到 100 亿元左右。

型的"数字原住民"。"数字移民"（Digital Immigrants），一般指出生早于 20 世纪 90 年代的人，他们是数字科技、数字文化兴起过程的见证者，但学习应用起来并不十分顺手，看起来是从"无互联网和手机的世界"迁入"互联网和手机的世界"的新移民。"数字原住民"和"数字移民"是当代中国最有创造活力的群体，他们已经是或即将是小微企业、创业企业的主力军，直销银行应积极创建与这些群体顺畅沟通的平台，引导他们积极参与、进入银行的"安全边界"中。

三是做好适应小微企业发展的产品生产流程和运营模式的创新。银行产品的同质化严格来说是不可避免的，这是银行特色所在。《商业银行法》的经营范围就 4 条，任何银行不可能跳出去。对银行来说，举最简单的例子，包商银行的存款和中国建设银行的存款有什么区别？本质上没有区别。但是，生产流程可以有差异，你从一个 APP 的页面、产品的展示中是看不出区别的。银行到客户手里，最终销售的是一张合同，关键的条款是确定价格、利率、额度、还款方式等。银行产品的生产流程、运营模式对这些条款有重要影响。

四是创新管理机制和组织能力。你在一个银行做新的业务的时候，会面临各种各样的难题，老有各种各样的质疑。对于银行具体业务经营者而言，面对各种管理资源分配的复杂流程是很令人崩溃的，因为做出资源分配决策的好像是企业的高层管理者，而实际上这些决策的实施掌握在中层管理者甚至普通员工的手中。作为一个整体的机构而言，他们会容忍你在某些具体业务方面的失败，但不会容忍你创造新的业务类型的失败。正是基于这些考虑，包商银行从一开始就给了相对独立的机制保障，数字银行、直销银行的运作是自成一体的。IT 和运营是独立的，财务和考核核算是相对独立的。特别重要的是品牌运作是相对独立的。当然，独立的运作并不意味着自行其是，数字银行、直销银行仍然服务于"小微企业金融服务集成商"的总体战略。

四　小微企业金融的真正变革与区块链技术应用

前面提到，成长性企业的股权高溢价难以享受到（商业银行不能直接投资），而小微企业固有的市场风险又难以有效规避，这些构成了小微企业金融最大的难点。除了政策障碍和经济周期的影响外，其实更严重的问题在于小微企业创业、经营固有的不透明性和内部化，这些使得银行获取信息、占有信息、消化信息的成本过于高昂。在我们看来，目前已有的互联网金融技术变革已经解决了小微企业把握"安全边界"的部分难题，如对小微企业的即时"画像"，可以对小微企业信贷需求的期限、额度等做出比较精确的分析，并使小微企业金融需求得到比较及时的满足。但是从整体上看，小微信贷技术的改进并不是革命性的，在我们看来，来自区块链技术支持的数字资产，可能对于小微金融的实质、大规模推进具有真正的革命性意义。

互联网极大地促进了信息（数据）的流通，从而促进了信息（数据）的资产化。而在 2008 年金融危机之后横空出世的比特币之底层技术——区块链技术应用于金融领域，更有可能使信息（数据）经过有效的整合，大批量地形成可信任的数字资产。区块链技术整合的大数据是交互生成，系统内所有经济主体参与，而且由个体私钥掌握（可以自主择时交付、定向交付自己的信息数据），对个体贡献可以进行奖励的，经济主体交付自己信息（数据）的过程也是不断建构自己信用（资产）的过程。更明确点说就是，中产者及其事业所系——小微企业，正是在交付自己（数据）的过程中，为自己积累了取得金融资源所必需的信用。

区块链技术的可回溯、不可更改和全过程记录的特征，对于小微企业的精细化研究提供了可能。区块链技术对于来自相关各个方面（如小微企业的创业团队素质、经营账目、技术研发活动、项目进展等）大数据的整合，将有助于对小微企业的财务状况、市场前景、经营能力等进行分析和归类，便于金融机构为之设计量身定做的精细化产品。金融机构对基于小微企业大数据的信用增强了信心，与此同时，小微企业对于金融资源的可得性的提高，也直接有助于其亲缘格局①的提升。

比如，我们设想的数字资产"颐养币"的推出，可能会帮助银行

---

① 中产者及其事业所系的小微企业都可用"亲缘格局"来整体评估其价值积累、可持续性、成长性等，具体可参见陈玉京《亲缘格局论：面向智能时代的哲学》，经济日报出版社 2018 年版。

更好地介入养老机构（一般都是小微企业）的投资和融资过程。区块链对与养老个体行为相关的大数据（如家庭资产负债、个人健康数据、消费行为数据、交通行为数据等）做有效整合，对不同地域、不同消费习惯和行为习惯的养老人群进行精细化分析，有助于金融机构对养老机构的投、融资更加精准。比如养老社区的规划，床位和房间的规模，医养结合的模式乃至养老医院科室的分布，护理人员的安排和培训等。不同地域气候情况的变化，不同的消费行为和资产状况，对于养老人群的护理和照料提出精细化的要求，也为异地候鸟式养老、房车旅游式养老乃至游艇迁徙式养老等新的养老金融提供了发展机遇。为了使对这些新型养老机构的金融服务更加精准有效，有必要利用区块链技术建立交互式移动平台，适时追踪投资项目的运行状况、养老人群的活动场景等，增强项目的现场感，吸引更多的投资和养老人群的加入。

我们认为，基于区块链技术有可能实现的价值互联网是革命性的。对个体（某个个人或某个企业）的金融行为、金融品质和资产及信用生成过程的追踪记录，将推动金融创新向个性化、精细化、自我管理的方式纵深发展，从而从根本上改变以往金融行业以信息不对称挣钱、粗放式经营、追逐暴利的特征，"安全边界"将会完全打开。具体而言，区块链金融市场的培育将有可能促进小微企业金融服务体系，导致以下变革：

一是精准描述金融服务的主客体双方金融行为，促进金融服务个性化，并使个性化产品设计成本降至最低。二是分布式系统，各方参与积极性提高，参与成本降至最低。三是信息不对称问题的技术解决使金融服务主客体双方的道德风险得以降低。四是细分行业、相对封闭、基于资产价值形成全过程登记的市场使价格波动减缓。五是竞争有限度，以免"孤注一掷"（go for broke）行为频繁发生，避免过度授信、过度负债。六是累积的数字资产（货币）将逐步得到递增的金融资源（如递增贷款），由于线上已存在大量交易且十分便捷（目前已有互联网网购、支付以及消费信贷、小额贷款奠定的基础）。

创造性劳动和开放式网络的连接，有可能借助数字货币和数字资产带来深刻的金融思维变革，从而带动金融资源的普惠化。普惠金融的真正实现是与数字资产、信用体系相生相成的，这一切有可能会在区块链技术的支持下得以完成。

参考文献

1. 陈玉京：《亲缘格局论：面向智能时代的哲学》，经济日报出版社 2018 年版。

2. 杜朝运、马彧菲：《微型金融与小微企业——基于厦门的考察》，厦门大学出版社 2014 年版。

3. 海曼·明斯基：《稳定不稳定的经济》，石宝峰、张慧卉译，清华大学出版社 2010 年版。

4. 李镇西、金岩、赵坚：《微小企业贷款的研究与实践》，中国经济出版社 2007 年版。

5. 李镇西：《小企业金融服务研究》，中国金融出版社 2011 年版。

6. 山东省城市商业银行联盟（内部资料）：《微小金融的国际经验与中国本土化实践》，2016 年。

7. 约翰·梅纳德·凯恩斯：《就业、利息和货币通论》，高鸿业译，商务印书馆 1999 年版。

8. 张伟：《微型金融理论研究》，中国金融出版社 2011 年版。

由美兴小贷十年发展经验引发的
对当前小贷公司发展现状的思考

何良刚[*]

摘 要：本文以美兴小贷十年发展经验为案例，分析了中国的小额贷款公司对民间市场规范、农户和中小企业等市场定位相对弱势的经济组织的融资，以及对"三农"的发展起到的促进作用。但是小贷公司自身的发展中还存在一些问题，需要从准确定位、加强政策扶持、拓宽融资渠道、明确监管主体等方向采取相应对策，以推进小贷行业的可持续发展。

关键词：美兴 小额贷款公司 经营特点

一 引言

20 世纪 70 年代，孟加拉国著名经济学家穆罕默德·尤努斯在面临孟加拉国农业歉收和自然灾害，国民经济处于崩溃边缘的情况下，萌生了专门为穷人开设一家银行的想法，这便是小额贷款的起源。为了有效配置金融资源，让民间资本顺利进入正规体系，2005 年，中国在五省成立了小额贷款公司试点，希望通过试点来缓解中国中小企业、农村及欠发达地区融资难问题并提供一种全新的资源配置方式。2008 年，伴随着中国《小额贷款公司试点的指导意见》出台，小贷公司在全国如火如荼地创办起来。历经十多年试点经营，小额贷款公司（以下简称

---

* 何良刚，南充美兴小额贷款有限责任公司总经理，长期从事小额信贷的推广和发展工作。

"小贷公司") 为缓解中小微企业的融资难、融资贵问题做出了重要贡献，但其自身面临的困境和发展前景也引人深思。身份界定不明确、监管体系不健全、国家优惠政策不到位和市场不规范问题都制约了小贷公司的未来发展。对此，本文将以美兴小贷——中国首家外资小贷公司的十年发展经历为例，分析小贷公司在当前运营中存在的问题，并对未来如何稳健经营小贷公司进行简要阐述。

二　美兴小贷十年发展历程

（一）美兴小贷成立背景

2006 年，南充市政府为响应国家创新农村金融服务体系的有关政策，与国际知名专业小额信贷机构进行了联系以努力推动创新农村金融服务体系试点工作。美兴集团委派考察组前往南充，对当地的市场经济做出分析对比，认为南充市经济发展态势良好，农村经济发展资金需求旺盛，具备开展小额贷款的市场环境和政策环境。2007 年 12 月，时任世界银行行长的罗伯特·佐利克先生亲临南充，在简朴而又热闹的开业典礼上，庄重地宣布了中国首家外资小额贷款公司的成立，从而正式开启了美兴小贷服务中国普通社会公众的征途。

（二）美兴小贷经营情况

美兴小贷在中国共设有两家独立法人公司，南充美兴小额贷款有限责任公司（2007 年 10 月成立）和美兴小额贷款（四川）有限责任公司（2010 年 11 月成立）。美兴小贷将客户定位为无法获得或无法充分获得金融服务的农户、个体工商户和中小微型企业，向他们提供方便灵活的小额贷款，开展业务十年来充分展示了小额贷款"信用、额小、期短、分散"的特点。

截至 2018 年 7 月，美兴小贷两家子公司注册资本金共计 4.5 亿元，拥有四川省内服务网点 44 家，服务范围覆盖了南充市、成都市、达州市、遂宁市、巴中市、泸州市、自贡市、广元市、绵阳市、乐山市、雅安市、德阳市和内江市 13 个地级市；累计投放贷款 16.9 万笔，合计金额 95.17 亿元，单笔放款金额仅 5.5 万元；拥有存量贷款客户 2.3 万户，存量贷款余额 11.7 亿元，户均贷款余额仅 4.8 万元；所发放的贷款中，93% 以上是信用贷款；截至 7 月 31 日，公司大于 30 天的不良贷款占比 0.51%。

成立十年来，美兴小贷坚持微型金融机构"双重"底线。在维持企业可持续发展的基础上，重视践行社会责任。美兴小贷以信用贷款为主力，不但保持了良好的贷款质量，还不断拓展业务覆盖面，实施客户保护原则。美兴小贷的商业模式与服务理念赢得了同行业的认可，获得了客户及监管部门的信任，在当地树立了良好的企业口碑，有较大的品牌影响力，被公认为中国小额信贷最佳模式之一。2014 年 8 月，美兴荣获国际组织 Smart Campaign 颁发的客户保护认证，成为中国首家获得此认证的金融机构，并荣膺金融时报推选"2017 年度最佳服务新型农业经营主体金融机构"、2017 年"全国优秀小额贷款公司"和"全国优秀商业模式"（全国 25 家，四川省仅 1 家）称号、荣获"四川省小额贷款公司"标杆之一（全省仅 5 家）等荣誉称号；公司有 5 位客户经推荐后荣获中国银行协会（花旗）"微型创业—城市服务三等奖"和"微型创业奖"。

（三）美兴微贷技术

美兴的小额信贷技术源自国外，采用基于现金流的贷款方式为客户提供个人贷款，也是国际上惯用的小微贷模式，其技术原型源于法国沛丰微贷模式。通过对客户现金流的分析，运用现场调查和信息交叉检验等手段，为客户制定出实质性的财务报表，并通过技术分析为客户量身定做信贷产品和还款方式。经过十年的本地化改造，不断升级和演变，美兴已探索出一套能够快速适应中国市场、可复制性极强、内控严密、以"信贷员"为整个信贷流程核心的微贷管理技术。

（四）美兴小贷经营特点

鼓励设立小额贷款公司的目的是增加县域欠发达地区和农村金融供给，引导民间资本流向"三农"、小微企业、个体工商等。美兴从创建之日起，就致力于发展为立足于当地经济、立足于特色经营、立足于实体经济、立足于小微金融的小额信贷机构。

1. 明确小额贷款服务的目标客户是"小、微、工、农"

当下市场金融服务覆盖群体主要分为两大类：一是传统金融覆盖的群体，为高值人士或富裕阶层，特别是一些中、大型企业。这部分群体资产雄厚，自身融资能力强，因此容易受到传统金融机构的青睐，可以充分选择金融服务并面临金融服务严重过剩的状态。二是小微金融服务覆盖的"农户、个体户和小微企业"，根据中国工商总局数据，这部分人群近年来保持增长态势，小微企业数量已超过 7000 万个，大众工薪阶层达到 2 亿户，而农户超过 1.8 亿户，他们当中 85% 以上的人群都经历过融资难、融资贵问题，被归属于金融服务严重不足群体。因此，美兴小贷在成立时起就定位"小、微、工、农"为目标客户群，发放金额为两千元到一百万元之间的贷款，以差异化的方式拓展市场，明确自己作为主流金融机构的补充，强调服务的深度和广度。"凡是有经营项目的人，凡是有劳动能力和创收能力的人，都可能是美兴小贷的客户"。

截至 2018 年 7 月，在贷余额中，美兴"三农"客户数占比 51%，非农个体工商户占比 28%，非农小微企业占比 21%。

2. 坚守"小额、分散"信贷准则

小额贷款的精髓之处就在于"小额、分散"。美兴自 2007 年 10 月创建以来，一直都在坚持自己的风格，不管市场如何变化，始终没改变小额、分散的理念。历经十年探索，美兴小贷深知做微贷本身就是一个培育市场、固定客源的过程，只能在资金市场上起"拾遗补阙"的作用。对目标小客户可以全额支持，优先将其发展成战略客户群；而针对部分大客户、大资金需求等大多数为"一锤子买卖"客户适当匹配即可。因此，多年来美兴坚守小额、分散原则，重视客户数量和业务笔数，对实现长期稳健发展有重要意义。

根据美兴历年数据，其平均贷款期限为 12 个月；99% 的客户选择分期还款方式；客户从事行业包括 200 多类，几乎覆盖日常生活中接触到的所有行业。

3. 主打无担保无抵押的信用贷款

"三农"和小微客户的显著特征就是缺乏有效的抵押物，其拥有的固定资产数量少、变现能力差，风险系数高，加之坐落分散，操作成本高，这构成了制约金融机构深化农村金融服务的重要因素。针对此类特点，基于多年的市场实践，美兴公司探索出一套富有成效的小微贷款风控方法。主要通过分析客户现金流、非财务信息、经营前景等方面把控贷款风险，贷款管理实行人头制，贷款追踪实行终身责任制，切实降低了风险，摆脱了传统金融行业对保证抵押品的依赖。截至2018年7月，美兴发放信用贷款占比达到94%以上，相比于银行类融资机构，服务"三农"和小微客户，信用贷款成为美兴的最大竞争力。

4. 设立标准化的信贷流程

美兴在成立的十年里，一直在思考如何把流程做得简单、标准化。不管是针对贷款营销、征信分析，财务报表分析、贷款发放回收等，美兴都建立了标准化的八个流程。此外，美兴坚持三级审代会进行贷款审批；运用网银平台、第三方支付代扣以及微信公众号的功能性服务来实现客户贷款申请、放款查收和主动扣款。平均贷款发放从贷款申请到发放为2—3天。同时，公司还针对5万元以下客户简化续贷流程。客户只需填写申请表，然后签合同便可实现自动放款。这一改变让信贷流程变得更简单，提升了客户体验。

5. 围绕客户为中心开展工作

美兴是一家坚持双重底线的企业，即实现企业可持续发展，和实现企业社会责任。自加入国际斯玛特（SMART CAMPAIGN）倡议以来，美兴一直把"客户保护原则"作为一切战略的指导思想。公司相信，"保护客户不仅是正确的做法，也是明智的做法"。其具体做法为：

（1）适合的产品。美兴的产品方针是客户"借得到，用得起，还得上"。公司目前提供2000元—100万元的小额贷款，有多样化的产品选择并提供每月还本、季度还本、到期还款等多种还款方式供客户选择。在贷款咨询期，根据客户的现金周期推荐适合的产品；在约定还款日期时，充分尊重客户的建议，必要时展期到客户指定的日期，避免善意拖欠。

（2）合理的定价。小贷公司应遵循客户可负担且机构可持续的定价原则。在这方面，美兴一直在努力优化自身的信贷流程，提高工作效率，完善风控体系，尽量降低企业的经营成本和违约成本，以达到降低客户融资成本的目的。对于还款良好的老客户，实行折扣优惠政策，将一部分利润反馈给优秀客户。

（3）保持信息透明。客户作为消费者，有相关信息的知情权。美兴小贷在营业厅、宣传单上均注明产品类型、价格、准入条件及适合对象，并在营业厅内进行贷款成本计算公示，明确贷款成本是多少，怎么算，便于客户在不同机构之间、不同产品之间做出最适合的选择。在签订合同之前，对合同中涉及的重要条款反复提醒，留足够的时间供客户提问，以确保信息的充分沟通。公司通过官网、公众号、《企业年报》、群发短信平台等方式及时发布企业动态，供客户第一时间收到最新资讯，保证客户与企业之间的信息透明。

（4）公平公正地对待客户。公平、尊重地对待每一位来访客户是美兴对所有员工的基本要求，不因客户的地位、性别、外貌、种族、办理贷款的额度大小等歧视对待，严禁吃拿卡要。即使在催收的时候，也需尊重对待客户，不得辱骂客户，不得与客户产生肢体冲突，不得抢夺客户私人财物，不得影响客户基本生存保障。

（5）避免客户过度负债。通过建立合理的激励方式、不断提高信贷人员的评估水平、设置总负债上限、核实信用记录，加强贷前和贷后检查，加强对客户过度负债的教育，并结合审计等方式，来防止主动或被动因素导致的客户过度负债。

（6）保护客户信息隐私。美兴的员工进入公司便会签订保密协议，在系统中设置不同层级不同岗位员工的访问权限，规范档案管理，建立客户信息隐私保护制度，不断培训教导，提高员工意识。

（7）建立有效的客户投诉机制。根据 Smart Campaign 的实地调查发现，"一位满意的客户会将他的经历告诉 3—4 个人；而一位不满意的客户会将他的经历告诉 8—9 个人"。在互联网发达的中国，这个影响可能会无限放大。因此，美兴小贷十分重视客户的反馈收集。公司设置专人处理客户反馈，客户投诉处理优先于任何工作，并承诺所有客户投诉均会在 24 小时以内处理并跟踪。社会绩效部门定期对客户反馈进行分析，并将客户反馈作为改善产品和服务的重要指南。

三 当前小额贷款公司发展面临的问题

(一) 金融机构身份问题迟迟未明确

根据 2008 年 5 月银监会、央行共同发布的《关于小额贷款公司试点的指导意见》(银监发〔2008〕23 号),小额贷款公司在领取营业执照后要向当地中国银行业监督管理委员会派出机构和中国人民银行分支机构报送相关资料,接受金融部门行业监管。尽管如此,在行业性质界定上,银监发〔2008〕23 号却将小额贷款公司排除在金融业之外,该文指出,小额贷款公司既不属于《银行业监督管理法》规定的在中华人民共和国境内设立的商业银行、城市信用合作社、农村信用合作社等吸收公众存款的金融机构以及政策性银行,又不属于《非银行金融机构行政许可事项实施办法》(中国银行业监督管理委员会令 2007 年第 13 号)规定的包括经银监会批准设立的企业集团财务公司、金融租赁公司等在内的非银行金融机构,也就是说,小额贷款公司属于"非金融机构"。试点十多年来,类金融机构、准金融机构、非货币银行服务类金融业企业、非存款类放贷组织……小额贷款公司的"江湖称谓"颇多,一直没有一个"正名"。以美兴小贷为例,成立了十年,解决了当地 2 万多客户的融资问题,但仍面临着身份认证这一难题。将小贷公司纳入金融机构管理体系,不仅能规范和完善小贷行业,还能够积极指导小贷行业发挥金融体系毛细血管的作用。

(二) 高额税负,企业盈利空间有限

小额贷款公司涉及税种主要包括营业税、企业所得税和营业税附加。根据银监发〔2008〕23 号文件规定,小额贷款公司可以由自然人、企业法人与其他社会组织投资设立,即自然人符合规定条件也可设立小额贷款公司,其公司性质为有限责任公司或股份有限公司,属企业法人。由于中国现行《企业所得税法》实行法人所得税制,根据《企业所得税法》及实施条例规定,中华人民共和国境内企业和其他取得收入的组织依照本法的规定,就其年度应纳税所得额缴纳企业所得税,适

用税率为 25%。同时根据国家税务总局关于印发《新企业所得税法精神宣传提纲》的通知（国税函〔2008〕159 号）对企业法人做出了界定，无论小额贷款公司是由企业法人与其他社会组织投资设立，还是由自然人成立，都必须依法缴纳企业所得税，适用的税率为 25%。小额贷款公司税负高，究其主要原因是融资、贷款两个渠道均受到限制，资本金融入成本较高，而贷出利率又受到监管部门政策限制，这样小额贷款公司作为金融服务平台太小，税负承受力差。另外，小额贷款公司经营特点是资金周转非常快，因而重复征税的可能性也相应提高。尽管 2016 年国家推行"营改增"政策实施后，本意想通过增值税的抵扣政策减轻企业税负，但由于小贷公司的成本费用主要集中在人力资源方面和资金成本（融资利息和手续费），实际经营中基本无可抵扣的进项税款。2017 年财税 77 号文件提出对金融机构向农户、小型企业、微型企业及个体工商户发放小额贷款取得的利息收入，免征增值税，但像美兴一样的小贷公司因为身份定位不明确只能望而止步。以美兴小贷子公司南充美兴税收缴纳为例，自 2007 年成立以来它已经累计向经营当地缴纳税费 1.32 亿元；仅 2017 年，实缴各项税费 2993 万元。若身份定位明确，2017 年南充美兴在农户贷款利息收入和个体工商户贷款利息收入上能享受的税收优惠（增值税和企业所得税）为 200 余万元。

（三）国内银行融资难，未来发展资金缺乏

小额贷款公司成立的定位为不吸收公众存款，这种"只贷不存"的经营模式存在"天生不足"。小额贷款公司的试点条例中规定了资金来源为自有资金、严禁吸收公众存款和非法集资。目前市场上众多中小微企业有紧急的融资需求，但小额贷款公司因为自身不管是规模还是数量上都不能满足市场需要。当前很多小贷公司在开业不久贷出了大部分资金后，便处于"无米之炊"状态，且这成为大多数公司目前的困扰。按照《关于小额贷款公司试点的指导意见》（银监发〔2008〕23 号）的要求，小额贷款公司从银行业金融机构获得融入资金的余额，不得超过资本净额的 50% 且融资银行不得超过 2 家。从全国范围来看，小贷公司的各项管理情况良莠不齐，因此各银行几乎都采用"一刀切"的政策，定义小贷公司属于高风险行业，故设置了高准入条件但发放额度

低，严重束缚了很多正规小额贷款公司的发展。

（四）缺乏推动小额贷款公司长远发展的政策制度

当前中国关于小额贷款公司发展方面的政策制定滞后，相关的法律法规严重缺失。因为试点指导意见并没有将小贷公司纳入"金融机构"，故目前存在的《中国人民银行法》《商业银行法》《行业监管法》均不适用。当前由中国人民银行和中国银监会出台的规范性文件均还未升级到法律层面，加之各地政府的监管政策不一致，大多数小额贷款公司都是由多个部门参与监管的，其中主要以金融办为主，但小额贷款公司的业务也因此受到相应行政干预。多头监管不仅导致监管稳定性差，而且也不利于小额贷款公司的可持续发展。

四　小额贷款公司发展的对策建议

（一）制定优惠政策，特别是出台具有业务指导性的税收优惠政策

中国设立小贷公司的初衷是为了发展普惠金融，缓解小微企业融资难的问题。目前全国共有 8000 多家小贷公司，然而真正坚持做小做微的寥寥可数。建议监管机构出台差异化的税收优惠政策，鼓励和支持小额贷款公司回归"扶持小客户"的初衷，支持"真正"的小额贷款公司进一步发展，最大限度地发挥小额贷款公司作为传统金融体系的毛细血管补充作用，推进普惠金融建设。

（二）设立有效的资金供给体制，保障小贷公司可持续发展

一是扩大小额贷款公司的融资比例，将杠杆率 50% 调整为 100%，增强放贷能力，实际上也是增强"造血"功能。二是建立小额贷款公司的再融资资金，可由政府牵头成立相关的"资金池"，根据小贷公司的企业评级将资金"批发"给小贷公司，降低其融资成本，以保证小贷公司能够充分坚持小额、分散的信贷原则，重点以"三农"和小微企业为客户，解决他们的资金问题。

（三）加强监管办法，呼吁规范市场、维持良好经营环境

新的小额贷款公司的监管办法迟迟没有出台，希望新的监管办法能在融资比例、机构扩张和税收方面有所突破，鼓励那些真正做小贷的机构做大做强，从而促进小贷行业持续健康地发展。同时，当前市场环境的快速变化，出现了很多行业竞争对手。尽管政府正在对没有监管平台的 P2P 和网络贷款公司实施监管，但当前"通过低利率广告吸引客户，从而额外收费或者账外经营变相计息产生高利贷，甚至暴力收贷的情况都不少见"，"灰色小贷"屡禁不止。美兴小贷呼吁应有严格的政策法规能够对该类定价不透明、利率超红线、暴力催收及违规放贷公司进行限制约束，为像美兴一样的正规小贷公司创造一个干净、公平的竞争环境。

（四）身份准确定位

尽管小额贷款公司经营的实际业务属于金融机构业务性质，但目前的试点指导意见对小贷公司的定位并不是金融机构，因此小贷公司并不能享受像银行一样的金融机构该有的优惠政策，必须要承担高赋税，高融资成本。甚至很多小贷公司不能对呆账、坏账准备金进行计提，无法核销呆账、坏账。因此，为了推动小额贷款公司的健康和可持续发展，政府部门应该通过立法确定小贷公司性质和定位，并赋予其金融机构的法律地位，减轻融资及税负成本，享受相关优惠政策。

（五）明确监管主体

目前，各地方小贷公司的主要管理机构为金融办，但金融办在研究能力、监管经验以及独立性等方面还存在不足。而根据国家金融体制的目标，可以对小额贷款公司的监管主体转为银监会，再由银监会的下属监管分局对当地的小额贷款公司进行日常监督管理，并将每月或每季度监管情况报送给当地金融办和中国人民银行等部门。同时，监管部门的监管手段要市场化和灵活性，能够适应小额贷款公司本身的特点并有利于其发展，监管的程序相对简化从而提高监管效率。

五　对小额贷款公司的正确认知

（一）小贷行业已经成为金融业的重要组成部分

为"打造区域性金融服务中心"，小额贷款公司成为"支农""支小"方面的新生力量，成为金融体系的重要组成部分，这一点已达成了共识。以美兴小贷为例，成立十年来，累计投放贷款超 16 万多笔，客户数达到 2.3 万户，覆盖行业超过 200 多个，完全覆盖了日常生活的行业，成为广大百姓的重要融资平台。

（二）人是小额贷款商业模式的核心

小额贷款的商业模式经历了三个阶段：以人为驱动—以流程为驱动—以技术为驱动。以人为驱动即"线下网点＋信贷员为核心"，主要通过"现金流分析"与"交叉校验"来把握客户的还款能力与还款意愿，强调信贷员在信贷过程中的核心作用。尽管当前以流程为驱动的模式更适合快速拓展的分支机构和以技术为驱动的模式更超越传统线下渠道，但因两者均需要强大的 IT 信息系统作为支撑，需要大数据来作为行业标配。虽然可以达到集中化审批和快速秒批的效果，却缺乏严格的激励与约束机制。对于美兴小贷来说，微贷模式，人始终是中心，无论未来小贷公司是采用线下服务模式，还是通过基于移动端的数字化贷款，美兴小贷始终相信训练有素的人比机器可靠，把客户潜在需求转变为对金融产品/服务的需要，进而培养全能和专家型的信贷员，也能为企业创造可持续的商机。

（三）小贷公司必须要有专业的小贷技术

小贷技术是不同于传统金融的专业技术，主要包括客户定位和识别，小额分散等信贷模式，产品以信用贷款为主，分期还款机制以及专业信贷员的培育等。通过借助互联网、大数据对借款者现金流情况进行掌控，也属于小贷技术的标志性特征。因此未来的小贷发展要学会改变，引进先进技术，将技术与客户的产品和服务需求相结合。

（四）小贷必须要坚持正确的市场定位

小贷成立的初衷是引导民间资金投向普惠金融领域，拓展小微贷款服务的深度和广度，对传统金融机构进行补充。当前情况下，大多数小贷公司始终定位于传统机构无法覆盖的小微群体，与正规金融机构形成差异化竞争模式。但因利益驱使仍有一些小贷公司在市场方向上发生了变化，他们以金融机构为准则，目标客户与金融机构重合甚至是以金融机构淘汰的次级客户作为目标群体，因此不能得到正确的发展。

六　对小额贷款公司发展的展望

试点十余年，小额贷款公司发展前景一直众说纷纭。但对小额贷款公司的发展前景，众专家观点不一。一些学者认为小贷公司数量、从业人员、贷款余额都从 2015 年开始下降，且地域发展不平衡。重庆、福建、浙江和广东是发展成熟区域，内陆地区小贷公司面临着运营资本获取困难，行业竞争大，盈利能力低和行业监管严等问题，将被逐渐蚕食进入"瓶颈"阶段甚至慢慢退出市场。另有学者提及银监会目前允许符合条件的小贷公司改制为村镇银行，似乎给濒临困境的小贷公司带来了希望。就业务开展角度来说，确实为利好的消息。但改制标准严、门槛高，还得以牺牲公司控股权和经营权为代价来换取金融牌照，也让很多小贷公司望而却步。还有学者认为，只要小贷公司取得合法金融机构认可，就可以名正言顺地吸取存款和享受优惠政策。近年为了支持农村新型金融机构的发展，有关部门出台了多项优惠政策，但小额贷款公司仍遭遇着"玻璃门"待遇，因为不具备新型农村金融机构的身份，优惠政策也只能擦肩而过。

但依本人所见，当前中国小微企业是吸纳就业的"主力军"，也是激励创新、带动投资、促进消费的重要"主力军"。他们面临着融资难、融资贵问题，这类群体对资金的需要就是小贷公司的发展方向。但小额贷款公司一直存在的融资难、赋税重、身份不明、监管不到位的问题也不容忽视，而小贷公司要想扩大发展必定先要解决这四方面的问题。不过，伴随着国家政策的逐渐偏移和小贷公司当前发展现状，这一切问题在不久的将来都会迎刃而解，小额贷款的发展前景也是不可否认的。

近年来国家领导人和相关监管部门的连连发声标志着中国金融体系出现了转折点。比如"鼓励金融机构增加小微企业贷款，降低融资成本……禁止存贷挂钩、借贷搭售等行为，有效防范和化解金融信贷风险"① "要积极稳妥去杠杆，控制债务规模……"② "要控制居民杠杆率过快增长……"③ "搞金融的都要持牌经营，所有金融业务都要纳入监管……"④ 等。

七 结语

小贷公司的发展前景很广阔，其独特的经营方式、灵活的管理模式是现代金融机构无法比拟的，尽管在发展中存在很多困难，但在当今政策的指引下，中国小贷公司会在实践的基础上，不断总结自身经验，吸收外国的成功经验，开拓出符合中国国情的新型公司模式，在自我完善和政策、法律完善的基础上，为中国中小企业、农业发展提供强有力的资金支持。

参考文献

1. 陈本东、安佰锡：《当前小额贷款公司税负状况及减税建议》，中国税务网，http：//ctax. org. cn/hgzq/ywyi/201507/t20150710_ 1012366. shtml。
2. 李晓健：《小额贷款公司可持续发展的对策》，《广西经济管理学院学报》2013 年第 2 期。
3. 刘志国：《小额贷款公司发展现状、问题及对策分析——以河南省为例》，*Economic Trade Sum*，No. 268 February，2013。

---

① 李克强：《2018 年国务院常务会议》，新华网，http：//www. xinhuanet. com/politics/2018 –05/16/c_ 1122843440. htm。

② 同上。

③ 中国银监会：《2018 年全国银行业监督管理工作会议》，央广网，http：//m. cnr. cn/news/2018012/t20180127_ 524114331. html。

④ 周小川：《搞金融的都要持牌经营 所有金融业务都要纳入监管》，中国网财经，http：//finaue. china. cow. cn/news/20171207/443508. shtml_ mot2。

4. 陆澜清：《2018 年小额贷款行业市场规模与发展前景分析》，前瞻产业研究所，2018 年。

5. 苏浩宁、陈思憧：《新形势下小额贷款公司发展再思考》，《西南金融》2012 年第 1 期。

6. 郑自强：《十年小额贷款路：迷思、感悟与超越》，《南充美兴》（内部刊物）2018 年。

邮政储蓄银行开办小额贷款的历程回顾

杨 波 朱大鹏 涂凯彪 冷 晗 刘 芳[*]

摘 要：本文以邮政储蓄银行开办小额贷款为案例，阐述了邮政储蓄的改革历程与发展特点，分析了邮储银行如何选择小额贷款作为抓手进行商业化运作，概括了在小额贷款开办初期，邮储银行在组织调研、市场分析、机构设置、人员配备、IT系统建设等方面所完成的准备工作，总结了在业务试点和推广阶段所经历的挫折和获得的成就。最后，针对当前邮储银行开办小额贷款业务所面临的挑战，指出提升资产质量和专注度、积极推出适应市场的创新产品是应对战略定位和同业竞争的重要措施；同时，面对未来的挑战，本文从互联网时代的特点和风险界定等方面对邮储银行小额贷款的发展道路进行深入思考。

关键词：邮政储蓄 小额贷款 农村市场

一 邮政储蓄改革与小额贷款

（一）邮政储蓄改革的简要背景

1986年，经国务院批准，邮政部门恢复办理储蓄业务，经过多年

---

* 杨波，硕士研究生学历，高级经济师，现任中国邮政储蓄银行"三农"金融事业部总监；朱大鹏，法学博士，现任国家农业信贷担保联盟有限责任公司总经理，曾任中国邮政储蓄银行信贷业务部总经理；涂凯彪，经济学硕士，现任中国邮政储蓄银行"三农"金融事业部处长。冷晗，金融学学士，中国邮政储蓄银行"三农"金融事业部干部，主要研究领域为普惠金融、小微信贷。刘芳，计算机硕士，中国邮政储蓄银行"三农"金融事业部干部，主要研究领域为普惠金融、小微信贷。

发展，邮政储蓄在网络建设、金融服务、风险管理等方面取得了长足的进步，建成了覆盖中国城乡二元经济最大的个人金融服务网络，成为中国金融体系，特别是农村金融市场的重要组成部分。2005 年以来，根据国务院关于邮政储蓄体制改革的要求，邮政部门加快了邮政储蓄银行机构体系建设（金秀芳，2007）。

2005 年 12 月，银监会发布了《关于国家邮政局邮政储汇局开办邮政储蓄定期存单小额质押贷款业务试点的批复》（银监复〔2005〕320 号），允许邮储机构逐步开展"定期存单质押"的小额质押贷款试点业务。小额存单质押贷款的试点标志着邮储结束了"只存不贷"的历史，向信贷业务领域迈出了最为关键的一步。

2007 年中央一号文件提出，要"引导邮政储蓄资金返还农村，大力发展农村小额贷款"。2007 年 3 月 20 日，邮政储蓄银行总行在北京挂牌成立。到 2008 年 6 月底，邮储银行全国 36 家省市分行、312 家地市分行、1600 多家县级支行完成了组建任务，邮政储蓄体制改革与发展取得重大阶段性成果，凭借其网点和规模优势必将成为农村小额贷款市场的主要资金供给者。

（二）邮储改革为何与小额贷款密切相联

2007 年中央一号文件提出，要"引导邮政储蓄资金返还农村，大力发展农村小额贷款"，邮储银行从成立之日起就肩负了发展小额贷款的政治使命。在如此高的层面对邮储银行提出发展农村小额贷款具体要求，这源于当时中国农村信贷市场存在较突出的供需不平衡的问题，以及邮储银行在农村金融领域具有一定的比较优势。

1. 农村市场需求分析

从整个农村金融发展角度看，中国农村金融网点缺失、金融供给不足，农村金融服务还不适应社会主义新农村建设和构建和谐社会的需要。具体到小额贷款市场，同样存在供给不足的问题。

首先，随着市场经济的发展，中国农村个体和私营经济得到了快速发展，对小额信贷产生了新的需求空间。与此同时，大型国有商业银行在农村的撤离，使银行在农村地区的网点较少，覆盖程度较低，大部分农村地区只有农村信用社和邮政储蓄机构网点。而且农信社资金实力有限，不能满足农村金融需求（杜晓山、刘文璞，2001）。截至 2006 年 12 月末，全国获得农信社小额信用贷款和联保贷款的农户达到 7072 万户，占中国 2.4 亿农户总数的 32.31%，如果考虑到这 2.4 亿农户中有实际贷款需求的大约为 1.2 亿农户，那么农信社小额贷款则满足了农户贷款需求的 60%。何广文教授在 2005 年对贵州省农村信用社和农户的抽样调查显示：农户对贷款需求面较高，且中低收入农户贷款需求尤为突出。样本农户中 89.04% 选择了需要贷款，仅有 10.96% 的农户选择不需要贷款（何广文、李莉莉，2005）。由此可见，小额贷款市场存在较大发展空间。

2. 邮政储蓄银行服务农村信贷市场的优势

（1）邮政储蓄机构具有深入城乡的网络优势和雄厚的资金实力。在国家政策指引下，各类金融机构看到农村金融市场蕴含的机遇，纷纷调整战略，力图在农村金融市场中占据一席之地。但是，全国性商业银行 1998 年收缩网点后，短期内无法完成在广大农村地区的布网工作；外资银行对农村市场的了解程度存在明显劣势；农村信用社受地域限制，在网络和资金实力上均无法与邮政储蓄相比；小额贷款公司受资金实力的限制，在业务发展上也存在一定局限性（关天翔，2013）。邮政储蓄机构呈下沉式分布特征，熟悉当地市场情况，有广泛的市场认可度和雄厚的资金实力，在农村地区开办小额贷款业务具有明显的优势。

（2）邮政储蓄银行没有历史包袱，公司治理结构清晰，具有后发优势。邮政储蓄银行作为新成立的银行，不仅没有历史包袱，而且具有明晰的产权结构、规范的公司治理模式。在开展小额贷款业务过程中可以借鉴各个机构开展信贷业务的模式和经验，从一些失败的案例中吸取经验教训，从而能少走弯路。

（3）邮政储蓄机构具有品牌优势。作为正规的国有金融机构，邮政储蓄经过 20 多年的发展，邮政品牌已经形成了亲民、贴近百姓生活的品牌效应。这是邮政储蓄银行一项独有的无形资产，也是其他金融机构无法效仿的。

二 邮政储蓄准备小额贷款的历程

（一）在总部准备开办小额贷款

1. 进行小额贷款业务的研究准备工作

邮政储蓄自 2004 年 10 月就着手调查研究小额贷款业务。国家邮政储汇局与北京市邮政储汇局共同成立了农户小额信贷工作组，相继走访了国内知名专家学者。其中，中国社会科学院农村发展研究所杜晓山教授从小额信贷机制和农村信用环境方面进行分析，整体上为邮政储蓄开办小额贷款提供了理论依据；世界银行全球金融与市场局首席金融专家王君老师提出了要按照商业可持续的原则来发展小额信贷的建议；中国农业大学何广文教授结合国内外经验，介绍了新型小额贷款发展模式，并分析了适合开办小额贷款的试点地区；中国农业科学院汪三贵教授在接受访谈时从机构人员设置、激励机制、产品设计和目标群体方面结合农村信用环境给予了邮政储蓄发展小额贷款中肯的建议；中国社会科学院任常青博士提出了只有进行商业化运作，才能够实现小额信贷机构的持续发展，同时，从贷款管理、信用环境、产业衔接等方面对邮政储蓄发展小额贷款提出了建议；国际经济交流中心白澄宇主任介绍了与联合国开发计划署合作开展小额贷款的经验、机制和问题，为邮政储蓄开展小额贷款业务提供了借鉴。2005 年 5—6 月，邮政储蓄组织陕西、海南、广东、内蒙古、四川等八省（区、市）原储汇局对当地县域范围内农村信用社小额贷款业务进行了考察；还曾数次与印度尼西亚人民银行（BRI）的专家进行现场交流，详细了解了 BRI 模式。经过大量研究证实，县域及农村金融市场是小额贷款有效供给不足的市场，具有很大的发展空间，而且小额贷款是一个可盈利的产业，邮政储蓄银行办理小额贷款业务是可行的。

2. 做好人员配备等硬件准备工作

邮政银行充分利用存单质押贷款业务的试点与推广，在人员配备、业务培训、内部管理等方面为小额贷款业务打下了良好的基础。在机构设置方面，应银监会要求在开办存单质押贷款业务试点地区的省储汇局设立独立的资金运营部门负责业务推广，部门中设立存单质押贷款业务主管、业务管理员和风险管理员三个岗位，专门负责此项业务管理，会计和稽查部门负责业务管理监督。在人员的培养方面，将集中培训与远程培训有机地结合起来，通过课堂授课、模拟练习、上机操作、小组讨论、闭卷考试、颁发证书等培训手段，在较短的时间内培养了一批从事信贷业务的专业人员，增强了小额贷款管理的力度和深度。在系统建设方面，2005 年 11 月国家邮政局邮政储汇局经过认真研究，决定在现有的绿卡统一版本系统内，建设一个存单质押贷款的业务系统，实现该业务的生产和管理的计算机化处理。

（二） 邮政储蓄开办存单质押贷款

为开办小额贷款进行提前"练兵"，邮储银行于 2005 年 6 月组建了存单小额质押贷款项目组，2005 年 12 月 9 日，中国银行业监督管理委员会批准了国家邮政局邮政储汇局关于开办邮政储蓄定期存单小额质押贷款的请示，同意试点。要求试点地区遵守"授权管理、授信经营"的信贷管理原则，在下发正式授权后的一年内，三个试点省的任务目标均达到：贷款发生额 1 亿元人民币，其中农村地区贷款额不少于 0.7 亿元；抵扣实际损失后的贷款利息收入 75 万元以上；贷款客户数量 1.2 万户以上，其中农村地区客户不少于 8000 户。

（三） 在河南开展小额贷款的试点

2007 年 6 月，储蓄银行小额贷款业务在河南新乡长垣县启动试点。由原邮储银行信贷业务部总经理朱大鹏带队，在河南长垣县南部魏庄镇一个普通院落设置了一个不足 12 平方米的临时办公地点，为当地农户尝试办理小额信贷业务。经过实地入户调查、审贷会集体审议后，6 月 22 日，当地留寺村的村民董景莲，获批成为邮储银行小额信贷业务的第一个受益者。这标志着邮储银行从"只存不贷"的"储蓄"银行正式向小额信贷领域迈进，具有里程碑的历史意义。

三 邮储银行小额贷款的初步发展

（一）在全国逐步推广小额贷款

2007 年 6 月在河南地区成功试点后，邮储银行分六个批次开始在全国逐步推广小额贷款。第一批次为 2007 年 8 月，开办地区为北京、山东、浙江、陕西、湖北、福建；第二批次为 2008 年 1 月，开办地区为天津、黑龙江、广东、云南、内蒙古、江苏、深圳、广西、四川；第三批次为 2008 年 2 月，开办地区为湖南、河北、甘肃、宁夏；第四批次为 2008 年 3 月，开办地区为安徽、湖南、山西、辽宁、重庆、上海、吉林、大连、新疆、江西、贵州、宁波；第五批次为 2008 年 5 月，开办地区为厦门、青岛、青海；最后一批次为 2008 年 6 月 24 日，开办地区为西藏。至此，邮储银行的 36 家一级分行全部开办了小额贷款业务。

（二）德国技术合作公司（GIZ）的支持与帮助

2008 年，邮储银行获得了中德政府技术援助项目"小额信贷与零售银行业务"项目的支持，与德国技术合作公司签署了技术合作协议。"小额信贷与零售银行业务项目"着重支持邮储银行小额贷款及零售银行业务产品的开发和应用，向信贷相关的组织发展、人力资源开发、信贷技术和风险管理及 IT 等各领域提供咨询服务。

在项目组的协助下，邮储银行信贷部设计并建立了小额贷款的培训体系，并且在全国范围内开展了"学徒式"培训，针对不同类型信贷人员开发了标准化培训课程及课件，帮助各层级制订培训计划与考核标准。同时，邮储银行与项目组协同合作优化信贷制度，探索新产品，项目组在小额贷款条线的组织架构设立、风险控制、岗位设置、人员晋升及激励约束机制设计、小额信贷系统完善等各方面提供了宝贵的建议。

（三）深入考察印度尼西亚人民银行

印度尼西亚人民银行（以下简称"BRI"）是世界上开展小额信贷业务最为成功的国有商业银行，其小额贷款业务实现了商业化可持续性发展。在业务开办初期，邮储银行数次邀请 BRI 前来授课，并实地去印度尼西亚进行了深入考察，学习 BRI 在商业化的小额信贷经营和管理过程中的经验。通过分析 BRI 的战略演变历史，邮储银行在吸取了 BRI 的小额贷款业务发展经验的同时也坚定了将小额贷款作为长期核心战略的决心。在培训体系建设方面，参照 BRI，邮储银行完成了针对不同岗位的类型齐全的培训项目；在机构设置方面，邮储银行将审批决策权授予一级支行，提高审批效率，通过二级支行开展业务，近距离服务客户，提升服务质量；在风险防控方面，设立小额贷款业务检查岗，类似于 BRI 的内审员机制；在人员选拔方面，和 BRI 一样强调本地化，优先从营业机构当地选择合格的人员作为小额贷款的信贷员，充分发挥熟人和半熟人社会的信息优势；在优质客户维护方面，引入 BRI 式的正常还款客户利息优惠政策等。

（四）形成邮储银行小额信贷技术

在小额信贷技术领域，IPC 信贷技术为世界所通用，邮储银行在开办小额贷款初期充分借鉴了 IPC 信贷技术，并结合中国国情做了本土化改造，形成了邮储银行小额贷款的信贷技术。

一是在业务调查上，坚持"四眼原则、眼见为实"。该原则是指，进行现场调查时必须有两名信贷员共同去往客户的经营场所、家庭住所进行现场调查，且针对客户的经营特点，必须要看到生产关键环节的资料、货品、设备或场景情况。

二是在信息收集上，通过交叉验证解决信息不对称问题。信贷技术的核心原理为通过还款意愿、还款能力判定一个客户的好坏，或者说违约可能性的高低。但对于经营资料不全、信用记录相对空白的小额信贷客户，不能用传统公司信贷的手段进行调查，银行与客户之间存在严重信息不对称问题。IPC 信贷技术以交叉验证为方法论，解决这一难题。

三是在财务数据处理方面，遵守"谨慎性"原则。对于财务数据存在多种评估价值方案的，选择评估价值相对最低的一种方案的取值作为最终结果。例如，对于某种设备进行了估价，一般存在市场价和设备的理论折旧价，取孰低值计入该客户的信审调查报告中对应的财务数据。

四是在授信额度测算方面，根据客户偿还能力来确定授信额度。通过编制客户每个月的损益表，测算客户每月的净可支配收入，从而确定客户每月的偿还能力，根据偿还能力确定授信额度。

五是在资金投入上，严格执行信贷配给原则。坚持小微客户做任何生产经营必须要具备一定的启动资金，不得所有的资金都来自银行贷款，严格执行信贷配给制。

六是在财务报表、调查模板设计方面，为小额贷款客户量身定制"简而精"的调查报告模板。小额贷款的调查分析"麻雀虽小，五脏俱全"，小额贷款客户的调查报告，一方面要将过于复杂的财务指标进行删除或简化，另一方面还要能够通过调查报告直观看出客户的损益情况、资产负债情况等，以便进行信审决策。

七是在产品设计上，坚持"小额、分散、流动"原则。邮储银行开办初期的小额贷款业务额度上限普遍仅为10万元，贷款期限为12个月以内，且采用分期的方式为主。通过坚持这一原则，让贷款资金回收与客户的现金流相互匹配，从而缓释了因客户资金过于充裕而转挪他用的风险。

以上这些手段虽然很好地解决了小额贷款的风控问题，让以往难以获得贷款的小额信贷客户群体，能在符合商业原则的基础上获批贷款，显著提升了普惠金融所倡导的可获得性，但也存在诸多问题：一是需要每个信贷员都熟练掌握信贷技术，对于信贷员的资质要求较高；二是调查成本高，对于每个客户都要在经营场所、家庭住所进行实地调查，而且可能会因为事后分析发现存在调查遗漏或信息矛盾等问题，而反复进行现场调查；三是客户体验性较差，客户对于体验性的容忍度与市场供给有一定关联，随着市场供给的不断增大，客户会对银行服务提出更高要求。

随着近年来互联网金融的发展，越来越多的机构将零售信贷业务进行"线上化"，而客户对信贷服务的体验要求也越来越高，传统的微贷技术是否"过时"了呢？笔者认为，通过还款意愿、还款能力进行信贷决策，通过交叉验证技术为方法论解决信息不对称的原理并没有变，随着时代变化的是具体的实现手段。邮储银行也根据市场环境的改变，而不断进行技术实践的优化。首先，针对重点的小额贷款产品建立了标准化的评分卡，通过信贷工厂模式，让整个流程更少受到信贷人员的主观干扰，提高审批决策的客观性、降低信贷作业成本、提高效能。同时，在风控模型建设方面，以专家经验与数据驱动相结合的方式，将交叉验证技术对还款能力、还款意愿的分析融合在每一个风控策略与变量筛选之中，让新兴技术为小额贷款提供更多选择。

（五）小额贷款获得发展成效

通过小额贷款业务的初步发展，邮储银行形成了多层次、广覆盖的小微企业金融服务体系，有效地为广大农村地区居民提供了优质的金融服务，对促进农民增收、农村经济发展具有重要意义，是"政府欢迎、群众受益"的民心工程。

邮储银行小额贷款业务得到了国务院领导、各级地方政府和社会的肯定，也得到了国际性认可。2010 年 6 月，与德国技术合作公司（GTZ）合作的"小额信贷和零售银行业务项目"从全球 120 多个国家的 2200 多个项目中脱颖而出，荣获德国技术合作公司"国际合作项目最高成就奖"；2012 年 4 月，被中国人民银行征信中心授予"2011 年度个人征信系统数据质量工作优秀机构"，肯定了邮储银行为建设和完善个人征信系统的努力工作；2014 年 9 月，"基于农村土地权益的'三农'贷款产品"项目获得中国邮政集团公司全国邮政企业管理现代化创新成果二等奖；2015 年 8 月，"新型农业经营主体家庭农场的融资支持开发管理"项目获得中国邮政集团公司全国邮政企业管理现代化创新成果一等奖。

截至 2018 年 7 月末，邮储银行 300 多家二级分行、2000 多家一级支行的 7000 多家二级支行开办了小额贷款业务，其中 4500 多家在县和县以下农村地区。全行累计发放小额贷款 2000 多万笔、金额达 1.55 万亿元，结余 200 多万笔、金额达 1700 多亿元，有效缓解了全国 1000 多万家农户、个体工商户和私营企业主生产经营资金短缺难题。其中在县及县以下农村地区，累计发放小额贷款 1600 多万笔、金额达 1.2 万亿元，占全部小额贷款累计发放金额的 76%，贷款结余为 160 万笔，金额达 1300 多亿元，占全部小额贷款结余的 77%。

四 邮储银行小额贷款发展过程中的挑战与应对

邮储银行推出的小额贷款业务不仅成为自身改革发展的突破点，还有效地为广大农村地区居民提供了优质的金融服务。然而，在小额贷款业务蓬勃发展的同时，风险也如期而至，如何有效地化解业务风险，提高风险控制能力，实现商业可持续成为邮储银行需要重点研究的课题。

（一）伴随业务发展如期而至的三大挑战

1. 资产质量管控的挑战

随着业务发展，小额不良贷款金额呈现出逐年攀升的趋势。在邮储银行对信贷业务进行机构改革以前，2012 年不良贷款的年度增长幅度为历年最大。2012 年 9 月末，全国金融机构小微企业不良贷款 2704 亿元，不良率 2.33%，其中微型企业不良贷款率 5.6%。[①] 截至 2012 年年末，邮储银行小额不良贷款 35.99 亿元，不良率为 2.57%，与当时的同业水平相当。虽然整体上资产质量仍处于可控水平，但在部分地区，存在不良率快速上升，资产质量明显下滑、贷后资产保全不力等诸多问题。

2. 战略定位的挑战

邮储银行在开办小额贷款业务之初，全行只有小额贷款一项零售信贷业务，当时的唯一性确保了小额贷款是"举全行之力"开展的业务，从上到下均将小额贷款业务作为核心战略业务来抓；但随着邮储银行改革日益完善，客观上存在扩展多项资产业务的需要。随着各类消费贷款、公司信贷业务、金融市场业务的相继逐步发展，对作业成本高、机构管理难度大的小额贷款业务产生了边缘化效应。具体主要体现在以下几方面：一是老员工流失严重。2007 年、2008 年从事小额贷款业务的员工现今留在小额贷款条线的已所剩无几，大部分转向了其他条线或与此业务无关的岗位。二是走向混业经营后，缺少专职化队伍。小额贷款业务具有很强的技术性，需要从业者具备专业技能，而基层的小额贷款

---

① 资料来源：《中国银监会小微企业金融服务动态工作月报》。

业务与其他业务混业经营后，造成了专业队伍的缺失。三是在基层的重要性程度降低。相对于购房等消费类贷款业务，经营性贷款业务客观上作业难度更大，不良率更高，尽管收益也更高，但基层更倾向于完成"容易做"的消费类业务，从而削弱了在小额贷款业务方面的资源投入。

3. 同业竞争的挑战

在外部竞争方面，在 2007 年业务刚开办之时，邮储银行在小额贷款领域的主要竞争对手为农信社；而随着零售信贷领域的蓝海被广泛看好，越来越多的金融机构开始加大投入力度，如今在小额贷款领域竞争对手不止各家国有大型银行、商业银行，还有各地方村镇银行、城商行、小额贷款公司、P2P，以及各类互联网金融平台、电商平台等。

截至 2016 年年末[1]，中国已成立村镇银行 1519 家，其中 65% 设立在中、西部地区；村镇银行总资产 12380 亿元，总贷款余额 7020 亿元；全国共有小额贷款公司 8673 家，实收资本总额 8230 亿元，贷款余额 9270 亿元。江苏、河北、内蒙古、辽宁、吉林、安徽和广东七个省（区）设立小贷公司数量均超过 400 家，其中江苏最多，达到 629 家。

在 P2P 方面，截至 2016 年年末，运营的 P2P 网贷平台有 2448 家，P2P 网贷行业总体贷款余额达 8162.2 亿元。当年网贷成交量达到了 20639 亿元，比 2015 年增长了 110%，网贷行业总体收益率为 10.5%。网贷行业投资人数与借款人数分别达 1375 万人和 876 万人，较 2015 年分别增加 135% 和 207%。

（二）面对挑战所采取的措施

1. 多管齐下优化资产质量管理

为了有效地控制因业务快速增长而暴露出的风险，邮储银行施行了一系列的风险管控措施，在机构、人员、流程等多个维度进行约束，在业务发展与风险管控之间进行平衡。具体包括：一是建立小额贷款的日

---

① 资料来源：中国人民银行（PBOC）与世界银行集团（WBG）（金融、竞争力与创新全球实践部门）工作人员联合撰写：《全球视野下的中国普惠金融：实践、经验与挑战》（*Toward Universal Financial Inclusion in China：Models，Challenges and Global Lessons*）。

常风险控制机制，对于日常业务检查以操作手册的形式，细化每一个环节与步骤。从上到下建立起体系化的监督检查机制。二是充分利用 IT 系统加强对小额贷款风险控制的支撑，邮储银行建立了全国大集中的个人信贷系统。通过个人信贷系统上级机构可以查看到每笔贷款业务的明细情况，真正实现下管一级，监控到底。三是外科手术式的关停措施，自 2008 年起，邮储银行对资产质量差，或存在违规行为的机构，采取强制关停小额贷款业务权限的惩罚措施，以达到迅速暴露风险的目的。目前已累计关停数百家支行。四是建立专项帮扶机制。

2. 成立"三农"事业部提升专注性

自 2012 年以来，邮储银行在多个分行试点推进小额贷款准事业部的运行，或采用专业团队坚持专业化管理，科学管理小额贷款、提高业务产能。经过充分的准备与研究工作，邮储银行于 2016 年 9 月正式成立了总行"三农"金融事业部。邮储银行陆续在各省、地市、县进行了事业部改革，分别建立了一级分部、二级分部、营业部，全行共四级机构，强化了专业机构设置、丰富优化了机构职能，同时针对事业部的发展需要增配专项人员，为"三农"金融业务专业化经营管理提供组织机构和人员队伍保障。

3. 积极开展产品创新应对市场竞争

一是建立符合网络型大银行的创新机制。总部侧重商业模式创新。依托各类平台、商圈、产业链、供应链等特色，探索"批零联动"的"批量化"开发模式。总分联动推进产品创新。利用网络型银行优势，实现个性化产品的快速复制。二是顺应时代发展趋势，重点开发线上化信贷产品。针对资金周转速度快、用款需求频繁的客户，开发了 E 捷贷产品，支持客户在手机银行、网银等电子渠道进行额度的随还随支；针对信用资质较好、线上数据充分的老客户，利用大数据风控技术，设计了"极速贷"全线上化产品；针对优质产业链核心企业设计了"一点接全国"的名单制小额贷款模式，支持核心企业属地分行利用 IT 手段跨区域办理上下游小额贷款业务，有效地提升了产业链贷款的作业效率。截至 2018 年 7 月末，各类线上化的小额贷款业务累计发放金额约达 661 亿元，累计发放笔数约为 34 万笔。

（三）对未来挑战的一些思考

今年是 2018 年，相距 2007 年的小额贷款业务试点已经过去 10 年有余，笔者见证了小额贷款业务从无到有，从探索到成熟，从"唯一"到"之一"的过程。如今已是互联网金融时代，市场竞争格局、经济环境都已经发生了很大变化，对于小额贷款业务也应进行新的思考：

第一，小额贷款一方面作为普惠金融的手段，肩负着提高经济结构下层信贷权获得感的重要使命；另一方面，提供服务的银行作为商业机构也必须寻求商业利润，否则难以获得长久发展。这意味着，要想在小额贷款领域取得成功，必须坚持商业可持续发展原则，要能够在风险管理、成本控制、效率优化三方面找到综合最优方案。

所谓风险管理，并非是单纯地去将风险压降到最低，而是要寻求风险与收益的平衡点。从定义上说，风险，是指某种损失发生的可能性（石宝峰等，2017）。因为风控不严格而形成大量不良贷款，显而易见是一种损失。但是，若因为风控标准定得过高，而失去了市场竞争力，流失了大量优质客户，也是一种巨大的损失。同时，成本控制与效率的优化也对商业可持续性起到决定性作用。随着互联网金融、大数据的兴起，为风险、成本、效率三者之间的平衡提供了新的方案，倘若合理运用新的技术手段，小额贷款很有可能不再是"劳动密集型"的高成本业务。在互联网时代，信息量呈几何增长，经调研，过去缺乏各类纸质单据的小额贷款客户也逐渐开始具备良好的线上数据，包括信用类数据、流水数据、税务数据等，结合逻辑回归、决策树、神经网络等机器学习算法，能够对部分客户的违约率做出较为客观的评价。如何利用好大数据风控技术，减少人工环节，实现作业自动化，值得深入探索与实践。

第二，在银行 3.0 时代，大银行如何面对做"小"贷的困境。

银行 3.0 时代，冲击最大的业务是零售。而邮储银行，作为大型零售商业银行，受到的影响难以忽视。时代是一种很强大的力量，它的强大在于，用时间改变游戏规则。过去，我们用调查话术、四眼原则、多人审贷会等方式进行风控，但这显然已经不再适用于互联网金融时代。大数据风控手段、线上申请、自动审批、自助放款等免人工化的作业流程、客户体验至上的理念，这些因时代而生的事物，已经改变了零售信贷行业的生存法则。

邮储银行作为全国性大型商业银行，在传统模式下，是应该对标其他国有大型银行。但在银行 3.0 时代，一直以来制约"小银行"或者说网点薄弱银行的区域壁垒，已经被互联网技术所打破。不管邮储银行是否愿意承认，他们已经成了强大的对手。

第三，线上线下，风险孰大？

从不良贷款的角度，线上贷款，或者说线上作业模式是否有风险？答案是：是的。那么，传统线下作业模式是否有风险？答案也是：是的。而线上作业、线下作业，风险孰高孰低？答案：不一定。我们常说，微贷业务最大的技术难题是信息不对称。线上作业、线下作业，都是获取信息的方式；在 10 年以前，可以肯定地说线上作业的风险更大，因为线上获取不到有效信息；而 10 年之后的今天，线上能够获取的信息高倍增长，在此前提下，线上作业的风险相对更低。因为通过线上作业，在能够获取大量信息的同时，还能解决一直以来导致银行业不良贷款的最大内因：由于内部管理不到位而导致的人员违规。

能否切实以互联网思维做好小额贷款业务，影响着邮储银行小额贷款业务的未来。

参考文献

1. 金秀芳：《中国邮政储蓄银行的贷款业务分析》，硕士学位论文，北京大学，2007 年。

2. 杜晓山、刘文璞：《小额信贷原理与运作》，上海财经大学出版社2001 年版。

3. 何广文、李莉莉：《农村小额信贷市场空间分析》，《银行家》2005年第 11 期。

4. 关天翊：《普惠金融体系中的小额信贷机制研究》，《地方财政研究》2013 年第 9 期。

5. 石宝峰、王静、迟国泰：《普惠金融、银行信贷与商户小额贷款融资——基于风险等级匹配视角》，《中国管理科学》2017 年第 9 期。

公益助农，筑梦乡村

——宜信企业社会责任项目宜农贷模式介绍

胡安子　陈佩琪*

摘　要： 本文介绍了宜信公司企业社会责任项目宜农贷的模式。通过阐述宜农贷项目各方参与者，包括出借人、借款人及宜农贷工作人员的真实案例，分析宜农贷项目及公益性小额信贷对农村扶贫的实际效果。同时通过叙述宜农贷项目的成立背景及发展过程中的尝试，总结互联网金融应用于乡村扶贫的特点、经验及与未来发展的挑战。

关键词： 宜农贷　互联网金融　可持续扶贫

一　引言

美国时间 2016 年 9 月 19 日，这一天所有宜信员工的朋友圈都被几幅连续的照片刷屏，而同时被刷屏的还有纽约时代广场纳斯达克的大屏幕，这几张照片就是"助力中国贫困农户实现梦想"的宜信宜农贷宣传影像。去年，宜信宜人贷在纽约成功上市，让世界知道宜信有宜人贷这样世界领先的金融科技（Fintech）业务。时隔一年，宜信的身影就在这一天再次出现在纽约时代广场上。在"世界的十字路口"，宜信向世界展示了除金融科技，宜信还有为贫困农户实现梦想的公益金融，和十年不变的推动中国普惠金融事业发展的坚持。2018 年 7 月，宜农贷作为中国唯一代表入围 MIT 普惠创新国际大奖。宜信在 2009 年播下的

---

* 胡安子，宜信研究院研究总监；陈佩琪，宜信公司宜农贷项目管理团队项目主管。

这颗农村公益金融的种子，如今已经茁壮成长，截至 2018 年 7 月底，作为宜信公司的企业社会责任项目，宜农贷已为超过 17 万位爱心出借人及 2.6 万名农村妇女，对接超过 3 亿元借款资金。此时距离国务院 2020 全面脱贫目标年还剩两年，宜农贷也正式步入项目成立十周年倒计时。

二 宜农贷的公益出借人与客户故事

"100 元钱能做什么？"看一场电影？吃一顿饭？买一份礼物？有没有想过这 100 元钱也许可以改变一个贫苦农民的生活现状。

来自上海的"老羊"是其中非常有代表性的一位出借人。2011 年 9 月 1 日，在好友孩子的介绍下，"老羊"浏览了宜农贷的网站，深深认同公益助农这种方式。他在宜农贷网站上注册并成立了自己的助农团队，在博客写文章呼吁大家参与到宜农贷出借助农的行动中来。"老羊"在他的博客中写道，"现在咱们的社会太缺乏诚信了，空气中都似乎充满了猜忌、怀疑。人因为'诚'所以'信'，而因为'信'就更加'诚'了。而宜农贷就恰恰能传递人与人之间的真诚、信任和关爱"。

在网络的另一端，宜农贷连接着来自 14 个省份 27 个欠发达地区的农村妇女。甘肃定西市安定区凤翔镇的张淑玲是宜农贷网站上的一位借款人。张淑玲一家四口，丈夫残疾，以在城镇周边收废品为生，家庭状况极其贫困。2008 年，因为丈夫突然生病，家里废品收购生意交由缺乏经验的张淑玲自己操办，一年下来共亏损了 13000 多元。为了挽回之前的损失，2009 年，她找到甘肃省定西市民富鑫荣小额贷款服务中心（以下简称"民富鑫荣"），借款 3000 元，继续投入到收废旧商品的生意中。这一年她虽然没有亏损，但经济效益还是不佳。2010 年，张淑玲通过民富鑫荣，在宜农贷网站上发布了 4000 元的借款需求，第一次成功地在宜农贷借到了款。这一年她依旧为了生计继续操劳，但家庭状况并没有改善。2011 年，张淑玲通过宜农贷借款 5000 元继续投入到废品收购生意，她总结了前几年的经验，家庭收入得到了明显的改善。2012 年和 2013 年，张淑玲在宜农贷网站上都借用了 8000 元的小额贷款，这两年里家里大儿子成家另过，小儿子在外打工但也没有多余的收入能补贴家里，她靠收购废品一年收入 20000 多元，来维持家庭开支。2014 年，废品收购的行业非常不景气，年龄渐大的张淑玲带着体弱的丈夫离开镇上，回到了下庄村，通过宜农贷网站申请了 10000 元的借款，种植了 4 亩洋芋和 6 亩玉米，农产品当年长势不错，收入了 20000 多元。但也是在这一年，她的丈夫因病去世。2015 年，张淑玲在宜农贷网站申请了 8000 元的借款，购买了一台农用三轮车来收洋芋。这一年的洋芋长势很好，两个儿子在外打工也挣到了钱，家里日子一下子缓过来。2016 年 5 月，张淑玲归还了在宜农贷网站上的第七笔借款，本息一共 8120 元，在宜农贷网站上"毕业"，结束了长达七年的借款生涯。

宜农贷项目与传统公众领域中比较常见的捐助类公益项目不同，是以借贷的方式以达到可持续发展的效果。所以宜农贷的工作人员除了要保证每一笔项目款能安全回收以外，也要承担着爱心出借人客户教育的工作。其中最为常见的、出借人经常会提出的疑问，就是公益性小额信贷机构产品利率是否合理的问题。

宜农贷的爱心出借人谢力佳，在 2014 年第一次参与"珲春"万里行时，了解到机构放款利率是年化 11.12%，减去归还给出借人的 2% 利息和 1% 管理费后，仍存在"较大"利差。虽然宜农贷工作人员非常耐心地解释，但谢力佳仍对宜农贷及合作机构的公益属性产生了怀疑。宜农贷的工作人员认为，公益助农的理念需要客户本人转换思维、理解和认同，而不能强制灌输，所以在 2015 年，宜农贷又组织了"开县万里行"，这场万里行活动安排了体验信贷员工作的特殊行程。工作人员再次向谢力佳发出了邀请，谢力佳带着半信半疑的心情，走进了重庆开县的满月乡，和满月乡的分会主任，还有宜农贷的工作人员一起，走进深山的农户家，给她们介绍什么是小额信贷，走到田间地头，去察看她们种的庄稼、养的禽畜，仔细安排借款计划。谢力佳有了很大的触动，那时她才明白，公益性小额信贷机构的资金，需要耗费高额的成本才能到达有需要的农户手中，而这些农户除了选择公益性小额信贷机构的产品以外，往往很难再有获得其他金融机构服务的机会。在那以后，谢力佳真正认可了宜农贷"造血式"而非"输血式"的扶贫理念，并开始了她和她家人的助农之旅。

明年就是宜农贷走进的第十个年头，"老羊"带着他的助农团队成员，继续活跃在网络上，鼓励更多的人加入每月助农；谢力佳和她的儿女，也不断地在更多不同的场合，去宣讲宜农贷公益助农理念；张淑玲摆脱了贫困，她村里的其他农户向她打听借款的事情，她都推荐到宜农贷合作伙伴那办理借款；宜农贷的第一位出借人是宜信的一位高管，仍活跃在宜农贷万里行出行的群中；宜农贷项目团队资历最老的一位同事，从毕业至今六年的时间都和项目组在一起，处理着大大小小的事情。唐宁当年在孟加拉实习埋下的一个小小的种子，在各方人士共同的努力下，十年以来终于形成一根树苗。也期盼宜农贷能继续在公益及农村金融的土地上生根、发展壮大，荫护惠及更多的人。

2016年，为了进一步加强宜农贷项目风险管理，在宜信风控部门专家的建议下，宜农贷工作人员开始对宜农贷借款人直接进行电话回访，核实借款真实性。但在电话回访开展的前期，遭到了很多合作机构负责人的质疑，其中包括淳化县妇女发展协会的罗主席。当时罗主席与宜农贷工作人员表示，因为当地电话诈骗频出，农户一般不接听陌生电话，而且也质疑宜农贷同事与农户因为方言不同能否正常沟通。宜农贷工作人员与罗主席解释了电话回访的原因以及工作流程，再三保证不会对客户造成困扰，罗主席终于同意。如今宜农贷针对借款人的电话回访工作每个季度会开展一次，覆盖率达到近30%，有效控制风险。

三　宜农贷的发展历程

宜信公司创始人唐宁早年在美国留学的时候，曾到孟加拉格莱珉银行①进行暑期实践，深入学习尤努斯教授的小额信贷助农理论，并与当地信贷员一起往返农村，给当地贫困妇女发放贷款。

2006年，唐宁从华尔街回来，在北京创办了宜信，宜信是一家从事普惠金融和财富管理的金融科技企业。在企业成立的初期，唐宁等几

---

① 即孟加拉乡村银行。——编者注

位企业高管接触了成立于美国的 Kiva①——世界上第一个提供在线小额
贷款服务的非营利组织。

2009 年年初，宜信成立"春风计划"项目，希望能够帮助国内农
村小额信贷的发展。项目组织到国内一些公益性小额信贷机构做了一系
列的考察。首家考察的机构是陕西省西乡县妇女发展协会。这些公益性
小额信贷机构大多是早年在国际援助项目资助下成立的，但国际援助项
目很多都只在机构初创期提供支持，机构发展一段时间以后，往往面临
着融资渠道紧缩、管理成本增加、组织发展受限等问题。以宜农贷首家
考察的机构西乡县妇女发展协会（以下简称"协会"）为例，协会所在
的陕西省汉中市西乡县为国家级贫困县，2005 年由国际组织计划分批
捐赠共 164.4 万元成立。宜信在 2009 年考察该协会时，已经运营三年
的协会历史坏账率为 0，操作自负盈亏率也达到了 125.94%。但因政策
原因，协会无法吸收互助金，且融资渠道少，本金不足以支持更大规模
的客户需求。全县约 9 万名贫困妇女，协会仅覆盖了其中 2000 名。与
此同时，协会的贷款维持年化 9.6% 利率的水平，远低于当地民间借贷
的平均利率。而且因为客户所处偏远，200 余万元的贷款余额由 10 个
员工进行管理，贷款成本非常高。为了维持合理的产品价格和成本，协
会可以接受的融资成本是 5% 以下。小额信贷不是一锤子买卖，客户从
开始借款到生活得到改善，一般得需要三到五年的时间，如果大批次的
资金突然进入又突然撤出，借款农户可能因为后续资金无法供给，连前
期的投入都无法收回，徒增负债。所以当时"春风计划"的项目目标，
是要找到一种可持续扶助公益性小额信贷的方式，既要保证资金成本足
够低，也要考虑资金来源的稳定性。

2009 年 7 月，借鉴了 Kiva 运营模式和技术的宜农贷助农项目正式
成立。通过网站，出借人可以选择不同地域、借款期限、还款方式、借
款用途的借款人，出借门槛低至 100 元，并收取 2% 的象征性的爱心
回报。

在项目成立初期，宜农贷的资金基本都来源于宜信公司的高管及高
管的亲朋好友，项目规模非常小。2011 年，为了扩大项目规模及影响

---

① Kiva 是一个斯瓦西里语，意思是"成交"，参加 KIVA 网站：https://www.kiva.org。

力，宜信发起了"一人一月一公益"的活动，喊出了"你今天宜农贷了吗？"的口号，鼓励员工在每月工资拿出 100 元出借宜农贷。当年年底，宜农贷推出了"公益压岁钱"计划，鼓励宜信的员工及客户的孩子，将收到的压岁钱出借宜农贷，从小培养公益意识。也是在这一年，宜农贷的影响力得到较大的提升，宜信正式提出"公益理财"的概念，鼓励客户在总资产中配备一部分资产专门用于公益。

2013 年，宜农贷新增了"农民专业合作社"这一类型的合作主体，与"克什克腾旗永胜农牧专业合作社""兰考县南马庄生态农产品专业合作社""兰考县胡寨哥哥农牧专业合作社"开展了合作，并在 2014 年启动"春风二期"项目，希望在全国范围内寻找优秀的农村专业合作社，扩大宜农贷在全国范围内的帮扶范围。

2014 年，宜农贷出借金额突破了一个亿。

2015 年，宜农贷项目入选了央行《2014 中国农村金融服务报告》。

同年，为了增强出借用户对宜农贷项目及宜农贷合作伙伴公益实践的理解，宜农贷设立了公益价值标签，系统性地展示宜农贷合作伙伴在提供小额信贷服务中所推动的公益活动，体现其对当地社区的积极影响。

2016 年，河南灵宝苹果滞销的消息在网络疯传，宜农贷尝试帮助河南灵宝的借款人通过网络销售苹果，降低他们的损失。秉承"购买也是公益"的理念，宜农贷当年推出"宜农场"计划，帮助更多宜农贷借款农户销售滞销农产品，增加她们的收入。

2017 年 10 月，宜农贷爱心出借人自治组织"爱心助农委员会"成立。

2018 年 7 月，宜农贷作为中国唯一代表入围 MIT 普惠创新国际大奖。

四　宜农贷的特点

宜农贷具有以下四个特点。一是门槛低、可参与性强。出借人最低出借 100 元即可参与助农扶贫的公益事业。宜信把宜农贷的出借门槛降低为 100 元，就是希望有更多人有机会参与到扶贫事业之中。二是直接透明、渠道成本低。出借人可以了解到贷款农户的个人资料、家庭经济状况、贷款用途等信息，从而做到借款的直接透明，提高了出借人参与公益的体验。三是覆盖面广。随着宜农贷的大力推广，会有更多来自全国各地甚至国外的借款人、出借人参与到这项扶贫公益活动中来。四是个性化。与传统的捐助方式不同，出借人可以选择自己感兴趣的贷款农户，从而达到了参与公益的个性化。比如一位来自陕西的出借人可能更愿意帮助来自陕西西乡的贫困农户，这种一对一的个性化选择让出借人在出借资金的同时有更多情感上的体验。

五 宜农贷的问题与挑战

宜农贷项目自成立以来，作为一种"可持续扶贫"的创新公益模式，致力于打破出借人和借款人时间、空间、信任等壁垒，让渴求透明公益的出借人爱心能得到释放，也让有资金需求的借款人得到满足，从而解决因为金融资源分配不均衡而导致的贫困问题。但对比起农村巨大的金融需求缺口，宜农贷的出借资金仍远远未足。加强出借人教育、宣传公益助农理念、吸引更多的人进入公益助农的团队、让城市资金回流农村，这是宜农贷一直在做的事情，也是宜农贷未来要应对的挑战。

中银富登村镇银行关于
小微金融服务的探索

王　勇　刘晓锋*

摘　要：村镇银行是服务乡村振兴战略、助力普惠金融发展的金融生力军。中银富登村镇银行作为村镇银行的典型代表，从 2011 年正式起步以来，长期坚持"扎根县域、支农支小"，探索出具有中国特色的小微金融发展之路，初步建立起可持续发展的商业模式。村镇银行的发展面临着乡村振兴的重要机遇期，应该坚持"支农支小"战略定位，坚持商业模式创新和科技引领，坚守"信用风险"和"道德风险"两条底线，并通过并购整合优化行业资源配置。

关键词：村镇银行　小微金融　可持续发展

一　中银富登村镇银行成立的背景

2007 年 1 月，为完善农村金融组织体系、激活农村金融供给市场和优化城乡金融资源配置，原银监会出台了《村镇银行管理暂行规定》，在全国范围内开始了村镇银行试点。在监管部门的引导下，村镇银行依托主发起行的支持，充分发挥贴近本地、决策灵活的优势，取得了快速的发展。截至 2017 年年末，全国已组建村镇银行 1601 家，其中

* 王勇，中银富登村镇银行首席研究员，注册金融分析师、金融风险管理师，长期从事商业银行风险管理、战略管理、公司治理及股权并购管理实务操作及理论研究；刘晓锋，金融学博士，中银富登村镇银行综合管理部高级经理，主要研究领域为风险管理、资本监管以及商业银行并购管理。

65.3% 设在中西部地区，覆盖全国 1247 个县市，覆盖率达到 68%。村镇银行总资产规模已达到 1.4 万亿元，各项贷款余额 8279.8 亿元，存贷比达到了 75.4%，其中农户及小微企业贷款合计 7640.9 亿元，占各项贷款余额的 92.3%；500 万元以下贷款占比达到了 81.8%，户均贷款仅为 37 万元。村镇银行累计为 634 万农户和小微企业等各类客户发放贷款 1000 余万笔，累计发放贷款金额超过 4 万亿元，已经成为服务乡村振兴战略、助力普惠金融发展的金融生力军。

中银富登村镇银行起源于中国银行与新加坡淡马锡公司的合作。淡马锡是中国银行股改上市时的战略投资者，并与中国银行在多个领域开展合作。2009 年 6 月，淡马锡向中国银行提出村镇银行合作意向，双方都认为，广大县域正成为中国经济的重要增长点，通过发挥各自的优势，能够探索一条具有中国特色的微型金融发展之路。2010 年 1 月，淡马锡旗下全资子公司富登金融控股私人有限公司与中国银行对接，双方决定联合成立全国性的"中银富登村镇银行"，借助中国银行的品牌和资源优势，结合富登金控的微型金融经验，规模化地推进村镇银行项目。

2011 年 3 月，第一家中银富登村镇银行在湖北蕲春正式开业成立。七年多以来，中银富登以"建设新时代一流村镇银行"为目标，坚持"扎根县域、支农支小"的战略定位，规模化、批量化、标准化发起设立村镇银行，已建成全国最大的村镇银行集团。截至 2018 年 6 月末，中银富登设立法人机构超过 100 家，在乡镇设立支行网点 119 家，在行政村设立助农服务站 297 家，形成了覆盖全国 19 个省（市）县域农村的金融服务网络。在地区分布上，中银富登以中西部金融服务空白或薄弱县域为主，中西部地区占比 76%，国定贫困县占比 28%。

中银富登始终坚守"支农支小"战略定位，专注于服务县域小微企业和"三农"客户，资产质量保持稳定，业务实现可持续发展。截至 2018 年 6 月末，自设村镇银行不良贷款率为 1.72%，关注类贷款占比为 0.84%，拨贷比为 4.30%，拨备覆盖率为 249.52%，各项指标均满足监管要求。自成立以来，累计服务客户 167 万户，累计发放贷款 1089 亿元，累计为 21 万客户提供贷款服务，户均贷款仅为 22.78 万元，有效解决了小微企业和"三农"客户的融资需求。

目前，中国银行与富登金控正在积极向银保监会提交投资管理型村镇银行的筹设申请，力争成为第一批获得筹建许可的主发起行，以进一步提升中银富登批量化组建、集约化经营和专业化服务水平。

二 中银富登的发展历程与实践探索

回顾七年多的发展历程，中银富登从无到有、从小到大、从弱到强，与整个村镇银行业共同成长，并力争成为农村金融市场的标杆银行。在这个过程中，中银富登始终坚持"扎根县域、支农支小"的战略定位，同时又因时而变，不断根据外部环境调整发展策略，不断改进和升级中银富登商业模式，实现了稳健可持续发展。总体而言，中银富登的发展历程主要分为四个阶段。

（一）起步阶段（2011—2013 年）

这一阶段中银富登村镇银行刚刚成立，各项业务刚刚开展，机构数量相对偏少，规模化效应不明显，面临最主要的任务是机构拓展与小微金融商业模式落地。

村镇银行单点规模偏小、管理成本普遍较高，必须走适度规模化经营道路。在中国银行与富登金控合作之初，双方股东规划投资设立 82 家村镇银行。通过规模化、批量化、标准化方式发起设立村镇银行，达到规模经济效应，既能够分担和降低成本，又有利于集约化管理。自 2011 年 3 月第一家村镇银行设立以来，中银富登保持了较快的机构拓展速度，2011—2013 年分别设立村镇银行 12 家、6 家和 29 家。截至 2013 年年末，中银富登共设立法人行 47 家、支行 14 家，覆盖全国 10 个省市，初步具备了一定的规模效应与品牌影响力。

小微金融服务的关键在于是否有一套经得起检验的商业模式。作为中银富登的联合发起人，富登金控拥有亚洲多个国家的小微企业运营经验，拥有服务于不同客户群体的差异化商业模式。在设立之初，中银富登借鉴了富登金控的小微金融商业模式，并根据国内客户的实际情况进行了本地化。中银富登建立了一套完整的小微企业信贷制度与流程，整个信贷流程实现了无纸化运行。中银富登建立了以 CRM（客户关系管理）、CBS（核心银行系统）、CMS（信贷管理系统）为核心的近 50 套应用系统，初步具备了独立于主发起行的、集中统一的系统建设和运维服务能力。

（二）战略重检阶段（2014—2016 年）

在小微金融商业模式落地的过程中，中银富登也遇到了一些急需解决的问题。一是按照当时的业务模型，户均贷款的规模仍然过大，存在较高的风险隐患；二是该模型借鉴富登金控的做法，主要服务于小微企业，并没有考虑"三农"产品与需求，而中银富登大量的目标客户在农村地区。因此从 2013 年开始，中银富登对村镇银行发展战略进行了重检，更加聚焦于"支农支小"，并启动了"三农"客户商业模式。

自设立以来，中银富登始终坚持"支农支小"的目标市场定位，并秉承"没有 VIP 客户，只有 VIP 服务"的服务理念。为引导各家村镇银行进一步做小、做散，中银富登根据前期运营情况对小微金融业务模型进行了适度调整，全面降低户均贷款规模，使总体风险保持在较低水平。同时，中银富登为此做了特殊的资本金机制安排。中银富登将单家法人行平均资本金规模控制在 4000 万元左右，最小的法人行资本金仅 2000 万元，有效地控制了村镇银行单笔贷款和单一客户的授信规模。该阶段战略调整的效果是显著的，户均贷款由 2011 年的 43.21 万元降至 2016 年年末的 24.23 万元，而同期全国村镇银行户均贷款约为 50 万元，中银富登户均贷款仅为行业平均水平的 58%。

村镇银行扎根县域经营，大量的目标客户在农村地区。中银富登前期的商业模式和制度设计主要以小微企业为主，对"三农"业务重视程度不够，没有相应的产品与之配套，而且网点下沉也不足，与"支农支小"的市场定位不匹配。针对这种情况，2015 年中银富登推出了"三农"客户金融服务模式，设立了专门的"三农"金融部，并配置相应的"三农"业务人员。该模型以"三农"客户为服务对象，制定适合"三农"客户的金融服务和信贷流程，加大涉农产品研发，推动机构下沉乡镇。中银富登开发了 8 大类涉农产品以及 46 种相关子产品，例如，针对湖北地区的水产养殖贷款，针对贵州地区烟草种植贷款，以及部分地区的农机购销、移民工程、乡村旅游等。目前，中银富登

"三农"业务占比逐年提升，已经与公司金融、零售金融形成三足鼎立之势。

（三）夯实基础阶段（2016—2017 年）

与传统商业银行相比，村镇银行在业务经验、支付渠道、人员素质、品牌知名度等方面存在较大的差距，而且普遍体量较小，抗风险能力相对较弱。经过五年多快速发展之后，中银富登将战略重心转向夯实村镇银行发展基础，提升村镇银行可持续发展能力。该阶段的重点任务是抓资产质量、抓存款基础、抓电子渠道建设，进一步完善中银富登商业模式。

由于宏观经济下行，村镇银行所在县域的中小企业抗风险能力差，遭受经济波动冲击较大，加之村镇银行业务人员信贷经验相对缺乏、信贷管理能力不强，部分村镇银行不良率与关注类贷款比率持续上升，对其持续发展提出了挑战。中银富登针对这种情况，一是高度重视不良资产管理，通过多种方式进行不良贷款催收，并加大核销力度；二是加快风险政策调整，紧盯逾期和不良贷款迁徙，提前消除不良风险隐患，不断降低转化率；三是做好信贷业务情景规划，制定批量化客户准入标准、资产组合目标、风险收益测算与风险缓释措施，从源头上控制好风险；四是充分利用新技术手段，不断创新风险管控机制和方法。

由于客户基础薄弱、品牌知名度低、营销能力不足等原因，部分村镇银行存款增长缓慢、存贷比居高不下；部分村镇银行存款结构不合理，主要依靠大客户和大项目，客户来源单一、波动性较大，资金来源问题成为制约村镇银行稳健发展的重要因素。中银富登针对这种情况，一是通过产品创新和客户服务抓存款，通过有竞争力的特色存款产品以及便捷的支付结算渠道，提高存款客户的黏度和资金沉淀率；二是加强对存量客户的维护和唤醒，提高客户活跃度和有效客户的占比，提高存量客户对存款的贡献度；三是加强对客户经理存款产品和营销技巧的培训，提高存款营销能力；四是制定有效的激励机制，激励员工主动营销，形成全员营销的氛围。

与此同时，中银富登依托自身信息科技优势，不断丰富和完善包括网上银行、手机银行、贴膜卡短信银行、第三方 POS、二维码支付工具、网上快捷支付等在内的电子渠道产品体系。这些电子渠道更方便地服务县域客群，并将金融服务延伸至乡村，为解决金融服务"最后一公里"问题提供了基础保障。特别地，为适应移动互联网新趋势并提升客户体验，中银富登加快了对网上银行、手机银行等产品的迭代升级速度，力争成为县域客户的首选产品。截至 2017 年年末，中银富登手机银行用户累计达 11.6 万户，较年初增长 115%；个人网银累计达 17.5 万户，较年初增长 73%；企业网银开通率 74.41%；支付宝快捷支付累计开通 12.4 万户，交易金额超 10 亿元；自 2017 年 10 月底推出以来，聚合二维码收单业务已拓展商户超过 6000 户，交易笔数近 3 万笔。

（四）数字化升级阶段（2018 年至今）

近年来，得益于信息技术的进步与移动互联网的普及，小微金融服务实现了快速发展。互联网、大数据等技术的普遍应用，在一定程度上解决了小微金融规模不经济、信息不对称等问题，降低了小微客户的服务成本，使金融机构能够以合理的价格覆盖更多"长尾客户"。大数据及移动互联网已经改变了社会生活形态、金融消费形态，未来的小微金融将是"科技 + 金融"的发展模式，网商银行、微众银行的爆发式发展也充分说明了这一点。为适应行业发展新趋势，中银富登提出了基于大数据的商业模式，推出了 O2O 模式与纯线上产品，加快推进数字化升级。一是通过手机银行、微信等线上渠道建设和线下移动终端的使用，打造线上线下一体化的 O2O 业务模式，切实增强移动获客、快速审批、在线放款等功能，不断提升经营管理效率。二是进一步探索云计算、大数据等新技术应用，打造大数据和人工智能驱动的纯线上业务模式。

三 关于村镇银行发展方向的几点思考

经过十多年发展，村镇银行已经成为农村金融服务的重要提供者。在国家实施乡村振兴战略的重要机遇期，村镇银行也将面临千载难逢的发展机遇。结合中银富登的发展历程和实践探索，笔者对村镇银行下一步发展主要有以下几点思考。

第一，坚守"支农支小"的战略定位。

坚守"支农支小"的战略定位，既是村镇银行义不容辞的社会责任，更是村镇银行实现稳健可持续发展的必由之路。村镇银行普遍资本金规模小、业务能力不强、抗风险能力弱，只有坚守"支农支小"的战略定位，通过客户定位和经营策略的差异化，才能获得持续稳定的发展空间。村镇银行要充分发挥自身管理半径小、决策路径短、服务效率高等特殊优势，有效地将金融资源和扶贫资金精准配置到"三农"和小微企业等薄弱环节，更好地满足弱势群体差异化、个性化的金融服务需求。十多年发展的实践表明，那些经营不善甚至不良风险积聚的村镇银行，往往是不愿意放低身段去"做小、做散"的村镇银行。

第二，坚持批量化、集约化、专业化的商业模式。

为克服村镇银行单体规模小、管理成本高等问题，村镇银行应该选择走"批量化设立、集约化管理"的发展道路，通过批量化和标准化发起设立村镇银行，共同分担管理成本、产品研发成本、科技系统成本等，实现规模经济效应。同时通过集约化管理，建立统一的政策框架、产品流程和系统平台，最大限度地降低单家法人行的运营成本和经营风险，缓解各村镇银行中后台管理压力，释放更多的精力和资源进行业务拓展。银保监会正在推进的投资管理型村镇银行试点，也是按照这个设计思路。

村镇银行还应坚持专业化经营。相对于大多数主发起行来说，村镇银行是一种新的组织结构和业务模式，在服务对象、服务方式、控制手段和评价体系等方面，都与主发起行存在较大差异。如果采用与主发起行相同的管理模式和评价体系，村镇银行容易演变成主发起行的一个分支机构或网点，无法快速有效地应对农村金融市场的新挑战。相反，村镇银行应该深入分析县域和农村金融市场需求，不断探索适合农村金融的管理机制和业务模式，坚持专业化经营。

第三，坚持科技引领的发展战略。

解决村镇银行成本高、规模小问题的出路在于科技，普惠金融的未来在于技术。信息科技的进步为农村金融和小微金融的发展提供了现实可能性。通信技术与移动互联网的进步，使村镇银行能够突破传统物理网点和渠道的限制，以低成本的电子渠道去覆盖更广泛的乡村，从而打造农村金融生态圈，解决农村金融服务"最后一公里"的问题。区块链技术的应用提供了新的信用认证机制，使村镇银行对"三农"和小微企业客户的信用评价摆脱了对财务报表和征信报告的过度依赖，从而拓宽银行服务的范围，改进金融服务方式。大数据和云计算技术的应用，极大地降低了信息收集和处理的成本，提高了服务"长尾客户"的可能性。村镇银行应该加大对各类结构化和非结构化数据的深度挖掘，准确刻画客户的行为特征和风险特征，将其应用于客户管理、精准营销、风险管理和管理服务等领域，打造以数据为驱动的商业模式。

第四，坚守信用风险和道德风险两条底线。

村镇银行所处的县域和农村地区金融环境不够成熟，客户金融意识不强、抗风险能力较弱，因此坚守风险底线是村镇银行持续稳健经营的前提。一方面，村镇银行资本金规模普遍较小，承担和吸收损失的能力偏弱，严守信用风险底线才能够保证持续经营。控制信用风险的关键是坚守"做小、做散"的市场定位，运用专业的信贷技术，优化信贷管理流程，把好信贷审查关口。另一方面，村镇银行主要分布于经济欠发达地区，同时机构和网点不断下沉乡镇，面临着信用环境、人员素质等方面的严峻挑战，严守道德风险底线成为村镇银行生存发展的关键。有效地防控道德风险，一是要依靠制度建设和流程控制，不断地完善村镇银行的公司治理机制，强化系统和流程控制，提高非现场监控水平，形成防范道德风险的高压态势，使人不敢为。二是要依靠企业文化建设和党风建设，提升人的思想认识和道德水准，增强员工风险合规意识和企业价值认同感，强化自我激励和内在驱动，使人不愿为。

第五，规范和推动村镇银行并购整合。

截至 2017 年年末，全国共有 5 大类型、294 家银行机构作为主发起人发起设立了 1601 家村镇银行，覆盖全国 1247 个县市，覆盖率达到 68%。村镇银行行业的发展重心已经从机构拓展和网点布局转移到了风险、成本和效益相平衡的精细化管理。近几年来，全国范围内村镇银行的股权转让和兼并收购数量开始逐渐增多。从并购原因看，部分主发起人因经营战略调整、所投资的村镇银行与主发起行不能产生良好的协同效应，从而寻求股权转让；部分主发起人并表管理能力不足，不能对投资设立的村镇银行提供有效的支持，制约村镇银行进一步发展，从而选择将股权转让给有能力、有平台的主发起人；也有少量风险较高的村镇银行，主发起行不能牵头做好风险处置工作，且风险长期积聚可能引发区域性风险的，监管机构可能责成主发起行通过股权转让来处置化解风险。应该说，经过十多年发展，部分主发起人客观上存在调整经营战略、转让村镇银行股权的需求。因此，通过股权转让和并购方式，实现村镇银行主发起人优进劣出和有序调整，有利于将村镇银行集中到那些有经营管理经验、有平台保障能力的优质主发起行，从而实现规模化发起和集约化管理，进一步优化行业资源配置，提升县域和农村金融服务能力。

参考文献

1. 刘强：《打造大行特色的普惠金融》，《中国金融》2018 年第 1 期。
2. 王晓明：《村镇银行的扶贫功效》，《中国金融》2016 年第 11 期。
3. 王晓明：《村镇银行的发展方向》，《中国金融》2017 年第 12 期。
4. 植凤寅：《村镇银行的模式创新——访中国银行副行长许罗德》，《中国金融》2015 年第 23 期。
5. 朱紫云：《探路体制外创新 中行村镇银行版图初成——访中银富登村镇银行董事长王晓明》，《中国经营报》2015 年 12 月 28 日第 1 版。

以互联网技术和大数据风控驱动
普惠金融发展

——微众银行的探索与实践

李南青 刘　堃 何　颖 林　瀚*

摘　要：普惠金融强调有效、全方位地为社会所有阶层和群体提供金融服务，其作为深化金融体制改革、切实服务实体经济的重要举措，被提升至国家战略高度。本文首先探讨了普惠金融的内涵、特征和重要意义，并在此基础上通过对面板数据进行分析，总结了当前中国普惠金融发展的阶段性成果、存在的问题及潜在的市场机遇。最后以深圳前海微众银行为例，介绍了其发展历程、战略方向和产品布局，并重点解读了微众银行依托互联网技术和大数据风控手段深耕普惠金融的探索与实践，希望为中国银行业金融机构发展普惠金融提供有益的参考。

关键词：普惠金融　互联网技术　大数据风控

一　引言

在第五次全国金融工作会议上，习近平总书记强调"金融是国家重要的核心竞争力"，并提出要"建设普惠金融体系，加强对小微企业、'三农'和偏远地区的金融服务"。作为国内首家民营银行和首家互联网银行，微众银行成立三年来，在监管部门的正确指导和大力支持

---

　　* 李南青，微众银行行长；刘堃，微众银行风险管理部总经理；何颖，微众银行风险管理部高级经理；林瀚，微众银行风险管理部员工。

下，始终坚定不移地践行普惠金融战略，积极运用金融科技的手段探索普惠金融的新模式和新业态，在经营管理等各方面均取得了一定的成效。在改革开放四十周年的重要时期，微众银行基于自身实践，对开展普惠金融业务的初步经验进行总结，为中国银行业在新时代的业务转型和创新发展提供探索性意见。

二 普惠金融的基本原理

（一）普惠金融的内涵与发展历程

普惠金融的概念最早于 2005 年联合国举办的国际小额信贷宣传活动中被提出，旨在解决全球范围内广泛存在的金融资源配置不均衡、金融排斥现象严重等问题。针对这一全新的概念，2015 年国务院颁布的《推进普惠金融发展规划（2016—2020 年）》（以下简称"《规划》"）开宗明义地将普惠金融定义为"立足机会平等要求和商业可持续原则，以可负担的成本为有金融服务需求的社会各阶层和群体提供适当、有效的金融服务"。

普惠金融的本质是对传统金融体系的补充和创新，其作为和谐金融的一种表现形式，以"小贷款"引领"大战略"[1]，与党中央制定的精准扶贫和全面建设小康社会的目标高度一致。早在改革开放之前，中国就出现了以农村信用社为代表的普惠金融萌芽，并先后历经公益性小额信贷（20 世纪 90 年代初）、发展性微型金融（2000—2005 年）、综合性普惠金融（2006—2010 年）与创新性互联网金融（2011 年至今）等发展阶段。[2] 时至今日，普惠金融的内涵已在不断的实践和创新中被极大丰富，其核心也由小额信贷与微型金融拓展到建立一种能有效、全方位地为社会所有阶层和群体提供服务的金融体系。[3]

---

① 李明贤、叶惠敏：《普惠金融与小额信贷的比较研究》，《农业经济问题》2012 年第 9 期。

② 焦瑾璞、黄亭亭、汪天都、张韶华、王瑱：《中国普惠金融发展进程及实证研究》，《上海金融》2015 年第 4 期。

③ 郭喜才：《基于互联网金融背景下的中小型科技企业融资问题研究》，《科学管理研究》2014 年第 2 期。

（二）普惠金融的特征分析

回顾和总结中国普惠金融的发展历程，其核心思想与小额信贷一脉相承。小额信贷本质上是对普惠金融理念的初步实践，普惠金融则是对小额信贷扶贫理论的深化和延伸。当前，普惠金融的"普惠"特征已越发显现，其并主要体现在以下三个方面。

1. 多元化的服务对象

《规划》中明确提出普惠金融是"为有金融服务需求的社会各阶层和群体提供适当、有效的金融服务"，其中"小微企业、农民、城镇低收入人群、贫困人群和残疾人、老年人等特殊群体是当前中国普惠金融重点服务对象"。相较于小额信贷服务于贫困者与弱势群体的定位，普惠金融在服务对象上涵盖了个人与企业两大客群，具备更强的包容性，既充分体现了"机会平等，惠及民生"的基本原则，同时也更有利于通过扶持小微企业来保障就业和促进创新，进而对社会经济发展产生正外部性。

2. 丰富的产品类型

习近平总书记指出，发展普惠金融的目的是要"满足人民群众日益增长的金融需求"。显然，随着改革开放进程的持续深入，居民人均可支配收入不断提高，以"存、贷、汇"为主的基础性金融服务显然已经无法满足老百姓的需求。因此，普惠金融的产品类型已由早期单一的小额贷款业务发展为集存款、支付、保险、投资、理财等为一体的多元化产品序列。同时，产品类型的多样化必然意味着普惠金融从业机构的多元化。以商业银行、保险公司等为代表的传统金融机构与以互联网金融企业、消费金融公司为代表的新兴市场主体百花齐放，通过相互之间的竞争与合作不断丰富和完善产品形态，提升服务质量，共同激发普惠金融市场的新动能。

3. 可持续发展的经营理念

早期的小额信贷强调扶贫功能，以社会效益优先并相对弱化经济效益，从而造成小额信贷机构的运营极大地依赖财政拨款、社会捐助等外部资金。当资金来源中断时，小额信贷机构便难以持续开展信贷业务，这一方面限制了信贷资金的使用效率，导致对贫困者和农户的资助多呈一次性或间断性，另一方面制约了小额信贷机构自身的发展和创新动能。现代普惠金融则兼具政策化与市场化的双重特性，既强调对重点服务对象的持续关怀，同时也要求从业机构需立足于商业可持续的基础上开展业务。这一改变使普惠金融具备了更强大的生命力和创造力，也蕴含着普惠金融从"输血"到"造血"，从"授人以鱼"到"授人以渔"的理念升华。

（三）发展普惠金融的意义

普惠金融自诞生之初就被赋予了重要的社会属性，其作为金融制度的创新尝试，能够有效提高金融服务的覆盖面，为解决贫困问题和建立包容型社会指明了方向。[①] 在传统金融体系下，由于缺乏必要的融资渠道，许多个人和小微企业陷入资金短缺或寻求高利贷的两难困境，这极易造成金融市场供需关系的失衡，增加整个经济体系的脆弱性。普惠金融体系的建立，意味着以往受金融排斥的弱势群体和低收入阶层得以公平享受到成本可负担、质量可靠的金融服务，对于维护金融体系稳定，促进社会公平有着重要意义。[②]

随着社会经济的进步，居民消费和小微企业融资的需求均显著增长，普惠金融所蕴藏的经济价值也被逐步挖掘，但传统的经营模式和风控手段在普惠金融领域显得"水土不服"。固化的业务形态和滞后的信息科技能力束缚了传统银行的手脚，减缓了其在普惠金融市场上开疆拓土的步伐。因此，发展普惠金融不只意味着探索一片广阔的新蓝海，更是倒逼银行对现有经营模式进行转型升级，助推金融行业突出主业、下沉重心和回归本源的催化剂。

在中国推进精准扶贫和全面建成小康社会的关键时期，普惠金融国家战略的提出如同一阵及时雨，灌溉了改革之中的传统金融体系，它不仅体现了党中央对现阶段社会各阶层金融需求与矛盾的深刻理解，更展现出服务人民的一腔热忱与革故鼎新的坚定决心。

[①]　William Easterly，"An Identity Crisis? Examining IMF Financial Programming"，*World Development*，Vol. 34，No. 6，June 2006.

[②]　耿欣：《普惠制金融的创新路径探索》，《南方金融》2012 年第 11 期。

三　中国普惠金融的发展现状

（一）普惠金融发展的阶段性成果

国务院印发的《规划》明确了中国要在 2020 年建立起与全面建成小康社会相适应的普惠金融服务和保障体系的发展目标。本文以中国人民银行金融消费权益保护局制定的中国普惠金融指标体系为基础，对关键指标数值进行对比分析，总结《规划》提出两年多来中国普惠金融发展的阶段性成果。

1. 银行物理网点覆盖率提升

截至 2017 年年末，全国银行网点总数和密度增长平稳，但社区网点和小微网点数量大幅提高，两者较 2015 年年末分别增加了 59.23% 和 112.86%，城市社区金融服务的广度和深度不断拓展。此外，2017 年年末中国农村地区已基本实现"乡乡有机构，村村有服务"，助农取款点覆盖率和中国人民银行支付系统覆盖率均明显提升，行政村一级的基础金融服务覆盖网络正在加速搭建。

表 1　　　　2015—2017 年全国银行业金融机构服务网点概况

年份	银行网点（万个）	银行网点密度（个/万人）	社区网点（个）	小微网点（个）
2015	22.41	1.62	4955	1198
2016	22.79	1.64	6362	1540
2017	22.87	1.65	7890	2550

资料来源：银监会、中国人民银行。

表 2　　　　2015—2017 年农村地区银行业金融机构服务网点概况

年份	县均银行网点（个）	乡均银行网点（个）	助农取款点村均拥有量（个）	助农取款点覆盖率（%）	中国人民银行支付系统覆盖率（%）
2015	55.12	3.75	1.80	96.31	94.91
2016	57.75	3.98	1.80	97.24	93.46
2017	55.99	3.93	1.73	97.34	96.83

资料来源：银监会、中国人民银行。

2. 银行结算账户规模持续扩大

2015—2017 年，全国及农村地区银行卡、银行结算账户各项指标的总量和人均拥有量均稳步提升，这为非现金支付工具和电子化支付工具的推广奠定了基础。

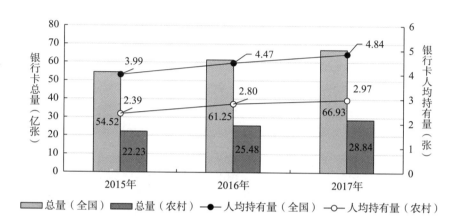

图 1 2015—2017 年中国银行卡持有量概况

资料来源：银监会、中国人民银行。

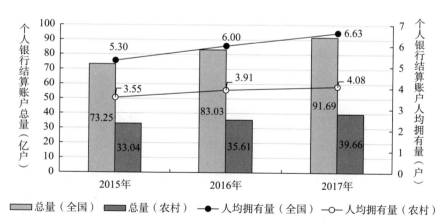

图 2 2015—2017 年中国银行结算账户概况

资料来源：银监会、中国人民银行。

3. 电子支付手段迅速普及

随着信息技术的不断发展，互联网和移动支付业务凭借其便捷高效的用户体验迅速占领了传统线下支付的市场。尤其是移动支付，无论支付笔数还是交易金额都保持着高速增长。

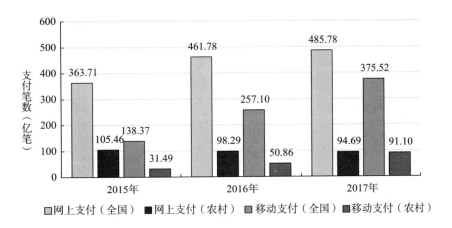

图3 2015—2017 年中国电子支付交易次数概况

资料来源：银监会、中国人民银行。

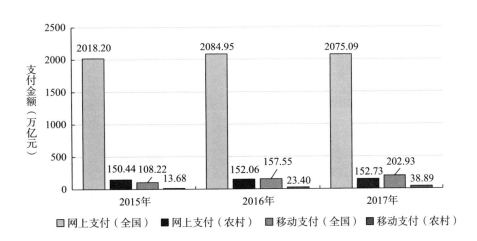

图4 2015—2017 年中国电子支付交易金额概况

资料来源：银监会、中国人民银行。

4. ATM、POS 机具布局广泛

2015—2017 年中国 ATM 和 POS 机数量持续增加但增幅放缓，农村地区的 ATM 与 POS 机交易笔数和金额已出现明显的萎缩趋势，这一现象从侧面反映了移动支付等科技普惠服务在农村地区的应用趋于广泛。

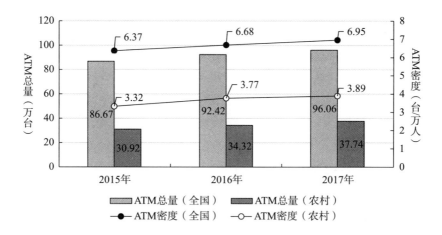

图 5　2015—2017 年中国 ATM 机具布放概况

资料来源：银监会、中国人民银行。

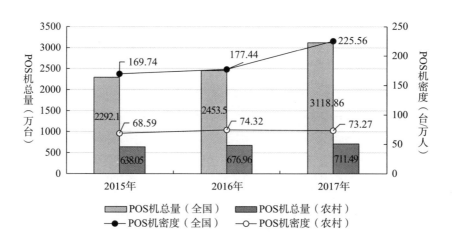

图 6　2015—2017 年中国 POS 机具布放概况

资料来源：银监会、中国人民银行。

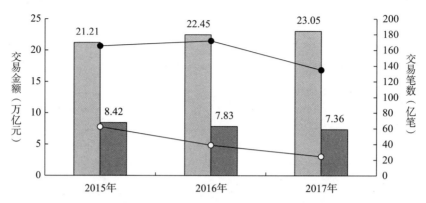

图7 2015—2017 年农村地区 ATM 与 POS 交易概况

资料来源：银监会、中国人民银行。

5. 小微企业信贷可得性提高

自 2015 年银监会提出对小微企业金融服务工作"三个不低于"的考核要求以来，中国小微企业及农户的信贷可得性得到一定改善。截至 2017 年年末，中国小微企业有余额贷款户数、贷款平均增速和申贷获得率分别达到 1520.92 万户、2.67% 和 95.27%，整体达到监管要求。

表3	2015—2017 年全国小微企业信贷可得性概况		
时间	小微企业有 余额贷款户数（万）	小微企业贷款 平均增速（%）	申贷获得 率（%）
2015 年 6 月	1164.35	3.05	91.20
2016 年 6 月	1278.26	0.41	93.25
2017 年 6 月	1417.23	1.75	94.73
2017 年 12 月	1520.92	2.67	95.27

资料来源：银监会、中国人民银行。

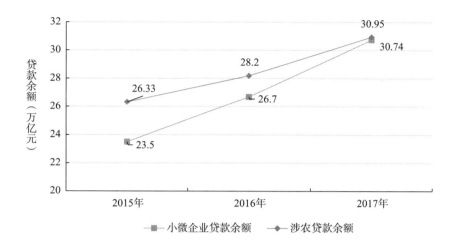

图8　2015—2017 年全国小微企业及涉农贷款余额概况

资料来源：银监会、中国人民银行。

（二）问题与挑战

在政府和市场的合力推动下，中国的普惠金融服务体系已初具规模[①]，但在金融服务覆盖率、多样性、满意度等多方面还存在较大提升空间，发展之路任重而道远。

1. 普惠金融发展存在区域不均衡

有研究发现，中国长三角、珠三角、环渤海及各沿海省份的普惠金融整体水平明显高于内陆地区[②]，普惠金融发展程度与当地经济水平呈明显的正相关。究其原因，主要有两点：一方面，欠发达地区的工业化、信息化水平不足，缺少快速推广普惠金融服务所需的各项现代基础设施，从而导致当地的金融服务传导仍以传统的物理网点和人工线下触达为主，获客半径大幅缩小，服务效率降低；另一方面，欠发达地区往往存在产业结构单一、缺乏规模效应等情况，限制了信贷资金的使用效率，故在市场的作用下资金反而更多地投向经济发达地区，加剧了地区

---

①　周小川：《践行党的群众路线，推进包容性金融发展》，《中国金融》2013 年第 18 期。

②　李苍舒：《普惠金融在中国的实践及前景》，《金融评论》2015 年第 6 期。

间普惠金融发展的不均衡。因此，如何加强落后地区的基础设施建设，促进产业转型升级，合理引导资金回流，是实现普惠金融均衡发展的关键。

2. 小微企业融资环境仍不乐观

当前，小微企业"融资难"和金融机构"放款难"的矛盾显著。在需求侧，小微企业融资难主要体现在以下三方面：一是条件硬。出于风险缓释的目的，银行对中小企业的授信主要为抵押贷款，这无形中抬高了轻资产及初创阶段小微企业的融资门槛。二是流程长。传统银行的授信审批和提款流程复杂，无法满足小微企业临时性、紧急性的资金周转需求。三是资金贵。由于正规的融资渠道狭窄，部分小微企业转而寻求民间借贷，极大地增加了融资成本和法律风险。在供给侧，金融机构放款难也主要表现在以下三个方面：一是成本高。传统信贷业务依赖地面拓展，单位获客成本高，且受限于网点布局难以大范围触达客户群。二是风险大。信息不对称下小微企业难以披露真实的经营状况和财务表现，导致银行无法准确评估客户的信用风险。三是收益低。风险定价与利率限制的矛盾造成了银行风险、收益与成本的不匹配，制约了小微企业金融服务的全面铺开。

3. 法律法规、监管措施和信息渠道尚不完善

中国目前缺乏一套成型的法律体系支撑普惠金融的发展，各机构与部门在推进普惠金融工作中的职责较为零散，亟待建立有效的统一管理和沟通协调机制；金融信息与税务、工商、法律等信息缺少互联互通，信息渠道的整合能力有待加强；普惠金融统计数据的准确性、指标的全面性和口径的一致性还需完善。此外，监管部门虽已对普惠金融差异化监管措施进行了积极探索，但还应持续加大差异化监管力度，缓解中国普惠金融发展的区域不均衡现象，在风险可控的前提下为普惠金融产品创新营造更有利的监管环境。

（三）发展机遇

虽然现阶段中国的普惠金融体系还存在诸多问题，但无法阻挡中国银行业加速布局普惠金融市场的大趋势。究其原因，是广大金融工作者对普惠金融市场前景的乐观预测和对金融科技创新成果的高度信任，更

是响应国家号召、落实监管要求的积极实践。

1. 市场需求是原动力

根据金融行业的"二八定律",银行绝大部分的业务和利润来自前20%的客户,而剩余80%的"长尾客户"作为金融排斥的对象,往往缺少获取同等金融服务的渠道。数据显示,截至2017年6月末中国人民银行征信中心共收录自然人9.3亿,其中有信贷记录的为4.5亿,占比不到50%;收录企业和其他组织2400万户,其中有信贷记录的仅为660万户,占比低至27.5%。从另一个角度看,目前全国共有小微企业法人约2800万户,个体工商户约9000万户,中小微企业(含个体工商户)占全部市场主体的比重超过90%,但同时期全国银行业金融机构小微企业贷款余额仅占各项贷款余额的30%左右。以上数据在揭示中国普惠金融发展局限性的同时,也深刻反映出其蕴藏着巨大的市场潜能。随着全面建设小康社会的推进以及金融科技的深入应用,大中型企业对小微企业发展的"挤出效应"正逐步减弱,大量小额分散的金融服务需求被激发,一个广阔且意义深远的市场正等待着普惠金融从业者去开拓。

2. 金融科技是新装备

普惠金融的目标客户主要是城乡贫困群体,农户以及城镇中小微企业等传统金融服务未覆盖的"长尾客群"。这部分客户虽然基数庞大,但分布较为偏远和零散,金融机构无法运用传统的商业模式和风控手段去服务与管理客户。科技手段的应用使金融机构能够以更低的成本触达更多的客户、以更低的价格提供更多的服务、以更可控的风险获取更持续的收益,真正实现经济效益和社会效益的双丰收。目前,银行业越发重视金融科技的应用与发展,并通过多种途径加强自身的信息科技水平。一方面,大型商业银行通过设立金融科技子公司,促进金融与科技在技术、思维、理念、产品形态和管理模式上全方位融合;另一方面,传统银行积极与互联网科技企业达成战略合作,从对抗互联网金融冲击转向拥抱互联网思维和数字化技术,加速推进业务转型和风控升级。此外,以微众银行为代表的互联网银行作为市场的"补充者",利用自身的技术优势以及在社交和电商领域的用户资源,与传统银行优势互补,共同构建开放的普惠金融生态圈。

3. 政府支持是助推器

2013 年 11 月 12 日，党的十八届三中全会通过的《中共中央关于全面深化改革若干重大问题的决定》中正式提出"发展普惠金融，鼓励金融创新，丰富金融市场层次和产品"，发展普惠金融成为全面深化改革的战略部署之一。2016 年《规划》的颁布则标志着普惠金融正式上升为国家战略，成为国家金融改革的核心目标。在党中央的高度重视下，政府各部门相继出台多项政策支持普惠金融，尤其是小微企业的发展。比如，央行于 2018 年开始对普惠金融实施定向降准、银监会对银行业金融机构的小微企业贷款增长提出"三个不低于"考核要求和"两增两控"新目标等。同时，政府部门还积极推进金融基础设施建设，加强金融教育和消费者权益保护，用"包容并观察"的策略支持金融创新①，为中国普惠金融发展创造良好的外部环境。

四 微众银行以科技驱动普惠金融战略的实践

（一）微众银行的诞生和使命

2014 年 12 月 16 日微众银行正式宣告成立，标志着国内首家民营银行和互联网银行的诞生。2015 年 1 月 4 日，国务院总理李克强一行亲临微众银行考察调研，并见证了第一笔贷款的成功批放。事实上，微众银行早在筹建之初就明确提出了"科技、普惠、连接"三大愿景，并将发展战略确定为"普惠金融为目标、个存小贷为特色、数据科技为抓手、同业合作为依托"。微众银行的成立，既是贯彻落实党的号召，也是从自身实际出发的理性选择。

在国家层面，普惠金融被提升为国家战略，政府对小微企业、"三农"和城乡低收入居民的支持力度明显提升，普惠金融乘着政策东风，本身就可能成为一大蓝海市场；在监管层面，银监会专门成立普惠金融部，引导银行服务实体经济，不断改善面向小微金融、农村金融和城乡

---

① 《全球视野下的中国普惠金融：实践、经验与挑战》，中国人民银行官网，http：//www. pbc. gov. cn/jingrxfqy/145720/3364077/34829017/indol. html。

社区金融的基础性服务措施，特别是 2014 年起开始批设民营银行，要求其为实体经济特别是中小微企业、"三农"和"双创"提供更有针对性、更加便利的金融服务，实现了与现有商业银行的互补发展和错位竞争；更重要的是，微众银行以科技创新为基础生产力，利用大股东腾讯独有的十亿级个人生态数据优势，大幅降低账户运营、获客与风控成本，使发展普惠金融成为必然选择。

回望三年的发展历程，微众银行不忘初心、深耕普惠，已逐步探索出一条独具特色的发展之路。以"微粒贷""微业贷"和"微车贷"为代表的一系列普惠金融产品相继上线，努力为消费者和小微企业提供差异化的金融服务。截至 2017 年年末，微众银行已服务了 6000 多万客户，覆盖了全国 500 多座城市，累计发放个人贷款 1 亿多笔。在业务快速拓展的同时，微众银行严守风险与合规底线，以大数据为核心创建新型风控体系，2017 年全年不良贷款率仅为 0.64%，远低于行业平均水平。

（二）互联网技术和大数据风控在实际业务场景中的探索和应用

受制于成本、风险和收益的结构性不对称，传统金融机构开展普惠金融业务时常常陷入"知易行难"的困境之中。微众银行"以数据科技为抓手"，深度运用互联网技术和大数据风控手段，夯实普惠金融发展基础，取得了一定成效。

1. 建立高并发、低成本、高可用的科技系统

微众银行采用开源技术，建成了国内首个基于安全可控技术的分布式银行系统架构，拥有全部知识产权和 118 项新技术发明专利，并入选了中国人民银行 2015 年十件大事。微众银行始终致力于将前沿金融科技应用于普惠金融领域：在人工智能方面，通过与国内外各大机构深度合作，将人工智能算法实践于智能客服、云催收和精准营销等方面，为金融行业开展业务提供了更加高效可靠的智能化解决方案；在生物科技方面，微众银行是国内首家将人脸、声纹等生物识别技术作为主要风控手段的金融机构，满足了金融级身份认证场景的需要，显著降低了欺诈风险；在区块链方面，微众银行主导开发了自主可控的区块链底层开源平台，推出了区块链机构间对账平台和"仲裁链"等创新实用产品，

并牵头发起了金融区块链合作联盟（深圳）。截至 2017 年年末，微众银行已建成 174 个关键系统、867 个子系统，核心系统可支撑亿量级客户和高并发交易，每账户 IT 运维成本与同业相比降低约 90%，使服务与让利大众小微成为可能。

2. 建立白名单邀请制，触达真正有需求的客户

白名单邀请制主要是基于特定来源的大数据，先通过后台的分析建模进行初筛，再通过信用评级确定白名单范围，最后直接邀请客户使用产品。作为全面风险管理流程的前置环节，白名单建立的背后依靠的是海量、多源的数据以及不断创新迭代的风险分析与量化模型。目前，白名单邀请制已经成为微众银行普惠金融产品的标准配置，其不仅精准锁定并触达目标客户，同时有效防止公开申请可能带来的团队欺诈，是兼顾普惠与风险的科学举措。白名单邀请制增强和延展了客户信用意识，并逐步推动社会信用体系的建立和完善。除白名单外，微众银行还建立了基于外部数据源和行内逾期客户情况的"黑名单"，通过对这类风险客户信息进行充分汇集、分析和利用，厘清风险客户特征，牢筑金融安全防火墙。

3. 建立基于数据的风控规则和风险模型，并全面嵌入信息系统

银行的本质是经营风险，这一点对互联网银行同样适用。尤其是对普惠金融而言，风控更是重中之重，难上加难。由于传统的风控模式难以在普惠金融业务中复制，微众银行另辟蹊径，利用自身优势和产品特点，探索出了一条大数据风控之路。微众银行依托海量数据构建风控规则，引入逻辑回归、机器学习等方法，建立社交、征信和欺诈等系列风控模型，比如将人行征信和公安等传统数据与社交和行为等新型数据相结合，更全面地评估信用风险；将大数据与活体检测技术相结合，更精准地识别客户身份、防范欺诈风险；引入第三方电子存证管理、数据访问安全体系等，控制全流程线上操作的潜在风险。除建立线上风控体系外，微众银行还通过与各类 O2O 平台的广泛合作，将风控触角延伸到线下场景，形成业务流程、客户体验与风险控制有机结合的全面风险管理体系，为持续扩展普惠客群的覆盖面和优化定价创造了空间。

4. 建立联合贷款和科技开放平台，携手同业机构共推普惠金融

微众银行不仅是普惠金融服务的直接提供者，还扮演用户与金融机

构间连接者的角色，通过建立联合贷款平台，输出金融科技能力，将众多中小型银行连接起来，共同扩大普惠金融服务的有效供给。合作过程中，微众银行提供客户筛选、运营管理、线上风控和部分资金等服务，中小银行提供部分资金、线下风控等支持，双方共同向普罗大众、小微和双创企业提供金融服务。联合贷款平台有效解决了中小银行践行普惠金融面临的两大难点，即低成本触达客户和有效控制风险。微众银行还建立了"微动力"（SaaS＋）开放平台，合作银行可将"微动力"集成到自身手机银行中，快速获得人工智能、数据分析等科技能力，从而为客户提供更广泛的产品选择和更优良的客户体验。截至 2017 年年末，微众银行已与超过 50 家金融机构开展合作，累计放贷超过 6800 亿元，服务客户超过 800 万人。

（三）微众银行产品布局及初步实践结果

自 2015 年 5 月以来，微众银行针对普罗大众和符合国家政策导向的小微、双创企业，陆续推出了多款普惠金融产品，取得市场和客户的广泛认同，充分体现了身为民营银行的差异化定位和经营特色。

1. 微粒贷

截至 2017 年年末，微粒贷已完成授信的客户超过 3300 万人，累计借款客户超过 1100 万人，管理贷款余额超过 1600 亿元，累计发放 8700 亿元，笔均贷款仅 8200 元、户均余额约 1.2 万元，贷款期限平均 47 天，1 亿笔贷款中近 74% 的贷款利息成本在 100 元以下。贷款客户已覆盖 31 个省、自治区、直辖市，共计 567 座城市。贷款客户中 78% 为大专及以下学历，76% 从事蓝领服务业或制造业，92% 的贷款余额在 5 万元及以下，约 23% 贷款用于个人经营。微众银行还推出了手语服务，通过远程视频方式为 4000 多位语言障碍人士提供贷款服务。

2. 微车贷

微众银行充分利用自身产品、科技和风控优势，逐步摸索出一套在新形势下开展汽车金融、助推汽车消费的新模式，其具备易触达、体验好、广覆盖、低成本、高效率等优势，推动业务量快速发展，"微车贷"市场品牌形象也随之逐步建立。两年来，微众银行累计向 30 多万个客户发放贷款超过 250 亿元，贷款余额 200 亿元，有力地支持了实体经济发展，助力贷款购车者提前实现美好生活，同时形成了一定规模的基于真实交易背景、高度分散且有押品支持的优质信贷资产。

3. 微业贷

微业贷充分体现了银监会"产品创新、服务创新和渠道创新"和"提高小微企业金融服务的批量化、规模化、标准化水平"要求，同时集成了微众银行的科技、数据和风控能力。从产品研发、灰度测试到深圳试点、逐步拓展，截至 2018 年 8 月底，累计触达 10 万户以上小微企业，授信金额和累计发放贷款均超 100 亿元。期间进行了三类情景模拟和压力测试，经历了数以千计小微企业的市场检验，获得积极反馈和高度认可。大量客户经过多次还款，贷款质量保持优良，表明微业贷的产品结构、风控措施和系统流程已经打磨成熟，有可能为缓解小微企业融资难这一难题提供新的解决方案。

五　总结与展望

党的十九大报告指出，要"深化金融体制改革，增强金融服务实体经济能力"，着力解决好"人民日益增长的美好生活需要和不平衡不充分的发展之间的矛盾"。发展普惠金融，既是深化金融业供给侧改革，解决金融服务供给不平衡不充分的重要举措，也是金融机构正本清源，服务于实体经济的必然要求，与党的十九大精神高度契合。在新的历史时期，中国银行业正着力开拓普惠金融业务，不断补齐市场短板，为全面建成小康社会添砖加瓦。

在未来五年到十年，金融科技将对全球金融行业，尤其是普惠金融领域产生革命性的影响。中国银行业应拥抱金融科技的浪潮，通过技术手段不断优化运营效率、降低成本，并在此基础上延伸服务半径和优化服务质量，真正达成习近平总书记提出的"提升金融服务的覆盖率、可得性、满意度"的普惠金融发展目标。微众银行也将始终坚持普惠金融战略定位不动摇，坚持科技创新和数据驱动不松懈，坚持差异化和特色化道路不停步，守住不发生系统性金融风险的底线，不断探索具有自身特色的经营模式，引领金融科技发展方向，让金融之"水"更好地浇灌实体经济之"木"。

希望金融的小额信贷之路

陈兴垚[*]

摘　要： 小额信贷的业务特点天然地与农村市场资金需求的特点相吻合，但小额信贷要在农村市场健康发展，需要解决可持续性问题，尤其是商业性机构，更需要解决商业上的可持续性和社会层面的普惠性的平衡问题，本文重点分享了希望金融作为商业机构如何平衡农村小额信贷业务的商业价值和社会价值。

关键词： 农村互联网金融　普惠金融

一　引言

小额信贷通常是指那些针对中低收入居民和微型企业提供的额度较小的金融服务，主要是小额无担保（抵押）贷款服务。而将小额信贷与农村金融联系起来，在相当大的程度上具有天然性甚至必然性。中国小农经济的特征，导致了农户贷款需求以小额为主。

在中国当前的农村金融领域中，金融服务的形式和供给都十分欠缺。各种金融服务形式中，仅存款服务能够基本覆盖所有农村经济体，贷款供给明显不足，其他金融服务基本处于空白。随着社会主义新农村建设和城乡经济联系日益紧密，客观上要求农村金融体系提供更为丰富

---

　　* 陈兴垚，希望金融创始人兼 CEO，北京航空航天大学材料科学专业本科、硕士；清华大学经管学院工商管理硕士；中欧国际工商学院 EMBA；注册会计师；自 2005 年起，历任山东新希望六和集团有限公司、新希望六和股份有限公司财务总监、副总裁，对农牧行业、互联网、财务和金融等领域均有深刻认识。

的金融服务。

希望金融作为农牧巨头新希望集团旗下的互联网金融平台，专注于农村互联网金融领域。经过三年多的稳健运营，希望金融已经在山东、河南、安徽、河北、山西、四川、重庆等十多个省市布局分公司及业务中心，单笔借款额度仅在 6 万元以下，已成功助力数万户农村家庭脱贫致富，在农村市场拥有了大量的客户群体，为当地经济和社会发展做出了积极的贡献，兼顾了商业价值和社会价值。

农村互联网金融是一个方兴未艾的行业，目前还处于探索发展阶段，本文是作者将自己的理论知识和工作实践相结合写出的分享内容，希望能给广大从业者、研究者带来帮助。

二 脱胎实体产业

（一）小额信贷对于"三农"的作用

1. 农村金融与农村经济的慢牛拉快车模式

目前，中国农村金融领域的机构主要分为正规金融和民间金融两大类。从正规金融角度而言，主要是经国家主管部门批准的金融机构，包括国有四大银行、农业发展银行、国家开发银行、农村信用合作社、农村合作银行、农村商业银行和中国邮政储蓄银行，此外还有新型农村金融机构，如村镇银行、贷款公司和农村资金互助社。

除此之外，农村广泛存在诸如亲友借款、私人钱庄和小额贷款公司等民间借贷渠道。

农户借贷研究包括农户储蓄和信贷两部分。正规金融机构设置在满足农户储蓄需求方面已实现"广覆盖"的要求，但信贷服务不足，与此同时，绝大部分已经得到贷款的农户也面临严重的数量配给。而民间借贷由于缺乏组织、风险管理能力弱、资金供给能力有限等问题，也难以承担满足农村金融市场需求的重任。[①]

---

① 《小额信贷在中国》丛书编委会：《小额信贷在中国——农村信贷配给与小额信贷体系建设》，中国财政经济出版社 2013 年版，第 3 页。

表1　　　　　　　样本农户贷款额度满足程度和数量配给程度　　　　单位：元

	总样本农户（5341 个）		已报告额度的样本农户（1552 个）	
	平均值	中位数	平均值	中位数
意愿信贷需求额度	20603.9	10000	24498.71	10000
实际得到贷款总额	10558.7	5000	10558.7	5000
贷款额度满足程度	51.25%	50.00%	43.10%	50.00%
数量配给程度	48.75%	50.00%	56.90%	50.00%

资料来源：《小额信贷在中国——农村信贷配给与小额信贷体系建设》。

在这种背景下，作为脱胎于实体产业集团的互联网金融科技服务平台，希望金融依托新希望三十余年的农村市场积淀和千亿级产业集群，形成了农业产业链金融、农业供应链金融、农村消费金融等业务方向，深耕"三农"市场，助力实体经济发展。

2. 农村金融的难点与特点

资金的缺乏一直是影响农村经济发展的"瓶颈"，而农村资金需求又具有如下特征：

（1）季节性强。农业生产的季节性较强，农民借贷期限需要同农业生产周期相一致。另外，由于农业经营的自然和市场风险，完成一个生产和销售周期难以有确切日期，所以，农户更希望有一个适度灵活的还款区间。

（2）借款额度小。小农经济的特征导致农户贷款需求以小额为主。《中国统计年鉴》数据显示，2011 年年底，中国农户贷款平均每户不到1.5 万元。农村企业资金需求的规模也不是很大。小规模的金融需求，导致金融机构在农村地区的经营成本加大。

（3）缺少传统意义上的抵押品。农村集体土地不能作为抵押品；农民的个人房屋是农民的基本生活资料，难以真正作为有效抵押品发挥作用；农业的生产性财产一般难以再次进入市场实现价值，往往不被接受作为抵押品。

（4）借贷的交易成本较高。金融服务所需要支付的成本不仅是利息，还包括交通成本、与填写表格相关的成本和可能存在的非正常成本。农村地域广阔，人口和经济密度低，金融机构同借款者的距离相对更远，交通成本更高；农民受教育程度低，填写同样复杂程度的表格对农民来说，难度大，成本高。

基于以上特点，传统的正规金融机构一般认为，农村金融风险高、收益低，如果不能进行风险转移，就没有足够的激励开展农村金融服务工作。理论上，小额信贷贴近农户，在充分了解客户需求的基础上，通过信用担保等方式控制风险，通过互联网技术降低成本，往往能够取得成功。在实践中，希望金融自 2015 年年初成立至今，已经持续运营了三年多的时间，并且在第二年就实现了盈亏平衡，第三年实现了微盈利。借助互联网技术，希望金融可以为农户提供方便、快捷和高效的借款信息撮合服务，弥补传统农村金融借款难、借款慢和借款贵等难点和痛点。

3. 农村金融与规模经济

农村发展的另一个问题在于规模不经济。近年来，随着农村经济的发展，规模经营已然成了一个大趋势，但依旧处于发展的初期。希望金融在发展过程中提出了服务增值概念，即在提供借款信息中介服务之外，我们还向客户提供技能培训、企业经营和营销培训、市场信息等附加服务。为此，希望金融利用自身在农牧行业的专业知识，开发了"养鸡助手""猪盈利"和"望望先花"等辅助农民提高生产效率和交易效率的互联网工具。

"养鸡助手"是一款免费的、专业的养鸡软件，致力于全面提升养殖户的养鸡效率；"猪盈利"是一款猪经纪生意小助手和养殖场养殖小工具，一方面可以优化生猪交易环节的客户管理，实现生意撮合，提升交易效率；另一方面可以帮助养殖户实现养殖记录和养殖分析；"望望先花"是希望金融自主研发的移动应用，农户可以在里面购买生产资料，实现足不出户购买农资。对符合条件的农户，希望金融将优先为其提供资金支持，多快好省地满足农民的生产需要，借助移动化和互联网化，推动农民提高生产效率。

希望金融的主观目的在于提高农户的生产经营水平，从而提高其还款能力；客观上也暗合了国家培育新农民的趋势。早在 2016 年 5 月，希望金融旗下的"希望宝"就与新希望旗下的"猪福达"和"禽福达"一起作为典型案例入选了农业部为农民手机应用技能培训编写的基础教材——《农民手机应用》。①

这种政府主导、企业参与的信息技术推广模式赋予了农业技术培训旺盛的生命力，使农业技术培训得以常态化。

（二）希望金融的创立初衷及发展历程

农村要发展当地经济，建立多层次、较完整的金融格局，非正规金融是不可忽视的力量。从经济发达地区的发展经验来说，民间金融的长期存在也是促进区域经济，特别是区域民营经济发展的重要力量。

调查显示，中国农户只有不到50%的借贷来自银行、信用社等正规金融机构，而从非正规金融机构途径获得的借贷占农户借贷规模的比重超过了55%。②

新希望集团成立于1982年，经过三十多年的发展，成为全国知名的农业龙头企业集团，在全球30多个国家拥有分子公司超过600家；集团2016年的总资产1145亿元，净资产510亿元，销售收入693亿元，利润总额59亿元。

新希望集团实际控制人刘永好先生是新希望集团董事长、民生银行发起人及副董事长，曾任两届全国工商联副主席，两届全国政协常委，两届全国政协经济委员会副主任，现任全国人大代表。三十多年一直致力于国家的"三农"事业，多次得到李克强总理及习总书记的接见。

希望金融作为新希望集团下属企业，在扎根"三农"市场，服务实体经济方面，具有天然的优势。立足新希望的产业优势，助力金融服务实体经济；借助互联网技术，升级"三农"金融服务体验。目前，希望金融已经基本构筑了较为完整的"三农"服务生态圈，验证了适合自己的业务模式。农业产业链金融解决了涉农贷款"小、散、差"，银行不愿意做的问题；农业供应链金融由于存在上下游的联动效应，保

---

① 潘长勇、王伯文：《农民手机应用》，中国农业出版社2016年版，第5页。
② 李建军：《中国地下金融调查》，上海人民出版社2006年版。

证了各项投入能及时到位，促进了农民增收；农村消费金融则致力于满足农民日益旺盛的消费需求。

希望金融的风控采用的是线上线下相结合的模式：线上创新使用产业大数据，线下打造深入了解农村、农民和农业的高素质队伍。针对不同业务形态进行针对性的风控考量，产业金融主要对准下游客户，因此主要对其生产、养殖能力进行考量；供应链金融主要对准上游客户，因此主要考量其经营能力。除了使用内部数据，希望金融也大量接入了外部数据辅助风险考察。此外，"养鸡助手""猪盈利"和"望望先花"等辅助农民提高生产效率和交易效率的互联网工具既便利了用户的生产生活，又能获得用户真实的生产经营数据，从而对借款风险进行实时监测。

目前，希望金融已经基本跑通了整个"三农"服务生态圈，大量的服务已经正式开通并获得了农户的认可。经过三年多时间的稳健发展，希望金融已经在山东、河南、安徽、河北、山西等多个省布局 60 余家分公司及业务中心，2018 年，希望金融将继续在全国进行农村金融布局，预计"三农"业务中心及分公司的布点达到超 100 个，覆盖超过 2500 万的人群区域。

在整个业务发展过程，希望金融作为民间商业机构，一直在探索公司作为民间金融的补充力量该如何兼顾可持续性和普惠属性，实现商业价值和社会价值的平衡。

三　希望金融小额信贷战略确立

不同的学者和机构对小额信贷有不同的理解和表述。在国内，对于小额信贷的定义存在广泛的争议。一种是狭义的理解，认为小额信贷是专向中低收入阶层提供小额度的持续的信贷服务活动，以贫困或中低收入群体为特定目标客户并提供适合特定目标阶层客户的金融产品服务；另一种理解较为宽泛，包括中低收入群体在内，社会上仍有较多的经济活动主体没有或者是没有充分享受金融服务，对没能和没有充分享受金融服务的群体提供服务即可称为小额信贷。① 我们下面阐述的小额信贷即为宽泛意义上的概念。

希望金融目前已经形成了农业产业链金融、农业供应链金融和农村消费金融等业务方向，在整个业务领域中，小额信贷战略基本确立。

希望金融不仅确立了小额信贷战略，而且还利用先进的互联网技术手段，不断优化信息系统建设，实现资金流、信息流和物流的高度共享和整合。凭借系统强大的开放性和技术性能，希望金融极大地改善了借款用户的使用体验和业务效率。目前，希望金融的用户可在注册完成后，"一站式"跑通融资借款全流程，线上实现借款、还款流程的双向激活。

依托供应链和产业链系统的支持，希望金融还可以高效、精准地分析用户的借款需求是否与其经营状况相匹配，最终实现快速发布借款信息，并实现高效的资金撮合。未来，希望金融的目标是，半小时内完成整个过程。这些信息技术不但扩大了希望金融服务的覆盖面和影响力，也为希望金融大力发展普惠金融提供了重要抓手。

从农村正规金融体系及其改革政策演进的角度看，40 年来的中国农村金融改革，可细分为五个具体阶段：农村金融初步改革（1979—1993 年）、"三足鼎立"局面最终形成（1994—1996 年）、亚洲金融危机后的金融整顿（1997—2000 年）、农村金融改革重新启动（2000—2004 年）和 2005 年后多层次农村金融市场逐步形成的情况。

从 2005 年开始至今，这一时期是中国小额信贷发展的难得机遇期，政府连续几年都以中央一号文件的形式对农村金融体系改革和小额信贷的发展提出了目标和要求，鼓励民间资本、外资企业进入农村市场。

在这种背景下，近几年在城市中一路攻城略地的互联网金融，在接连攻克白领、蓝领、学生群体的过程中遭遇监管政策一路收紧后，许多

---

① 《小额信贷在中国》丛书编委会：《小额信贷在中国——农村信贷配给与小额信贷体系建设》，中国财政经济出版社 2013 年版，第 3 页。

平台纷纷考虑转型，将目光转向了农村金融市场。越来越多的网贷平台开始将业务延伸到农村市场，试图从农村市场的发展中寻得出路。但对在城市中生长起来的互金玩家来说，要想在农村金融市场中寻得机会，首先需要在主流金融机构和民间资本之间寻找生存空间：一方面与农民建立紧密联系，另一方面要将这种联系线上化。

自 2015 年年初成立以来，希望金融已经经历了完善期、健全期和渐走向全国市场三个发展阶段，而小额信贷战略始终贯穿这三个发展阶段。

第一阶段，希望金融首先在山东沂源公司进行"兴农贷"试点。

"兴农贷"是希望金融旗下的一款支农富农的小微信用借款产品，用于满足农户在农业生产各环节的流动资金需求。作为一款纯信用借款产品，"兴农贷"额度在 6 万元以下，基本满足农户的日常经营、生产性流动资金需求。

第二阶段，"三农"事业部成立，小额信贷业务的服务质量不断升级。

在沂源公司面向当地 633 个行政村试点成功后，希望金融的小额信贷项目开始在全国各地的分公司进行推广；同时，产品初步兼具了四大优点：

一是期限灵活，匹配农户的养殖周期，同时，希望金融还支持农户提前还款；

二是有竞争力的利率，希望金融创新利用新希望三十余年的产业大数据和先进的互联网技术，大幅降低平台运营成本，反哺"三农"；

三是借款申请快速便捷，基于大数据以及移动互联技术，希望金融的用户从发起借款申请到完成借款，最快可在 2 个小时内完成，未来的目标是在 30 分钟内完成整个过程，电子签章系统的引入极大地降低了农户填写表格的各项成本；

四是服务方便简洁，流程均可以在网上完成，移动互联网技术让希望金融真正将金融服务深入田间地头和生产一线，为"三农"从业者做到了"三省"——省事、省力、省面子。

第三阶段，平衡营利性和公益性，在全国范围内推行可持续发展战略。

希望金融自成立之初就将农村互联网金融作为长远的事业来做，在获客上并没有采用烧钱的模式，而是以口碑赢得了用户的信赖。首先，希望金融拥有新希望集团的雄厚资源，线下全国近 600 家分子公司，有很强的产业基础和市场基础，这使希望金融能够以较低的成本获得优质资产；其次，基于真实交易的优质借款资源使希望金融的坏账率较低；最后，科技和金融深度融合，极大地提高了平台的运营效率并降低了运营成本。以上这些因素的叠加帮助希望金融很快验证了发展的可持续性。

希望金融的用户多为农户，是非常小的经营单元。在这种情况下，结合产业链和供应链体系，通过核心企业帮助农户或者个体户去增信，站在这个角度而言，风险相对可控。

希望金融在做农村的金融的时候，找的都是对当地非常熟悉的人，第一，希望金融的信贷业务员最了解农村，了解田间地头的事，了解这个人的人品行，以及借钱去做什么；第二，希望金融的业务深入田间地头，下沉到了村，尽管慢一点，但是风险其实非常可控。希望金融还采取了合伙人的机制，合伙人持有股权，与总部实现深度利润共享，这样在机制上就激发了大家的责任心。未来，希望金融将通过金融切入的方式在农村做综合服务商。

截至 2018 年 10 月 19 日，希望金融累计成交金额突破 90 亿元，资金全部服务于"三农"实体经济。未来，随着农村经济不断发展，农村消费不断升级，希望金融将继续致力于通过先进的互联网信息技术，为农村小微企业、优质农户和城市出借人群搭建高效衔接和匹配的信息中介平台，促进城市反哺农村，助力农业现代化转型。

四 新形势下的农村互联网金融

（一）新形势下的农村互联网金融

由于互联网金融行业的监管趋严，不少平台将目光转向了"三农"金融领域的小额分散资产。在近年来互联网金融的"上山下乡"中，这些农村金融市场新入局者的模式也是各有千秋。

其中，由于阿里、京东等互联网巨头布局农村金融，甚至引来一股热潮，但这种模式其实很大程度上是"电商下乡"。阿里、京东在农村布局的商业模式是：第一类，工业品下行；第二类，农产品上行；第三类，基于"村淘"模式的物流；第四类，与之相关的金融业务。

目前，互联网巨头尚处于工业品下行和物流搭建的阶段，真正的金融业务和金融模式并不十分成熟，亮点有待深耕和验证，这其中主要原因在于他们并不了解农村。但其优势是有雄厚的资金，前期可能会以"烧钱"的方式来了解农村。

农村互联网金融新玩家激增背后的隐患却在逐步爆发。业内人士指出，互金"三农"金融行业的实际淘汰率已高达40%，不少涉农平台处于停业或转型状态，而仍在运营中的平台也亟待更换思路。[①]

目前，互联网金融整体面临盈利难的问题。从长远来看，这一问题具有合理性，从行业的发展历程来看，传统行业和金融机构之所以盈利，很大程度上是基于多年甚至数十年的行业铺垫，而互联网金融尚处于发展初期，需要大量的前期成本投入。

但互联网金融的发展前景不断趋好：一方面是监管和规则的完善，另一方面是以科技为主的实力打造，科技不但使金融风控更轻松，使效率更高效，而且能够有效地避免"劣币驱逐良币"的现象。

因此，互联网金融平台必须在主流金融机构和民间资本之间寻找商业模式和生存空间，既要比主流金融机构灵活、便捷，又要比民间资本靠谱、稳健。希望金融以互联网化的农村金融定位于两者之间，做比主流金融机构更为灵活、快捷的"正规军"。

首先，农民只有一个"钱袋子"，其生产和生活是不分家的，产业和消费是融合的。以消费金融为例，农民的产业贷款一定程度上需要用于消费。因此农村的消费金融并非是纯粹意义上的消费，这就要求采用有别于城市消费金融的思路进行商业模式的搭建。

---

① 之家哥：《互金平台疯狂"涉农"背后，为何洗牌淘汰率高达40%》，网贷之家，ht-tps：//www.wdzj.com/news/pingtai/q58904.html。

其次，做农村市场，是基于价值观和生活观的改变，因此需要找到和农民打交道的理由，做农村市场最关键的是组建真正了解农村的团队，因为农村金融开展业务的场所就是田间地头。

(二) 经验分享困境及具体建议

中国现代化的关键在农村，农村现代化的关键在金融。农业作为国民经济的基础，农村互联网金融不仅具有重大的商业价值，而且具有"城市反哺农村"的社会价值。

虽然农村金融的前途是光明的，但"三农"小额信贷的道路却是曲折的：

1. 当前影响"三农"小额信贷可持续发展的主要问题

（1）监管政策不明朗，行业鱼龙混杂亟须厘清。目前，正规农村金融机构的资金供给难以满足农民和农村经济高速发展的需要。在这种情况下农村民间金融借贷逐渐发展起来，但农村民间借贷不受市场政策的调控，具有较大的风险，经常会出现金融诈骗的现象。

（2）信用体系不健全。农村信用体系作为社会信用体系的重要组成部分，通过近年来的建设，取得了一定的成效，在一定程度上解决了农村小额信贷手续繁杂、贷款时间过长的难题，为农民提供轻松便捷的贷款环境，也培养推动了农民信用文化建设。

但由于受农村地区经济发展相对滞后、经济发展单位小、农民征信意识不强等因素影响，征信体系的不完善，相关支持法律的不完善乃至缺失，农村信用体系建设仍任重道远，健全农村信用体系迫在眉睫。

（3）农村信贷资金成本高与农民承受能力有限存在矛盾。农村大都是小额信贷，农民居住分散，发放和收回资金的人力成本比较高。同时，与城市人口相比，农村人口收入低，比较贫困。如果对农村发放的小额贷款利率过低，农村互联网金融平台的利润空间就会小，甚至资金成本无法弥补；如果利率过高，农民贷款的负担就会增加。从目前农村来讲，资金的可获得性比利率水平高低更重要。为了平衡农村互联网金融的商业价值与社会价值，我们呼吁，政府加大对涉农互联网金融平台的政策扶持力度，以促进农村互联网金融的健康发展。

2. 关于推动农村小额信贷可持续发展的建议

（1）在农村小额信贷发展的过程中，监管的到来也使市场得到净化。因此，我们呼吁，监管层能尽快制定行业准入标准及管理规范。关于监管的方式，我们呼吁监管层在制定政策的时候，能够在保持规范和维护创新之间进行平衡。

（2）解决征信难的问题，可以从行业和企业两个角度进行。站在行业的角度可以从三个方面考虑：①我们呼吁统一行业的信息披露标准，如果有标准化的信息披露规则，将会极大地促进信用体系的建设；②出借人有权利要求平台对借款人进行监督；③建立黑名单制度，尝试建立欺诈种子库。

从企业层面来说，首先，我们呼吁国家应该优先向农村互联网金融行业，尤其是专注于小额信贷业务的平台公开征信系统，对于那些信用相对不好识别的企业，央行的征信系统具有重大意义。农村征信协调机制建设滞后、信息共享难是最大的问题，因此，我们呼吁整个国家、整个行业以及各家平台能够通力合作，建立信息共享机制。其次，在科技层面上，企业也需要大量地投入科技征信力量。小额信贷作为一种为中低收入人群服务的金融中介，可以通过系统创新，克服或缓解抵押对弱势群体进入信贷市场的制约。对于农村互联网金融平台而言，通过互联网技术不仅有助于降低服务"三农"的交易成本，降低"三农"从业者的融资成本，还能起到有效防范农村金融风险的作用。

（3）目前，涉农金融机构补贴都是对传统金融机构的，我们呼吁扩展到真正为老百姓服务的农村互联网金融公司。一方面各级政府应进一步加大对农村水、电、交通、通信等公共基础设施建设的投入，通过政策性投资，拉动农村金融需求，降低开展农村金融业务的成本，增加各金融机构向农村拓展业务的积极性；另一方面各级政府应在财政税收补贴等方面对农村互联网金融公司更加倾斜，加大对农村金融的支持力度，税收上也应考虑给予一定减免，更好地促进这些平台健康可持续地发展。

小额信贷由于其产品和服务符合农村金融市场的金融需求、管理方式灵活等原因，已成为农村金融市场供给一个不可忽视的供给形式。研究是为了深入思考，思考是为了改变我们的行动。未来，希望金融将与整个农村互联网金融行业正能量一起为"三农"实体经济健康持续发展而共同努力。

科技助力普惠金融

——数字经济时代京东金融的农村金融实践

李尚荣　孟昭莉　唐艳红[*]

摘　要：本文从数字和科技助力农村地区普惠金融发展的角度出发，主要介绍了京东金融在农村地区开展数字普惠金融业务的背景、现状、实践、主要经验及未来愿景。自 2015 年发布农村金融战略以来，京东金融围绕"农产品进城、电商下乡"两条路子坚定地走全产业链、全产品链的农村金融战略路线，将京农贷、数字农贷、农产品众筹、乡村白条、农村理财等数字化金融产品引入农村地区，打破城乡之间的数字化鸿沟，击破农村金融服务的痛点，加速建设和优化农村经济。未来，京东金融还将发展智能农业，联合各类主体共建农村综合服务生态。

关键词：数字经济　农村金融　京东金融

一　数字经济为农村金融发展带来时代机遇

中国农村人口众多，金融需求旺盛，但传统农村金融还面临着诸多困境和挑战。与此同时，金融科技方兴未艾，农村地区的网络基础设施、经济环境、物流系统等不断完善，数字经济为农村金融发展带来了

---

* 李尚荣，管理学博士，京东金融副总裁，资金业务部、风险管理事业部总经理，对金融产品创新、信息技术在金融领域的应用等方面具有丰富经验和深刻见解；孟昭莉，新加坡国立大学博士，京东金融研究院院长，在互联网经济、金融科技等领域有十多年研究经验。唐艳红，京东金融研究院研究员，金融硕士，主要研究领域为金融科技、普惠金融等。

全新的时代机遇。

（一）传统农村金融面临的困境和挑战

传统金融服务匮乏制约着中国农业经济发展。一是金融覆盖率不足，据中国社会科学院《"三农"互联网金融蓝皮书》测算，若信贷资金在全部资金投入中的占比为65%，则2014年信贷需求约为8.45万亿元，相比实际贷款余额5.4万亿元，缺口达3.05万亿元。二是金融产品相对单一，农村金融产品主要以传统的存、贷、汇为主，缺少保险、证券以及其他创新性金融产品。农村金融服务匮乏的现象背后反映的正是传统金融机构开展"三农"金融面临的挑战。具体来说，存在以下挑战：

一是农民征信数据、抵押物、质押物缺失现象普遍存在。由于农村地区相当一部分农民从未跟银行等金融机构打过交道，多数农民在央行征信系统中处于数据缺失状态，这就导致金融机构为这些农民提供金融服务"无据可依"。此外，农民拥有的资产如土地、房屋受限于三权分置下的法律障碍，难以符合传统信贷抵押、质押条件。传统金融机构"就人""就物"的运营逻辑在农村地区很难行得通。

二是农村地区金融基础设施建设相对薄弱。农村地区地广人稀，基础设施覆盖率不足，2017年农村地区每万人拥有的银行网点数量为1.30个，低于全国水平的1.63个；全国平均每万人对应的ATM数量6.95台，农村地区仅为3.89台。

三是农业相较于其他产业利润率偏低，且信贷需求具有"小额、分散、高频"的特征。一方面虽然中国土地改革稳步推进，但传统家庭承包制度下的农业经营模式使农村人员、土地利用效率低下，先进农技农法难以渗透，严重制约了中国农村经济的发展。中国粮食种植面积为美国的1.6倍，但粮食年产量仅比美国多25%，亩产低于美国30%。另一方面，小农经济下农民对信贷的需求具有"小额、分散、高频"的特点，这就导致开展农村金融业务很难盈利，从而进一步弱化了传统金融机构开展农村金融业务的能力和动力。

(二) 数字时代催生农村金融发展新思路

进入 21 世纪,新一轮科技革命和产业变革正在引领人类社会进入数字化时代。以互联网、大数据、人工智能、区块链、云计算等为代表的数字科技同国民经济的各个领域深度融合,同时也催生了农村金融的全新发展思路。

数字产生信用,能解决传统农村金融抵质押物缺失问题。近年来,互联网、手机移动终端在农村地区不断普及,电商、社交等移动应用的迅速发展为开展农村金融业务积累了大量原始数据,依托这些原始数据,可以从不同维度分析、描画用户画像,客户的生活习惯、交易记录、违约记录等信息都可以作为评价用户的依据,这为原本举步维艰的农村征信提供了新的可能。

数字科技打破时空限制,革新金融服务基础设施,降本增效。借助移动终端和应用,并结合人脸识别等远程技术,金融机构将贷款申请、资料上传、授信审批等很多服务流程向线上转移,减少了对实体网点的依赖程度,革新了金融服务的媒介和基础设施。这一方面打破了传统金融服务时间和空间的限制,将触角延展到更多偏远、贫困的农村地区,打开长尾市场,助推普惠金融;另一方面也优化了服务流程,提升了客户体验,节约了业务成本。

数字科技丰富农村金融产品种类,打破城乡之间的数字化鸿沟。供应链金融、消费金融、互联网众筹、智能理财等创新型金融产品依托数字科技不断涌现,以往这些业务由于流程复杂、门槛高、占用人力资本多等原因很难在农村地区广泛推广。借助互联网渠道和数字技术,这些产品也相继在农村地区落地,城乡之间的数字化鸿沟被逐渐打破。

(三) 京东金融农村金融战略布局与业务概况

京东金融 2015 年提出农村金融战略,围绕"全产业链、全产品链"两条路径发展农村金融业务,至今已经先后落地京农贷、数字农贷、农产品众筹、农村理财等多种数字化金融产品。

1. 京东金融的农村金融战略布局

2015 年 3 月,京东集团提出农村电商"3F 战略",即工业品进村战略（Factory to Country）、生鲜电商战略（Farm to Table）、农村金融战略（Finance to Country）。2015 年 9 月，京东金融顺承京东集团的"3F 战略"发布了农村金融战略，充分发挥京东金融在大数据风控与渠道方面的优势，围绕"农产品进城、电商下乡"两条路子坚定地走全产业链、全产品链的农村金融战略路线，击破农村金融服务的痛点，加速建设和优化农村经济生态。

产业链路线从农民的生产、收购、加工、销售等多个环节，解决农户在种植生产中遇到的问题。在生产资料采购端，京东不仅利用自身渠道为农民配送实惠的正品原料，还给农民提供赊销、信贷等服务；在农产品生产环节，京东为农民提供信贷、技术培训等多元化服务；在产品销售端，京东利用渠道优势打开农产品销路，通过信贷、众筹等多种方式周转资金，帮助农民和企业发展。

产品链路线针对农村特点和农民需求，将逐渐成熟的理财、消费金融、保险、众筹等多条业务通过创新，应用到广大农村地区。除"京农贷""数字农贷"解决涉农企业、种养殖户的融资外，京东还通过支付、白条让农民更好地享受消费，此外，还向农民提供符合需求的农民理财、农业保险和农产品众筹等金融服务。未来，还将根据农村经济发展和市场需求，探索将多元化的、定制化的金融服务带到农村。

2. 京东金融农村金融业务概况

开展农村金融业务以来，京东金融先后上线乡村白条、京农贷、农村理财、农产品众筹、开店宝 & 消费宝、金融小站、数字农贷等创新性金融产品，围绕产业链打造农村金融产品闭环，为农户提供综合金融服务。

"京农贷"依托京东的数据和资源优势，构建农业生态圈，契合农业生产周期，为涉农企业提供全产业链信贷服务。主要产品包括种植贷款、养殖贷款、农产品仓单质押贷款、农业生产流动资金贷款、土地租金贷款等。

"数字农贷"作为"京农贷"的 2.0 版本，从标准化程度最高的畜牧养殖业切入，联合 ERP 软件公司为养殖户打造集物流管理、资金流管理和信息流管理于一体的现代化养殖管理体系，真正实现数据驱动型的风控解决方案，完成全流程风险管理。

金融小站是京东农村金融在农村地区设立的、提供"一站式"服务的重要线下渠道。借助金融小站,京东金融实现了理财、保险、白条、金条、众筹、支付等全系列产品在农村渠道的下沉。

截至目前,京东金融已经在全国 1700 个县、30 万个行政村开展各类农村金融业务。

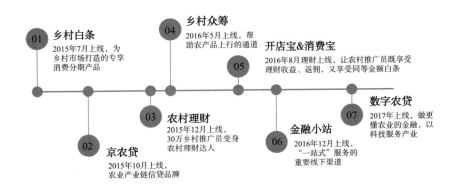

图 1　京东金融—农村金融产品时间轴

二　京东金融行业实践及经验

数字农贷、农产品众筹、金融小站是京东金融在农村地区发展数字化普惠金融的典型模式和范例。

(一) 数字农贷

1. 行业实践

数字农贷是全新的微供应链金融模式。以农业生产过程的数据化模型和农民的历史生产数据为基础,对未来生产结果做出预测,再以预测的统计学结果产生信用,进而对生产过程进行全程、高频、多方位的监管,以资金管理和风险管理辅助农业生产管理。京东金融数字农贷项目上线一年多来,已在山东、河北、河南等地与 200 多家合作社合作,累计放款数十亿元,不良率为 0。数字农贷项目从贷前、贷中和贷后各个环节运用数字化技术进行风险管理和生产管理。

在贷前阶段，通过深入学习农业养殖技术，采集农户历史生产数据，建立量化模型并对产出结果进行预测，基于概率对农户进行授信。

在贷中阶段，数字农贷通过利用云管理系统，基于养殖数据进行高频、实时、循环的放贷。数字农贷的贷款并不会一次性发放，而是为获得授信的主体（农村专业合作社）匹配专业定制化的养殖管理系统，进而对生产过程进行全程、高频次、多方面的跟踪，并根据实际生产需求，定时、定量地匹配资金。以养鸡行业为例，肉鸡的养殖周期大约为42天，需要12元的饲料款，数字农贷按照养鸡户在各养殖环节的实际需求，分批将资金支付给上游饲料供应商，饲料供应商收到资金后为农民提供饲料。这种放贷方式使养鸡户在一只鸡的养殖周期中，仅需为饲料款付6分钱的利息，避免了对闲置资金付息，比传统贷款成本低了将近一半，而且农民也省去了自己购买饲料的麻烦，可以专心进行养殖管理。

在贷后阶段，数字农贷应用数字化的技术手段将风险管理和生产管理有效结合。数字农贷并不局限于对农户授信贷款，而是以此为起点，继续帮助农户做养殖管理，对生产过程进行全程数字化监测，并将资金管理和风险管理融入其中，包括为养殖户提供免费的养殖管理系统、监控系统、物流管理系统等，帮助其建立一套集物流管理、信息流管理和资金流管理于一体的现代化农业养殖管理体系。

2. 主要经验

数字农贷是京东金融践行数字普惠金融的一个重要体现。相比传统信贷模式，数字农贷的创新性主要体现在以下三点：

第一，数字农贷项目解决了农村金融的可获得性难题。如前所述，农户既无资产担保又是信用白户，使金融机构想贷而不敢贷款给农户，以致农户越来越远离传统金融服务体系。而"数字农贷"项目通过对农业生产养殖过程的深入研究，建立数字化的量化模型，利用数字化的量化模型和农户历史养殖数据对未来生产结果进行预测，基于概率对农户授信，农户信用的产生就是基于数字化手段对农业生产过程量化分析的结果。

第二，数字农贷项目解决了农村金融的信任难题。传统农村金融的风险控制一直是难以逾越的鸿沟。数字农贷项目一方面利用量化模型测算每一笔贷款的风险，在农业生产过程中做到对风险的实时监控，这就大大地提高了贷款人在诸如虚构尽职调查信息等方面的成本，使骗贷变得"不经济"；另一方面，将信贷资金精准投放到农业生产的各个环节，即并不与农户直接发生资金交易。这就彻底解决了农村信贷中生产性贷款挪作消费的"死穴"，极大降低了农村金融的信任风险。

第三，数字农贷解决了农村金融运营成本的难题。一方面，数字农贷极大地降低了单户的信审成本。农村信贷小额分散的特点，决定了传统机构开展农村金融业务所取得的利差收入很难覆盖信审成本，数字农贷虽然在前期需投入较高固定成本搭建量化模型，但后期单个农户信审的边际可变成本几乎为零；另一方面，降低了农户的资金使用成本，分时分批放贷使农户只需为每一环节的贷款付息，而无须承担所有贷款在全周期中的使用成本。因此，数字化技术在农村金融的应用均降低了金融服务提供方和获得方的成本。

第四，数字农贷解决了农业产业管理水平低下的难题。数字农贷项目将农业生产管理与资金管理、风险管理有机结合起来，比如数字农贷在帮助养鸡农户管理信贷资金的同时，也帮助农民管理棚舍温度、养殖环境、饲料投放量、出栏时间等，提高养殖的水平和效率。

（二）农产品众筹

1. 行业实践

京东众筹平台是全国最大的产品众筹平台，农产品众筹依托京东众筹的平台和流量优势，以众筹的模式打通农产品上行通路，让农户不再为销路犯愁，带动当地特色农业及工业发展，构造闭环的农村众筹服务生态。

2018年5月，京东众筹与腾讯企鹅号联手启动了"特产中国"公益助农项目，有机生态茶叶、锦溪水蜜桃、水蜜大金杏、七彩土豆等众多优质扶贫农产品项目陆续上线京东众筹。这些项目在京东众筹平台得到了运营、渠道等方面的支持，并且受到消费者的广泛认可，均已收获众筹成功的成绩，不仅拓宽了自身销售渠道，也实现了品牌价值的提升。7月，京东众筹受邀参与央视7套"每日农经""产业扶贫在行动——贫困地区农产品产销对接大型公益活动",节目中推介的永顺莓茶、西藏亚东县帕里牦牛肉等特色农产品,在上线后均取得了不俗众筹成绩,引起社会各界的广泛关注。

2. 主要经验

首先,农产品众筹为农村地区的特色农产品进城打开了新的销售通路,助力农村贫困人口脱贫致富。从农田直达餐桌,一方面提前为农产品生产者和消费者搭建了订单关系渠道,实现"先销后产",减小生产风险;另一方面,减少销售中间环节,更有利于保障消费者获得保质保量的农产品。

其次,农产品众筹有利于提升农产品品牌价值,带动地域发展。依托京东众筹平台,农户可以采用图片、文字及视频的形式,与城市消费者更直接互动,更好、更全面地展现产品,甚至打造引人入胜的农业品牌。

最后,农产品众筹通过形成产业销售闭环,减少了整个生产—销售流程的不确定性,部分解决了农村信贷、保险等金融服务的风险问题。

(三) 金融小站

1. 行业实践

中国农村相对于城镇而言触网率偏低、人口结构失衡,网络、电商等场景能够触及的客户在农民中往往属于"头部",或为在种养、养殖领域已经实现规模化生产的"大户",或为"80 后""90 后""00 后"等对互联网等新鲜事物接受程度较高的年轻人群。仅仅依靠线上渠道依然很难触及最需要帮助的乡村人群,建立线下渠道,实现线上、线下联动发展是实现数字化普惠金融的必经之路。

金融小站是京东金融在农村地区设立的互联网运营中心,整合金融流、物流、商流,"一站式"解决农民关于线上线下吃、住、行、养、游、购、娱、教等问题。截至 2017 年年底共筹建 2000 多家农村金融小站,覆盖 17 个省 500 个区县 2000 多个乡镇,服务乡村用户超过 1500 万。

金融小站依托线下,发展线上,通过线下的拓展和服务逐步向线上引流,培养农村用户通过互联网和移动手机端接受金融服务的习惯。产品方面，线上 APP 不仅包括理财、保险、众筹、支付等全类创新产品，而且整合"商流、物流、金融"，实现"三流合一"，进而构建一个实实在在的金融服务场景。

2. 主要经验

金融小站进一步拓展了数字金融在农村地区的服务范围。网络基础设施及智能终端的不断普及为农村地区发展数字金融提供了可能，但现实情况是，相当一部分农户还缺少接受线上服务的习惯和知识，需要通过线下不断加强用户教育，培养用户习惯。金融小站通过广泛地铺设线下服务渠道，拓宽了数字金融的服务范围和边界。

金融小站为农民提供了"一站式"的线上服务方案。借助金融小站，理财、保险、白条、金条、众筹、支付等全系列产品都可以下沉到农村，满足农村居民多样化的金融需求。同时金融小站还打通线上、线下，承担电商、物流功能，构建了基于 O2O 的服务生态，成为农村居民"一站式"的综合服务平台。

三　发展规划及展望

诚然，京东金融在运用数字化科技手段发展农村金融、普惠金融方面取得了一定成效，但由于农村地区的复杂性，也遇到一些问题，如农村居民金融意识依然相对淡薄，农村地区网络、移动设备等基础设施覆盖率依然较低等。未来，京东金融将继续发挥自身的数据和科技优势，探索数字化普惠金融服务农村地区的经验和路径，将更多先进科技手段引进农村地区，全面服务农户的生产和生活需求，加强同当地政府、银行、保险等其他金融机构的合作，共同构建数字化农村金融的综合服务体。

（一）智能农业——构造闭环业态

数字普惠金融的关键在于数字和科技，加大数字化基础设施、数字化设备、数字化生产方式在农村地区的普及应用，是推动农村地区发展数字普惠金融的关键。未来，京东金融会把智能物流、智能监控等智能技术引入农村地区。比如将智能物流引入数字农贷业务中，基于掌握的客户信息、养殖批次信息、养殖数学模型等数字信息，自动生成饲料订单，通过物流管理系统，转换成物流配送单，借助京东物流，把饲料定时、定量地配送到每个养殖棚，最终实现智能化的农业生产方式。

（二）开放合作——打造综合服务体

发展数字普惠金融不能单打独斗，仅仅依靠单方的力量是远远不够的，必须各方深度合作。一是科技公司要同传统金融机构深化合作，金融机构的优势在于牌照和健全的服务网络体系，科技公司则具有强大的技术实力和数字资源，能够在风险控制和降本增效方面服务于金融机构。二是科技公司要同政府部门深度合作，很多数字化基础设施的搭建并非某家企业凭借一己之力可以完成，需要政府发挥其公共服务职能。未来，京东金融将开放合作，联合政府、农村专业合作社、农户、银行、保险等各类主体打造农村综合服务体，为农户和涉农企业提供农资、农机、农技、农金、农商等多位一体的全方位服务。

参考文献

1. 中国社会科学院财经战略研究院：《"三农"互联网金融蓝皮书》，2016 年版。
2. 京东金融研究院：《普惠金融数字化转型的行业实践》，2018 年8 月。

互联网金融在农业供应链中的
模式创新路径

杨世华[*]

摘　要：随着国家大力推进土地流转，中国规模经营主体数量逐年显著上升，农业规模化、产业化转型升级加快，农业经营从传统分散经营逐步转变为规模化生产，在"三农"领域金融供需缺口将急剧扩大。本文以农业供应链金融平台农发贷的市场实践为案例，分析科技金融机构在"三农"金融领域的创新实践，解决农业发展的资金需求，对中国农业现代化发展具有非常积极的意义。

关键词：农业　供应链金融　互联网金融　农业现代化

一　引言

为加快农村、农业及农民现代化进程，国家在政策层面逐渐重视鼓励适度规模经营和新型经营主体，中央一号文件连续 14 年出台系列政策措施，聚焦"三农"发展，提及发展多种形式适度规模经营、促进农业生产规模创新。

随着国家大力推进土地流转，中国规模经营主体数量逐年显著上升，农业规模化、产业化转型升级加快，产业化不可或缺的金融配套服务供给不足问题在"三农"领域逐渐凸显，为供应链金融在"三农"领域发展提供了历史性机遇。

＊　杨世华，北京大学 MBA，深圳农金圈金融服务有限公司创始人兼 CEO。

二 农村金融的现状及机遇

（一）土地流转带来农业生产"规模化、产业化"，给农业金融带来巨大的发展机遇

土地流转带来耕地集中和规模化生产。近年来，土地流转的速度在加快，全国耕地流转规模在加大。据官方数据，2016 年土地流转的面积已达到 4.71 亿亩，土地流转的比例占中国整体耕地流转面积的 35.1%。[1]

2016 年，农业农村部（原农业部）部长韩长赋在针对农村土地"三权分置"问题的公开讲话中，透露出土地流转的最新数据：截至 2016 年 6 月，全国 2.3 亿农户中，约 30%、超过 7000 万农户已流转了土地，东部沿海发达省份这一比例更高，超过 50%。全国已有 2545 个县（市、区）、2.9 万个乡镇、49.2 万个村开展了农民土地承包经营权确权登记颁证工作，完成确权面积 7.5 亿亩，接近农村家庭承包耕地面积的 60%。[2]

随着国家大力推进农村土地流转，农业生产方式发生变革，专业农户（农场主）不断涌现，经营土地的规模在不断加大，农业特别是种植业规模化、产业化发展趋势明显。据农业农村部部长韩长赋 2016 年的公开讲话，截至 2016 年 6 月底，全国经营耕地面积在 50 亩以上的规模经营农户超过 350 万户，经营耕地面积超过 3.5 亿亩，家庭农场、农民合作社、农业产业化龙头企业等新型主体数量超过 270 万家。[3]

从传统分散经营逐步转变为规模化生产，农业生产者面临的"融资难、融资贵"痛点将被急剧放大。开展规模化、专业化经营，新型农业生产经营者需要转变过去传统低效的生产模式——他们需要通过引

---

[1] 资料来源：农业部农村经济体制与经营管理司司长张红宇接受《经济观察报》采访透露，http://yc.sxgov.cn/content/2017 - 11/17/content_ 8429077.htm。

[2] 董峻、侯雪静：《农村改革又一重大创——农业部部长韩长赋解读"三权分置"》，新华社，http://www.xinhuanot.com/politics/2016 - 11103/c - 1119845346.htm。

[3] 高云才：《人民日报》，2016 年 7 月 31 日第 2 版。

入大量先进的技术、装备以及专业人才，实现与土地经营规模的匹配，从而提升土地产出率、劳动生产率和资源利用率，而这些都需要大量资金投入。农村金融市场的需求巨大，对于金融机构而言，是一个待发掘的蓝海市场。

（二）农村金融服务供给不足

近年来，中国"三农"金融虽取得了一定发展，但目前农村金融仍面临三大痛点："三农"资金缺口巨大，农村金融覆盖不足；金融产品单一，资金利用效率低；"三农"征信缺失、融资难且贵。

1. "三农"资金缺口巨大，金融覆盖不足

根据中国人民银行、国家统计局等相关机构公布的数据显示，尽管农林渔牧业产业增加值占 GDP 的比重接近 10%，但相关产业领域的融资占全部金融机构贷款的比例不到 4%（见表 1）。

据中国人民银行牵头编制的《中国农村金融发展报告（2015）》显示，中国只有 27% 的农户能够从正规渠道获得贷款，40% 以上的有金融需求的农户难以获得贷款支持。[①] 尽管农村正规金融机构提供的"三农"金融服务有所改善，但对农村的覆盖面（广度）与渗透率（深度）还远远不够，不能满足"三农"发展的需求，农村金融供需缺口仍然巨大。

表 1 　　　　　2010—2016 年中国农林牧渔的 GDP
占比、所获得金融机构贷款比例 单位：%

年份	农林牧渔占金融机构贷款余额的比重	第一产业增加值占 GDP 的比重
2010	4.50	10.18
2011	4.20	10.12
2012	4.10	10.09
2013	4	10.01
2014	4	9.17

① 中国人民银行：《中国农村金融发展报告（2015）》，中国金融出版社 2015 年版。

年份	农林牧渔占金融机构贷款余额的比重	第一产业增加值占 GDP 的比重
2015	3.70	8.99
2016	3.40	8.56

资料来源：中国人民银行《中国农村金融服务报告》2014 年、2016 年，中国金融出版社；国家统计局，2010 年至 2016 年全国年度统计公报。

2. 金融产品单一，资金利用效率低

一般来说，农业生产周期较长，季节性强，农业信贷具有资金周转较慢、需求较急迫的特点。传统种植业生产周期大多在 6 个月以上，养殖业大多在 9 个月以上，有的经济作物种植业，甚至需 2—3 年才能产生效益。这就要求金融机构针对农业生产的特点，设计符合农业生产经营需求的金融产品。

但现有的农村金融产品缺乏足够的创新。农户在生产过程中需要贷款时，不能从传统金融机构获得及时、便捷的服务。

3. "三农"征信缺失、融资难且贵

"三农"领域征信缺失长期存在：农户缺少有效的抵押物，农村宅基地、土地使用权等不仅在抵押上存在产权障碍，而且存在估值难和价值低等问题；农户信用难以在传统的征信数据中得到足够体现，金融机构获得的信息十分有限。

在这种普遍的行业痛点下，银行难以为农村提供持续有效的融资服务。由于农村融资渠道非常有限，农民通常只能通过赊账、民间借贷等形式融资来解决资金难题，但伴随而来的往往是要承担高额的融资成本。农村、农业、农民的金融需求得不到满足，"三农""融资难、融资贵"问题十分突出。

（三）金融科技提供了农村金融创新的契机

随着互联网技术在金融领域的不断渗透和应用，金融科技也在不断发展。一方面，可以借助互联网技术，从互联网获取大数据进行反欺诈分析、信用评分和决策分析，建立高效的审批和风险控制系统，同时做到在有限的人力投入下实现业务的指数级增长。

另一方面，互联网技术提升了金融服务效率，业务线上自动处理等措施，打破了传统商业银行的物理网点限制，极大地提高了农村金融覆盖面，能够把资金以最快的速度投到所需要的地方和能够创造更多价值的地方。

可以说，互联网金融，以其独特的技术优势，低廉的可获得成本，以及基于大数据的有效风险管控模式，为解决农村金融服务不足提供了全新的路径及解决方案。

三 现有农村金融创新模式概述

面对万亿级的"三农"金融市场，互联网巨头、非传统银行金融机构纷纷入场，以金融科技手段切入农村日常消费、农业生产、小微企业经营等多样场景，试图在广袤的农村土地谋划"三农"金融新版图。

（一）农村消费金融模式

在这一轮的消费升级中，农村消费增长明显加快。首先，近年来城乡居民的收入和支出呈稳定增长趋势，城乡收入差距在缩小。其次，互联网普及率的提升也悄然改变了农村居民，尤其是年青一代的生活方式和消费方式。同时，农村消费的升级，也给农村消费金融带来了发展契机。

农村消费金融模式，指向农村居民提供消费贷款的金融服务方式，用于满足农村居民购买日常生活用品、生产资料等的消费需求。比如，蚂蚁金服借助农村淘宝的广泛布局，切入农民网购消费市场，再进一步去构建金字塔形农村金融服务模式：金字塔底层的用户最多，一般是农村个人消费者或回乡投身农村电商的大学生等，已覆盖3000多万人，以消费信贷为主。[1] 再比如，什马金融，切入农村出行市场，提供购买摩托车、电动车等出行工具的消费分期贷款服务。

---

[1] 刘一鸣：《蚂蚁金服农村金融战略全解读》，《财经》2017年第1期。

（二）公益性小额信贷模式

公益性小额信贷主要是向低收入群体、微型企业提供的额度较小的持续信贷服务，有额度小、期限短以及无须担保抵押等特点，是农村地区金融供给的重要组成部分。公益性小额信贷机构的典型代表是中和农信资产管理公司。它定位于为难以从传统金融机构获得贷款支持的人群提供无抵押小额信贷，帮助贫困弱势群体提升自立能力，并通过多元化商业合作模式为农村市场量身打造保险、汇兑、理财、供应链管理等多方位的金融服务产品。

（三）农业供应链金融模式

农业供应链金融，指的是在农村农产品、生产资料、农民日用消费品的生产和流通过程中，围绕核心企业上下游，以真实的交易为前提，为供应链上的农资采购、生产、流通、销售等场景中的农户、经销商、零售商等解决融资需求。

如国内具有代表性的农业供应链金融平台农发贷，系深圳"农金圈"金融服务有限公司[1]旗下平台，成立于 2015 年 3 月，是国内最早的"结合农业生产场景"的农业供应链金融服务平台，通过介入农户的"农资消费、农产品销售以及农资经销商进销存"场景，有效地降低信息不对称，为"三农""融资难、融资贵"的问题，提供一种创新有效的金融解决方案。

农发贷专注于农业种植业领域，以供应链金融服务上下游，形成产业链闭环。依托与核心企业形成战略合作，联合中游农资经销商，覆盖经销商体系下的农户，同时辐射下游农产品收购商，为上下游各环节提供金融服务。

以上三种模式，展示了互联网技术在"三农"金融领域的创新实践。其中，农业供应链金融，立足于中国农业产业现状、以核心企业为

---

① "农金圈"系国内最大的农业科技金融服务公司之一，具有 A 股上市公司和深圳国资背景，旗下包括农发贷、理财农场品牌，为中国"三农"提供借贷、理财、保险及股权融资等咨询服务，团队成员来自大型股份制银行、顶尖互联网企业、农业龙头上市公司。

纽带、激活了各环节资源、提升了产业链整体效率。以金融支持实体经济，解决农业发展的资金需求，对中国农业现代化发展具有非常积极的意义。

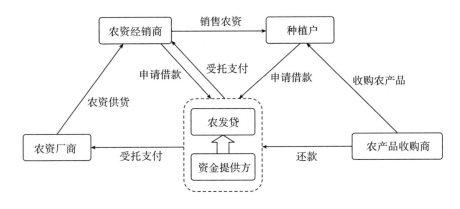

图1 农发贷平台商业模式

四 农业供应链金融的优势与不足

（一）优势

近年来，政府在政策层面逐渐重视发展适度规模经营和新型经营主体，农业生产集约化、规模化，为供应链金融在农业领域的应用创造了前提条件。在这个背景下，新型农民不仅需要做好种植的本业，还需进一步考虑如何扩大生产规模、建设品牌与拓宽营销渠道，以及与上下游企业建立长期稳定的合作等各种问题。未来，农业供应链金融在现代化农业生产中，将发挥越来越重要的作用。

1. 供应链金融有助于解决农村征信缺失难题，解决信用采集、单户授信等难题

长期以来，中国农村征信缺失。而将农户个体或企业纳入整个农业供应链中，改变了传统农村授信业务单户考察、单笔监测、自上而下的点对点模式，其站在农业供应链全局的角度，以核心企业为中心，充分

挖掘上下游的真实交易数据，获取真实的信用考察凭证，有助于解决处于相对弱势的上下游配套中小企业和农户的融资难问题。

2. 以金融连接核心企业及上下游，风险共担，提高产业链效率

通过核心企业，金融平台介入供应链，将上下游各环节连接起来，借助物联网、人工智能、大数据等技术，获取整个产业链中物流、信息流、资金流的真实数据，全面真实地反映各主体的运营及信用情况，降低信息的不对称性，提高了各环节的透明度，从而实现建立科学高效的风控模型，获取精准的客户画像。

核心企业在交易过程中多以担保或者联保方式，将上下游中小企业、农户或消费者利益进行捆绑，结合担保和第三方的监督，使整个产业链风险共担，同时也提高了个体的抗风险能力。金融从服务"1"即核心企业转向服务"N"即上下游的中小企业，形成产业链闭环，增强了产业链各环节的业务联系和信息共享，提高了整个产业链的效率。

（二）不足

农业供应链金融不仅具有供应链金融普遍存在的特征，而且其自身也存在一些待解问题。从市场探索和实践经验来看，农业供应链金融行业面临几大显著问题：

1. 核心企业综合实力有限，带动力不足

供应链金融核心，在于依托核心企业，以真实贸易为前提，管理上游农户和下游供销商的资金流、物流和信息流，开展生产活动。因此，核心企业与供应链的成员企业之间形成长期稳定的战略合作关系有着重要的作用和影响。

但由于中国农业产业化水平处在起步阶段，上游生产主体总体较为分散，组织化程度低，农户与企业之间以非正式合作为主，股份合作等紧密型联结方式整体较为松散。在农业供应链中，核心企业整体表现为综合实力有限，产业链管理水平不高，导致对整个产业链的带动力不足。

2. 供应链条不稳定，核心生产、加工流通企业等与上下游的契约关系薄弱

核心企业往往控制着产业链的关键环节，处于强势地位。核心企业

利用自身的资信，为上下游企业提供信用支持，将自身的融资转化为上下游融资，不仅可以降低自身融资成本和资产负债率，而且，上下游获得流动资金也能够降低融资成本，与核心企业共同扩展利润空间。

但当核心企业受到市场、行业波动等不稳定因素影响时，供应链条容易不稳定，加上与上下游的契约关系薄弱，导致违约事件时常发生。如核心企业出现流动性不足，上下游企业就容易被挤占资金，造成资金链紧张，整个供应链出现失衡或断裂。

3. 农村数字化程度低，形成有效征信难度大

有研究报告显示，针对供应链金融的业务发展痛点，有90%的企业均认为是由于征信信息缺失、数据挖掘能力弱、模型评估能力弱。[1]

由于农村传统征信数据的长期缺失，缺乏数据挖掘的经验，因此，构建农业供应链金融征信大数据，客观上难度非常大，导致难以构建完善的风控体系。目前，在中国所有的供应链金融企业中，只有10%的企业已经建立领先的风控系统和风险数据库，并以此为基础利用大数据分析技术构建了风险预测模型。而细分到农业供应链领域，借助IT技术运营和大数据分析来提升风控能力的情况，则更加不乐观。[2]

以上这几大问题凸显，使农业供应链金融的发展面临挑战。

五 新金融机构在农业供应链金融中的解决方案

农民并不是没有信用，只要找到合适的可覆盖成本的方式，就可以为农民提供融资服务。传统金融机构高成本低效率的业务开拓方式，从基本经济原理上决定了其不能有效满足农民的融资需求。

新兴金融机构能够更多地依靠互联网、信息化手段，围绕生产、消费场景、产业链模式，为"三农"产业提供更便捷、灵活和及时的资金支持。

解决农民"融资难，融资贵"的关键，在于回归金融服务的本质：

---

① 利基研究院：《农业供应链金融发展研究报告》，利基研究院。

② 万联供应链金融研究院、华夏邓白氏、中国人民大学中国供应链战略管理研究中心：《2017中国供应链金融调研报告》，万联网，https://www.sohu.com/a/153822993_272644。

即通过创新有效的方法，找到收益可覆盖成本的方式，开发农民信用，提供具有商业可持续性的金融服务。

农发贷看到行业痛点和机会，恰逢互联网金融浪潮而生，通过"深入场景＋联结社群＋创新科技"的模式创新，构建农资购销大数据，为农业融资难题，提供了一种有效的金融解决方案。

（一）依托核心企业，激活行业真实交易数据，构建农业供应链大数据体系，解决征信难题

过去三年多，农发贷与 200 多家全国核心的种子、化肥、农药、农机等生产资料厂家深入合作，共享行业积累多年的生产、消费、赊销等大量真实数据，形成农业供应链大数据库，解决农村金融征信不足难题。

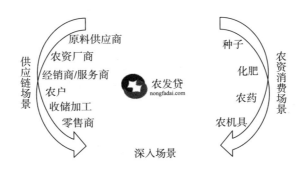

图 2　农发贷介入供应链场景和农资消费场景

目前，农发贷相继推出"种植贷""经销商贷""零售贷""收购贷""富农贷""快捷贷"等产品，以满足产业链上厂家、经销商、种植户、收购商等各环节资金需求，解决了农资行业赊销难题。

图 3　农发贷联合金融机构推出的金融服务产品

（二）贴合农业生产场景、深入作物社群，构建更有效的农业金融风险管理模式

农发贷以"金融＋农业＋互联网"，结合农业生产经营特征，采用互联网技术构建农业大数据，建立符合农业供应链经营特征的"稼穑"风控体系。通过"线上＋线下"相结合的风控模式，从贷前、贷中、贷后整个链条实现创新。

1. 贷前——大数据分析风控体系

一方面依托传统的个人数据如公安数据、人行征信数据、全国法院被执行人数据、同盾科技等第三方数据进行客户的分析筛选，另一方面依托合作的核心企业提供的与客户近三年的交易数据（包括销售记录、结算记录、授信额度、赊销还款等），通过使用先进的数据分析方法，构建种植业大数据库。

目前，农发贷在全国 27 个省区，以一线团队为主，与全国数百家合作核心企业的农资销售网络、上万名农资销售业务员形成协同，共同完成信息收集、数据交叉验证、客户调查等事项，从中筛选优质目标客户，实现从源头开始进行风险识别。

2. 贷中——资金闭环监控，用途真实可控

客户的借款资金 100% 受托支付给上游农资经销商，保证专款专用。通过与核心企业的联网监控客户的下单、农资配送等环节，客户的下游销售环节则通过与部分收购商合作，约定客户收获之后直接销售给收购商，从而锁定客户的还款来源，降低借款风险。

3. 贷后——整合产业链上下游资源，降低农产品销售市场风险

在贷后环节，安排指定团队追踪借款资金用途，现场检查农户的农作物生长状况以及经营情况。同时，通过介入农业生产供应链，整合上中下游资源，不仅在上游为农户提供优质农资供应商信息，而且在下游为农户与农产品收购商搭建购销桥梁。

（三）整合供应链资源，解决行业赊销难题，提高产业链整体效率

农资行业多年赊销盛行，农资供应链深受其害。农发贷通过受托支付的方式，直接将客户信贷资金支付至农资消费的核心企业或经销商，

保证每一笔资金实际用于农业生产，有效地解决了农资行业赊销难题。而且，农户将信贷资金用于即时支付购买农资，享受到经销商的贴息优惠，降低了融资成本；农资经销商盘活了现金流，可以进一步扩大规模；厂家增加销售额，从而提高了整个供应链的效率。

（四）金融科技创新，全面提升金融服务效率

首先，通过现代互联网技术手段，建设"非物理网贷"，有效降低银行传统设点的资金成本，提高服务效率。借款农户可以通过农发贷官方渠道，如PC官网、微信、APP等方式获取最新的金融产品信息，根据自身的需要选择对应的产品发起贷款申请，并可通过PC/微信/APP实时查询审批进度和结果，并进行线上签约、提款申请、放款信息、还款计划、执行还款等操作，实现全线上、自动化、高效率的互联网借、还款。

此外，平台还实行一次授信、两年有效，1—24月灵活期限，根据农资使用情况随用随借，根据销售回款情况随借随还，充分保证了资金的使用效率，降低了资金的综合使用成本。

（五）农发贷案例——马铃薯作物圈案例

近年中国启动马铃薯主粮化战略，内蒙古、河北等区域是中国马铃薯的优势产区，马铃薯产业也是该地区促进农民增收致富的主导产业。这里以农发贷在河北、内蒙古地区的金融服务为实例，分析供应链金融如何助力产业链良性发展。

1. 针对产业链各环节，提供定制化的金融产品服务

我们详细调研了河北、内蒙古地区的马铃薯供应链，为种薯生产、农资经销、商品薯种植、深加工、仓储物流等上下游各环节的生产经营主体提供了经销商贷、种植贷、收购贷等各类金融产品，资金支持金额超过数亿元。

以种植马铃薯为例（见图4），传统一年期100万元农资贷款，资金闲置5.6个月，按年化8%利率计算，相当于多付47%，即3.7万元利息。农发贷紧贴当地马铃薯的生产周期定制金融产品，种植户可以根据生产周期提取款项，购买农资，充分保证了资金的使用效率，降低了

资金的综合使用成本。

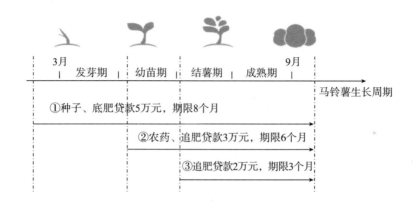

图4 马铃薯种植周期与农资投入

2. 深入采集供应链数据，创建了科学的风控模型

例如，种薯生产商承德百茂薯业有限公司，想为扩大种薯种植规模融资。我们一方面通过联系其上游的农资供应商、下游购买种薯的种植户，了解该企业的种薯质量、技术能力、农资采购数据及老板的为人和信用情况等；另一方面实地考察了解其借款项目真实性，并清点商品库存、销售台账、银行流水、利润及负债相关情况；再辅以第三方征信数据，及相关作物的农业大数据，形成有效信用凭证，给该企业提供了数百万元的无抵押、无担保的信用贷款。

3. 以核心企业为依托，打通产业链上下游，形成有效闭环，提高整体效率

在马铃薯产业链上，农发贷积累了许多核心企业客户。比如张北丰茂农业开发有限公司，系河北省农业产业化重点龙头企业。

一方面，农发贷以资金支持丰茂农业发展，帮助龙头企业做大做强；另一方面，由丰茂农业担保，农发贷向马铃薯种植农户提供每亩1000元的借款，解决贫困农户的种植资金缺口。同时，丰茂农业提供种薯、农资、技术支持，马铃薯收获后再进行定点回收，不仅保证了种植户的收益，丰茂农业自身也有了稳定的马铃薯收购来源。

从2015年开始，农发贷累计为丰茂农业以及周边地区种植户提供

近亿元的金融支持，在精准扶贫的同时也带动了当地马铃薯产业的发展。

六　农业供应链金融未来发展展望

（一）金融科技在农业供应链金融的应用意义

乡村振兴战略中，金融是推动产业兴旺的重要一环，需要创新更多有效的解决方案。

1. 金融科技突破物理空间限制，可以创新农村金融服务方式，显著提高农村金融服务效率

互联网技术能够推动农村金融服务模式创新，有效降低银行传统设点的资金成本，让未被传统金融体系覆盖的人群享受到触手可得的金融服务，显著提高农村金融服务效率。应充分利用互联网工具互联整合信息，建设农村大数据，开发农民的信用，沿着农业生产链条提供金融服务；充分利用互联网工具，创新金融服务形式，将发达地区的资金，引流到农村，支持农业现代化发展。互联网可以实现建设"非物理网贷"，有效地降低银行传统设点的资金成本，提高服务效率。

2. 鼓励新型"三农"金融服务公司投入农业，构建多层次农业金融服务体系

随着大数据、物联网等互联网技术发展，近年来许多新型农业金融服务公司携技术创新之势进入"三农"领域。长远来说，通过政策引导创新金融服务"三农"实体经济，对传统金融形成有效补充，将增加农村地区的金融覆盖面和获得率。

3. 通过金融支农，扶持产业脱贫，激活农村内生动力

在精准扶贫事业中，应充分发掘当地特色农产品的潜力，以金融扶持地理标志性农产品的种植和销售，让农户增产、增收，实现金融造血、产业扶贫。

截至2018年7月，农发贷在全国28个省区，为20000多个规模农场、8000家经销商，累积提供了超过100亿元的金融服务，辐射种植面积4000万亩。同时，带动整个农业供应链上下游新增产值超过350

亿元，为产业创造巨大经济价值。

4. 随着中国农业朝着规模化、专业化的方向不断发展，金融服务也会朝着专业化发展

任何一个行业的产业化发展，伴随而来的必然是分工的细化，配套服务业的兴起。比如美国农业，种植业大规模现代化，美国的职业农民有 300 多万人，但是在为农民提供各种服务企业将近 1500 万从业人员，也就是三个人服务一个职业农民。[①]

中国的农业要实现产业化或现代化，包括农业金融在内的农业服务业在未来 10 年至 20 年会有极大发展。我们应该把农业金融服务深深地扎根在农村一线里，并不断地创新金融服务方式，强化金融服务能力，提升金融服务效率，带动产业的发展，促进整个农业现代化进程。

（二）农业供应链金融的未来

近两年来，互联网金融的崛起对固有的传统金融体系造成了冲击，传统金融领域也有重返农村市场的迹象，有望将"普惠金融"的宗旨真正渗透到农村地区。

随着新型农业经营主体不断发展，农业现代化不断加速，农村金融还有巨大的挖掘空间。从额度来说，小微金融、大额金融都有大量的需求市场；从类型来说，农民日常消费场景、农业生产场景等都有很多需求尚未被满足；从产业来说，不管是种植还是养殖，远远没有做到整合产业链形成闭环等。

农发贷立足农业供应链金融模式，把握在市场中的先发优势，在服务深度、广度上不断拓展。我们希望，将农发贷打造成一个真正领先全国的农业综合金融服务平台。通过平台的专业服务，让更多优秀的新型农业生产主体做强做大，真正地去推动国家农业的产业化和现代化进程。

未来，农发贷会一如既往坚持"服务实体经济"的宗旨，坚持"普惠金融助力'三农'"的使命，将持续突破以下几个目标：

（1）扩大服务场景，延伸服务链条。一方面将持续深耕作物圈，

---

① 资料来源：http：//www. xjxnw. gov. cn/c/2017 – 02 – 14/1120194. shtml。

不断培育发展全国各地的优质农产品产业项目，逐步覆盖全国主要农作物产区；另一方面，围绕种植业的核心企业，辐射上下游，为农资流通、生产种植、仓储销售等全产业链提供金融服务。

（2）构建完善农业增信大数据。基于金融服务及交易平台积累大量规模化经营农户客户与数据，利用大数据建立覆盖全国的农场征信体系，帮助农民开发和运用好宝贵的信用资产，为其提供包括借贷、保险、理财、支付等全面的金融服务，构建农户金融服务生态。公司力争在 2020 年前，发展成为全国规模最大，实力最强的现代农业综合金融服务平台。

（3）布局综合金融服务。巩固基于农业产业链的贷款服务，未来通过联合设立融资租赁、商业保理等多类型金融服务机构，依托农业大数据信息和农资物流监管，积极开展融资租赁、商业保理、保险代理、互联网金融、小额贷款等农业产业链金融综合服务，提升农业金融覆盖率，打造全国领先的综合农业科技金融服务集团。

参考文献

1. 董峻、侯雪静：《农村改革又一重大创——农业部部长韩长赋解读"三权分置"》，新华社，http：//www. Xinhuanet. com/politics/2016 – 11/03/c – 1119845346. htm。

2. 刘一鸣：《蚂蚁金服农村金融战略全解读》，《财经》2017 年第 1 期。

3. 利基研究院：《中国农村金融发展报告 2017》，利基研究院。

4. 利基研究院：《农业供应链金融发展研究报告》，利基研究院。

5. 万联供应链金融研究院、华夏邓白氏、中国人民大学中国供应链战略管理研究中心：《2017 中国供应链金融调研报告》，万联网，ht-tps：//www. sohu. com/a//53822993_ 272644。

6. 中国人民银行：《中国农村金融发展报告（2015）》，中国金融出版社 2015 年版。

7. 中国银监会：《中国银行业农村金融服务分布图集》，2007 年。

从传统模式到数字技术应用

——农信互联网小额贷款股份有限公司的农村金融探索之路

刘　楠*

摘　要： 当前，诸多小贷公司生存发展面临着巨大挑战。支农小贷公司必须专注难以从银行等金融机构获得信贷支持的中低收入群体，结合互联网金融科技创新做法及风控手段，才能走出一条促进农户自我发展及农村普惠金融的突围式发展之路。

关键词： 海南农信社　一小通小额信贷　农村金融　互联网 +　线上 + 线下

一　引言

近年来，随着银行业金融机构业务不断下沉和互联网金融的兴起壮大，诸多小贷公司生存发展面临着巨大挑战。战略定位不明、管理水平较低、风控模式单一、不良持续攀升，全国小贷公司机构减少或只"收"不"放"趋势初显。

在整个行业不被看好的情况下，农信互联网小额贷款股份有限公司

＊　刘楠，美国纽约州立大学理学硕士。农信互联网小额贷款股份有限公司董事长，主要研究领域为农村及小微普惠金融。参与国家社会科学基金特别委托的马克思主义理论研究和建设工程课题"海南农信社创新金融模式服务'三农'实践研究"，完成《海南农信社创新小额信贷支农模式》研究报告。

（以下简称"农信互联网小贷公司"）通过独创的"跳出金融"做农村金融的发展理念，准确界定服务市场与对象（农村地区中低收入人群），制定科学完善的管理机制及坚持"互联网＋农村金融"的运营模式，既服务了广大农户，又实现了商业发展可持续，在全国农村普惠金融领域中独树一帜，取得了良好的社会效益。

二　农信互联网小贷公司的诞生

2007 年 12 月，为解决海南省农村贷款难问题和助推农村精准脱贫，海南省委省政府向全国最后一家转制改革的海南省农村信用联合社（以下简称"海南农信社"）提出："学习尤努斯精神、借鉴格莱珉方法、探索海南自己模式"，以小额信贷作为改革突破口的工作要求。[①]海南农信社以此责任与担当作为改革发展的动力，以办"海南农民自己的银行"为目标。于 2008 年年初引入孟加拉格莱珉银行[②]小额信贷模式，聘请诺贝尔和平奖获得者、孟加拉格莱珉银行创始人"小额信贷之父"穆罕默德·尤努斯教授作为顾问，在海南省琼中县、屯昌县开展格莱珉小额信贷项目推广试点工作，面向试点地区的农户采取小组联保贷款的模式提供小额贷款服务，探索该项目的商业可持续发展道路。

从初期的"水土不服"到在本土实践应用中不断总结出优良的实战经验，海南农信社在经营理念、服务宗旨、风险控制、运作方式和业务等方面，对当时传统的农户小额信贷模式进行创新改革，总结出一套完整的企业文化、制度、产品等符合海南农村发展实情的"一小通"小额贷款支农模式。迅速辐射并应用至全省覆盖网点，进行全面推广。成功解决了海南省农村农业经济发展的资金"瓶颈"问题，促进了农村产业结构调整，支持了农民增收致富，为缩小城乡差距发挥了积极作用，让小额信贷在推动海南农村农业发展上结出累累硕果，发展成为海南省农村金融支农机构主力军。

---

① 周雅琼：《中国（海南）农村小额信贷国际论坛举办》，和讯网，http：//bank. hexun. com/2007－12－26/102504699. html。

② 即孟加拉乡村银行（Grameen Bank）——编者注。

近年来，海南农信社按照省委省政府的要求，以大力发展海南省农村普惠金融作为农信社支农支小的方向，由最初单一的纯线下贷款体系到形成独具特色的线上、线下相结合的"一小通"小额信贷模式，实现了农村金融突围式发展，被誉为全国普惠金融支农模式的一面旗帜，受到社会各界广泛认可及党和国家的关注。

2011 年 4 月，时任中华人民共和国国务院副总理王岐山批示："银监会着人对海南农信社经验进行认真归纳总结，在全国农信社进行推广。"

2015 年 12 月，中华人民共和国国务院《推进普惠金融发展规划（2016—2020 年）》提出：到 2020 年，建立与全面建成小康社会相适应的普惠金融服务和保障体系，有效提高金融服务可得性，明显增强人民群众对金融服务的获得感，显著提升金融服务满意度，满足人民群众日益增长的金融服务需求，特别是要让小微企业、农民、城镇低收入人群、贫困人群和残疾人、老年人等及时获取价格合理、便捷安全的金融服务，使中国普惠金融发展水平居于国际中上游水平。[1] 发展普惠金融被提高至国家战略高度，具有里程碑意义。

2016 年 4 月，海南农信社联合两家法人单位作为原始股东发起设立农信互联网小额贷款股份有限公司，旨在将海南农信社"一小通"小额贷款支农模式推向全国，致力于为金融服务供给不足地区的中低收入群体，特别是为农户提供快捷、高效和多样化的金融服务。

三 农信互联网小贷公司业务模式

（一）创新"跳出金融"做农村金融

1. 创新"五专"模式

（1）专设机构

选择农业相对集中、信用环境相对较好、金融供给相对缺乏，特别

---

[1] 国务院《关于印发推进普惠金融发展规划（2016—2020 年）的通知》（国发〔2015〕74 号），中华人民共和国中央人民政府网，http：//www.gov.cn/zhengce/content/2016 – 01/15/content_ 10602. htm。

是征信空白及难以享受到平等金融服务的县域（乡镇）设立办公网点。有效解决农村金融市场面临的信息不对称、成本高等难题。网点员工均从当地招录，实现员工就业在地化，为农户提供线上、线下相结合的金融服务，充分发挥本地员工熟人、熟路、熟风土人情的作用。

（2）专门文化

为保持员工队伍的廉洁自律，创立了一套包括"真情投入、调查进屋、培训到户、金额适度、职责各负"的工作守则、"坚持贷款给妇女，坚持三至五人联保，坚持培训不低于五天，坚持整贷零还，坚持小额广覆盖，坚持利息零拖欠"的风险控制原则等独具特色的企业文化。

①将"农民最讲诚信"作为一切工作的根本。一是培养信贷员相信农民、热爱农民、真心实意服务农民的基础企业文化；二是将"培育农民讲诚信"加入贷款管理流程中。要求信贷员在贷前对农民进行诚信教育，帮助农民提高金融素养，让他们把诚信文化渗透到生产生活中。以诚信滋养诚信，降低信用风险，最终营造"诚实守信、利己利他"的社会氛围。

②将"一手给资金，一手给技术"作为风险控制的核心。家财万贯不如薄技在身，要求信贷员在给农民提供资金支持的同时，能整合身边资源为农民提供农业生产技术的培训及帮助，避免农民因缺乏生产技术导致经营不善而造成违约风险。深刻实践"给农民放款、教农民技术，帮农民经营，促农民增收，保农民还款"的工作方法，保证信贷业务稳中有序、向上发展，防范风险减少损失。

③将"五千五万"工作精神和"三不"行为准则作为发展壮大的唯一"捷径"。信贷员必须严格坚持践行"五千五万"（走千山万水，访千家万户，道千言万语，理千头万绪，吃千辛万苦）的工作精神及"三不"（不喝农户一口水，不抽农户一根烟，不拿农户一分钱）行为准则，优化金融服务流程。

（3）专门系统

先后研发数据风控管理系统、客户管理系统、三方支付管理平台、数据可视化平台、信贷管理系统、客户信息采集系统、报表系统、放款系统、Android 移动审核系统、农信互联网小贷公司客户端 APP（Android 版）及（iOS 版）等领先行业的互联网金融科技产品，构建了一套全流程、自动化的业务系统，提高业务管理水平。

（4）专项流程

贷前增加对农户的培训，贷中取消贷审会，下放信贷决策审批权，调整为信贷员"鱼咬尾"单向监督审核机制，提高贷款审批效率，防范信贷员道德风险，实现信贷员随时随地受理审批贷款，农户最快获得贷款的流程模式。

（5）专列产品

在依托全面成熟的风险控制技术条件下，针对不同层次农户的融资需求，扩大贷款覆盖面。专门开发了"首次登记制贷款"、致富贷、小康贷、特色农品贷（芒果贷、哈密瓜贷、圣女果贷、花卉贷、槟榔贷）、建房贷等十个信贷产品，为农户量身打造最适合自己的贷款产品。提供实惠便捷的信贷服务，满足多样化的资金需求。

其中，"首次登记制贷款"作为农信互联网小贷公司的信用试探贷款产品，致力于对农村征信空白地区农户进行信用试探，帮助农户积累信用，培养诚信意识，为从未体验过平等金融服务的客户提供纯信用的小额贷款服务。目前已在海南省、河南省、河北省及广东省的业务覆盖地区推行，取得良好成效。2018 年 7 月，该产品在"第八届（2018）中国农村金融品牌价值榜"评选活动中荣膺"全国农村金融优秀普惠金融产品"称号①，成为小额信贷公司参选该"普惠金融系列"奖项中唯一获奖机构。

2. 创新"五交"机制

（1）把贷款审批权交给农户

只要农户满足"四有四无"（四有：有勤劳致富意愿、有适当劳动能力、有固定住所、有明确用途；四无：无吸毒、无赌博、无恶意拖欠信用记录、无严重故意刑事犯罪记录）贷款条件，排除负面清单并通过贷前培训后，即可获得申请额度适当小额贷款的权力，信贷员不得无故拒绝发放贷款。

---

① 刘小萃：《喜报第八届中国农村金融品牌价值榜·普惠金融系列榜单揭晓》，中华合作时报农村金融网，https：//mp. weixin. qq. com/s/zrvO3QY4AlwQW0CuF3vyVg。

（2）把利率定价权交给农户

实行"诚信奖励金"制度，根据农户的履约情况和信用好坏给予灵活差异化的利率档次。每笔贷款利率由"实收利率 + 诚信奖励金率"构成，客户按时还本付息，待贷款结清后，将根据其还款的诚信记录决定"诚信奖励金"的返还比例。

（3）把工资发放权交给信贷员

①采取工资与绩效挂钩的方式激发信贷员积极性，做到工资自己可算可得。

②精细化独立核算机制，实现人人都是经营者。将公司"分割"成一个个独立核算的利润中心，实施独立经营。让员工学会独立核算个人的收入、利润及盈利情况，自负盈亏。定期对个人盈利未达标的员工进行分析，提供解决方案，帮助实现盈利。充分发挥每名员工的工作积极性和创造性，培养员工自我驱动的主人翁意识。

（4）把风险防控权交给信贷员

①实行信贷员之间"鱼咬尾"单向监督审核方式，让收益与风险对等。若因某笔贷款出现违规违纪造成损失的，则由该笔贷款的所有责任人承担相应比例的连带赔偿责任。

②打造轮岗与稽核相结合的线下贷后风控模式，定期对工作满一年的信贷员进行跨乡镇或跨市县轮岗。成立专职的 10 人稽核队伍，通过对贷款档案检查及实地核对，及时排查风险隐患，防范内部人员道德风险。

（5）把贷款管理权交给科技系统

通过信贷管理系统，对贷款的风险进行全流程的实时监控和预警，降低人工成本，控制信贷风险，为公司资产安全保驾护航。

（二）创新"互联网 + 农村金融"

1. 实现办贷无纸化

农村地域广阔，人口和经济密度低，农村小额贷款的交易成本较高。传统小贷公司的信贷员完成一笔贷款的客户申贷材料收集、文件影像化、审批等，需要提供的纸质材料较多，付出的办公成本相对较大。农信互联网小贷公司提出，用纯线上数据化代替传统线下收集材料和人工核实的方式。开发移动端"农信互联网小贷公司移动展业"办贷无纸化平台，由信贷员传统线下收集贷款纸质材料模式，转变为线上信息数据流通无纸化模式。

"农信互联网小贷公司移动展业"办贷无纸化平台系统内所有贷款申请材料、审批表格、贷款合同等填录规则均按照公司规定进行电子化植入，实现了电子档案代替纸质档案。信贷员可通过移动端平台，线上完成信贷业务的客户信息录入、受理、审核、发放受理、贷后管理及归档等全流程无纸化操作。

这不仅实现让农户足不出户就可获得贷款，节约农户贷款成本，而且有效地降低公司运营成本，提高信贷员工作效率及管理质量；同时，增强了信息传递的实时性，信贷员可随时跟踪查询贷款的办理进展情况及贷后查阅贷款档案信息；降低了贷款审批的时效性，每个流程步骤都有流程痕迹设置，利于及时全面掌控信贷员的工作办理状态，发现和解决问题，无形中督促了贷款审批效率。此外，数据信息 GPS 定位，可防范信贷员"虚假入户"，从而实现公司业务的数字化管理及客户服务质量双提升。

2. 创新"线上 + 线下"风控模式

农村市场与城市市场差距依然较大，只有少量或几乎没有城市客户在互联网上存有电商、出行、偏好、社交圈等数据。因此，完全通过线上进行贷款的审批尚不现实。有鉴于此，农信互联网小贷公司采取大数据与人工判断相结合风控模式，贷前运用大数据对申贷客户进行身份信息验证、筛查可疑欺诈人群；贷中信贷员实地调查了解情况，并将信息录入系统，最终结合系统给出的建议作出是否发放及贷款金额的决定。

线上开发"农信普惠"申贷 APP 及微信公众号申贷小程序，客户可在移动端安卓市场/苹果商店下载"农信普惠"APP 或我司官方微信公众号中的微信小程序申贷渠道进行贷款申请。后台系统在客户提供相关授权的前提下，迅速完成数据采集并对其进行初步的身份信息验证、筛查可疑欺诈人群。

信贷员依据后台反馈结果，48 小时内线下实地入户调查核实，并反馈回系统。大数据风控模型根据信贷员的调查信息作出决策建议。这在降低信用风险、提升信息对称水平、节约交易成本、提高服务效率及保证信贷资产安全性等诸多方面具有较大优势。

3. 创新线下"鱼咬尾"风险控制管理机制

将贷款责任具体细化到个人，在信贷员之间建立"鱼咬尾"机制。明确要求每笔贷款都必须双人入户，每发放一笔贷款，除了发放该笔贷款的责任信贷员，至少有1名直接监督人和1名间接监督人参与贷款审批、决策及管理，承担相应的责任比例和收益，形成"权责联保"模式。及时监督业务走向，从而加强相关责任人对贷款的管理和责任心，降低风险。让信贷员做到既发放贷款又要监督别人，同时被人监督，第三、四责任人的再监督。

简单来说"鱼咬尾"风险控制机制即单向监督：A 审核 B，B 审核 C，C 审核 A，A 和 B 之间不能互相审核，A、B、C 三人之间是相互监督的关系，从贷款流程上规避内部风险的发生。若 A 离职，则其所占比例的贷款将由 B、C 无条件接受，并负责管理。让收益与风险对等，有效确保贷款在调查审批评价的客观公正。

四　农村互联网小贷公司经营管理情况及经验总结

当前，普惠金融与乡村振兴已上升为国家战略，是未来发展的重要增长级与着力点。截至 2018 年 6 月底，农信互联网小贷公司业务已覆盖至海南、广东、河北和河南 4 省的 20 个市县、236 个乡镇；累计放款 2.3 万笔，金额达 11.7 亿元，农户贷款占比超 91%；贷款存量 15099 笔，余额达 43607.54 万元；不良贷款 106 笔，金额达 638.82 万元，不良率 1.46%；贷款损失拨备累计计提 895.27 万元，贷款拨备率 2.04%；逐渐发展成全国发放农户贷款排名前列、海南省小额贷款公司中服务农户最多、运营模式及风控体系较为成熟完善的小贷公司。

（一）公司经营管理情况

公司 2016 年资产合计 21265.82 万元，负债合计 828.73 万元，净资产 20437.1 万元；2017 年资产合计 40799.26 万元，负债合计

19397. 23 万元，净资产 21402. 04 万元。2016 年营业收入 1720. 42 万元，支出 1142. 43 万元，利润总额 577. 99 万元；2017 年营业收入 3464. 63 万元，支出 2500. 04 万元，利润总额 964. 59 万元，两年共实现利润 1542. 58 万元。

（二）经验总结

1. 市场定位与客户选择

（1）公司的市场定位与客户选择是基于自身的支农情怀与战略发展的选择，我们始终认为农村普惠金融市场大有可为，农户是社会所有阶层中，个人负债率与风险违约率最低的群体，更迫切地需要获得平等的金融服务。

（2）充分落实国家普惠金融战略要求，扩大"三农"金融服务覆盖面，为中低收入人群提供了良好的资金支持及高品质的金融服务，逐渐成为业务覆盖地区支持农村经济发展的一支重要金融力量。

（3）激发农村金融市场活力，坚持将金融服务下沉到农村地区，优化客户结构，缓解农村融资难、融资贵等问题。

2. 精细化的管理

优化治理结构及运营模式，在坚持农村金融"小额分散"的风控原则的基础上，以"跳出金融"做农村普惠金融的发展理念积极探索农村普惠金融的可持续发展之路。从网点布局、人员培养、企业文化、独立核算、产品设计及制度建设等方面下手，全面提升金融服务能力，形成适用于农户的特色信贷模式。在支农支小等方面发挥积极作用，真正发挥出支农惠农的社会效益。

3. 对科研投入的重视

"互联网＋"是社会发展的必然趋势，是推动金融包容性的重要力量，农村普惠金融创新离不开互联网技术的支持。农信互联网小贷公司始终坚持科技引领"互联网＋农村金融"，将互联网技术与线下团队的调查验证相互结合，着力搭建大数据基础平台，推动大数据应用，为提升办贷效率与风控水平提供保证。

五　前景展望

（一）社会经济发展形势与趋势

1. 乡村振兴战略

2017 年 10 月 18 日，习近平总书记在党的十九大报告中提出：大力实施乡村振兴战略。农业农村农民问题是关系国计民生的根本性问题，必须始终把解决好"三农"问题作为全党工作重中之重。要坚持农业农村优先发展，巩固和完善农村基本经营制度，保持土地承包关系稳定并长久不变，第二轮土地承包到期后再延长三十年。确保国家粮食安全，把中国人的饭碗牢牢端在自己手中。加强农村基层基础工作，培养造就一支懂农业、爱农村、爱农民的"三农"工作队伍。① 乡村振兴战略描绘了新农村发展蓝图，应该紧紧围绕乡村振兴战略的总要求，牢牢把握市场机遇，以此作为开启事业新征程的首要途径。强化自身优势，切实找准金融服务的切入点和聚焦点。

2. 海南建设自由贸易试验区

2018 年 4 月 13 日，习近平总书记在庆祝海南建省办经济特区 30 周年大会上郑重宣布：党中央决定支持海南全岛建设自由贸易试验区，支持海南逐步探索、稳步推进中国特色自由贸易港建设，分步骤、分阶段建立自由贸易港政策和制度体系，确立了全岛建立自由贸易试验区、中国特色自由贸易港的目标，制定了《关于支持海南全面深化改革开放的指导意见》，赋予海南经济特区改革开放新的重大责任和使命，也为海南深化改革开放注入了强大动力。这是海南发展面临的新的重大历史机遇。②

海南本身作为一个经济特区和国际旅游岛，建设自由贸易区（港）是习近平总书记亲自策划、亲自部署、亲自推动的重大国家战略，是海

---

① 张樵苏：《习近平强调，贯彻新发展理念，建设现代化经济体系》，新华网，http://www. xinhuanet. com/politics/2017 – 10/18/c_ 1121820551. htm。

② 李浩蓉、陈海燕：《党中央决定支持海南全岛建设自由贸易试验区》，人民网，http://hi. people. com. cn/n2/2018/0413/c228872 – 31460023. html。

南历史上具有里程碑意义的事，为海南带来了千载难逢的发展机遇。农信互联网小贷公司作为海南小贷公司中支农支小的主力军，将充分利用现有的条件优势，更加积极投身海南美丽乡村建设、为海南自由贸易区（港）建设贡献自己的力量。

（二）面临挑战与政策呼吁

1. 接入央行征信系统

目前，全国大部分优秀小贷公司均已接入央行征信，海南省小贷公司由于历史原因，还未有一家接入。小贷公司与金融机构信息不对称极易导致：

（1）无法了解客户的信贷信息，只好要求客户自行到当地人民银行查询打印个人征信报告，耗费时间多，信贷效率低，影响了金融服务效率，制约了信贷业务发展；

（2）无法掌握客户真实的负债及履约情况，造成信息不对称，极易因客户"多头借贷""误贷骗贷"造成信贷风险大；

（3）客户在小贷公司的借贷及履约情况未能报送央行征信数据库，既影响了央行数据库信贷数据的完整性，又影响了金融行业的信贷数据共享，客户存在侥幸心理，不利于诚信意识培养，特别是对"老赖"起不到震慑及惩戒作用，不利于建设诚信社会。

如能够接入央行征信系统，实现客户的基本信息和信贷信息全面报送和共享，建立起小贷机构与全国金融机构之间的互联互通。不仅对借款人履约行为起到制约作用，有效地防范信用风险，同时也能为金融机构对借款人的还款意愿与能力的审查提供可靠依据，切实解决农户贷款难问题，更好地为美丽乡村建设做出更大的贡献。

2. 规范互联网金融环境

当前已持有互联网小贷牌照的200多家小贷公司中，不乏专注支农、支小、支微且整体经营较好的机构，也有无主营业务，仅利用牌照获取利益、粗放管理的机构。虽监管部门已加强对互联网小贷牌照严格控制，但却已出现良莠不齐、鱼龙混杂的现象，对当前互联网金融整体环境造成不良影响。鉴于此，为促进行业可持续发展，风险可控，建立适用于网贷公司的标准监管评级制度及评价指标体系势在必行。

（1）建议建立监管评级制度，可借鉴世界小额信贷机构 3 大评级公司的评级标准，由权威部门牵头，以风险管理、成本控制、社会影响、市场竞争力和合规管理水平等方面为组成要素，对小贷机构进行精确化分级别、列档次评级，并对结果进行公示披露。这一方面有利于金融消费者获得透明信息进行风险可控的金融决策，另一方面有利于机构自身明确方向，不断完善。同时，对不同档次小贷公司在资金融通（资产证券化、银行借贷等）、杠杆比例、营业范围（可为客户提供综合化服务）等方面采取不同支持及监管政策。

（2）建议建立监管评价指标体系，建议参考银行监管指标评价标准，建立专属于网贷公司的监管指标体系。可将该机构的资本充足率是否达标、贷款不良率是否超标、资金成本收入比重是否在合理范围内、盈利保持逐年增高还是持续下降、风险拨备覆盖率是否完善科学等方面纳入网贷公司的监管评价指标。以日常非现场评价指标监测与随机或有针对性现场检查双结合方式进行监管，提高监管成效。

（3）建议坚持中央指导，地方负责监管方针，当前小贷公司分散于全国不同地区，若由中央监管部门集中监管，实际操作很难到位。建议在建立起评级制度及指标体系的基础上，由中央进行行业指导及重点区域或业务领域监管，由地方履行日常监管及最终负责。双管齐下，促进行业健康可持续发展。

六 结语

本人从事农村普惠金融工作十余载，有幸见证了海南农信社以"一小通"小额贷款支农模式走出了一条辉煌的普惠金融发展道路。躬行实践，率领农信互联网小贷公司在成立不足 3 年时间里，将海南农信"草根金融"的火种传到了全国更多地区，让更多中低收入群体享受到平等的金融服务，证明了小贷公司完全可以在维持商业可持续发展的前提下，支持农村普惠金融事业。同时，也证明借鉴绝不是简单直接的复制照搬，而是要去芜存菁、补足短板，结合小贷机构自身状况、区域状况、市场需求、信用环境、制度文化等要素出发，以市场化、商业化为发展导向，不断创新数字技术应用的探索发展，开发有针对性的金融服务产品，这样才能成功走出一条具有品牌特色的数字化农村普惠金融发展之路、具有标本意义的农村金融改革之路。

小额信贷行业协会组织的
发展概况与实践思考

王　丹　王素萍[*]

摘　要： 世界各地的小额信贷行业协会组织是在小额信贷行业的发展中应运而生的，为推动各国乃至全球小额信贷行业的健康可持续发展起到了不可或缺的作用，但行业协会组织自身的生存与发展也面临着小额信贷机构类似的问题，需要通过有效的管理来应对挑战。了解小额信贷行业协会组织的发展概况，在小额信贷行业发展过程中所扮演的角色以及遇到的问题，对于制定有关小额信贷与普惠金融方面的明智政策具有重要的意义。

关键词： 小额信贷　普惠金融　行业协会组织

一　引言

以客户（特别是贫困和低收入客户）为核心的普惠金融体系包含了微观、中观和宏观三个层面。微观层面是指零售金融服务提供者；中观层面涵盖了金融基础设施以及所有为微观层面的零售金融服务提供者提供支持的机构，如行业协会、征信机构、审计机构、评级机构、交易平台、支付系统、信息技术和培训咨询机构等；宏观层面则包括央行、

---

* 王丹，管理学博士，中国小额信贷联盟秘书长，主要研究领域为普惠金融、小额信贷、社会绩效与客户保护；王素萍，高级经济师，中国小额信贷联盟副秘书长，主要研究领域为普惠金融、小额信贷、村镇银行。

监管当局、财政部等政府部门。中观层面是连接微观与宏观的桥梁，在整个普惠金融体系的建设过程中处于极其重要的地位，而中观层面的诸多机构则是随着小额信贷行业的逐渐成熟而相继产生的，其中行业协会是相对较早出现的组织，在小额信贷的实践机构与监管机构之间起到了承上启下的作用，不仅从实践机构的角度向监管机构表达集体诉求，争取有利于小额信贷健康可持续发展的政策，而且也参照小额信贷的监管趋势在实践机构内部开展行业自律，规范业务行为，提升运营能力，同时推动中观层面金融基础设施的完善。

可见，小额信贷领域的行业协会组织①在从小额信贷，到微型金融，乃至普惠金融的发展演变过程中扮演了举足轻重的角色，因此，有必要对国际国内小额信贷行业协会组织的概况展开回顾，进一步了解行业协会组织在帮助小额信贷实践机构实现可持续发展与推动小额信贷行业健康有序发展方面所发挥的作用，以及行业协会组织自身发展所面临的挑战。

二　国际小额信贷行业协会组织概况

根据许多国家经济发展的经验证明，当一个经济群体高速发展并且面临着许多共性的问题和困难时，则会出现一个由该群体成员组成的协会。20 世纪 90 年代，世界上小额信贷发展迅速的地区开始陆续出现小额信贷行业协会组织，这一方面反映了小额信贷蓬勃发展的现实情况，另一方面则体现出这些行业协会组织更好地促进了各国小额信贷事业的发展。②

（一）国际小额信贷行业协会组织的产生与发展

从国际小额信贷行业协会组织的产生背景来看，大致存在两种情况，第一种是自下而上由小额信贷机构或小额信贷行业协会组织自发组

---

①　此文中所谈及的行业协会组织是指由同一行业的机构组成的社会团体，实行会员制，开展行业服务和自律管理，包括民办和官办的行业协会组织。

②　赵海明：《小额信贷在中国——国际实践中的小额信贷》，中国财政经济出版社 2013 年版。

建的国家级或地区级行业协会组织，如孟加拉信贷发展论坛（CDF）、印度社区发展金融机构协会（Sa－Dhan）、美国小企业教育与促进网络（SEEP）、波兰微型金融中心（MFC）；第二种是自上而下由监管部门、国际组织等外部机构推动成立的国家级或地区级行业协会组织，如印度小额信贷机构网络（MFIN）、菲律宾小额信贷委员会（MCPI）、澳大利亚穷人银行网络（BWTP）。目前，全球有一百多家国家级或地区级小额信贷行业协会组织，遍布亚洲、非洲、拉丁美洲以及欧洲东部地区，以发展中国家为主，这些行业协会组织都通过开展一系列政策倡导、培训考察、信息交流等活动，加强行业透明度，提升机构能力，改善经营环境，有力地推动了这些国家和地区小额信贷行业的蓬勃发展。

1. 国家级小额信贷行业协会组织

国家级小额信贷行业协会组织是指各国在本国的小额信贷行业发展到一定程度后，自下而上或自上而下发起成立的覆盖全国的行业协会组织，会员以小额信贷实践机构为主。

（1）孟加拉信贷发展论坛（CDF）[1]

CDF 成立于 1992 年，是孟加拉国的全国性小额信贷行业协会组织，旨在实现小额信贷在本国的发展与推广，通过小额信贷行业的高效发展实现可持续扶贫。在 CDF 的不懈努力与多方游说下，孟加拉国政府于 2006 年 7 月颁布了《小额信贷监管法案》，该法案通过设立小额信贷监管局（MRA），代表政府监管非政府组织小额信贷机构的信贷业务活动，确保透明度与问责制，为孟加拉国小额信贷的可持续发展打下了良好的基础。

（2）印度社区发展金融机构协会（Sa－Dhan）[2] 与印度小额信贷机构网络（MFIN）[3]

印度也是试点与推广小额信贷较早的国家，而且小额信贷机构在印度实现了从依赖外部捐赠到开展商业运作的快速转变。在小额信贷进入

---

① 资料来源：CDF 官网：www.cdfbd.org。
② 资料来源：Sa－Dhan 官网：www.sa－dhan.net。
③ 资料来源：MFIN 官网：www.mfinindia.org。

印度的三十多年中先后出现了两个小额信贷领域的全国性行业协会组织，即 Sa – Dhan 和 MFIN。

Sa – Dhan 成立于 1998 年，其宗旨是在印度推动社区发展金融的建设，帮助会员机构更好地服务农村与城市地区的低收入家庭，特别是妇女，为她们创造稳定的生计来源、改善家庭的生活质量。MFIN 成立于 2009 年，其宗旨是通过促进负责任放贷、客户保护、良好治理以及有利的监管环境来实现小额信贷行业的繁荣发展。

由于印度小额信贷机构的快速扩张以及过度商业化导致恶性竞争局面的出现，2010 年 10 月在印度安德拉邦发生的小额信贷客户自杀事件引爆了印度全境的小额信贷危机，把印度的小额信贷机构推向了风口浪尖，成为各方舆论关注的焦点。为了避免和缓解小额信贷机构在业务操作中出现违规行为，印度央行授权 Sa – Dhan 和 MFIN 配合政府开展行业自律，对会员机构行使监督权，确保会员机构遵守行业的行为准则以及银行的监管要求，还制定了相应的投诉与纠纷解决机制①。印度监管当局与印度小额信贷行业协会组织的及时沟通与密切配合，让印度的小额信贷机构逐渐地回归到正常的经营轨道，从很大程度上缓解了小额信贷危机给印度小额信贷行业带来的巨大冲击。

（3）菲律宾小额信贷委员会（MCPI）②

MCPI 成立于 1999 年，其定位是在菲律宾推广孟加拉乡村银行模式的全国性小额信贷行业协会组织。MCPI 的宗旨是通过促进合乎道德的、包容性的金融与非金融服务达到消除贫困与社会保护的目的；提升会员机构服务贫困客户的能力，在机构治理与面向员工、客户以及社区的服务等方面达到国际先进水平。菲律宾的非政府组织小额信贷机构从复制孟加拉乡村银行小额信贷模式到实现本土化创新发展，得到了菲律宾政府的大力支持，这与 MCPI 在政策倡导方面所做出的努力是分不开的。2015 年 11 月，菲律宾政府批准了《非政府组织小额信贷法案》，旨在加强非政府组织小额信贷的扶贫功效，支持非政府组织小额信贷机构参

① MFIN，"Standard Operating Procedure"，Enforcement Committee，2016.

② 资料来源：MCPI 官网：www. microfinancecouncil. org。

与社区发展，改善贫困人群以及其他被边缘化地区人们的社会与经济福利①。

2. 地区级小额信贷行业协会组织

地区级小额信贷行业协会组织是指自下而上或自上而下发起成立的跨国小额信贷网络组织，会员多以国家级小额信贷行业协会组织为主。

（1）小企业教育与促进网络（SEEP）②

SEEP 位于美国华盛顿特区，于 1985 年由一些美国非政府组织创建，他们希望通过企业发展与小额信贷为全世界的贫困人口创造经济机会。SEEP 发展到今天，在几十家地区级和国家级小额信贷行业协会组织的倡议与推动下，已经逐步成为全球小额信贷行业协会组织的行业协会，其会员机构遍布 160 多个国家。三十多年来，SEEP 一直倡导通过变革性的解决方案来缓解贫困，引领会员机构将其关注点从最初的为目标群体提供金融服务转向推动整个金融体系的更替，为贫困和低收入群体创造新的机遇，从而使权力的分配变得更加公平公正。

（2）穷人银行网络（BWTP）③

BWTP 位于澳大利亚布里斯班，始于 1990 年澳大利亚发展合作基金会（FDC）启动的一个项目，最初的使命是在商业银行与从事小额信贷的非政府组织和互助小组之间搭建一座沟通的桥梁，从而使金融服务以可持续的方式惠及广大的贫困人口。之后，BWTP 逐渐发展成为亚洲地区最大的地区级小额信贷行业协会组织，侧重于针对会员机构以及小额信贷行业迫切关注的问题展开研究，发布了一系列研究报告，如穷人银行的最佳实践、商业银行在小额信贷中所扮演的角色、亚洲地区小额信贷的政策与监管等。

（3）微型金融中心（MFC）④

MFC 位于波兰华沙，于 1997 年由欧洲与中亚地区的国家级小额信

---

① 孟加拉乡村银行的英文是 Grameen Bank，而 Grameen 在孟加拉语中的意思是"乡村"，因此，Grameen Bank 按照意思翻译成乡村银行，而按照发音则翻译成格莱珉银行。

② MCPI，"Microfinance in the Philippines：Recent Trends，Developments and Issues"，2017.

③ 资料来源：SEEP 官网：www. seepnetwork. org。

④ 资料来源：BWTP 官网：www. bwtp. org。

贷行业协会组织发起成立，是该地区最具影响力的地区级小额信贷行业协会组织，其宗旨是通过为广大贫困家庭和微型企业提供充分的金融与非金融服务来促进具有社会使命的小额信贷行业的可持续发展，从而为消除人类贫困以及开发人类潜能做出贡献。MFC 在社会绩效的标准制定方面颇有建树，呼吁小额信贷实践机构注重财务绩效与社会绩效的平衡，加强信息的公开性与透明度，实现机构与客户的良性互动与共同成长，MFC 已经成为在全球宣传推广社会绩效的主力军与"领头羊"。

（二）国际小额信贷行业协会组织的作用与职能

正如其他传统金融行业协会组织一样，小额信贷行业协会组织也主要致力于增进小额信贷行业透明度，代表会员机构发声，提升会员机构的生存与发展能力。小额信贷行业协会组织向会员机构提供的服务可以反映出当地小额信贷行业的发展阶段。在小额信贷处于早期阶段的国家，行业协会组织一般侧重于政策倡导与能力建设，而在小额信贷行业相对成熟的国家，行业协会组织则更注重发挥市场促进的作用，为会员机构提供更多增值服务，如市场调研与中介服务等。

国际小额信贷行业协会组织提供的服务涉及的范围较为广泛，包括政策倡导、意识构建、能力开发、信息交流、金融中介、专家推介、影响分析、行业学习、创新推动、机构发展、知识创造、媒体宣传、监控评估、调查研究、技术支持和培训组织①。国际小额信贷行业协会组织根据当地小额信贷发展阶段确定业务范围，并适时予以调整，从而充分发挥其作用。

三 国内小额信贷行业协会组织概况

随着中国小额信贷行业的迅猛发展，以小额信贷业务②为主营业务的机构类型多种多样，包括非政府组织小额信贷机构、小额贷款公司、

---

① 资料来源：MFC 官网：www. mfc. org. pl。

② SEEP，"Building Strong Networks：An Institutional Strengthening Guide for Microfinance Networks"，2006.

农村资金互助社等，进入 21 世纪以来，与之相适应的各类小额信贷行业协会组织也应运而生。到目前为止，国内小额信贷行业协会组织主要由三个层级组成：一是全国性小额信贷行业协会组织，其中较有代表性的行业协会组织有中国小额信贷联盟、中国小额信贷机构联席会、中国小额贷款公司协会等；二是省市级小额信贷行业协会组织，其中较有代表性的省市有江苏、内蒙古、云南、辽宁、黑龙江、河北、上海、天津等；三是地市级小额信贷行业协会组织，其中较有代表性的地市有深圳、南京、晋中等。这三层行业协会组织在小额信贷行业中所发挥的作用以及提供的服务比较类似，鉴于省市级与地市级小额信贷行业协会组织数量庞大，本文的篇幅有限，在此仅就全国性小额信贷行业协会组织的产生、发展、作用、职能以及挑战进行分析阐述。

（一）国内小额信贷行业协会组织的产生和发展

众所周知，小额信贷被引入中国起始于 1993 年，中国社会科学院农村发展研究所（以下简称"社科院农发所"）在河北易县成立第一家试点孟加拉乡村银行模式的小额信贷机构。此后，联合国开发计划署（UNDP）、联合国儿童基金会、世界银行等国际机构纷纷资助在中国的贫困地区开展小额信贷项目试点。经过几年的实践，形成了最早一批以非政府组织形式存在的小额信贷机构，这些机构分散在全国各地，而且也隶属于不同的行政部门管理，在全国范围内没有一个统一的组织作为其代表，向政府部门表达合理的诉求，争取优惠的政策。

2000 年年初，在国内有关小额信贷的研讨会上，小额信贷的研究者和实践者们就提出成立行业协会的建议，尤其是在 2003 年 9 月于北京召开的小额信贷国际研讨会上此呼声更高，并得到了国内有关部门和有关国际机构的重视。在 UNDP 资助的中国人民银行（以下简称"央行"）完成的小额信贷政策研究报告中也提出了成立小额信贷行业协会的政策建议。报告中建议由小额信贷行业协会实行行业自律，政府提供一定的政策引导。

2003 年年底，为适应小额信贷发展的需要，参考央行政策研究报告的建议，作为最早开展小额信贷实验示范及研究的社科院农发所和管理着国内规模最大的外援小额信贷项目的商务部国际经济技术交流中心

（以下简称"交流中心"）决定发起成立中国小额信贷发展促进会，这个动议得到全国妇联发展部（以下简称"妇联"）的大力支持。该倡议当时也获得了商务部的批准，同意作为拟成立的中国小额信贷发展促进会的主管部门，并向民政部提出了申请。

2005年11月9日，在首届中国小额信贷高峰论坛上，社科院农发所、交流中心和妇联联合发起成立了"中国小额信贷发展促进网络"，后更名为中国小额信贷联盟（以下简称"联盟"）①，这是国内成立的首家全国性小额信贷行业协会组织。

2005年，联合国发布了英文版的《构建普惠金融体系》蓝皮书，联盟参与了这本蓝皮书的翻译，并将"Inclusive financial sectors"译成"普惠金融体系"，同时，明确提出将促进普惠金融体系建设作为其宗旨和目标。中国于2013年在十八届三中全会的决议中正式提出发展普惠金融，并将其作为金融改革领域的重点工作。②

同年，央行出于对小额信贷扶贫效应的认可，在全国启动小额贷款公司的试点，允许民营企业从事小额贷款业务，这是小额信贷领域的一个里程碑事件。

2006年10月，联盟在北京筹办2006年小额信贷国际高峰论坛，作为主旨演讲嘉宾的尤努斯教授在2005年就接受联盟邀请同意参加此论坛，在他赴约的前一周，2006年10月13日，瑞典皇家科学院将2006年诺贝尔和平奖授予孟加拉乡村银行及其创始人尤努斯教授，以表彰他们"从社会底层为全球经济和社会发展所做的努力"。在接到这个喜讯后，联盟与孟加拉乡村银行共同决定提升整个论坛的规格，把会场移到了钓鱼台国宾馆，并安排尤努斯教授与央行、原银监会、商务部、国务院扶贫办等政府部门的领导会谈，以及参与中央电视台的访谈节目和各种媒体见面会，可谓掀起了一场"尤努斯旋风"，让中国的政府官员以及普通大众对小额信贷有了一个更加清晰的认识。

2006年12月，原银监会宣布在全国开展三类新型农村金融机构的

---

① 参考国际小额信贷的定义，按照国家统计局数据显示中国2017年人均国民收入为59525元，则单笔贷款额度在15万元人民币以下的贷款业务可称为小额信贷业务。

② 资料来源：联盟官网：www.chinamfi.net。

试点项目，这成为小额信贷领域的又一标志性事件，为中国非政府组织小额信贷机构解决法律地位问题、实现可持续发展开辟了途径，也为正规金融机构和民营企业进入小额信贷领域指明了方向。

2008 年，央行、原银监会两部委联合发布了《关于小额贷款公司试点的指导意见》以后，小额贷款公司就如雨后春笋般在全国各地成立起来，在短短两三年的时间内就注册成立了三四千家小额贷款公司。由于小额贷款公司的审批权被下放到各省金融办，各省金融办则各自设立小额贷款公司协会来监管省内的小额贷款公司，而在国家层面上却没有一个全国性的小额贷款公司行业协会组织。

2011 年 1 月 6 日，由一批具有代表性的小额贷款公司自愿发起建立中国小额信贷机构联席会（以下简称"联席会"），成为以小额贷款公司和省市级小额贷款公司协会为主要会员的全国性小额信贷行业协会组织。联席会为解决小额贷款公司融资难题与监管部门展开了多种形式的沟通，在一些省份取得了良好的效果，但是联席会从 2015 年左右已基本停止了业务活动。

然而，作为中央在全国范围内积极推广小额信贷示范的依托，小额贷款公司尽管从成立以来，一直面临着机构定位、融资来源以及运营管理等方面的困境，但并没有因此而放缓增长的脚步。截至 2014 年年底，全国注册成立的小额贷款公司近九千家，贷款余额逐年递增，接近万亿规模，从业人员也达到了十万。

2015 年 4 月，为了对这一庞大的小额贷款公司群体进行统一的管理，原银监会发起成立了中国小额贷款公司协会（以下简称"小贷协会"）①。小贷协会从成立至今，在自律、维权、服务、协调方面开展了大量的工作，并积极促成监管部门出台《非存款类放贷组织条例》，进一步规范民间借贷行为，鼓励小额信贷实践，为普惠金融体系的构建奠定了坚实的基础。

（二）国内小额信贷行业协会组织的作用和职能

国内小额信贷行业协会组织的作用和职能大致可以归纳为以下四个

---

① 资料来源：小贷协会官网：www.china - cmca.org。

方面。

1. 政策倡导

在调查研究的基础上形成行业报告、政策建议，通过报告、汇报和会议等形式与监管部门保持顺畅的交流沟通，维护会员机构的合法权益，为会员机构争取优惠政策，促进小额信贷与普惠金融监管框架的完善。

2. 行业自律

通过制定和推广行业标准、开展行业的评估评级来协助监管部门对会员机构进行有效的监督管理，促进财务绩效和社会绩效指标的公开、透明和规范化。

3. 能力建设

为会员机构和整个行业提供以需求为导向的培训、考察和咨询服务，从而提高会员机构的经营管理水平和可持续发展能力。

4. 信息交流

通过网站、微博、微信、刊物等各种媒介向各利益相关方传递讯息，此外，通过组织各种会议、沙龙、研讨会、峰会等活动，促进行业内外、国际国内的信息交流。

(三) 国内小额信贷行业协会组织面临的挑战

小额信贷行业协会组织跟小额信贷机构一样，也面临着自身发展的挑战，主要体现在以下五个方面。

1. 行业定位

行业协会组织受行业发展的影响巨大，中国小额信贷行业在发展过程中存在行业概念模糊、业务定位不清的问题。因此，行业协会组织应该具备明确的行业定位，允许多个细分领域的行业协会组织同时存在，互为补充，相互支持，加强协调。

2. 治理完善

行业协会组织的决策层是经全体会员授权的理事会，而管理层则是理事会任命的秘书处。根据行业协会组织的基本原则，会员机构应该一视同仁，平等相处，开展参与式民主管理，但国内行业协会组织往往受体制影响，更多的是由发起机构发挥主导作用，会员参与决策的机制需要进一步完善。

3. 运营管理

行业协会组织的运营管理主要体现在秘书处的战略规划、制度建设、团队建设、财务管理等方面。作为理事会决议的执行机构，秘书处既要为广大会员机构和各类社会群体做好服务性工作，又要承担大量机构运营管理层面的事务性工作，这就对秘书处的人、财、物提出了较大的挑战，秘书处的人力是否适当，财力是否充足，制度是否完善，监督是否到位，这些都需要秘书处在日常运营管理中不断地予以提升。

4. 服务提供

行业协会组织主要是面向会员机构提供各种服务，由于会员结构各不相同，而且会员需求也差别较大，各行业协会组织在提供服务时各有侧重，但要做到既满足会员机构需求，又要引领行业发展大势，对任何一家行业协会组织来说都是一个巨大的挑战。因此，行业协会组织在提供服务时，就需要定期收集会员机构和各利益相关方的意见和建议，对所有项目活动进行监控、评估与总结，并及时传达与发布这些信息，同时，努力树立被业界人士都认可的专业权威。

5. 关系维护

行业协会组织的一个重要职能就是政策倡导，需要与各利益相关方保持密切的沟通与良好的关系。但是，鉴于利益相关方数量众多，而各自关注点有所差异，且相关联络人员变化频繁，因此，行业协会组织需要针对各利益相关方制定明确的沟通策略，做好关系维护，树立正面形象。随着类似行业协会组织的纷纷出现，为了避免资源浪费，制约行业发展，行业协会组织之间需要充分配合，取长补短，共同努力为各自的会员机构谋求有利的发展机会，维护公平公正的良性竞争环境。

四 主要结论与实践思考

纵观国内外小额信贷行业协会组织的产生与发展，无疑是伴随着作为创新的贷款方式和有效的扶贫手段的小额信贷事业而产生与发展起来的。小额信贷行业协会组织的成立，对于帮助会员解决普遍面临的热点、难点问题，协助政府制定和实施有关的政策，维护会员的合法权益,为会员提供各类服务,规范会员的市场行为等方面均起到了十分重要的作用。但是,在小额信贷行业协会组织作为"会员之家",其服务领域和服务内容在不断扩大,服务水平和服务质量在不断提升的同时,也面临着与自身发展相关的诸多困惑和问题。为此笔者认为,小额信贷行业协会组织在推动行业发展的同时,必须解决好自身发展的以下几个问题。

(一)小额信贷行业协会组织的职责定位和基本性质

小额信贷行业协会组织从一定意义上来说既是"公益组织",又是"执行机构",也是"经济实体",这就决定了小额信贷行业协会组织职责定位的三重性。

首先,作为"公益组织",小额信贷行业协会组织要秉持公益为先,开展小额信贷和普惠金融的政策倡导工作,通过政策研究、宣传、对话等方式,促进改善与小额信贷与普惠金融相关的金融政策和监管框架。通过推广行业标准、组织评估评级来开展行业自律,而且不以营利为目的,只为推动行业的健康可持续发展。

其次,作为"协调机构",小额信贷行业协会组织要通过会议、座谈和拜访等形式加强与政府部门的对话和协商,寻求政策和法律等方面的支持;根据国际标准,结合国内实践,制订相关操作指南和行为准则,汇总会员机构的财务和社会绩效信息,并通过网站、年报和宣传册等方式向监管部门和社会大众披露会员机构的经营业绩和业务状况;为会员机构和整个行业提供以需求为导向的培训、技术支持和咨询服务;建立小额信贷门户网站,出版刊物和文集,组织年会、研讨会、考察和访问等活动,为会员机构搭建信息交流的平台。

最后,作为"经济实体",小额信贷行业协会组织需要创造收入来弥补开支,大多数情况下,主要的收入来源于会员机构缴纳的会费以及开展项目活动时接受的捐赠和赞助。这些收入不仅要覆盖为会员机构提供服务的正常开支,也要确保秘书处所有员工的工资福利与社会保障。一些小额信贷行业协会组织无法通过会费收入来覆盖经营成本,因此,需要通过举办培训考察以及为会员机构提供咨询服务等方式来进行合规性创收,逐步实现自负盈亏。

可见，小额信贷行业协会组织的基本性质也具有三重性，即"公益性""社会性"和"商业性"，为此，必须处理好几个关系，一是与发起机构的关系；二是与会员机构的关系；三是与相关协会组织和其他合作单位的关系；四是秘书处与理事会及各个委员会的关系；五是秘书处内部的关系；六是财务绩效和社会绩效的关系，这样一来，才能做到既讲经济效益，也讲社会效益；既有财务绩效，也有社会绩效。

（二）小额信贷行业协会组织秘书处的制度建设

小额信贷行业协会组织的具体工作都是由秘书处来负责实施，作为"公益组织""协调机构"和"经济实体"，秘书处既要做好会员服务，又要管好内部事务。在这种情况下，如何充分发挥秘书处员工的知识、智慧和技能优势，实现秘书处领导之间、部门之间、员工之间的高度互补与工作协调，更好地发挥秘书处的职能作用，不断提高秘书处整体工作水平，则需要加强秘书处的制度建设，在制定完善各类规章制度的基础上，建立一套严密科学、行之有效的内控机制，从而保证秘书处有效地执行理事会决议，遏制管理漏洞，提升管理效力，实现管理目标。

行业协会组织秘书处的内控体系建设要以工作制度和岗位职责为基础，以业务环节的相互制约为核心，以明确的权限、责任、程序、时限以及监督检查、纪律要求为主要内容，制定明确的内控执行目标，创造良好的内控监测环境，建立科学的内控评价体系，结合秘书处的工作实际，突出小额信贷行业的专业特点。

小额信贷行业协会组织秘书处的制度建设，特别是内控体系建设是一个长期、动态的过程，既不可能一蹴而就，也不可能一劳永逸。

（三）小额信贷行业协会组织秘书处的团队建设

实践证明，任何好的制度都需要人去执行，只有加强小额信贷行业协会组织秘书处的团队建设，提升员工的职业素养，增强团队的整体执行力，打造组织的核心竞争力，才能最终实现小额信贷行业协会组织的宗旨目标。秘书处在制定执业机制与敬业要求时，最关键的是让每一位员工牢固树立"三个观念"。

第一，坚定职业方向，树立大局观念。世界各国都在大力推进普惠金融体系建设，小额信贷行业的发展决定着普惠金融体系的建设进程，作为小额信贷行业协会组织，要肩负起行业健康可持续发展的使命，秘书处的每一位员工必须坚持正确的职业方向。而且中国小额信贷行业的发展到了攻坚阶段，处于关键时期，面临的任务更加艰巨，小额信贷行业协会组织要顺利实现各项目标，秘书处的每一位员工必须树立大局观念。

第二，筑起思想防线，树立律己观念。由于小额信贷行业协会组织面对的是整个小额信贷行业，上到监管部门和国际组织，下到基层机构与贫困客户，需要与各方面的利益相关方打交道，因此，秘书处的每一位员工必须以严格的职业道德约束自己，在面对各种诱惑时，控制私欲膨胀，学会把握自己。善于把握自己是树立律己观念的重要内容。

第三，培养良好作风，树立尽职观念。小额信贷行业协会组织作为监管部门与会员机构之间的桥梁，需要开展的工作可谓千头万绪，因此，秘书处的每一位员工必须具备良好的工作作风，尽最大努力完成好本职工作，认真履行自己的责任，正确行使自己的权力。完成本职工作是尽职的基本要求，"鞠躬尽瘁，死而后已"则是尽职的最高境界。

总的来说，小额信贷行业协会组织要真正成为会员机构拥护、信赖的组织，可以用二十个字来概括，即有效的治理、高效的执行、充足的资源、定期的联络。在此，笔者希望小额信贷行业协会组织能够充分认识自己肩负的历史使命，恪尽职守，相互合作，携手并进，共同为小额信贷和普惠金融宏伟目标的实现做出应有的贡献。

参考文献

1. 赵海明：《小额信贷在中国——国际实践中的小额信贷》，中国财政经济出版社 2013 年版。

2. Bull，Greta L.，"Digital Disruption and Financial Inclusion"，*CGAP Annual Report*，2016.

3. Helms，B.，*Access for All：Building Inclusive Financial Systems*，CGAP，2006.

4. Awal，Md. A.，"Perspectives of Bangladesh Microfinance Industry"，*Credit and Development Forum*，2017.

5. MFIN，"Standard Operating Procedure"，*Enforcement Committee*，2016.

6. MCPI，*Microfinance in the Philippines*：*Recent Trends*，*Developments and Issues*，2017.

附　录

世界银行扶贫协商小组小额信贷基本原则

世界银行扶贫协商小组（CGAP）认为，小额信贷的基本原则包括以下方面：①穷人需要多样化的金融服务，不仅是贷款，还包括储蓄、保险和资金结算等。②小额信贷是与贫困斗争的有力工具。③小额信贷意味着要建设为穷人服务的金融体系。④小额信贷能够实现自负盈亏，如果它的目标是服务于非常大规模的穷人，它必须要这样做，也就是说，它的服务收费应足以覆盖其运营的一切成本。⑤小额信贷的目标在于建立持久的地方金融机构。⑥小额信贷并不是万能的，对于那些没有收入或还贷手段的赤贫者，其他形式的扶持可能更有效。⑦利率封顶的限制政策，由于使穷人难以得到贷款而伤害了他们，小额贷款的成本高于大额贷款，利率封顶使小额信贷机构难以覆盖其运营成本，因此不利于对穷人贷款的供给。⑧政府的职责应是使金融服务有效，而不是自己去提供金融服务，政府自己几乎不可能良好地运作贷款业务，但它能营造良好的政策支持环境。⑨捐助者的资金与私营资本应是互补而不是竞争的关系，捐助者的补贴应设计为一定时期的支持，尤其是在机构启动时提供支持，以使它顺利吸引私人资金的投入。⑩小额信贷发展的主要"瓶颈"是缺少强有力的机构和经营管理团队，捐助者的支持应集中在能力培训和提升上。⑪小额信贷的成长有赖于小额信贷机构自己关注、测定、提高和披露其运作业绩，小额信贷机构的经营和财务报表不仅能帮助各有关方判断该机构的成本和效益，而且也有助于其改进运作水平。小额信贷机构需要内容准确和可比较的财务运营报告，如还贷和自负盈亏状况，也需要社会发展状况指标，如服务客户的数量和客户的贫困状况。以上这些看法，实际上也是普惠金融体系所要遵循的原则。

后　记

　　从 1993 年中国社会科学院农村发展研究所引进孟加拉乡村银行小额信贷模式算起，今年是中国小额信贷和普惠金融发展的第 25 年。在这 25 年里，中国的小额信贷发生了巨大变化，其功能从农村扶贫工具发展成扶持城乡小微企业和"大众创业、万众创新"的金融手段，其业务内容从单一的小额贷款发展到包括存款、支付、汇兑、保险等综合性的小微金融服务，其从业机构从公益性小额信贷机构的一枝独秀发展到农民资金互助、农村合作金融机构、各类商业银行、政策性银行、小额贷款公司和互联网金融企业竞相参与的百花齐放，其技术手段从手工操作发展到互联网、大数据和人工智能等金融科技的融合，其理论与政策视野从小额信贷扶贫产品与机理发展到包含宏观法律政策环境、中观基础设施和中介服务、微观金融产品与服务机制的普惠金融体系。

　　在这 25 年里，小额信贷实践者、理论研究者、政策制定者以及政府相关部门、国内外发展组织、公益组织、商业机构和中介机构等参与其中，做出了巨大贡献。在此过程中，有成功，也有失败；有经验，也有教训；有赞扬，也有批评；有欢笑，也有泪水；有从业者的辛勤汗水，也有受助者摆脱贫困、走上发展之路的欢喜笑容。

　　今年恰逢中国改革开放四十周年，也正值中国精准扶贫的攻坚期、全面建成小康社会决胜期和实施乡村振兴战略的开局之年。此时我们应该认真思考：中国小额信贷有哪些经验教训可以总结，小额信贷和普惠金融应该为中华民族"两个一百年"的奋斗目标做出怎样的新贡献？

　　为此，中国社会科学院农村发展研究所、中国县镇经济交流促进会和中国小额信贷联盟共同邀请中国小额信贷和普惠金融发展的亲历者，包括实践者、专家学者和政策制定者，编写了本文集。文集的每篇文章都浸透着作者在小额信贷和普惠金融领域的长期亲身实践、观察、思考和深刻体会。

因为篇幅所限，本文集不能将中国所有优秀的小额信贷和普惠金融实践案例和理论思考都收录在内，实为遗憾。但是，文集实践篇基本上涵盖了中国小额信贷和普惠金融领域的各类机构，而且其中的文章是按各机构开展小额信贷或普惠金融服务的时间排序，从中可以清晰地看到吴晓灵副行长在序言中讲到的中国小额信贷和普惠金融发展的四个历史阶段。理论和政策篇的文章则从不同的角度和维度对中国小额信贷和普惠金融实践进行了总结、分析和展望。实践篇与理论篇相映成趣，有助于读者全面和深刻理解中国小额信贷和普惠金融发展的历史，从中发现中国在引进国际经验，将其与中国国情相结合，进行改造和创新，并利用数字技术创造出数字普惠金融新模式的发展历程。

回顾和总结过去不是为了沉湎于过去的辉煌，而是为了更好地理解和把握现在并创造未来。因此，编者希望本文集不仅能够在总结过去的基础上为中国小额信贷和普惠金融未来更好发展提供参考，而且能够为今后的研究留下宝贵史料，成为中国小额信贷和普惠金融知识积累的一个部分，对构建中国的小额信贷和普惠金融知识体系有所贡献。

文集中每篇文章都是作者亲身经历或观察思考的总结，其所言所感仅代表作者本人观点，并不代表其所供职的机构。读者在阅读中也可以看到不同文章的观点和看法不尽相同，甚至相左，因为本文集之旨趣不在于成为代表一家之言的完整学术研究和逻辑贯通、自成体系的学术专著，而是一本"百家争鸣"文章的汇集。它与学术专著不同的意义还在于更有利于引导和激发读者对书中不同观点和看法进一步探究和思辨。

本文集主编人员感谢各位作者的积极参与，并为他们对中国小额信贷和普惠金融事业的热忱所感动，也感谢他们所在机构的积极支持与配合！全体编作者特别感谢吴晓灵副行长和刘克崮副行长！他们在百忙之中为本文集作序和撰写文章，不仅仅是出于对中国小额信贷和普惠金融事业的热爱，更体现出他们对全体人民共同富裕、共同幸福，建设平等、自由、和谐的美好社会的强烈愿望！全体编作者也要感谢中国社会科学出版社责任编辑刘晓红老师及其同事们的积极配合和辛勤努力，使得本文集得以顺利出版。

编者

2018 年 10 月